IV
Filosofia no mundo moderno

ANTHONY KENNY

UMA NOVA HISTÓRIA
DA FILOSOFIA OCIDENTAL

volume **IV**

FILOSOFIA
NO MUNDO MODERNO

Tradução
Carlos Alberto Bárbaro

Revisão Técnica
Marcelo Perine

Título original:
A New History of Western Philosophy
Volume IV: Philosophy in the Modern World
© Sir Anthony Kenny 2006
ISBN 978-0-19-875279-0

A New History of Western Philosophy. Volume IV: Philosophy in the Modern World was originally published in English in 2006. This translation is published by arrangements with Oxford University Press. For sale in Brazil only.

A New History of Western Philosophy. Volume IV: Philosophy in the Modern World foi originalmente publicada em inglês em 2006. Esta tradução é publicada de acordo com a Oxford University Press. Para venda somente no Brasil.

Preparação: Maurício Balthazar Leal
Capa: Viviane Bueno Jeronimo
Diagramação: Ronaldo Hideo Inoue
Revisão: Renato da Rocha

Edições Loyola Jesuítas
Rua 1822, 341 – Ipiranga
04216-000 São Paulo, SP
T 55 11 3385 8500/8501 • 2063 4275
editorial@loyola.com.br
vendas@loyola.com.br
www.loyola.com.br

Todos os direitos reservados. Nenhuma parte desta obra pode ser reproduzida ou transmitida por qualquer forma e/ou quaisquer meios (eletrônico ou mecânico, incluindo fotocópia e gravação) ou arquivada em qualquer sistema ou banco de dados sem permissão escrita da Editora.

ISBN 978-85-15-01885-7

2ª edição: 2014

© EDIÇÕES LOYOLA, São Paulo, Brasil, 2009

Em memória de
Georg Henrik von Wright

Sumário

Introdução 13

1

De Bentham a Nietzsche 17
O utilitarismo de Bentham 17
A evolução de John Stuart Mill 21
A filosofia da vontade de Schopenhauer 29
Ética e religião segundo Kierkegaard 33
Materialismo dialético 35
Darwin e a seleção natural 40
John Henry Newman 45
Nietzsche 47

2

De Peirce a Strawson 53
Charles Sanders Peirce e o pragmatismo 53
O logicismo de Frege 57
Psicologia e pragmatismo em William James 63
O idealismo britânico e seus críticos 66

Matemática, lógica e linguagem segundo Russell   69
O *Tractatus* de Wittgenstein   74
Positivismo lógico   78
A filosofia do último Wittgenstein   81
A filosofia analítica depois de Wittgenstein   83

3

De Freud a Derrida   93

Freud e a psicanálise   94
A fenomenologia de Husserl   99
O existencialismo de Heidegger   104
O existencialismo de Sartre   108
Jacques Derrida   112

4

Lógica   119

A lógica empírica de Mill   119
A refundação da lógica por Frege   122
Indução e abdução em Peirce   130
A saga dos *Principia mathematica*   133
A lógica modal moderna   140

5

Linguagem   145

Frege sobre sentido e referência   145
Os pragmatistas sobre linguagem e verdade   150
A teoria das descrições de Russell   153
A teoria figurativa da proposição   157
Jogos de linguagem e linguagens privadas   162

6

Epistemologia   169

Dois empiristas eloquentes   169
Peirce sobre os métodos da ciência   176
Frege sobre lógica, psicologia e epistemologia   182
Conhecimento por familiaridade e conhecimento por descrição   186

A *epoché* de Husserl   189
Wittgenstein sobre a certeza   192

7

Metafísica   197

Variedades do idealismo   197
Metafísica e teleologia   203
Realismo *versus* nominalismo   206
Primeira, Segunda e Terceira em Peirce   209
A metafísica do atomismo lógico   214
Metafísica má e metafísica boa   215

8

Filosofia da mente   221

Bentham sobre intenção e motivo   221
Razão, entendimento e vontade   224
Psicologia experimental *versus* Psicologia filosófica   228
O inconsciente freudiano   232
Psicologia filosófica no *Tractatus*   237
Intencionalidade   239
A filosofia da mente do último Wittgenstein   242

9

Ética   251

A maior felicidade do maior número   251
Modificações do utilitarismo   256
Schopenhauer sobre a renúncia   260
A ascese moral em Kierkegaard   265
Nietzsche e a tresvaloração de valores   269
Ética analítica   274

10

Estética   283

O belo e o sublime   283
A estética de Schopenhauer   288
Kierkegaard e a música   291

Nietzsche e a tragédia   294
Arte e moralidade   296
Arte pela arte   299

11

Filosofia política   303

Utilitarismo e liberalismo   303
Kierkegaard e Schopenhauer sobre as mulheres   311
Marx sobre o capital e o trabalho   315
Sociedades abertas e sociedades fechadas   321

12

Deus   327

Fé *versus* alienação   327
O teísmo de John Stuart Mill   333
Criação e evolução   335
Newman e sua filosofia da religião   341
A morte de Deus e a sobrevivência da religião   346
Freud e a ilusão religiosa   351
A teologia filosófica após Wittgenstein   353

Cronologia   357
Abreviações e convenções   359
Referências bibliográficas   367
Índice das ilustrações   379
Índice remissivo   383

Introdução

Este é o último de uma série de quatro volumes de uma história da filosofia ocidental desde seus primórdios até seu passado mais recente. O primeiro volume contou a história da filosofia antiga. O segundo abrangeu a filosofia medieval, dos idos de Santo Agostinho ao Renascimento. O terceiro, *O despertar da filosofia moderna*, abordou os maiores filósofos dos séculos XVI, XVII e XVIII, findando com a morte de Hegel no início do século XIX. Este volume que ora se apresenta prossegue a narrativa até os derradeiros anos do século XX.

Há dois tipos diferentes de razão para ler uma história da filosofia. Alguns leitores o fazem em busca de auxílio e iluminação dos pensadores antigos a respeito de assuntos de interesse filosófico contemporâneo. Outros têm um interesse maior nos povos e sociedades do passado distante ou recente, desejando aprender algo sobre seu ambiente intelectual. Estruturei este e os volumes anteriores de modo que se satisfaçam os desejos dos dois tipos de leitor. O livro se inicia com três capítulos sumarizantes, cada um dos quais segue uma sequência cronológica; seguem-se então nove capítulos que abordam cada um uma área específica da filosofia, da lógica à teologia natural. Aqueles cujo interesse primário é histórico podem concentrar-se nas abordagens cronológicas, reportando-se, se assim o desejarem, às seções temáticas para amplificação. Aqueles cujo interesse primário é filosófico concentrar-se-ão, ao contrário, nos últimos capítulos, reportando-se aos capítulos cronológicos para contextualizar determinados assuntos.

Certos assuntos tiveram capítulos em todos os quatro volumes desta série: epistemologia, metafísica, filosofia da mente, ética, filosofia da religião. Outros tópicos variaram em importância por entre os séculos, com o padrão dos capítulos temáticos variando proporcionalmente. Os primeiros dois volumes começam por uma seção temática com um capítulo sobre lógica e linguagem, mas o livro 3 não possui tal capítulo, já que a lógica hibernou durante o Renascimento. No período abrangido pelo presente volume, a lógica formal e a filosofia da linguagem ocupam uma posição tão central que cada tópico mereceu um capítulo exclusivo para si. Nos volumes anteriores havia um capítulo dedicado à física, tomada como um ramo do que se costumava denominar "filosofia natural"; a partir de Newton, contudo, a física passa a ser uma ciência completamente madura, independente de aval filosófico, razão pela qual não há capítulo a ela dedicado neste volume. O terceiro volume foi o primeiro a apresentar um capítulo sobre filosofia política, e isso porque as instituições políticas da Europa no período anterior a More e Maquiavel eram muito diferentes daquelas sob as quais vivemos para justificar que as percepções dos filósofos políticos daquele período fossem relevantes para as discussões contemporâneas. Este volume é o primeiro e único a conter um capítulo sobre estética, o que implica uma leve sobreposição com o volume anterior, já que foi no século XVIII que o tema começou a emergir como uma disciplina à parte.

Os capítulos introdutórios neste volume, à diferença daqueles dos volumes anteriores, não seguem uma única sequência cronológica. O primeiro capítulo traça de fato uma linha única de Bentham a Nietzsche, mas em razão do cisma que separou a filosofia dos países ingleses da filosofia do continente Europeu no século XX a narrativa toma uma direção divergente no segundo e no terceiro capítulos. O segundo capítulo começa com Peirce, o deão dos filósofos americanos, e com Frege, comumente considerado o fundador da tradição analítica em filosofia. O terceiro capítulo aborda uma série de influentes pensadores europeus, começando por um homem que detestaria ser considerado filósofo, Sigmund Freud.

Não considerei fácil decidir em que ponto e de que maneira concluir minha história. Muitos dos que filosofaram na segunda metade do século XX são pessoas que conheci pessoalmente, muitos deles colegas bem próximos e amigos. Isso torna difícil elaborar um juízo objetivo quanto à sua importância em comparação aos pensadores que ocuparam os volumes anteriores e as primeiras páginas deste. Sem dúvida, minha escolha de quem deveria ser incluído e quem deveria ser omitido neste volume parecerá arbitrária a outros não menos qualificados que eu mesmo a estabelecer um critério de juízo.

Em 1998 publiquei *Uma breve história da filosofia ocidental*. Naquela ocasião optei por não incluir no livro qualquer pessoa que ainda estivesse viva à época. Isso implicava, para minha conveniência, que eu poderia encerrar a história com Wittgenstein, a quem eu considerava, e ainda considero, o mais importante filósofo do século XX. Mas desde 1998, tristemente, faleceram muitos filósofos para os quais qualquer pessoa conseguiria um lugar na história da filosofia moderna — por exemplo, Quine, Anscombe, Davidson, Strawson, Rawls e outros mais. Portanto, tive de escolher outro modo de estabelecer um *terminus ante quem*. À medida que me aproximava de meus 75 anos, acalentei a ideia de excluir todos os escritores que fossem mais jovens que eu, algo que mais se assemelhava a um egocêntrico ponto de corte. Assim, finalmente optei pela regra dos trinta anos, excluindo todas as obras escritas após 1975.

Devo pedir ao leitor que tenha em mente que este é o volume final de uma história da filosofia que começa com Tales, sendo por isso estruturada de um modo bem diferente de uma história isolada da filosofia contemporânea. Em razão disso, nada disse sobre os neoescolásticos ou sobre os neokantianos do século XX, e disse muito pouco sobre as várias gerações de neo-hegelianos. Desconsiderar estes filósofos em um livro dedicado à filosofia dos últimos dois séculos equivale a deixar um vazio significativo na história. Mas a importância dessas escolas residia em recordar à era moderna a importância dos grandes pensadores do passado. Uma história que já dedicou de fato muitas páginas a Aquino, Kant e Hegel não necessita repetir tais recordações.

Assim como ao escrever os volumes anteriores, tive em mente para este um público do segundo ou terceiro ano da graduação. Como muitos desses estudantes interessados em história da filosofia não são eles próprios estudantes de filosofia, tentei não esperar deles qualquer familiaridade com as técnicas filosóficas ou com sua terminologia. Igualmente, não incluí nas referências bibliográficas obras outras que não as publicadas em língua inglesa, exceção feita aos textos originais de escritores em outros idiomas. Como grande parte das pessoas lê filosofia independentemente de objetivos curriculares — lê tão só para seu autoesclarecimento e sua diversão —, tentei evitar o jargão e livrar o caminho do leitor de dificuldades outras que não as apresentadas pelo próprio assunto abordado. Contudo, não importa quanto se tente, é impossível tornar a leitura de filosofia uma tarefa desprovida de exigências. Como se afirmou com muita frequência, a filosofia não tem um objetivo vazio.

Sou grato a Peter Momtchiloff e seus companheiros da Oxford University Press e a dois anônimos leitores das provas que removeram muitas manchas do livro. Sou também particularmente grato a Patricia Williams e a Dagfinn Føllesdal por me auxiliarem na abordagem dos filósofos continentais do século XX.

1

De Bentham a Nietzsche

O utilitarismo de Bentham

A Bretanha escapou aos violentos levantes constitucionais que afetaram a maior parte da Europa durante os últimos anos do século XVII e os inícios do século XIX. Mas em 1789, ano da Revolução Francesa, foi publicado na Inglaterra um livro que teve efeito revolucionário no pensamento moral e político por muito tempo após a morte de Napoleão. Trata-se de *Uma introdução aos princípios da moral e da legislação*, de Jeremy Bentham, que se tornou o documento fundador da escola de pensamento conhecida como utilitarismo.

Bentham nasceu em 1748, filho de um próspero advogado londrino. Criança frágil, livresca e precoce, foi encaminhado à escola de Westminster com sete anos de idade; aos quinze anos, graduou-se no The Queens' College, em Oxford. Estava destinado a uma carreira em direito e foi convocado para o exame da ordem ao atingir os 21 anos, mas considerou desagradável a prática legal contemporânea. Já havia rejeitado a teoria legal contemporânea quando frequentou, em Oxford, os cursos do famoso jurista William Blackstone. Bentham acreditava que o sistema legal inglês era dificultoso, artificial e incoerente, e que devia ser reconstruído a partir de alicerces à luz de fortes princípios de jurisprudência.

O princípio fundamental entre estes, segundo sua própria avaliação, ele o tributava a Hume. Ao ler o *Tratado sobre a natureza humana*, Bentham nos conta, os antolhos caíram de seus olhos e ele passou a acreditar que a utilidade era o teste e a medida de toda virtude e a origem exclusiva da justiça. Apoiando-se em um ensaio escrito pelo químico dissidente Joseph Priestley, Bentham interpretou o princípio da utilidade como significando que a felicidade da maioria dos cidadãos era o critério a partir do qual os negócios de Estado deviam ser julgados. De forma mais geral, o real padrão da moralidade e a verdadeira meta da legislação eram a mais absoluta felicidade do maior número.

Durante a década de 1770, Bentham trabalhou numa crítica dos *Comentários sobre as leis da Inglaterra*, de Blackstone. Parte dessa crítica foi publicada em 1776, como *Um fragmento sobre o governo*, que continha um ataque à noção de contrato social. Simultaneamente, Bentham escreveu uma dissertação sobre a punição, apoiando-se nas ideias do penologista italiano Cesare Beccaria (1738-1794). Uma análise dos objetivos e limites da punição, associada a uma exposição do princípio da utilidade, formava a substância da *Introdução aos princípios da moral e da legislação*, que foi completada em 1780, nove anos antes de sua publicação.

O *Fragmento sobre o governo* foi a primeira afirmação pública de Bentham do princípio de que "é a mais alta felicidade da maior quantidade que é a medida do certo e do errado". O livro foi publicado anonimamente, mas teve alguns leitores influentes, entre eles o conde de Shelburne, um líder do partido liberal que posteriormente tornou-se primeiro-ministro por um curto período. Ao descobrir que Bentham era o autor da obra, Shelburne tornou-se seu patrono e o apresentou aos círculos políticos da Inglaterra e da França. Mas, entre os novos amigos ingleses de Bentham, a mais importante foi Caroline Fox, sobrinha de Charles James Fox, a quem, após uma corte longa mas espasmódica, ele fez uma rejeitada proposta de casamento em 1805. Entre os conhecidos franceses, o mais importante foi Étienne Dumont, tutor do filho de Shelburne, que posteriormente iria traduzir e editar várias das obras de Bentham em francês. Por algum tempo a reputação de Bentham foi maior na França que na Bretanha.

Bentham passou os anos de 1785 a 1787 no exterior, viajando pela Europa e hospedando-se junto a seu irmão Samuel, que administrava então as propriedades do príncipe Potemkim, em Krichev, na Rússia Branca. Em sua estada ali, Bentham concebeu a ideia de um novo tipo de prisão, o Panóptico, um edifício circular com um ponto de observação central a partir

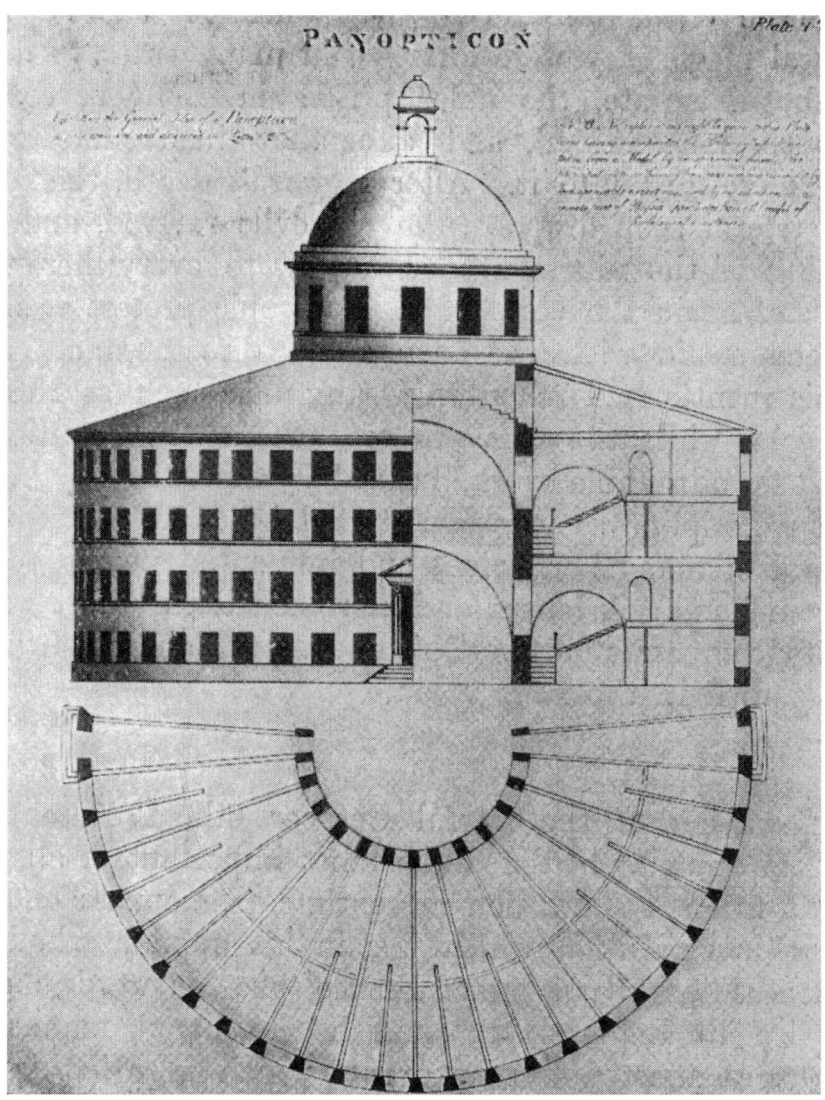

O projeto de Bentham para a prisão perfeita, o Pan-óptico.

do qual o carcereiro poderia manter os prisioneiros sob vigília permanente. Ele retornou da Rússia cheio de entusiasmo pela reforma prisional e tentou convencer os governos britânico e francês a erigir uma prisão-modelo. O governo de William Pitt aprovou um Ato do Parlamento que autorizava o esquema, mas ele foi derrotado pelos duques proprietários de terras, que não queriam saber de uma prisão próxima de seus ducados, e pela intervenção pessoal do rei George III (pelo menos era no que Bentham gostava de acreditar). A Assembleia Nacional Francesa não aceitou sua oferta de supervisionar o estabelecimento de um Pan-óptico, mas concedeu-lhe o posto de cidadão honorário da República.

O interesse de Bentham em teoria e prática do direito estendia-se para bem além de seu foco original no direito criminal. Exasperado pelo estado caótico do direito civil, escreveu um longo tratado, *Sobre o direito em geral*, que, como muitas de suas obras, permaneceu inédito por muito tempo após a sua morte. Refletindo sobre as Poor Laws, ele propôs que uma rede de Pan-ópticos poderia ser adaptado para servir como abrigo para os "marcados pela pobreza", administrada por uma corporação nacional, que realizaria seu lucro assim que o trabalho dos internos fosse suficiente para sua subsistência. Nenhum Pan-óptico, seja penal ou comercial, foi jamais construído. Em 1813, contudo, o Parlamento aprovou a enorme soma de 23 mil libras como compensação para o trabalho que teve no esquema.

Em 1808 Bentham estabeleceu laços de amizade com um filósofo escocês, James Mill, que apenas começara a escrever uma monumental *História da Índia*. Mill tinha um notável filho de dois anos de idade, John Stuart, e Bentham colaborou com a educação desse prodígio. Em parte pela influência de Mill, Bentham, que vinha trabalhando havia alguns anos na exposição de provas nos tribunais, passou então a voltar o foco de sua atenção para a reforma política e constitucional em vez de para a crítica da prática e dos procedimentos jurídicos. Escreveu então um *Catecismo da reforma parlamentar*, concluído em 1809, embora publicado apenas em 1817, que foi seguido, um ou dois anos depois, de um esboço de uma radical reforma constitucional. Bentham despendeu anos no esboço de um código constitucional, que estava incompleto por ocasião de sua morte. Ao fim de sua vida, ele se convencera de que a constituição britânica em vigor era um disfarce que ocultava uma conspiração dos ricos contra os pobres. Passou daí em diante a defender a abolição da monarquia e da Casa dos Lordes, a introdução de parlamentos anuais eleitos por sufrágio universal e a separação da Igreja da Inglaterra do Estado.

As propostas constitucionais e liberais de Bentham estendiam-se bem além dos assuntos atinentes à Bretanha. Em 1811 propôs a James Madison que ele deveria esboçar um código constitucional para os Estados Unidos. Ele era um membro atuante do Comitê Grego de Londres, que patrocinou a expedição em que lorde Byron morreu em Missolonghi, em

1823. Por algum tempo ele acalentou a esperança de que seu código constitucional seria implementado na América Latina por Simon Bolívar, o presidente da Colômbia.

O grupo dos "filósofos radicais" que aceitou os ideais de Bentham em 1823 fundou a *Westminster Review*, com o objetivo de promover a causa utilitária. Eram entusiastas da reforma educacional. Bentham elaborou um currículo para a educação de segundo grau, em que a ênfase era na ciência e na tecnologia em vez de no grego e no latim. Ele e seus companheiros foram ativos no estabelecimento da University College London, que abriu suas portas em 1828. Essa foi a primeira instituição de nível universitário na Bretanha a aceitar estudantes sem submetê-los a testes de religião. Ali, conforme a seu desejo, foram depositados os restos mortais de Bentham, por ocasião de sua morte em 1832, e ali, acondicionados e selados com uma tampa de cera, eles permanecem até o dia de hoje — seu "autoícone", como ele mesmo o denominou. Um memorial mais adequado a seus objetivos foi a Grande Reforma Constitucional, que estendia amplamente a franquia parlamentar, tornada lei algumas poucas semanas após sua morte.

Entre os que o conheciam bem, mesmo seus maiores admiradores admitiam que Bentham era uma pessoa muito simples, poderoso em intelecto mas deficiente em sentimentos. John Stuart Mill o descreveu como preciso e coerente em pensamento, mas carente em simpatia pelos sentimentos mais naturais e fortes dos seres humanos. Karl Marx afirmou que Bentham tomava o comerciante inglês como o paradigma do ser humano. "Em nenhum outro tempo e em nenhum outro país", disse Marx, "desenvolveu-se um lugar-comum tão simplório de um modo tão contente consigo mesmo" (*C* 488). O conhecimento de Bentham sobre a natureza humana era de fato muito limitado. "É totalmente empírico", disse Mill, "e o empirismo de alguém que teve pouca experiência". Segundo Mill, Bentham jamais alcançou a maturidade. "Ele foi um garoto até o fim" (*U* 78).

A evolução de John Stuart Mill

O próprio Mill não pôde jamais ser um garoto. Ele não frequentou a escola nem se misturou com outras crianças, mas foi educado em casa por um pai exigente. Iniciou seu aprendizado do grego aos três anos e ao chegar aos doze já tinha lido grande parte da obra de Platão no original. Por essa época iniciou seus estudos de lógica a partir do texto de Aristóteles, ao mesmo tempo em que revisava as provas da *História da Índia* de seu pai. No ano seguinte frequentou um curso de economia política. Nunca foi permitido a ele um dia de folga, "por medo de que o hábito do trabalho pudesse ser interrompido e o gosto pela indolência adquirido". Mas ao completar quatorze anos Mill passou um ano na França, na casa de Samuel, irmão de Bentham, que permitiu que ele assistisse às aulas de ciências em Montpellier. À parte tais aulas ele jamais tivera uma educação universitária formal, mas ao atingir os dezesseis anos possuía muito mais leitura que a maioria dos mestres em arte.

Ao recordar o passado, aquilo que Mill mais valorizava em sua extraordinária educação era o grau de liberdade que seu pai lhe concedia para pensar por si mesmo. "Qualquer coisa que pudesse ser descoberta pelo raciocínio jamais me era dita, até que eu houvesse esgotado meus esforços para descobri-la por mim mesmo" (A 20). Mill relatava que havia começado a vida adulta com uma vantagem de um quarto de século sobre seus contemporâneos que haviam frequentado a escola pública e ido à universidade, mas sua educação o havia tornado, em suas próprias palavras, uma "mera máquina de raciocinar". Após vários anos despendidos na luta pelas causas liberais na companhia de seus companheiros da *Westminster Review*, na época em que trabalhava como secretário junto à Companhia das Índias Orientais, foi acometido de um colapso mental e caiu vítima de uma profunda depressão, para a qual mesmo o mais efetivo trabalho por reformas parecia sem sentido.

Mill foi resgatado de sua crise, segundo seu próprio relato, pela leitura de Wordsworth no outono de 1828. Os poemas o tornaram cônscio não apenas da beleza natural, mas de aspectos da vida humana para os quais não havia encontrado lugar no sistema de Bentham.

> Eles [os poemas de Wordsworth] pareciam ser a verdadeira cultura dos sentimentos que eu buscava. Era como se neles eu explorasse uma fonte de alegria interior, de prazer imaginativo e empático que podiam ser partilhados por todos os seres humanos, que não estavam relacionados de maneira alguma a conflito ou imperfeição, mas que podiam ser enriquecidos por cada melhoramento na condição física ou social da humanidade. Era como se deles eu aprendesse o que poderiam ser as fontes perenes da felicidade, quando todos os grandes males da vida tivessem já sido removidos. E por fim sentime melhor e mais feliz ao ser por eles afetado (A 89).

Após a crise e a recuperação, Mill não deixou de venerar Bentham e considerar que sua obra havia superado as de todos os moralistas anteriores, mas ficou convencido de que seu sistema precisava ser modificado e suplementado tanto nos aspectos pessoais como nos sociais.

No que se refere ao lado pessoal, o pensamento de Mill evoluiu sob a influência dos poetas ingleses, entre os quais Coleridge logo assumiu o posto de Wordsworth como a presença dominante em sua mente. Ao chegar à maturidade, Mill estava propenso a igualar Coleridge e Bentham como "as duas grandes mentes seminais da Inglaterra de sua época". Pelo lado social, as novas influências sobre Mill tinham origem na França: o nascente socialismo do conde de Saint-Simon (1760-1825) e o positivismo ainda embrionário de Auguste Comte (1795-1857).

Enquanto os utilitaristas britânicos haviam se contentado em considerar a propriedade privada e herdada algo dado e imutável, os sansimonianos argumentavam que o capital e o trabalho de uma sociedade deveriam ser administrados como um todo para o bem geral da comunidade, com cada um de seus cidadãos obrigado a contribuir de acordo com sua capacidade e habilitado a ser recompensado em proporção à sua contribuição. Mill não se deixou convencer pelo programa socialista, mas isso alertou para a necessidade de uma justificação para as instituições da propriedade privada e do livre mercado. Ele admirava o idealismo sansimonista e foi inspirado por vários de seus princípios — particularmente por sua insistência na perfeita igualdade entre homens e mulheres.

Comte iniciara sua carreira filosófica como sansimoniano, mas partiu daí para o desenvolvimento de um sistema próprio, ao qual batizou "filosofia positiva". A característica desse sistema que causou a mais duradoura impressão em Mill foi a teoria de que o conhecimento humano e as sociedades humanas passaram por três estágios: teológico, metafísico e positivo. Esses estágios eram, na terminologia sansimoniana, "orgânicos" ou autônomos. No primeiro estágio as sociedades davam explicações sobrenaturais para os fenômenos e buscavam causar efeitos no mundo por meio de práticas mágicas ou religiosas. Esta fase, segundo Comte, permaneceu até o feudalismo e a Reforma. Na fase metafísica, os fenômenos eram explicados pelas essências e forças, que acabavam por ser não menos ocultas que os fatores sobrenaturais que operavam no estágio teológico. Foi a Revolução Francesa que assinalou o término deste estágio, e o mundo agora estava prestes a entrar no estágio positivo, ou verdadeiramente científico, da ciência e da sociedade.

O que Mill apropriou de Comte e dos sansimonianos foi a ideia de progresso. Para Mill, entre cada período orgânico e o seguinte havia um período crítico e disruptivo, e ele acreditava estar vivendo em um desses períodos, começando então a olhar para a frente,

> rumo a um futuro que iria unificar as melhores qualidades do período crítico com as melhores qualidades do período orgânico: liberdade ilimitada de pensamento, liberdade irrestrita de ação individual em todos os modos que não prejudiquem o próximo; mas também: convicções quanto ao que seja certo e errado, útil e prejudicial, profundamente incutidas nos sentimentos por uma primeira educação e por uma unanimidade geral de sentimentos (A 100).

Uma vez alcançado tal estágio, não mais seria necessário um progresso posterior, pois as convicções morais estariam tão solidamente alicerçadas na razão e na necessidade que não seria mais necessário, como com todos os credos do passado e do presente, delas se descartar periodicamente.

Embora tenha sido um prolífico jornalista desde cedo, Mill não publicou nenhum livro até já bem entrado em seus trinta anos. Mas seu primeiro livro publicado, em 1843, era uma obra de importância que granjeou para ele fama imediata e duradoura. Tratava-se de *Um sistema de lógica*, em seis volumes, obra em que vinha trabalhando havia muitos anos e que teve oito edições enquanto Mill viveu.

O livro cobre uma ampla variedade de tópicos, unificados pelo desejo de Mill de apresentar uma atualização da tradição empirista para o século XIX. Nele Mill apresenta uma versão secular do fenomenalismo teológico de Berkeley: a matéria nada mais é que uma possibilidade permanente da sensação, e o mundo exterior é "o mundo das possíveis sensações que se sucedem umas às outras conforme leis". Concordava com Hume quanto a não possuirmos nenhuma concepção da mente em si, como separada de suas manifestações conscientes em nós mesmos, e via como um problema de difícil solução para um filósofo a afirmação da existência de outras mentes que não a sua própria. Mas, à diferença de outros empiristas, Mill possuía um sério interesse pela lógica formal e pela metodologia das ciências.

O *Sistema de lógica* principia por uma análise da linguagem e por uma descrição dos diferentes tipos de nome (que inclui nomes próprios, pronomes, descrições, termos gerais e expressões abstratas). Todos os nomes, segundo Mill, denotam coisas: os nomes próprios denotam as coisas que eles nomeiam; os termos gerais denotam as coisas que eles representam. Mas além da denotação há a conotação: isso quer dizer que uma palavra como "homem" irá denotar Sócrates (entre outros) mas irá também conotar atributos como racionalidade e animalidade.

Mill ofereceu uma teoria detalhada das inferências, que ele dividiu em reais e verbais. A inferência silogística é antes verbal que real, já que um silogismo não nos dá nenhum conhecimento novo. A inferência real não é dedutiva, mas indutiva, como ocorre quando raciocinamos que "Pedro é mortal, Tiago é mortal, João é mortal, portanto todos os homens são mortais". Esse tipo de indução, ao contrário do que haviam pensado alguns lógicos, não nos conduz de casos particulares a uma lei geral. As leis gerais são apenas fórmulas para se fazer inferências de particulares conhecidos para particulares desconhecidos. Mill apresenta cinco regras, ou cânones, de experimentos para orientar a pesquisa científica indutiva. O uso de tais cânones, afirma Mill, permite que a investigação empírica se dê sem nenhum apelo a verdades *a priori*[1].

O *Sistema de lógica* vai bem além da discussão da linguagem e da inferência. Seu sexto livro, por exemplo, leva o título *Sobre a lógica das ciências morais*. As principais dessas ciências são a psicologia, a sociologia e o que Mill chamava de "etologia", ou o estudo da formação do caráter. A ciência social inclui a ciência política e o estudo da economia. A abordagem completa desses tópicos por Mill, porém, se dá em outro livro, *Princípios de economia política*, de 1848.

Ao apresentar seu empirismo modernizado, Mill deu um inédito e importante passo. As verdades da matemática sempre apresentaram uma dificuldade para os empiristas de tempo integral, pois elas parecem estar entre os mais certos objetos de nosso conhecimento, e apesar disso parecem preceder à experiência em vez de serem dela o resultado. Mill afirmava que a aritmética e a geometria, não menos que a física, consistem em hipóteses empíricas — hipóteses que haviam sido adequadamente confirmadas pela experiência, mas hipóteses que nem por isso são não suscetíveis de correção à luz de uma experiência posterior.

Essa tese — implausível como tenha parecido para vários filósofos subsequentes — era essencial ao objetivo exaustivamente buscado por Mill em *Um sistema de lógica*: refutar uma noção que ele considerava "o grande suporte intelectual das falsas doutrinas e instituições ruins", a saber, a noção de que as verdades exteriores à mente possam ser conhecidas

---

1. A lógica de Mill será discutida em detalhes no capítulo 4 deste volume.

pela intuição independentemente da experiência. Na verdade, Mill considerava esse tópico o mais importante de toda a filosofia. "A diferença entre essas duas escolas de filosofia, a da intuição e a da experiência e associação, não é uma mera questão de especulação abstrata, mas é repleta de consequências práticas, encontrando-se na base de todas as maiores diferenças de opinião prática em uma era de progresso" (A 162).

A mais agressiva campanha encetada por Mill nessa batalha intelectual foi levada avante em uma de suas últimas obras, *Uma apreciação da filosofia de Sir William Hamilton* (1865). O personagem-título desse livro era um filósofo e reformista escocês que fora professor de lógica e metafísica em Edimburgo de 1838 a 1856. Em seus cursos ele buscou apresentar uma nova e aperfeiçoada versão da filosofia do senso comum de Reid, de forma semelhante à tentativa de Mill de fazer o mesmo em relação ao empirismo de Hume. Mill enxergou nesses cursos, quando foram publicados, um alvo ideal ao qual assestar suas explosivas críticas de todas as formas de intuicionismo.

A *Apreciação* de Mill granjeou fama maior que o texto que apreciava, mas nos dias de hoje é obra não muito estudada. As obras de Mill que mantiveram um grande número de leitores não eram, segundo seu próprio relato, inteiramente de sua autoria. Em 1851 desposou Harriet, viúva de John Taylor, um mercador londrino, uma mulher letrada com a qual Mill desfrutara uma relação íntima mas casta por cerca de vinte anos. O casamento durou somente sete anos, encerrando-se com a morte de Harriet em Avignon. Segundo Mill, ela deveria ter o crédito de coautora de seus panfletos *Sobre a liberdade* (publicado em 1859) e *A sujeição das mulheres* (escrito em 1861 e publicado em 1869).

Sobre a liberdade busca estabelecer limites à interferência do governo sobre a liberdade individual. Seu princípio-chave é assim exposto:

> O único fim para o qual se garante à espécie humana, individual ou coletivamente, que interfira com a liberdade de ação de quem quer que seja entre os seus é o da autodefesa. Os únicos objetivos para os quais se pode com direito de causa exercer poder sobre qualquer membro de uma comunidade civilizada, e contra sua vontade, são os que visam evitar danos para os outros. O bem pessoal, seja físico ou moral, não é garante suficiente.

Sobre si, diz Mill, sobre seu próprio corpo e sua própria mente, o indivíduo é soberano. O ensaio aplica esse princípio a várias áreas, de forma mais explícita em apoio da liberdade de opinião e da liberdade de expressão.

Harriet Taylor, inspiradora, colaboradora e esposa de John Stuart Mill.

A publicação de *A sujeição das mulheres* foi o resultado de uma longa campanha de Mill para garantir os direitos femininos e possibilitar a evolução das mulheres. Quando, em seu *Ensaio sobre o governo*, James Mill afirmou que as mulheres não precisavam votar em razão de seus interesses serem coincidentes com os de suas contrapartes masculinas, o jovem John Stuart, apoiado por Bentham, dissentiu. Em suas *Reflexões sobre a reforma parlamentar*, de 1859, ele propôs que todo proprietário, fosse homem ou mulher, deveria ter o direito de votar, "pois por que o coletor de votos deveria fazer uma distinção que o coletor de impostos não faz?" (*CW* xix. 328). Em 1866 Mill apresentou uma petição em favor do sufrágio feminino, e durante os debates sobre a Segunda Reforma Constitucional propôs uma emenda — que teve 73 votos — para derrubar as palavras que restringiam esse direito aos homens. Mas *A sujeição das mulheres* tratava de assuntos muito mais amplos que o do sufrágio e atacava integralmente a instituição do casamento na forma interpretada pela lei e pela moralidade vitorianas. Da forma que era estruturado, afirmava-se ali, o matrimônio era tão somente uma forma de servidão doméstica.

De 1865 a 1868 Mill foi membro do Parlamento por Westminster. Em adição aos assuntos feministas ele se interessou pelo caso irlandês e pela reforma eleitoral. Mill criticava o governo britânico pela política de coerção sobre a Irlanda, e publicou um panfleto em que defendia uma reforma radical no sistema de posse de terras. Defendeu a representação proporcional nas eleições parlamentares como uma proteção contra o exercício da tirania de uma maioria sobre uma minoria. Suas reflexões sobre tais assuntos foram publicadas em 1861 em *Considerações sobre o governo representativo*.

Durante os últimos anos de sua vida, Mill permaneceu em Avignon ao lado de sua enteada, Helen Taylor. Ali faleceu em 1873 e foi enterrado ao lado da esposa. Sua *Autobiografia* e os *Três ensaios sobre a religião* foram publicados postumamente pela enteada.

Embora o liberalismo de Mill jamais tenha cessado de granjear admiradores, sua reputação de filósofo sistemático dissipou-se rapidamente após sua morte. Sua obra lógica foi encarada desfavoravelmente pelos fundadores da lógica simbólica moderna. Seu empirismo naufragou sob a vaga de idealismo que cercou a Bretanha nas últimas décadas do século XIX. Foi tão só quando o empirismo voltou a despertar simpatia, na década de 1930, que seus escritos começaram de novo a ser amplamente lidos. A tradição utilitarista, porém, fora mantida viva sem interrupção por Henry Sidgwick (1838-1900), que publicou sua principal obra, *Métodos da ética*, um ano depois da morte de Mill.

Sidgwick era um professor associado da Faculdade Trinity, em Cambridge. Em 1869 renunciara à sua sociedade alegando problemas de consciência. Tornou-se professor de filosofia da universidade em 1883. A princípio foi um admirador sem restrições de Mill, saudando o sistema deste como algo que o aliviara das arbitrárias regras morais de sua formação. Mas passou a sustentar a existência de uma inconsistência entre os dois grandes princípios do sistema de Mill: o hedonismo psicológico (todos buscam sua própria felicidade) e o hedonismo ético (todos deviam buscar a felicidade geral). Uma das tarefas principais que impôs a si mesmo em *Os métodos da ética* foi solucionar esse problema, o qual denominou "dualismo da razão prática".

No percurso de sua reflexão Sidgwick abandonou o princípio do hedonismo psicológico substituindo-o por um princípio ético do egoísmo racional, que afirmava que cada pessoa tinha a obrigação de buscar seu próprio bem. Esse princípio, acreditava, era intuitivamente óbvio. Também o hedonismo ético, ele decidira, fundamentar-se-ia somente nas intuições morais básicas. Desse modo, seu sistema combinava o utilitarismo e o intuicionismo, que ele via como a abordagem da moralidade pelo senso comum. Acreditava contudo que as intuições típicas do senso comum eram muito estreitas e específicas; as que eram a base da moralidade utilitarista eram mais abstratas. Uma delas afirmava que um bom futuro era tão importante quanto um bom presente; outra, que do ponto de vista do universo o bem de qualquer pessoa não é mais importante que o de outra pessoa.

Restava reconciliar as intuições do utilitarismo com as do egoísmo racional. Sidgwick chegou à conclusão de que não era possível nenhuma solução definitiva para o conflito entre minha felicidade e a felicidade geral no nível da experiência mundana (*ME*, p. xix). Para a maior parte das pessoas, ele concedia, a conexão entre o interesse individual e seu dever se faz por intermédio da crença em Deus e na imortalidade pessoal. Em razão de sua própria reticência em invocar Deus em tal contexto, Sidgwick concluiu com tristeza que "o esforço prolongado do intelecto humano para enquadrar um ideal perfeito de conduta racional parece ter sido previamente condenado a um fracasso inevitável" (*ME*, fim). Ele encontrou consolo em sua busca de prova empírica para a sobrevivência do indivíduo após a morte, busca realizada por intermédio do trabalho da Sociedade para Pesquisa Psíquica, fundada em 1882.

A filosofia da vontade de Schopenhauer

Ao introduzir seu princípio da utilidade, Bentham o havia situado em oposição ao princípio do ascetismo, que era favorável às ações até o limite em que estas levassem à diminuição da felicidade. O alvo de Bentham era a moral cristã, mas nenhum cristão jamais assumiu o princípio do ascetismo em sua inteireza. Entre todos os filósofos, o que mais esteve próximo de professar tal princípio foi o ateu Arthur Schopenhauer, que contava apenas um ano de idade quando Bentham publicou sua *Introdução*.

Filho de um comerciante de Danzig, Schopenhauer fora criado para seguir uma carreira no mundo dos negócios. Com a morte do pai, em 1803, ele retomou uma vida de estudos, iniciando em 1810 um curso de filosofia na Universidade de Göttingen, isso depois de uma frustrada tentativa de cursar medicina. Seus filósofos favoritos eram Platão e Kant, mas ele não admirava Fichte, o discípulo de Kant, a cujos cursos havia assistido em Berlim em 1811. Desagradava-o particularmente o nacionalismo de Fichte; assim, em vez de se juntar ao esforço prussiano contra Napoleão, ele se recolheu para escrever uma obra *Sobre a quádrupla raiz do princípio da razão suficiente*, apresentada por ele como dissertação de doutorado na Universidade de Iena em 1813.

Durante o período de 1814 a 1818 Schopenhauer escreveu sua obra máxima, *O mundo como vontade e representação*. A obra é dividida em quatro livros, o primeiro e o terceiro dedicados ao mundo como representação, o segundo e o quarto ao mundo como vontade. Por "representação" (*Vorstellung*) Schopenhauer não quer significar um conceito, mas uma experiência concreta — o tipo de coisa a que Locke e Berkeley se referiam fazendo uso do nome "ideia". Segundo Schopenhauer, o mundo existe somente como uma representação, relacionada apenas à consciência: "O mundo é minha representação". Para cada um de nós nosso próprio corpo é o ponto de partida de nossa percepção do mundo, os outros objetos sendo conhecidos por meio de seus efeitos uns nos outros.

A descrição de Schopenhauer do mundo como representação não difere muito do sistema kantiano. Mas o segundo livro, em que o mundo é apresentado como vontade, é altamente original. A ciência, diz Schopenhauer, explica o movimento dos corpos em termos de leis como as da inércia e da gravidade. Mas a ciência não oferece explicação a respeito da natureza interior dessas forças. De fato, nenhuma explicação do tipo poderia jamais ser oferecida se o ser humano nada mais fosse que um sujeito cognoscente. Contudo, eu mesmo estou enraizado no mundo, não sendo meu corpo apenas um objeto entre outros, mas possuindo um poder ativo do qual tenho consciência. Isso, e apenas isso, nos permite que adentremos na natureza das coisas. "A resposta ao enigma é dada ao sujeito do conhecimento, que aparece como um indivíduo, e a resposta é *vontade*. Isso, e somente isso, fornece a ele a chave de sua própria existência, revela a ele a importância, mostra a ele o mecanismo interior de seu ser, de sua ação, de seus movimentos" (*WWI* 100). Cada um de nós conhece a si mesmo como objeto e como vontade, e isso lança luz sobre todo fenômeno na natureza. A natureza interior de todos os objetos deve ser a mesma que aquela que em nós mesmos denominamos vontade. Mas há muitos graus diferentes de vontade, chegando à gravidade e ao magnetismo, e somente os mais altos graus são acompanhados pelo conhecimento e pela autodeterminação. Não obstante a vontade é a verdadeira coisa-em-si que Kant buscou em vão.

Uma vez que ele concorda que os objetos inanimados não agem motivados pela razão ou por motivações, por que Schopenhauer denomina suas tendências naturais "vontade" e não "apetite", como Aristóteles, ou "força", como Newton? Se explicarmos força em termos de vontade, retruca Schopenhauer, estaremos explicando o menos conhecido a partir do mais conhecido. O único conhecimento imediato que temos da natureza íntima do mundo nos é dado pela consciência que temos de nossa própria vontade.

Mas o que é a natureza da vontade em si? Toda vontade, nos diz Schopenhauer, emana do querer, ou seja, de uma deficiência, do sofrimento portanto. Se um desejo é concedido, a ele já outro se segue; teremos sempre muito mais desejos do que os que podemos saciar. Se nossa consciência é preenchida por nossa vontade, jamais poderemos ter felicidade ou paz; nossa melhor esperança é que a dor e o tédio alternar-se-ão entre si.

Nos livros III e IV de sua obra-prima, Schopenhauer nos oferece dois modos diferentes de libertação da escravidão da vontade. A primeira rota de escape é pela via da arte, pela pura e desinteressada contemplação do belo. A segunda rota se dá pela renúncia. Somente renunciando à vontade de viver podemos nos libertar totalmente da tirania da vontade. Renuncia-se à vontade de viver não pelo suicídio, mas pelo ascetismo. Para progredir de fato, devemos deixar para trás não apenas a perversidade (o prazer com o sofrimento alheio) e a malícia (fazer uso de outros como meios para nossos fins) mas também a mera justiça (tratar os outros como a nós mesmos) e mesmo a bondade (disposição a sacrificar-se por outrem). Devemos ultrapassar a virtude e chegar ao ascetismo. Devo chegar a uma relação de tamanho horror a esse mundo miserável de modo que não mais julgue suficiente amar aos outros como a mim mesmo ou renuncie a meus prazeres no momento em que eles se constituírem em obstáculo ao bem de outros. Para alcançar o ideal eu devo adotar a castidade, a pobreza, a abstinência e saudar a morte, quando ela vier, como uma libertação do mal.

Como modelos de autoabnegação Schopenhauer cita santos cristãos, hindus e budistas. Contudo, sua defesa do ascetismo não repousa em nenhuma premissa religiosa, concordando que a vida da maior parte dos santos era repleta de superstição. As crenças religiosas, pensava o filósofo alemão, eram a roupagem mítica de verdades não obteníveis pelos não formalmente educados. Seu sistema, porém, era declaradamente influenciado pela doutrina maia da filosofia hinduísta, a doutrina que afirma que os sujeitos e objetos individuais são todos mera aparência, o véu de Maia.

O mundo como vontade e representação teve de imediato pouca influência. Em 1820 Schopenhauer foi a Berlim, onde o filósofo dominante na universidade era Hegel, pelo qual Schopenhauer tinha pouco respeito, troçando do "efeito narcótico de longos períodos vazios sem uma única ideia neles contida". Deliberadamente ele agendava suas aulas para coincidirem com as de Hegel, mas era incapaz de evitar a debandada dos alunos. O boicote a suas aulas adicionou combustível a seu desprezo ao sistema hegeliano, ao qual ele considerava quase um total *nonsense*, ou, como ele definiu, "uma farsa atroz e extremamente preocupante" (WWI 26).

Schopenhauer não obteve nenhum reconhecimento público de seu gênio até 1839, quando foi o vencedor de um prêmio norueguês por seu ensaio *Sobre a liberdade da vontade*, por ele publicado em 1841, junto a outro ensaio sobre a fundação da ética, em um volume intitulado *Os dois problemas fundamentais da ética*. Em 1844 ele publicou uma edição aumentada de *O mundo como vontade e representação*, à qual se segue, em 1851, uma coleção de ensaios intitulada *Parerga e paralipomena*. Estes livros possibilitaram que uma audiência maior apreciasse o engenho e a clareza de seu estilo e saboreasse, com prazer ou repulsa, suas opiniões irreverentes e politicamente incorretas.

As malfadadas revoluções de 1848 no continente europeu ocorreram exatamente após Schopenhauer completar sessenta anos. Durante essa sua sexta década ele se tornou popular junto aos membros de uma geração que se desiludira com as tentativas políticas de tornar o mundo um lugar melhor. Foi cortejado pelo *establishment* acadêmico alemão que ele flagelara em seus escritos. Foi capaz de desfrutar os confortos do mundo que ele havia denunciado como uma ilusão degradante. Aos que reclamavam que sua própria vida era muito diferente do ideal ascético que pregava, Schopenhauer respondia: "É estranho demandar de um moralista que ele não deva ensinar nenhuma outra virtude que não a que ele próprio possua". Morreu em 1860.

Ética e religião segundo Kierkegaard

Enquanto Schopenhauer propagava *O mundo como vontade e representação* em Frankfurt, um filósofo dinamarquês publicava em Copenhagen uma série de tratados que apresentavam uma convocação similar ao ascetismo a partir de uma base metafísica bem diversa. Tratava-se de Søren Aabye Kierkegaard, nascido em 1813 no seio de uma família marcada pela tragédia. Sua mãe e cinco de seus seis irmãos morreram antes que ele chegasse à idade adulta; seu pai acreditava-se amaldiçoado em decorrência de uma blasfêmia proferida muito tempo atrás, quando não passava de um jovem pastor de ovelhas. Enviado à Universidade de Copenhagen em 1830 para estudar teologia, Kierkegaard adquiriu, à semelhança de Schopenhauer, uma familiaridade com a filosofia de Hegel, e também uma ojeriza a ela. Kierkegaard não apreciava a teologia, mas passou por uma conversão religiosa em 1838, acompanhada de uma experiência mística "de indescritível prazer".

Em 1841, após concluir uma dissertação sobre a ironia socrática, mudou-se para Berlim, onde frequentou os cursos de Schelling. Sua repulsa ao idealismo germânico só aumentou, mas à diferença de Schopenhauer ele considerava que o erro daquele sistema era desvalorizar o indivíduo concreto. Como Schopenhauer, no entanto, ele rascunhou para seus leitores um projeto de itinerário espiritual que findava com uma renúncia. Em sua versão, contudo, cada fase posterior desse itinerário, longe de constituir uma diminuição da individualidade, é um estágio na afirmação de uma personalidade única.

O sistema de Kierkegaard foi exposto, entre 1843 e 1846, em uma série de obras publicadas sob diferentes pseudônimos. *Ou/ou*, de 1843, apresenta duas visões de vida diferentes, uma estética, outra ética. De um ponto de partida em que o indivíduo é um membro indubitável de uma multidão, a vida estética é o primeiro estágio no rumo da autorrealização. A pessoa estética persegue o prazer, mas o faz com gosto e elegância. A qualidade essencial de seu caráter é sua recusa a assumir qualquer compromisso, seja pessoal, social ou oficial, que possa limitar suas opções para obter o que quer que lhe atraia de imediato. Com a passagem do tempo esse tipo de pessoa pode perceber que seu clamor por liberdade instantânea é na verdade uma limitação de seus poderes. Assim, se lhe vem essa percepção, ela passa para o estágio ético, em que assume seu lugar no seio das instituições sociais e aceita as obrigações que delas dimanam. Mas, por mais que se esforce para

Um desenho póstumo de Kierkegaard, por Vilhelm Marstrand.

tentar cumprir a lei moral, ela descobre que seus poderes são insuficientes para tal. Diante de Deus ela estará sempre em erro.

Os meios estético e ético de vida têm de ser transcendidos para uma ascensão à esfera religiosa. Essa mensagem é passada de diferentes modos em algumas obras posteriores escritas sob pseudônimo: *Temor e tremor*, em 1843, *O conceito de angústia*, em 1844, e *Etapas no caminho da vida*, em 1845. A série atinge seu clímax com a publicação do extenso *Pós-escrito conclusivo*, em 1846, cuja mensagem é que a fé não é o resultado de qualquer raciocínio objetivo, como afirmavam os hegelianos.

A transição da esfera ética para a religiosa é retratada de forma vívida em *Temor e tremor*, que toma como seu texto de apoio a história bíblica da ordem de Deus a Abraão para que este mate seu filho Isaac em sacrifício. Um herói ético, como Sócrates, tirou a própria vida em cumprimento de uma lei moral universal, mas Abraão rompe uma lei moral em obediência a um comando individual de Deus. É a isso que Kierkegaard chama "a suspensão teleológica do ético" — o ato de Abraão transgride a ordem ética em busca de um fim maior (*telos*) fora de si. Mas, se um indivíduo sente um chamado a violar a ordem moral, ninguém poderá dizer a ele se se trata de uma mera tentação ou de um mandamento de Deus. Ele não pode nem mesmo saber ou provar a si mesmo que isto é o certo: resta-lhe tomar uma decisão com base numa fé cega.

Após uma segunda experiência mística, em 1848, Kierkegaard adotou um método de escrita mais transparente, publicando então, sob seu nome verdadeiro, vários discursos cristãos e obras como *A pureza de coração é algo para a vontade* (1847) e *Trabalhos de amor* (1847). Mas voltou a usar pseudônimo para a publicação de *Doença para a morte*, que apresenta a fé como a única alternativa ao desespero e como a condição necessária para uma completa realização de uma existência autêntica ou pessoal.

A maioria das obras do último Kierkegaard entrou em conflito com a estabelecida Igreja dinamarquesa, à qual ele considerava cristã somente no nome. Foi um crítico rigoroso de seu primaz, o bispo J. P. Mynster, e após a morte deste, em 1854, publicou contra ele um ataque bilioso. Fundou e financiou um panfleto anticlerical, *O momento*, que circulou por nove edições, e depois disso teve um colapso em plena rua, vindo a morrer após poucas semanas de convalescença, em novembro de 1855. Contra seus desejos, e contra os protestos de seu sobrinho, foi dado a ele um funeral religioso.

Materialismo dialético

Schopenhauer e Kierkegaard derivaram seu impulso filosófico de uma reação contra o sistema hegeliano. Porém, a mais violenta e mais influente rejeição do hegelianismo foi a de Karl Marx, que descreveu sua própria missão filosófica como "virar Hegel de cabeça para baixo". O idealismo dialético de Hegel, na visão de Marx, deveria ser substituído por um materialismo dialético.

O pai de Marx era um judeu liberal que se convertera ao protestantismo pouco antes do nascimento do filho, em 1816. O jovem Karl fez seus estudos em Trier e cursou a Universidade de Bonn durante um ano, estudando direito e vivendo de modo rebelde. Foi então para a Universidade de Berlim por cinco anos, onde passou a se comportar com mais sobriedade, começou a escrever poesia e trocou o direito pela filosofia. Por ocasião de sua chegada a Berlim, Hegel já estava morto, mas Marx estudou a filosofia hegeliana com um grupo de esquerdistas conhecidos como os jovens hegelianos, que tinha entre seus membros Ludwig Feuerbach e era liderado por Bruno Bauer. De Hegel e Bauer, Marx aprendeu a ver a história como um processo dialético. Cada estágio da história era determinado por seu estágio precedente, em conformidade a princípios de lógica fundamental ou metafísicos, em um processo que possuía um rigor semelhante ao de uma prova geométrica.

Os jovens hegelianos concediam grande importância ao conceito hegeliano de alienação, isto é, o estado em que as pessoas veem como exterior a elas algo que na verdade é um elemento intrínseco a seu próprio ser. A forma de alienação enfatizada pelo próprio Hegel era aquela em que os indivíduos, os quais eram todos manifestações de um único Espírito, enxergavam uns aos outros como rivais hostis e não como elementos de uma unidade subjacente. Bauer e, principalmente, Feuerbach consideravam a religião a forma suprema de alienação, na qual os seres humanos, que eram a mais alta forma dos seres, projetavam suas próprias vida e consciência em um paraíso irreal. "A religião é a separação do homem de si próprio", escreveu Feuerbach; "ele situa Deus acima de si mesmo na forma de um ser oposto" (*W* VI. 41).

Para Hegel e Feuerbach a religião era uma forma de falsa consciência. Essa situação, segundo Hegel, seria remediada pela tradução dos mitos religiosos em metafísica idealista. Já para Feuerbach, o próprio hegelianismo era em si uma forma de alienação. A religião deveria ser eliminada, não traduzida, e substituída por uma compreensão naturalista, e positiva, da vida cotidiana dos seres humanos em sociedade. Marx concordava que a religião era uma forma de falsa consciência, mas julgava que tanto Hegel como Feuerbach haviam fornecido apenas remédios inadequados para a alienação. A metafísica hegeliana representava o homem como um mero espectador de um processo que ele devia de fato controlar. Feuerbach, por sua vez, não percebera que Deus não era a única essência alienígena cultuada pelo homem. Muito maior importância tinha o dinheiro, que representava a alienação do trabalho dos homens. Se se tomasse a propriedade privada como a base do Estado, escreveu Marx em uma crítica à filosofia política de Hegel, também o Estado era uma alienação da verdadeira natureza do homem. A alienação não seria removida por meio de reflexão filosófica: para isso era necessário nada menos que um levante social. "Os filósofos apenas interpretaram o mundo de várias maneiras; urge modificá-lo" (*TF* 11).

Depois de obter um doutorado pela Universidade de Iena, concedido pela apresentação de uma tese sobre Demócrito e Epicuro, em 1842 Marx rompeu com os jovens hegelianos, mudou-se para Colônia e iniciou carreira como jornalista político. Editou ali um jornal radical, a *Rheinische Zeitung* [*A gazeta renana*]. Em 1843 desposou uma mulher que conhecia desde a infância, Jenny von Westphalen, irmã de um barão a serviço do governo prussiano. Embora genioso e de temperamento ditatorial, Marx — algo inusual entre os grandes filósofos — desfrutou de um casamento feliz até a morte de Jenny, em 1881. Pouco depois do casamento, a *Rheinische Zeitung* foi fechada pelo governo prussiano, que atendia a pressões do tzar da Rússia.

A família Marx mudou-se então para Paris, onde Karl empregou-se como jornalista, leu muitos dos clássicos ingleses de economia política e fez um grande número de amigos radicais. Entre eles o mais importante foi Friedrich Engels, que acabara de deixar o trabalho no negócio de algodão de seu pai em Manchester, onde havia escrito um estudo sobre as classes trabalhadoras inglesas. Marx e Engels, após um encontro no Café de Régence, em Paris, começaram a elaborar em parceria a teoria do "comunismo", isto é, a abolição da propriedade privada em benefício da propriedade comunitária. A principal obra em que os dois trabalharam em colaboração foi *A ideologia alemã*, concluída em Bruxelas, para onde Marx havia migrado após ter sido expulso de Paris sob a acusação de prática de jornalismo subversivo.

Nesse livro, Marx e Engels apresentam a concepção materialista da história. A vida determina a consciência, mas não uma vida consciente. A realidade básica da história é o processo de produção econômica, e para entendê-lo é necessário entender as condições materiais dessa produção. Os modos variáveis de produção geraram a formação das classes sociais, as disputas entre elas e, eventualmente, as formas de vida política, leis e ética. O moinho de vento, por exemplo, gera uma sociedade presidida por um lorde feudal, o moinho a vapor produz uma sociedade dominada pelo capitalista industrial. Um processo dialético conduz o mundo por esses vários estágios até a revolução proletária e a chegada do comunismo.

A ideologia alemã foi publicada apenas depois da morte de Marx, mas suas ideias foram resumidas em *A miséria da filosofia*, de 1847 (uma resposta a uma obra de P. J. Proudhon intitulada *A filosofia da miséria*). A mais conhecida apresentação da concepção materialista da história é o *Manifesto comunista*, que Marx redigiu em fevereiro de 1848 tendo por base esboços escritos por Engels. Essa obra fora concebida com a intenção de ser o epítome dos princípios e ideais da recém-fundada Liga Comunista. A mensagem do *Manifesto* era assim resumida por Engels no prefácio a uma de suas últimas edições:

> Toda a história da humanidade (desde a dissolução da sociedade tribal primitiva, cuja propriedade da terra era comunitária) tem sido a história de um confronto de classes, disputas entre exploradores e explorados, classes dominantes e oprimidas; a história desses conflitos de classe forma uma série de evoluções em que, nos dias de hoje, foi atingido um estágio em que a classe oprimida e explorada — o proletariado — não pode alcançar sua emancipação ao jugo da classe exploradora e dominante — a burguesia — sem ao mesmo tempo, de uma vez por todas, emancipar a sociedade como um todo de toda exploração, opressão, distinção de classe e conflitos de classe (*CM* 48).

A sentença mais famosa do *Manifesto* é a última: "Que as classes dominantes tremam diante da revolução comunista. Os proletários não têm nada a perder senão suas correntes. Eles têm um mundo a vencer. Proletários de todo o mundo, uni-vos!".

No ano em que o *Manifesto* foi publicado houve levantes armados em várias cidades, notadamente em Paris, Berlim, Milão e Roma. Marx e Engels retornaram por um curto período à Alemanha, convocando os revolucionários a erigir um sistema de educação estatal livre, a nacionalizar os transportes e o sistema bancário e a impor uma taxa progressiva sobre o lucro. Após o colapso da revolução, Marx foi por duas vezes julgado em Colônia, numa delas sob a acusação de insultar o promotor público, noutra acusado de incitamento à revolta. Foi inocentado de ambas mas expulso dos territórios prussianos. Retornou brevemente a Paris, mas foi mais uma vez expulso de lá. Passou o resto de sua vida em Londres, frequentemente em condições de miséria abjeta, o que causou a morte por fome de seis de seus filhos.

Em Londres Marx trabalhou incansavelmente no desenvolvimento da teoria do materialismo dialético, frequentemente despendendo dez horas por dia em pesquisas na biblioteca do Museu Britânico. Durante o inverno de 1857-1858 escreveu uma série de manuais em que resumia seu pensamento econômico da década anterior, os quais não foram dados a público senão por volta de 1953, quando foram editados com o título alemão *Grundrisse*. Foi nesses esboços que ele fundamentou sua *Contribuição a uma crítica da economia política* (1859). O prefácio dessa obra apresenta uma descrição autorizada e sucinta da teoria materialista da história.

Por toda a sua vida Marx buscou combinar a teoria comunista com a prática comunista. Em 1864 ele ajudou a fundar a Associação Internacional dos Trabalhadores, mais bem conhecida como Primeira Internacional. Essa associação promoveu seis congressos em nove anos, mas padeceu em razão de dissensão interna liderada pelo anarquista Mikhail Bakunin e foi objeto de repúdio externo em razão de seu apoio à selvagem e fútil insurreição em Paris no ano de 1870. Foi extinta em 1876.

A carreira literária de Marx culminou no massivo *O capital*, obra que buscava explicar em detalhes como o curso da história era ditado por forças e relações de produção. O primeiro volume foi publicado em Hamburgo em 1867; o segundo e o terceiro volumes permaneciam inéditos por ocasião da morte de Marx, em 1883, e foram publicados postumamente por Engels. Marx foi enterrado ao lado do túmulo de sua esposa no cemitério de Highgate.

O tema da obra maior de Marx é o sistema capitalista em um estado de crise terminal. O capitalismo, em decorrência de sua própria natureza, envolve a exploração da classe operária. O valor real de qualquer produto está relacionado à quantidade de trabalho nele despendida. No entanto, o capitalista apropria parte desse valor, pagando ao trabalhador menos que o valor real do produto. À medida que a tecnologia evolui, e com ela a produtividade do trabalhador, uma proporção cada vez maior da riqueza gerada pelo trabalho é desviada para os bolsos do capitalista[2]. Essa exploração está fadada a atingir um ponto que será intolerável para o proletariado, o qual se levantará em revolta. O sistema capitalista será substituído pela ditadura do proletariado, que irá abolir a propriedade privada e introduzir um Estado socialista em que os meios de produção estarão totalmente sob controle do governo central. Mas o Estado socialista, por sua vez, será

---

2. A teoria da mais-valia de Marx será apresentada em detalhes no capítulo 11 deste volume.

substituído por uma sociedade comunista em que os interesses do indivíduo coincidirão com os da comunidade.

As previsões de Marx de uma revolução do proletariado que seria seguida pelo socialismo universal e pelo comunismo têm sido, felizmente, falsificadas no curso da história desde a sua morte. Mas, o que quer que ele próprio pudesse ter pensado, suas teorias, antes que científicas, são em essência filosóficas e políticas, e julgadas a partir desse posicionamento podem ser consideradas tanto um sucesso como um fracasso. Marx errou em afirmar que os acontecimentos são determinados totalmente por fatores econômicos. Mesmo em países que sofreram revoluções socialistas de tipo marxista, o poder mantido por indivíduos como Lenin, Stalin e Mao desmentiu a teoria de que somente forças impessoais moldam a história. Por outro lado, porém, nenhum historiador, nem mesmo um historiador da filosofia, ousaria negar atualmente a influência dos fatores econômicos sobre a política e a cultura.

Se olharmos para trás e analisarmos as propostas do *Manifesto comunista* depois de passados um século e meio, descobriremos a seguinte composição: rudes medidas draconianas que somente poderiam ser aplicadas por um regime tirânico (exemplo: abolição do direito de herança e trabalho agrícola compulsório); instituições que países desenvolvidos têm agora como garantidas (impostos progressivos e educação universal); e experiências que foram adotadas com graus maiores e menores de sucesso em diferentes épocas e lugares (nacionalização das ferrovias e do sistema bancário). Considerado um profeta, Marx foi desacreditado, assim como sua afirmação de que a ideologia é uma mera cortina de fumaça do *statu quo*. Mas a mais convincente refutação da tese de que a consciência é impotente para determinar a vida é providenciada pela própria filosofia marxista, pois a história do mundo desde sua morte foi enormemente influenciada, para o bem ou para o mal, por seu próprio sistema de ideias, tomado não como uma teoria científica, mas como uma inspiração para o ativismo político e um guia para regimes políticos.

Darwin e a seleção natural

Dez anos antes de morrer, Marx enviou uma cópia da segunda edição do primeiro volume de *O capital* a Charles Darwin, que publicara seu *Sobre a origem das espécies* quatorze anos antes. Marx recebeu um gentil agradecimento pelo presente daquela "grande obra", mas Darwin, à semelhança de vários outros leitores, descobriu-se incapaz de continuar a leitura do volume para além de suas páginas iniciais. Em sua oração fúnebre no funeral de Marx, Engels descreveu a concepção materialista da história como um avanço científico comparável à descoberta da evolução pela seleção natural. Tratava-se de um exagero, mas Marx e Darwin acabaram por ser de fato os dois pensadores mais influentes do século XIX — e os dois mais intensamente criticados, tanto em sua época como hoje em dia.

Charles Darwin nasceu em Shrewsbury em 1809 e estudou na escola local de 1818 a 1825. Começou a estudar medicina em Edimburgo em 1825, mas não chegou a completar o curso; em vez disso, matriculou-se no Christ's College, em Cambridge, e formou-se em biologia em 1831. O professor de botânica recomendou-o ao capitão Fitzroy, do HMS Beagle, que por sua vez o nomeou o naturalista do navio. Durante um cruzeiro de cinco anos no hemisfério sul, Darwin reuniu um grande número de materiais geológicos, botânicos, zoológicos e antropológicos. No princípio seu interesse era mais voltado para a geologia que para a zoologia, e fez descobertas a respeito da natureza das ilhas vulcânicas e sobre a formação dos recifes de coral. Em 1839 publicou um relato popular de suas pesquisas marítimas, em um volume mais bem conhecido como *A viagem do Beagle*. Nesse mesmo ano desposou Emma Edgewood e foi eleito para a Royal Society inglesa.

No curso das décadas de 1840 e 1850, enquanto estudava a flora e a fauna de sua propriedade no condado de Kent, concebeu a teoria da seleção natural, produzindo em 1844 um esboço de suas ideias para circulação privada. Sua intenção era apresentar a teoria em um extenso volume, a ser completado em alguma ocasião dos anos 1860. Contudo, quando um outro zoólogo, Alfred Russel Wallace, apresentou a um clube de letrados uma teoria similar sobre a "sobrevivência do mais apto", em 1858, Darwin optou por estabelecer a independência e a prioridade de suas próprias ideias. Desse modo, acelerou a edição de um "resumo" de suas ideias, *A origem das espécies*. Em 1860, num encontro da Associação Britânica para o Avanço da Ciência, Thomas Henry Huxley defendeu Darwin com sucesso em um famoso debate com Samuel Wilberforce, o bispo de Oxford.

Nos anos seguintes Darwin publicou vários tratados avulsos sobre fertilização e variações de estrutura e comportamento intra e entre espécies. O mais conhecido de seus últimos livros foi publicado em 1871, *A descendência do homem e a seleção em relação ao sexo*. Nesse livro, além de desenvolver uma teoria da seleção sexual, o que constituía um importante acréscimo à teoria da seleção natural, Darwin advogava a tese de que os seres humanos partilhavam um ancestral comum com os orangotangos, chimpanzés e gorilas. Darwin morreu em 1882 e foi enterrado na abadia de Westminster.

Darwin não foi o primeiro a propor uma teoria da evolução. Na Antiguidade, algo reconhecido pelo próprio Darwin, o filósofo siciliano Empédocles havia retirado das sombras "o princípio da seleção natural"[3]. Mas Empédocles fora cruelmente atacado por Aristóteles, que acreditava que as espécies existiam desde a eternidade, e ignorado pelos cristãos, que acreditavam que as espécies animais haviam sido criadas por Deus para Adão no jardim do Éden. O grande naturalista sueco Lineu (1707-1778), cuja classificação dos vegetais e das espécies animais iria fornecer a base sobre a qual a teoria de Darwin foi construída, acreditava que cada espécie fora criada separadamente e que as semelhanças e diferenças entre elas revelavam a intenção do criador.

Lineu e outros taxonomistas haviam dividido os reinos vegetal e animal em gênero e espécie, os quais batizaram com nomes latinos. Todos os leões, por exemplo, são membros da mesma espécie, *felis leo*. A espécie leão é um membro do gênero dos gatos (*felis*), que inclui outras espécies, como o tigre (*felis tigris*) e o leopardo (*felis pardus*). Dentro de uma dada espécie as características dos indivíduos podem variar amplamente, mas a marca definidora da espécie é o fato de que seus membros podem cruzar com outros de seus membros para a produção de descendentes da mesma espécie. Uniões entre membros de espécies diferentes, por outro lado, são em geral estéreis.

Em vez de apelar aos propósitos inescrutáveis de um criador, vários naturalistas sugeriram que as semelhanças entre as diferentes espécies reunidas em um gênero podem ser explicadas pela descendência de um ancestral comum distante. Isso foi proposto pelo avô de Darwin, Erasmus Darwin (1783-1802), assim como pelo zoólogo francês J. B. Lamarck, que já em 1815 afirmava que qualquer geração de uma espécie pode adquirir uma característica benéfica que a partir de então passaria para sua descendência. As girafas, ao buscar as folhas situadas nos lugares mais altos, esticariam seus pescoços e passariam a gerar uma prole de pescoços alongados.

Ao ressuscitar a antiga ideia de seleção natural, Darwin estava apto a adiantar uma explicação um tanto diferente para as semelhanças e diferenças entre espécies. Três eram as bases fundamentais de sua teoria. Primeiro: os organismos variam grandemente no grau ao qual estão adaptados

---

3. Ver volume I, p. 48.

ao meio ambiente em que vivem. Segundo: todas as espécies são capazes de reprodução em uma taxa que irá aumentar seu número de geração em geração — mesmo um único casal de lentos procriadores como os elefantes pode chegar a ter 15 milhões de descendentes após quinhentos anos. Terceiro: a razão pela qual as espécies não aumentam e multiplicam seu número a esta taxa decorre do fato de que de cada prole apenas uns poucos sobrevivem para chegar à idade de procriar. Todos os membros de todas as espécies têm de lutar pela existência, contra o clima, contra competidores individuais e contra espécies competidoras, a fim de obter comida para si e evitar tornar-se comida para outro. É esse terceiro fator que opera a seleção que é o mecanismo da evolução.

> Graças a essa luta pela vida, qualquer variação, por mínima que seja, e por qualquer causa que seja motivada, se for em algum grau vantajosa para um indivíduo de qualquer espécie em sua infinitamente complexa teia de relações com os outros seres orgânicos e com a natureza exterior, tenderá à preservação do indivíduo e irá em geral ser herdada por sua descendência. A descendência, além disso, irá assim ter uma melhor chance de sobrevivência, já que do grande número de indivíduos de qualquer espécie que são periodicamente dados à luz apenas uma pequena fração sobrevive (*OS* 52).

Darwin distinguia três tipos diferentes de seleção. A seleção artificial fora longamente praticada pelos agricultores que escolhiam para cruzamento os exemplares, não importando se batatas ou cavalos de corrida, que estivessem mais bem adaptados para seus objetivos. A seleção natural, à diferença da seleção artificial, não é objetiva. Variações vantajosas são preservadas e propagadas apenas pelas pressões naturais sobre a sobrevivência e a reprodução dos indivíduos de uma espécie. No âmago da seleção natural, Darwin fez uma distinção adicional: entre a seleção natural no sentido estrito, que determina se um indivíduo irá sobreviver tempo suficiente para procriar, e a seleção sexual, que determina com quem tal indivíduo irá acasalar. Ao contrário de Lamarck, Darwin não acreditava que as variações na adaptação fossem adquiridas pelos pais em seu período de vida, mas sim que as variações que eles passavam adiante eram aquelas que eles próprios haviam herdado. Embora fosse possível estabelecer algumas leis de variabilidade, a origem de uma vantagem particular poderia muito bem ser fruto do acaso.

A seleção natural pode ser facilmente ilustrada, e observada, no caso de características no interior de uma espécie simples. Suponha que há uma população de mariposas, algumas delas escuras, outras de cor clara, que vivem em bétulas e são presa de pássaros. Enquanto as árvores mantêm seu colorido argênteo natural, as mariposas mais bem camufladas terão uma chance de sobrevivência maior, compondo portanto a maior parcela da população. Se, contudo, as árvores escurecerem em decorrência da fuligem, as chances de sobrevivência irão pender em favor das mariposas escuras. Como elas sobreviverão em maior número, a impressão de quem observa de fora será de que a espécie está mudando de cor, de caracteristicamente claras para caracteristicamente escuras.

Darwin acreditava que após um longo período de tempo a seleção natural iria ainda mais longe e criaria espécies totalmente novas de plantas e animais. Claro que tal processo seria tão lento que seria inobservável no sentido normal; mas recentes descobertas em geologia tornaram plausível a ideia de que a Terra já existiu por uma quantidade suficiente de tempo para que as espécies tenham ido e vindo desse modo. A evolução pode assim explicar não somente as semelhanças e diferenças entre as espécies existentes, mas também as diferenças entre as espécies hoje existentes e as espécies extintas de eras anteriores que têm sido descobertas em forma fóssil por todo o mundo. Mesmo os mais complexos órgãos e instintos, afirmava Darwin, podem ser explicados pelo acúmulo de inumeráveis ínfimas variações, cada uma delas boa para o indivíduo.

> Supor que o olho, com todos os seus inimitáveis dispositivos para ajustar o foco a diferentes distâncias, para suportar diferentes intensidades de luz e para a correção da refração esférica e cromática, possa ter sido formado por seleção natural parece, confesso de bom grado, absurdo no mais alto grau possível. Ainda assim, a razão afirma que se se pode demonstrar a existência de várias gradações de um olho perfeito e complexo até um muito imperfeito e simples, com cada grau sendo útil para o seu dono; se depois o olho de fato variar mesmo que muito levemente, e as variações passarem a ser herdadas, o que certamente se dará; e se qualquer variação da modificação no órgão for sempre útil a um animal submetido a condições de vida cambiantes, então a dificuldade de acreditar que um olho perfeito e complexo possa ser formado pela seleção natural, embora insuperável pela nossa imaginação, dificilmente poderá ser considerada real (*OS* 152).

A validade da teoria de Darwin foi grandemente reforçada após sua morte, primeiro quando as leis da população genética estabelecidas por

Gregor Mendel tornaram-se bem conhecidas, depois quando a identificação do DNA possibilitou aos geneticistas moleculares elucidar os mecanismos da hereditariedade. A história do darwinismo faz parte da história da ciência e não da história da filosofia, mas nenhuma história da filosofia pode deixar de mencionar Darwin, em razão das implicações de sua obra biológica para a filosofia da religião e para a metafísica geral[4].

John Henry Newman

Embora as ideias de Darwin tenham gerado oposição de alguns círculos eclesiásticos, foram aceitas com equanimidade pelo maior escritor religioso da era vitoriana, John Henry Newman. Pouco depois do surgimento de *A origem das espécies*, Newman observou que quem acreditasse na criação separada de cada espécie deveria também acreditar na criação das rochas portadoras de fósseis. "Há tanto de simplicidade na criação de espécies distintas", escreveu, "quanto na criação de árvores já plenamente formadas ou pedras com fósseis nelas incrustados. Digo, é tão estranho que os macacos possam ser tão assemelhados aos homens, sem que haja nenhuma conexão histórica entre eles, quanto que não haja [...] nenhuma história ou ordem de fatos a partir da qual os ossos tenham chegado às rochas"[5]. Ele estava até mesmo disposto "a ir com Darwin até o fim" e não participou de nenhuma controvérsia entre ciência e religião. Seu direito a figurar na história da filosofia reside em outro lugar.

Newman nasceu em Londres em 1801, fez a graduação no Trinity College, Oxford, de 1817 a 1820 e foi membro do Oriel entre 1822 e 1845. Em 1828 tornou-se vigário da St. Mary, a igreja da universidade, e adquiriu fama perene como pregador. Após uma educação evangélica ele se convenceu, com o passar dos anos, da verdade da interpretação católica do cristianismo. Foi um dos fundadores do Movimento Oxfordiano, que lutava para que essa interpretação fosse aceita como autorizada no seio da Igreja da Inglaterra. Em 1845, contudo, converteu-se ao catolicismo romano e renunciou à sua participação no Oriel.

Na condição de pastor católico romano fundou um oratório, ou comunidade, de pastores paroquiais em Birmingham, onde se estabeleceu

---

4. Tais implicações serão discutidas mais à frente, nos capítulos 7 e 12.
5. Apud David Brown, *Newman: a Man for our Time*, London, SPCK, 1990, 5.

pela maior parte do resto de sua vida. Em 1850 foi designado primeiro reitor de uma nova universidade católica em Dublin, posição por ele mantida até 1858. Os cursos e conferências que proferiu enquanto ocupou esse cargo foram reunidos em *The Idea of a University*, que ao ser publicado tornou-se um clássico da teoria da educação.

Newman escreveu várias obras teológicas antes e depois de sua conversão, mas seu direito a ser considerado um grande escritor foi estabelecido para o público em geral por sua *Apologia pro vita sua*, uma autobiografia escrita em resposta às acusações contra sua integridade feitas pelo romancista Charles Kingsley. Além das obras históricas e devocionais, escreveu um clássico da filosofia, *An Essay in Aid of a Grammar of Assent* [Um ensaio a serviço de uma gramática de assentimento], de 1870, que desenvolvia ideia epistemológicas que ele mesmo havia apresentado em seus sermões universitários na igreja de St. Mary. Newman não partilhava o entusiasmo do cardeal Manning, chefe da Igreja católica da Inglaterra, pela definição de infalibilidade papal dada pelo Concílio do Vaticano em 1870. Não obstante, em 1879 foi elevado a cardeal pelo papa Leão XIII. Até sua morte, em 1890, viveu em reclusão. Uma de suas mais conhecidas obras hoje em dia é *The Dream of Gerontius*, uma meditação poética sobre a morte em forma de drama, que foi representada com música de Edward Elgar em 1900.

O interesse de Newman por filosofia derivava de seu desejo de provar ao mundo que não só a crença em Deus mas a aceitação de um específico credo religioso era uma atividade completamente racional. Ele abordou a questão de forma direta: como pode a crença religiosa ser justificada se a prova para suas conclusões soa inadequada para uma entrega total à fé? Ao contrário de Kierkegaard, Newman não advogava a adoção da fé na ausência de razões, um salto cego num precipício. Ele buscava demonstrar que a adesão a um credo era em si razoável, mesmo não podendo oferecer nenhuma prova disso em seus artigos. Na abordagem dessa questão em *A gramática do assentimento*, Newman tinha muito a dizer sobre a natureza da crença, tanto em contextos seculares como religiosos, e o que tinha a dizer era de interesse filosófico geral.

A questão filosófica geral colocada por Newman é a seguinte: É sempre errado confirmar uma proposição na ausência de prova adequada ou de argumentos? Locke afirmara que nenhuma proposição deveria ser assumida com grande segurança se não fosse justificada pelas provas sob as quais fora elaborada. Em sua resposta a isso, Newman ressaltou o fato de que muitas de nossas crenças sólidas ultrapassam em muito as frágeis provas que podemos oferecer em sua defesa. Todos acreditamos que a Grã-Bretanha é uma ilha, mas quantos de nós já circunavegaram essa ilha ou encontraram pessoas que já o fizeram? Se nos recusássemos a sequer fazer afirmações que fossem além da força das provas, o mundo não poderia avançar, e a própria ciência não faria progressos.

A crença religiosa não pode então ser condenada como irracional simplesmente com base em pontos de partida que não são mais que conjecturais. Na verdade, Newman afirmava, a mais forte prova para a verdade da religião deve ser encontrada na história do judaísmo. Ele concedia, no entanto, que essa prova tinha importância apenas para os que já estavam preparados para recebê-la, pessoas que acreditavam na existência de Deus e na possibilidade da Revelação. Se se pergunta por que alguém deve acreditar em Deus em primeiro lugar, Newman responde apelando à experiência interior do poder divino, que deve ser encontrada na voz da consciência.

Poucos que já não eram de fato crentes julgaram convincentes quer os argumentos da consciência, quer os apelos ao testemunho da história expostos por Newman. Mas o relato epistemológico geral em que ele envolveu sua apologética foi admirado por filósofos que estavam bem longe de partilhar sua fé religiosa. É defensavelmente o melhor tratamento dos tópicos da crença e da certeza situado entre Hume e Wittgenstein[6].

Nietzsche

Na época mesma em que Newman apresentava sua justificação da racionalidade da crença religiosa, foi indicado ao cargo de professor na Universidade da Basileia um jovem que iria fazer que o século XX ecoasse sua proclamação da morte de Deus. Friedrich Nietzsche nasceu em uma devota família luterana, na Saxônia, em 1844. Estudou nas universidades de Bonn e Leipzig, em que se formou não em filosofia, mas em filologia clássica, para a qual ele apresentava tal facilidade que se tornou professor titular da matéria aos 24 anos, antes mesmo de completar seu doutorado. Ensinou na Universidade de Basileia de 1869 a 1879, com uma breve interrupção quando serviu no corpo de ambulâncias durante a guerra franco-prussiana de 1870.

---

6. Ver o capítulo 6 a seguir.

Nietzsche foi profundamente influenciado por dois acontecimentos ocorridos pouco antes de assumir sua cadeira na Basileia. Um foi a leitura de *O mundo como verdade e representação*, de Schopenhauer, outro o encontro com Richard Wagner, de quem *Tristão e Isolda* o fascinara desde que ouvira a ópera aos dezesseis anos. Sua primeira obra a ser publicada, *O nascimento da tragédia*, de 1872, mostrava a influência dos dois homens. Nessa obra Nietzsche estabelecia um contraste entre os dois aspectos da psique grega: as paixões irracionais personificadas em Dioniso, que encontravam sua expressão na música e na tragédia, e a beleza harmônica e disciplinada representada por Apolo, cuja expressão se dava na épica e nas artes plásticas. O triunfo da cultura grega iria conseguir a síntese dos dois — uma síntese que foi rompida pela incursão racionalista de Sócrates. A decadência que tomou a Grécia a partir de então havia infectado a Alemanha contemporânea de Nietzsche, que somente poderia alcançar a salvação se seguisse a pista aberta por Wagner, a quem o livro era dedicado.

Entre 1873 e 1876 Nietzsche publicou uma coletânea de quatro ensaios, as *Meditações extemporâneas* (ou em outra versão para o inglês: *Canções fora da temporada*). Dois ensaios eram negativos: uma crítica a David Strauss, autor de uma famosa *Vida* de Jesus; um ataque às pretensões da história científica. Dois eram positivos: um em louvor a Schopenhauer; outro um elogio a Wagner. Mas por volta de 1878 Nietzsche já rompera com Wagner (ele não havia gostado de *Parsifal*) e perdera seu entusiasmo por Schopenhauer (cujo pessimismo ele agora julgava sufocante). Em *Humano, demasiado humano*, Nietzsche apresentava-se estranhamente simpático à moralidade utilitarista, e por uma vez parecia classificar a ciência como superior à arte. Mas sua duradoura convicção subjacente de que a arte era o supremo objetivo da vida apresentava a si própria no formato dessa obra, que é poética e aforística antes que argumentativa ou dedutiva.

Em 1879, afligido por uma doença psicossomática, Nietzsche aposentou-se prematuramente de sua cadeira na Basileia e deu um fim à sua carreira acadêmica. Pelos dez anos seguintes ele vagou por várias localidades na Itália e na Suíça em busca de uma melhor saúde, passando mais de um verão em Sils Maria, na região de Engandina. Publicou uma série de obras nas quais esperava substituir o pessimismo de Schopenhauer por uma afirmação de vida otimista. Em obras como *Aurora* (1881) e *A gaia ciência* (1882) acusou de elementos hostis à vida a autonegação cristão, a ética

Salomé, Rée e Nietzsche, fotografados em 1882.

altruísta, a política democrática e o positivismo científico. Considerava sua missão "erigir uma nova imagem e ideia do livre espírito".

Como uma expressão prática da liberdade de seu espírito, em 1882 Nietzsche uniu-se ao materialista alemão Paul Rée e à feminista russa Louise von Salomé numa coabitação "trinitária". Esse triângulo amoroso, contudo, não durou muito, e de 1883 a 1885 Nietzsche dedicou-se à produção de sua obra mais célebre, a oracular *Assim falou Zaratustra*. O final infeliz de sua relação com Lou Salomé pode ter sido em parte a origem de seu mais famoso aforismo: "Vais estar com mulheres? Não esqueças do chicote". Mas o livro continha três ideias mais importantes que seriam consideradas de importância no período final da vida de Nietzsche. Uma é a ideia de que os homens como eram agora seriam superados por uma raça de homens-além-do-homem: "mais altos, mais fortes, mais triunfantes, mais felizes, edificados precisamente em corpo e alma". A segunda é a ideia da transvaloração dos valores: uma completa reviravolta das prioridades morais tradicionais, em especial das cristãs. A terceira é a ideia do eterno retorno: no tempo infinito há ciclos periódicos em que tudo que já aconteceu irá acontecer novamente.

Essas ideias foram expostas de uma maneira menos profética e mais discursiva nas filosoficamente mais importantes das obras de Nietzsche, *Além do bem e do mal*, de 1886, e *Genealogia da moral*, de 1887. Esses textos estabelecem um contraste entre uma aristocrática moralidade mestra, que tem em alta conta a nobreza, a bravura e a veracidade, e uma moralidade serva, ou moral do rebanho, que valoriza traços de submissão como humildade, simpatia e benevolência. Nietzsche via essas obras como os prolegômenos a uma exposição sistemática de sua filosofia, em que ele trabalhou intensamente mas que jamais foi capaz de completar. Várias versões extraídas de suas notas foram publicadas postumamente, mas somente a primeira parte da obra foi publicada durante sua vida, sob o título *O anticristo*, em 1895.

O ano de 1888 foi um período de produção febril. Em adição a *O anticristo*, Nietzsche publicou um feroz ataque a Wagner (*O caso Wagner*) e escreveu *Crepúsculo dos ídolos* (publicado em 1889). Além disso, escreveu uma obra semiautobiográfica, *Ecce homo*, em que podem ser detectados sinais de instabilidade mental (provavelmente de origem sifilítica) que o levaram a ser internado em Iena em 1889. Terminou seus dias insano, aos cuidados primeiro de sua mãe e depois, em Weimar, de sua irmã Elizabeth, que organizou um arquivo de seus escritos. Nietzsche morreu em

1900; sua irmã assumiu o controle de seu *Nachlass* e exerceu um grau de controle protetor sobre sua publicação.

Durante o século XX, Nietzsche teve grande influência na Europa continental, especialmente sobre a literatura russa e a filosofia alemã. Sua oposição à moralidade submissa e ao socialismo democrático tornou-o popular entre os nazistas, que viam a si próprios como desenvolvendo uma raça de homens superiores. Em parte em razão disso, ele foi por muito tempo negligenciado pelos filósofos de língua inglesa, mas na última parte do século XX os eticistas de tradição analítica chegaram à conclusão de que seu massacre da moral tradicional necessitava ser respondido antes que ignorado[7].

---

7. Os escritos de Nietzsche sobre a moralidade serão abordados detalhadamente no capítulo 9 a seguir.

2

De Peirce a Strawson

Charles Sanders Peirce e o pragmatismo

Os pensadores que vimos analisando até o momento nestes volumes vieram todos da Europa, da África do Norte ou do Oriente Médio. O continente americano, hoje em dia a morada dos mais influentes filósofos do mundo, foi quase estéril em filosofia até o final do século XIX. No século XVIII, agudas contribuições a diferentes áreas da filosofia foram feitas pelo teólogo calvinista Jonathan Edwards (1703-1758) e pelo polímata de estirpe iluminista Benjamin Franklin (1706-1790). No início do século XIX, o ensaísta Ralph Waldo Emerson (1803-1882) apresentou uma forma de idealismo, batizada "transcendentalismo", que foi por um curto período popular nos Estados Unidos. Mas foi a obra de Charles Sanders Peirce (1839-1914) que levou a filosofia americana à maturidade.

Peirce era filho de um formidável professor de matemática de Harvard, e ali ele obteve uma graduação *summa cum laude* em química no ano de 1863. Serviu na guarda costeira americana por trinta anos, além de fazer pesquisas no observatório de Harvard. O único livro que publicou, *Photometric resources*, foi sobre astronomia. Por volta de 1872 juntou-se a William James, Chauncey Weight, Oliver Wendell Holmes e outros mais em um grupo de discussões conhecido como Clube Metafísico. Ministrou vários cursos-conferências sobre história e lógica da ciência em Harvard, e de 1879 a 1884 foi um conferencista de lógica na nova, e voltada para a pesquisa, Universidade Johns Hopkins, em Baltimore. Mas Peirce era um colega temperamental, impaciente com as convenções acadêmicas, e seu casamento com Melusina Fay, uma pioneira do feminismo, foi rompido em 1883. Não conseguindo obter estabilidade no emprego, jamais voltou a ter um cargo acadêmico ou um emprego de tempo integral. Passou o final de sua vida em condições de pobreza na Pensilvânia, acompanhado de sua dedicada segunda esposa, Juliette.

Peirce foi um pensador altamente original. À semelhança de muitos outros filósofos do século XIX, ele assumiu como seu ponto de partida a filosofia de Kant, cuja *Crítica da razão pura* Peirce afirmava saber quase de cor. Apesar disso, ele considerava amadora a compreensão que Kant possuía da lógica formal. Quando se propôs sanar essa deficiência julgou necessário reconvocar substanciais partes do sistema kantiano, como a teoria das categorias. Caso raro entre seus contemporâneos, ele conhecia e admirava os escritos dos escolásticos medievais, em particular as obras de Duns Scotus. A característica que mais elogiava nos filósofos escolásticos (assim como nos arquitetos góticos) era a completa ausência de soberba em suas obras. O próprio Peirce tinha em alto conceito seus próprios méritos, considerando Aristóteles e Leibniz seus únicos pares em lógica. Sua obra cobria um campo vastíssimo, não apenas sobre a lógica em seu sentido estrito, mas também sobre teoria da linguagem, epistemologia e filosofia da mente. Peirce foi a origem de uma das mais influentes escolas de filosofia, a do pragmatismo.

Durante o tempo em que esteve vivo, a filosofia de Peirce foi apresentada ao público apenas em uma série de artigos para periódicos. Em 1868 ele publicou, no *Journal of Speculative Philosophy*, dois artigos intitulados Questions Concerning Certain Faculties Claimed for Man [Questões a respeito de certas faculdades atribuídas ao homem], que apresentaram uma versão inicial de sua epistemologia. Os resultados são principalmente negativos: não possuímos poder de introspecção nem temos o poder de pensar sem signos. Acima de tudo, não possuímos a capacidade de intuição: toda cognição é determinada logicamente por alguma cognição anterior.

Uma série de "ilustrações sobre a lógica da ciência", publicada na revista *Popular Science Monthly* de 1877 a 1878, foi mais influente. Nesses artigos ele enunciou seu princípio da falibilidade, que afirma que tudo o que se afirma ser conhecimento humano, no fim, revela-se como enga-

Charles Sanders Peirce com sua segunda esposa, Juliette.

no. Isso, insistia Peirce, não significa que não há algo como a verdade objetiva. A verdade absoluta é a meta da investigação científica, mas o máximo que podemos atingir são aproximações a essa verdade, sempre passíveis de evolução. Um dos artigos de 1878 contém a primeira formulação do que viria a ser depois chamado de "o princípio do pragmatismo", que dizia que para obtermos clareza em nossos pensamentos a respeito de um objeto precisamos apenas avaliar quais os efeitos de tipo prático que o objeto possa manifestar (*EWP* 300).

Em 1884 Peirce editou uma antologia dos *John Hopkins Studies in Logic*. Para essa edição ele escreveu um ensaio sobre a lógica das relações, tendo seu sistema de lógica quantificacional apresentado por um de seus estudantes. O sistema incluía uma notação inédita para a representação da sintaxe das relações: por exemplo, o signo composto "Lij" poderia ser a representação de que Isaac ama Jessica, e o signo "Gijk" poderia ser a representação de que Isaac entregou Jessica a Kore. O sistema continha também dois signos para quantificadores, "Σ", que correspondia a "algo", e "Π", que correspondia a "tudo". A sintaxe do que Peirce chamava sua "álgebra geral de lógica" era equivalente à do sistema de lógica que Gottlob Frege, sem que Peirce soubesse, havia desenvolvido na Alemanha alguns anos antes.

No ensaio A Guess at the Riddle [Um palpite sobre o enigma], publicado nas edições de *The Monist* de 1891-1892, Peirce apresentou sua metafísica e sua filosofia da mente contra o pano de fundo de uma abrangente cosmologia evolucionária. A afirmação definitiva de seu pragmatismo (que ele agora preferia chamar de "pragmaticismo", uma vez que desejava desautorizar algumas das teses de seus discípulos pragmatistas) foi lançada em um curso de conferências em Harvard, em 1903, e numa subsequente série de estudos publicados na revista *The Monist* em 1905.

Nos últimos anos de sua vida Peirce trabalhou duro para desenvolver uma teoria geral dos signos — uma "semiótica", como ele a chamava — que serviria de painel para a filosofia do pensamento e da linguagem. Muitas de suas ideias, que alguns consideram sua mais importante contribuição para a filosofia, foram aperfeiçoadas entre 1903 e 1912 na correspondência que manteve com uma inglesa, Victoria Welby.

Peirce jamais chegou a completar a síntese integral da filosofia em que trabalhou por muitos anos, e ao morrer deixou um grande volume de esboços não publicados, muitos dos quais foram editados postumamente tão logo o interesse por sua obra despertou no século XX. Sua influência sobre outros filósofos não guardou proporção com seu gênio. A obra lógica de Peirce jamais foi apresentada em uma forma absoluta e rigorosamente formal, e foi Frege que, a partir de Russell, deu ao mundo o sistema lógico que os dois haviam concebido de forma independente. A versão mais sutil de Peirce do pragmatismo jamais acendeu a imaginação do mundo do mesmo modo que a versão mais popular de seu admirador William James. Assim, é para a obra de Frege e James que nos voltamos agora.

O logicismo de Frege

Gottlob Frege (1848-1925) foi conhecido por poucas pessoas durante o tempo em que esteve vivo, mas após sua morte passou a ocupar um lugar de destaque na história da filosofia. Foi o inventor da moderna lógica matemática, além de um destacado filósofo da matemática. É reverenciado por muitos como o fundador da escola de filosofia que foi por muito tempo a dominante nas universidades anglófonas, a filosofia analítica, que concentra suas preocupações em torno da análise do significado da linguagem. A virada linguística que marcou o século XX é resultado de sua influência — mediada na Grã-Bretanha por Bertrand Russell e no continente europeu por Edmund Husserl.

Frege nasceu numa família luterana de professores primários que viviam em Wismar, na costa báltica da Alemanha. Seu pai morreu quando Frege ainda era adolescente, e a partir de então sua mãe, então reitora da escola feminina que havia sido fundada por seu marido, financiou seus estudos no colégio e na universidade. Ele entrou na Universidade de Iena em 1869, mas depois de cursar quatro semestres mudou-se para Göttingen, onde, em 1873, obteve seu Ph.D. com uma dissertação sobre geometria. Retornou a Iena na posição de *privatdozent* (conferencista sem proventos) em 1874, ensinando ali na faculdade de medicina por um período de 44 anos, tornando-se professor em 1879. À parte suas atividades intelectuais, levou uma vida sem sobressaltos e reclusa. Poucos de seus companheiros davam-se ao trabalho de ler seus livros e artigos, e teve dificuldades em encontrar um editor para sua obra mais importante.

A carreira produtiva de Frege começou em 1879, com a publicação de um panfleto intitulado *Begriffsschrift* [Conceitografia]. A conceitografia que deu título ao livro era um novo simbolismo concebido para expor com clareza relações lógicas que a linguagem comum obscurece. Frege fez uso dela para desenvolver um novo sistema que tivesse um lugar permanente no coração da lógica moderna: o cálculo proposicional, ramo da lógica que lida com as inferências que dependem da força de negação, conjunção, disjunção etc. quando aplicadas a sentenças como um todo. Seu princípio fundamental é tratar os valores-de-verdade (isto é, a verdade ou falsidade, conforme o caso) das sentenças que contêm conectivos como "e", "se" e "ou" como determinados unicamente pelos valores-de-verdade das sentenças componentes unidas por conectivos. Sentenças compostas como "Neve é branca e grama é verde" são tratadas como, em termos técnicos dos lógicos, *funções-de-verdade* das proposições simples que lhes são constituintes, como "Neve é branca" e "Grama é verde".

A lógica proposicional fora estudada na Antiguidade pelos estoicos e na Idade Média por Ockham e outros[1], mas foi Frege que deu a ela sua primeira formulação sistemática. *Begriffsschrift* apresenta o cálculo proposicional de uma maneira axiomática em que todas as leis da lógica proposicional derivam, por um método específico de inferência, de várias proposições primitivas. O simbolismo que Frege inventou para esse objetivo é de utilização difícil, e há muito foi descartado na apresentação do cálculo, mas as operações que ele exprime continuam a ser fundamentais na lógica matemática.

Contudo, não foi o cálculo proposicional a maior contribuição de Frege para a lógica, mas sim o cálculo predicado, que é o ramo da lógica que lida com a estrutura interna das proposições e não com proposições consideradas unidades atômicas. Frege inventou uma notação inédita para a quantificação, isto é, um método de simbolizar e demonstrar rigorosamente as inferências que dependem, para sua validade, de expressões como "tudo" ou "algo" ou "nenhum". Simultaneamente a essa notação ele apresentou um cálculo predicado que aperfeiçoava enormemente a silogística aristotélica que até então fora considerada o alfa e o ômega da lógica. O cálculo de Frege abria espaço para que pela primeira vez a lógica formal lidasse com sentenças contendo quantificações múltiplas, do tipo "Ninguém sabe tudo" e "Todo rapaz ama alguma garota"[2].

Embora *Begriffsschrift* seja um texto clássico na história da lógica, o objetivo de Frege ao escrevê-lo estava mais relacionado com a matemática que com a lógica. Ele queria pôr em ação um sistema de aritmética formal e um sistema de lógica formal e, mais importante ainda, desejava demonstrar que os dois sistemas eram intimamente relacionados. Ele afirmava poder demonstrar que todas as verdades da aritmética eram consequência das verdades da lógica sem necessitar de qualquer tipo de auxílio extra. O modo pelo qual essa tese (que passou a ser conhecida como "logicismo") seria demonstrada foi esboçado em *Begriffsschrift* e exposto de modo mais completo em duas obras posteriores, *Grundlagen der Arithmetik* [Fundamentos da aritmética], de 1884, e *Die Grundgesetze der Arithmetik* [As leis fundamentais da aritmética], de 1893 e 1903.

---

1. Ver o volume I, p. 171 ss. e o volume II, p. 173-176.
2. Ver capítulo 4 na sequência.

O passo mais importante no programa logicista de Frege era a definição de noções aritméticas, como a de número, em termos de noções puramente lógicas, como a de classe. Frege consegue atingir seu objetivo ao considerar os números cardeais como classes de classes equivalentes, isto é, de classes com a mesma quantidade de membros. Assim, o número dois é a classe de pares, o número três, a de trios. À primeira vista, tal definição soa como circular, mas na verdade não é, pois a noção de equivalência entre classes pode ser definida sem que se faça uso da noção de número. Duas classes são equivalentes entre si se podem ser situadas uma na outra sem sobra. Assim, para tomar um exemplo do próprio Frege, um garçom pode saber que na mesa há tantas facas quantos são os pratos sem que saiba quantos há de cada um. Tudo o que ele precisa fazer é observar que há uma faca colocada à direita de cada prato e um prato à esquerda de cada faca.

Assim, podemos definir quatro como a classe de todas as classes equivalente à classe dos evangelistas. Mas essa definição seria inútil para os objetivos do lógico, dado que o fato de que há quatro evangelistas não é parte da lógica. Frege deve descobrir, para cada número, não somente uma classe do tamanho certo, mas uma cujo tamanho seja garantido pela lógica. Isto ele consegue ao começar pelo zero como o primeiro da série dos números, algo que pode ser definido em termos puramente lógicos como a classe de todas as classes equivalente à classe de objetos que não são idênticos a si mesmos: uma classe que, obviamente, não possui nenhum membro ("a classe nula"). A partir daí podemos então prosseguir, definindo o número um como a classe de todas as classes equivalentes à classe daqueles cujo único membro é o zero. Para que se possa passar dessas definições a definições de outros números naturais Frege necessita definir a noção de "sucessivos" no sentido de que três sucede dois e quatro sucede três na série numérica. Ele define "n sucede imediatamente m" como "Há um conceito F, e um objeto que lhe pertence x, tal que o número de Fs é n e o número de Fs não idêntico a x é m". Com o auxílio dessa definição os outros números podem ser definidos sem o uso de quaisquer noções que não as noções lógicas, tais como identidade, classe e equivalência de classes.

Begriffsschrift é uma obra austera e formal. Os *Fundamentos da aritmética* apresentam o programa logístico de modo muito mais completo, mas também muito mais informal. Os símbolos raramente dão o ar da graça, e Frege esforça-se em demasia para relacionar sua obra às de outros filósofos. Segundo Kant, nosso conhecimento de aritmética e geometria depende da intuição: na *Crítica da razão pura* ele afirmou que as verdades matemáticas são sintéticas *a priori*, ou seja, que enquanto forem autenticamente informativas elas serão conhecidas antes da experiência[3]. John Stuart Mill, como vimos, assegurava que as proposições matemáticas eram gerералizações empíricas, largamente aplicáveis e amplamente confirmáveis, não obstante, *a posteriori*.

Ombreando com Kant e contra Mill, Frege concordava que a matemática era conhecida *a priori*, julgando como Kant que a geometria repousava sobre a intuição. Mas sua tese de que a aritmética era um ramo da lógica significava que ela não era sintética, como afirmava Kant, mas analítica. Era baseada, se Frege estava certo, unicamente em leis gerais que operavam em toda esfera de conhecimento e não necessitavam de nenhuma confirmação dos fatos empíricos. A aritmética, não mais que a lógica, não possui uma questão temática exclusiva.

Nos *Fundamentos* há duas teses que Frege considera importantes. Uma é a de que cada número individual é um objeto autossubsistente. Outra é a de que o conteúdo de uma afirmação assinalando um número é uma asserção sobre um conceito. À primeira vista, essas proporções parecem conflitar entre si, mas tão logo compreendemos o que Frege quer dizer com "conceito" e "objeto" percebemos que não são conflitantes.

Ao afirmar que um número é um objeto, Frege não sugere que o número é algo tangível, como um arbusto ou uma caixa. Antes, ele nega duas coisas. Primeiro, que um número é uma propriedade de algo: em três ratos cegos, a tresidade não é uma propriedade de qualquer rato do mesmo modo que o é a cegueira. Segundo, ele nega que um número seja algo subjetivo, uma imagem ou ideia de qualquer propriedade de qualquer item da mente.

Para Frege, os conceitos são independentes da mente, e portanto não há contradição entre a afirmação de que os números são objetivos e a afirmação de que as afirmações de números são afirmações sobre conceitos. Com esta segunda afirmação, Frege quer dizer que uma afirmação do tipo "A Terra tem uma Lua" concede o número um ao conceito *Lua da Terra*. De modo símile, "Vênus não possui luas" concede o número zero ao conceito *luas de Vênus*. Neste último caso, fica bem claro que não existe lua alguma que tenha um número como sua propriedade. Mas todas as afirmações de número têm de ser tratadas do mesmo modo.

---

3. Ver vol. III, p. 126 ss.

Mas, se as afirmações de número desse tipo são afirmações sobre conceitos, que tipo de objeto é o número em si? A resposta de Frege é que um número é a extensão de um conceito. O número que pertence ao conceito *F*, ele afirma, é a extensão do conceito "como enumerado ao conceito *F*". Isto é o equivalente a dizer que é a classe de todas as classes que tem o mesmo número de membros que a classe de *F*s, como foi explicado acima. Assim, a teoria de Frege de que os números são objetos depende da possibilidade de assumir classes como objetos.

No ano de publicação dos *Fundamentos*, Frege publicou vários estudos seminais sobre a filosofia da linguagem. Três vieram à luz no período 1891-1892: Função e conceito; Sentido e referência; Conceito e objeto. Cada um deles apresentava ideias filosóficas originais de grande importância com surpreendentes brevidade e clareza. Eles foram sem dúvida consideradas pelo próprio Frege complementares a suas preocupações a respeito da natureza da matemática, mas hoje em dia são tidos como os clássicos fundadores da moderna teoria semântica[4].

Entre 1884 e 1893 Frege concebeu o tratado que seria o ápice de sua carreira intelectual, o *Grundgesetze der Arithmetik*, que iria expor de modo completo e formal a construção logicista da aritmética a partir da lógica. A tarefa era enunciar um conjunto de axiomas que seriam verdades de lógica identificáveis, propor um conjunto de regras de inferência indubitavelmente fortes e, então, derivar desses axiomas a partir daquelas regras, uma por uma, as verdades-padrão da aritmética. A derivação deveria ocupar três volumes, dos quais somente dois foram completados, o primeiro abordando os números naturais, o segundo os números negativos, racionais, irracionais e complexos.

O ambicioso projeto de Frege foi abortado antes de ser completado. Entre a publicação do primeiro volume, em 1893, e a do segundo, em 1903, Frege recebeu uma carta de um filósofo inglês, Bertrand Russell, indicando que o quinto do conjunto inicial de axiomas tornava todo o sistema inconsistente. Com efeito, esse axioma afirmava que se todo *F* é um *G*, e todo *G* é um *F*, então a classe de *F*s é idêntica à classe de *G*s, e vice-versa. Era exatamente o axioma que, nas palavras do próprio Frege, permitia a transição de um conceito a sua extensão, a transição dos conceitos às classes que era essencial se se quisesse estabelecer que os números eram objetos lógicos.

---

4. A contribuição de Frege à filosofia da linguagem é detalhada no capítulo 5 a seguir.

O problema apontado por Russell era que o sistema, com esse axioma, permite a irrestrita formação de classes de classes, de classes de classes de classes e assim por diante. As classes devem ser elas próprias classificáveis. Mas pode uma classe ser um membro de si mesma? Muitas classes não são (a classe dos homens não é um homem). Parece portanto que temos dois tipos de classes: o das que são membros de si mesmas e o das que não são. Mas a formação da classe de todas as classes que não são membros de si mesmas conduz a um paradoxo: se ela é um membro de si mesma, então ela não é um membro de si mesma, e se ela não é um membro de si mesma então é um membro de si mesma. Um sistema que conduz a esse tipo de paradoxo não pode ser consistente do ponto de vista lógico.

O segundo volume do *Grundgesetze* já estava na gráfica quando a carta de Russell chegou. Visivelmente destroçado, Frege descreveu o paradoxo em um apêndice e tentou remendar o sistema enfraquecendo o axioma culpado. Mas esse sistema revisado provou-se a seu turno inconsistente. Após aposentar-se pela Universidade de Iena em 1918, Frege parecia ter desistido de sua crença de que a aritmética pudesse ser derivada da lógica, e retornou assim à visão kantiana de que era, à semelhança da geometria, sintética *a priori*.

Sabemos agora que o programa logicista jamais poderia ser levado a termo. O caminho dos axiomas de lógica para os teoremas de aritmética é bloqueado em dois pontos. Primeiro, como mostrou Russell, o ingênuo conjunto da teoria que era parte da fundamentação lógica de Frege era em si inconsistente. Segundo, a noção de "axiomas de aritmética" foi ela própria posta em dúvida quando posteriormente demonstrado pelo matemático austríaco Kurt Gödel, em 1931, que era impossível dar à aritmética uma axiomatização completa e consistente.

Não obstante, o legado filosófico de Frege foi imenso. Frequentemente, ele comparava o matemático ao geógrafo responsável pelo mapeamento de novos continentes. Sua própria carreira como pensador assemelhava-se à de Cristóvão Colombo como explorador. Assim como Colombo falhou na busca de uma passagem para as Índias, mas apresentou à Europa todo um novo continente, assim Frege fracassou em derivar a aritmética da lógica, mas fez inovações em lógica e avanços na filosofia que alteraram permanentemente o mapa completo de ambos os temas. À semelhança de Colombo, Frege sucumbiu ao desencorajamento e à depressão; destinava-se a jamais saber que fora o fundador de um influente movimento filosófico. Mas não perdeu completamente a esperança de que sua obra tivesse valor: ao deixar seus escritos para seu filho, pouco antes de sua morte, em 1925, escreveu: "Não despreze as peças que escrevi. Se nem tudo é ouro, há ouro nelas".

Psicologia e pragmatismo em William James

William James (1842-1910) era seis anos mais velho que Frege, mas iniciou sua carreira filosófica já bem avançado em anos. Nasceu em New York, filho de um teólogo swedenborgiano e tendo como irmão mais velho o celebrado romancista Henry James. Foi educado em parte nos Estados Unidos e em parte na Europa, onde frequentou escolas na França e na Alemanha. Por algum tempo hesitou entre a pintura e a medicina como carreiras, mas em 1864 matriculou-se na Faculdade de Medicina de Harvard. Após graduar-se padeceu por algum tempo de má saúde e depressão, mas após recuperar-se (o que atribuiu à leitura das obras do filósofo francês Charles Renouvier) foi indicado como professor de anatomia e fisiologia na faculdade de Harvard, em 1873. Seus interesses mudaram para a psicologia empírica, e em 1876 ele inaugurou o primeiro laboratório psicológico nos Estados Unidos. Entre seus pupilos figurava a grande novelista Gertrude Stein. Os dois volumes de seu *Princípios de psicologia*, publicados em 1890, constituíam uma vívida pesquisa dos resultados da disciplina infantil. A tarefa da psicologia, como James a encarava, era unir as condições do cérebro aos fenômenos variáveis do fluxo de consciência.

A obra veio a ser um livro-texto-padrão, mas na época em que foi publicado James havia abandonado a psicologia e se tornado professor de filosofia — um tema que o havia fascinado desde suas discussões com Peirce e outros no Clube Metafísico de 1872. À semelhança do pai, James era profundamente interessado pelos temas religiosos, desejando reconciliar uma visão de mundo científica com a crença em Deus, a liberdade e a imortalidade. Sua carreira profissional como filósofo foi inaugurada em 1897, com o surgimento de *A vontade de crer*, em que discute situações nas quais temos de tomar decisões na ausência de prova teórica irresistível. Em tais casos, argumentava, o dever de acreditar na verdade deve receber o mesmo peso do dever de evitar o erro. James logo granjearia uma reputação internacional, e em 1901-1902 apresentou as Conferências Gifford em Edimburgo, que foram posteriormente publicadas com o título *As variedades da experiência religiosa*. Nessa obra James propôs-se examinar "os sentimentos, atos e experiências dos homens como sujeitos em sua solidão, na medida em que eles percebam a si mesmos em relação com o que quer que possam considerar o divino". Ele submeteu os fenômenos do misticismo e outras formas de sentimento religioso a uma investigação empírica na esperança de estabelecer sua autenticidade e sua validade.

Foi a publicação de *Pragmatismo*, em 1907, que estabeleceu a posição de James como o decano da filosofia americana. Tanto o título como seu tema foram creditados por James a Peirce, e em sua formulação desse princípio pragmatista sua dívida é óbvia:

> Para obter perfeita clareza em nossos pensamentos de um objeto precisamos considerar quais são os efeitos concebíveis de tipo prático que o objeto possa envolver — que sensações devemos esperar dele e quais reações devemos preparar. Nossa concepção desses efeitos, seja imediata ou remota, será então para nós o todo de nossa concepção do objeto, na medida em que aquela concepção tenha um significado positivo de fato (P 47).

Contudo, se o pragmatismo era em Peirce uma teoria do significado, o de James era uma teoria da verdade, e se o pragmatismo de Peirce era interpessoal e objetivo o de James era individualista e subjetivo. Por essa razão Peirce desvinculou-se da teoria de James e mudou o nome da sua própria para "pragmaticismo".

Para o pragmatismo de James, uma ideia é verdadeira enquanto acreditamos que ela é de serventia para nossas vidas: "A verdade é o nome de qualquer coisa que prove ser boa no caminho da crença" (P 42). James e seus discípulos por vezes resumiram isso com o seguinte lema: "Verdade é o que funciona". A isso os críticos objetaram que a crença em uma inverdade pode tornar as pessoas tão felizes quanto a crença em uma verdade, o que significa que a verdade não pode ser associada a uma satisfação de longa duração. Tanto crentes como não crentes ficaram estupefatos com a seguinte afirmação de James: "Se a hipótese de Deus funciona satisfatoriamente no mais amplo sentido da palavra, ela é verdadeira" (P 143).

James insistia que sua teoria não implicava qualquer negação da realidade objetiva. Realidade e verdade são diferentes uma da outra. Coisas possuem realidade; são as ideias que temos delas e as crenças que nelas temos que são verdadeiras. "As realidades não são *verdade*, elas *são*; e crenças são as verdades *a respeito* delas" (T 196). Não é por descobrirmos que as consequências de uma crença são boas que aprendemos se ela é verdadeira ou não; mas são as consequências que concedem "o único *sentido* prático inteligível àquela diferença em nossas crenças que nosso hábito de as denominar verdadeiras ou falsas comporta" (*T* 273).

Afirma-se com frequência que o que torna uma crença verdadeira é sua correspondência com a realidade. James está disposto a aceitar isso, mas pergunta ao que em concreto equivale a noção de correspondência. Ao falarmos de uma ideia "apontando para" a realidade, ou "adequando-se a ela", ou "correspondendo", ou "concordando" com ela, aquilo sobre o que estamos de fato falando são os processos de validação ou verificação que nos conduzem da ideia para a realidade. Tais eventos mediadores, diz James, *tornam* a ideia verdadeira.

Em uma série de ensaios (reunidos em *O significado da verdade*, de 1909) James defendeu, qualificou e refinou seu pragmatismo. Mas não ficou esclarecido se em seu sistema a existência de fato de uma realidade é uma condição necessária para uma crença ser em si satisfatória (caso em que ele estaria vinculado à correspondência como um elemento da verdade) ou se uma crença em um objeto possa ser satisfatória sem que aquele objeto exista de fato (caso em que ele estaria abrindo a guarda à acusação de dar preferência à especulação em detrimento da autêntica investigação).

No mesmo ano em que publicou *O significado da verdade*, James publicou também *Um universo pluralístico*, obra em que aplicava o pragmatismo em apoio a uma visão de mundo religiosa. Ali falava de nossa percepção de um "ser mais amplo do qual fluem para nós experiências salvadoras" e de um "mar materno de consciência". James acreditava, contudo, que a quantidade de sofrimento no mundo nos impede de acreditar em uma infinita e absoluta divindade: a consciência sobre-humana é limitada seja em poder, seja em conhecimento, seja em ambos. Mesmo Deus não pode determinar ou prever o futuro; o mundo vir a ser pior ou melhor depende das escolhas dos seres humanos em cooperação com ele.

Em sua velhice, possuidor de uma personalidade jovial e afável, além de ser um grande comunicador, James era reverenciado por muitos dentro e fora dos Estados Unidos. Peirce, por seu lado, estava isolado e abandonado, e em 1907 foi encontrado por um dos alunos de James quase à beira da morte de fome em uma casa alugada em Cambridge. James então organizou um fundo que supriu as necessidades básicas de Peirce até sua morte de câncer em 1914. O próprio James já havia morrido de doença cardíaca em 1910; em seu leito de morte em Cambridge ele pediu a seu irmão Henry que não se afastasse dali por seis semanas para que pudesse receber quaisquer mensagens que ele pudesse mandar do além-túmulo. Nenhuma mensagem foi registrada.

James morreu antes de completar seu sistema metafísico, mas seu programa pragmatista foi continuado por outros após sua morte. John Dewey (1859-1952), em sua longa carreira acadêmica nas universidades de Ann Arbor, Chicago e Columbia, em New York, aplicou-o mais particularmente à área educacional americana, mas também escreveu livros influentes sobre muitos temas sociais e políticos. Sua busca constante era explorar como os métodos de investigação que haviam sido tão bem-sucedidos na ciência física e na tecnologia poderiam ser estendidos a outras áreas da busca humana.

Na Inglaterra F. C. S. Schiller (1864-1937) desenvolveu uma versão do pragmatismo a que chamou "humanismo". Schiller era formado pelo Balliol College, em Oxford, e por algum tempo lecionou na Universidade de Cornell, em New York, onde encontrou James, antes de regressar como professor associado do Corpus Christi College. Era caso ímpar em Oxford, já que nos últimos anos do século XIX os departamentos na maior parte das universidades do Reino Unido eram dominados por uma versão britânica do idealismo hegeliano.

O idealismo britânico e seus críticos

Após a morte de John Stuart Mill teve início uma reação contra a tradição do empirismo britânico do qual ele havia sido um tão destacado expoente. Em 1874, um ano após a morte de Mill, um tutor de Balliol, T. H. Green (1836-1882), publicou uma edição do *Tratado sobre a natureza humana*, de David Hume, com uma extensa introdução em que submetia as pressuposições do empirismo a uma crítica devastadora. No mesmo ano apareceu lá a primeira de uma longa série de traduções das obras de Hegel para o inglês, que haviam sido primeiramente introduzidas em Oxford na década de 1840 por Benjamin Jowett (1817-1893), o *Master* do Green's College. Dois anos depois, F. H. Bradley, do Merton, publicou *Ethical Studies*, um clássico fundador do hegelianismo britânico. Em 1893, Bradley concluiu seu *Appearance and Reality*, a mais completa e magistral afirmação do idealismo britânico. Pouco depois, em Cambridge, os métodos e algumas das doutrinas da *Lógica* de Hegel foram expostos em uma série de tratados pelo filósofo J. M. E. McTaggart, do Trinity College.

O idealismo greeniano, à semelhança do pragmatismo jamesiano, era parcialmente motivado por preocupações religiosas. "Há um ser espiritual e autoconsciente do qual tudo o que é real é a atividade e a expressão", escreveu Green em seu *Prolegomena to Ethics*, publicado um ano após sua morte, em 1882; "somos todos relacionados a esse ser espiritual, não meramente como partes do mundo que é sua expressão, mas como participantes em alguma medida elementar da autoconsciência por meio da qual ele ao mesmo tempo constitui a si próprio e distingue-se do mundo". Essa participação, Green afirmava, era a fonte da moralidade e da religião. Bradley e McTaggart, contudo, expurgaram o idealismo de qualquer conteúdo remotamente cristão e chegaram mesmo a negar a existência de qualquer Absoluto que não a comunidade dos eus finitos.

Era dado como certo entre os idealistas britânicos, contudo, que a realidade era essencialmente espiritual em natureza: eles rejeitavam a concepção dualista de que a mente e a matéria são dois reinos iguais e independentes do ser. Mas o "monismo" de Bradley tinha outro aspecto fundamental: a afirmação de que a realidade deve ser considerada uma totalidade. A verdade pertence não às proposições individuais, atomísticas, mas somente aos julgamentos sobre o ser como um todo. Em *Appearance and Reality*, Bradley tenta demonstrar que se tentarmos conceber o universo como um complexo de substâncias independentes distintas de suas relações entre si cairemos em contradição. Cada item no universo é relacionado — internamente relacionado, por sua essência mesma — a cada um dos outros itens. Os objetos da experiência cotidiana, o espaço e tempo em que habitam e até mesmo o próprio sujeito da experiência, o eu individual, não passam de meras aparências, úteis para objetivos práticos, mas um tanto enganadoras quanto à verdadeira natureza da realidade.

A predominância do idealismo foi certeiramente contestada na virada do século por dois jovens filósofos de Cambridge, G. E. Moore (1873-1958) e Bertrand Russell (1872-1970). Os dois eram pupilos de McTaggart e deram seus primeiros passos na filosofia na condição de hegelianos. Mas Russell considerava Hegel menos notável que McTaggart, incomodando-o a posição confusa de Hegel quanto à matemática. Em "The Nature of Judgement" (1899), Moore rejeitou a tese fundamental de que a realidade é uma criação da mente, substituindo-a pelo realismo platônico: conceitos são realidades objetivas e independentes, consistindo o mundo nesses conceitos combinados entre si para formar proposições verdadeiras. Após esse ataque ao idealismo metafísico, passados quatro anos Moore atacou

O salão do Trinity College, em Cambridge, lar de
G. E. Moore, Bertrand Russell e Ludwig Wittgenstein.

o idealismo empirista. Em "The Refutation of Idealism" ele recusava a afirmação de que *esse is percipi*; existir é algo um tanto diferente de ser percebido, e os objetos de nosso conhecimento são independentes do conhecimento que temos deles. Além disso, os objetos materiais são algo que percebemos diretamente.

A revolta de Moore contra o idealismo teve grande impacto em Russell. "Foi imensamente excitante", ele recordou posteriormente, "após ter suposto ser o mundo sensível irreal, ser capaz de acreditar novamente que existiam de fato coisas como mesas e cadeiras" (A 135). Russell experimentou uma grande sensação de libertação do pensamento de que, *pace* Locke e os que a ele se seguiram, a grama fosse realmente verde. À semelhança de Moore, ele combinou sua renúncia ao idealismo com a afirmação de uma fé platônica nos universais: toda palavra, particular ou geral, substituía uma entidade objetiva. Em particular, como reação a Bradley, ele concedia grande importância à independente realidade das relações. Em um brilhante estudo da filosofia de Leibniz, datado de 1899, ele chegou mesmo a afirmar que a elaborada e intricada estrutura da metafísica das mônadas surge do simples erro de pensar que todas as sentenças devem ser da forma sujeito–predicado, em vez de perceber que as sentenças relacionais são irredutíveis a esse padrão.

Matemática, lógica e linguagem segundo Russell

Por essa época, um tópico de particular interesse para Russell era o das relações, já que o foco de seu pensamento repousava na natureza da matemática, em que afirmações relacionais como "n segue-se a m" desempenham um importante papel. Independentemente de Frege, e de início sem qualquer tipo de conhecimento sobre a obra deste, Russell iniciou um projeto logicista de derivar a matemática da lógica pura. Seu objetivo era na verdade mais ambicioso que o de Frege, pois ele esperava demonstrar que não somente a aritmética, mas também a geometria e a análise eram derivadas de axiomas lógicos gerais. Entre 1900 e 1903, influenciado em parte pelo matemático italiano Giuseppe Peano, Russell desenvolveu suas ideias para incorporação em um extenso volume, *Os princípios da matemática*. Foi durante o processo de elaboração dessa obra que ele encontrou o paradoxo que leva seu nome, o paradoxo gerado pela classe de todas as classes que não são membros de si mesmas. Como já vimos, ele comunicou sua descoberta a Frege, a quem tivera a atenção chamada por Peano. Russell apresentou a obra de Frege para o público leitor de língua inglesa em um apêndice a *Os princípios*. À luz do paradoxo, os dois grandes lógicos perceberam que seu projeto, se quisesse ser bem-sucedido, necessitaria de considerável modificação.

A tentativa de Russell de evitar o paradoxo assumiu a forma de uma teoria dos tipos. Segundo essa teoria, seria errado tratar as classes como objetos randomicamente classificáveis. Indivíduos e classes pertencem a tipos logicamente diversos, e o que pode ser afirmado dos elementos de um tipo não pode ser significativamente afirmado dos de outro. "A classe dos cachorros não é um cachorro" não era uma afirmação verdadeira ou falsa, mas tão só desprovida de sentido. Igualmente, aquilo que pode ser dito significativamente das classes não pode ser dito de classes de classes, e assim sucessivamente, por toda a hierarquia dos tipos lógicos. Para evitar o paradoxo temos de observar a diferença de tipos entre diferentes níveis de hierarquia.

Porém, outra dificuldade apresentava-se agora. Lembremos que Frege havia, com efeito, definido o número dois como a classe de todos os pares, e definido todos os números naturais de modo similar. Mas um par é tão só uma classe de dois membros, do que se segue que o número dois, segundo essa notação, é uma classe de classes. Se impusermos limitações à formação de classes de classes, como poderemos definir a série de números naturais? Russell reteve a definição do zero como a classe cujo único membro é a classe nula, mas tratou agora o número um como a classe de todas as classes equivalentes à classe cujos membros são (a) os membros da classe nula, mais (b) qualquer objeto que não seja membro daquela classe. O número dois foi tratado por sua vez como a classe das classes equivalente à classe cujos membros são (a) os membros da classe utilizada para definir um, mais (b) qualquer objeto que não seja um membro daquela classe definidora. Desse modo os números podem ser definidos um após o outro, e cada número é uma classe de classes de indivíduos.

Contudo, a série dos números naturais poderá ser assim continuada *ad infinitum* somente se o número de objetos no universo for em si infinito. Pois, se há somente n indivíduos, então não irá haver classes com $n + 1$ membros, e portanto nenhum número cardinal $n + 1$. Russell aceitou isso e posteriormente acrescentou a seus axiomas um axioma do infinito, isto é, a hipótese de que o número de objetos no universo não é finito. Seja ou não verdadeira essa hipótese, ela com certeza não é uma verdade de pura lógica, e portanto a necessidade de a postular parecer anular o projeto logicista de derivar a aritmética da lógica apenas.

A filosofia posterior de Russell sobre a matemática foi apresentada ao mundo em duas notáveis obras. A primeira apresentação, mais técnica, foi escrita em colaboração com seu antigo orientador, A. N. Whitehead, e apareceu em três volumes, publicados entre 1910 e 1913, sob o título *Principia mathematica*. A segunda, uma obra mais popular, *Introdução à filosofia matemática*, foi escrita enquanto Russell cumpria prisão em razão de suas atividades em protesto contra a guerra em 1917.

Por essa época Russell havia granjeado distinção fora da filosofia da matemática, em áreas que se tornariam posteriormente interesses maiores dos filósofos britânicos. Sua primeira obra, junto com a de Moore, é frequentemente apontada como tendo inaugurado uma nova era na filosofia britânica, a era da "filosofia analítica". Mesmo que o impulso ao estilo analítico de pensar possa ser retroagido, como o próprio Russell ficava feliz em reconhecer, à obra de Frege, foi Moore, no século XX, quem primeiro tornou corrente o termo "análise" como a marca de um particular modo de filosofar.

Antes e acima de tudo, "análise" era um lema anti-idealista: em vez de aceitar a necessidade de entender um todo antes de se poder entender suas partes, Moore e Russell insistiam que a via correta para o entendimento era a análise dos todos por sua redução a pedaços. Mas o que era que se iria reduzir a pedaços: coisas ou signos? De início, tanto Moore como Russell viam a si mesmos como analistas de conceitos, não de linguagem — conceitos que eram realidades objetivas independentes da mente. "Onde a mente distingue elementos", escreve Russell em 1903, "*deve* haver elementos diferentes a ser distinguidos" (*PM* 466). A análise revelaria a complexidade dos conceitos e exibiria seus elementos constitutivos. Esses constitutivos poderiam ser sujeitos de análise posterior ou poderiam ser simples, e portanto não passíveis de análise. Nos *Principia ethica* (1903), Moore fez sua famosa afirmação de que o *bem* era apenas uma propriedade simples, não analisável.

Na época da redação de *Os princípios da matemática*, Russell acreditava que para preservar a objetividade dos conceitos e julgamentos era necessário aceitar a existência de proposições que subsistiam independentemente de sua expressão em sentenças. Moore estava convicto de que não eram apenas os conceitos, relações e números que possuíam ser, mas também as quimeras e os deuses homéricos. Se estes não tivessem ser, seria impossível fazer proposições sobre eles. "Assim, ser é um atributo geral de tudo, e mencionar algo é demonstrar que este algo é" (*PM* 449).

A análise teve sua virada linguística em 1905, com a publicação do seminal estudo de Russell "On Denoting" [Sobre a denotação]. Neste ensaio ele mostrou como dar sentido a sentenças contendo expressões como "o círculo quadrado" e "o atual rei da França" sem afirmar que essas expressões denotam alguma entidade, ainda que obscuras, no mundo. O estudo foi por muito tempo considerado um modelo de análise, mas é claro que não contém nenhuma análise de círculos quadrados ou de reis inexistentes. Em vez disso, ele mostra como reescrever tais sentenças, preservando seu significado mas removendo a aparente atribuição de ser para a de não existente. Além disso, o método de Russell é explicitamente linguístico, consistindo em fazer uma distinção entre os símbolos (como os nomes próprios) que denotam algo e o mundo e outros símbolos, aos quais batizou "símbolos incompletos", dos quais descrições definidas como "o atual rei da França" são uma instância. Esses símbolos não possuem significado próprio — eles não denotam coisa alguma —, mas as sentenças em que ocorrem possuem um significado, quer dizer, elas expressam uma proposição que é ou verdadeira ou falsa[5].

Assim, a análise lógica do tipo posto em prática em "On Denoting" é uma técnica de substituir uma formação claramente lógica de palavras por outra formação de palavras, o que é de algum modo enganador. Mas na mente de Russell a análise lógica era não somente um instrumento linguístico para a classificação de sentenças; ele chegou a acreditar que a lógica, tão logo tivesse sido delineada de forma transparente, revelaria a estrutura do mundo.

A lógica contém variáveis individuais e funções proposicionais: em correspondência a isso, Russell acreditava, o mundo contém particulares e universais. Na lógica complexa as proposições são construídas como funções-de-verdade de proposições simples. Similarmente, Russell chegou a acreditar, existem no mundo fatos atômicos independentes que correspondem a proposições simples. Os fatos atômicos consistem ou na posse de uma característica por um particular ou em uma relação entre um ou mais particulares. Essa teoria de Russell passou a ser chamada de "atomismo lógico".

O desenvolvimento da teoria pode ser acompanhado nos livros que Russell escreveu nos anos próximos à Primeira Guerra Mundial: *Os proble-*

---

5. A teoria das descrições definidas de Russell será apresentada em detalhes no capítulo 5 a seguir.

mas da filosofia (1912), uma perene introdução popular ao tema, e o mais profissional *Nosso conhecimento do mundo exterior*, de 1914. Sua mais vívida apresentação foi dada em uma série de conferências em Londres, em 1918, "A filosofia do atomismo lógico", publicada muito tempo depois no volume *Lógica e conhecimento* (1956). Russell passou a acreditar que toda proposição que podemos entender deve ser integralmente composta de itens com os quais somos familiarizados. "Familiaridade" era sua palavra para apresentação imediata: somos familiarizados, por exemplo, com nossos dados dos sentidos, que eram os equivalentes em Russell das impressões em Hume ou dos pensamentos em Descartes. Mas a familiaridade direta era também possível com os universais que repousam por trás dos predicados de uma linguagem lógica reformada; isto era o que permanecia do platonismo inicial de Russell. A familiaridade, portanto, não era possível em relação a objetos distantes no espaço e no tempo: não poderíamos ser familiarizados com a rainha Vitória e nem mesmo com nossos próprios dados sensoriais do passado. As coisas que não foram conhecidas por familiaridade são conhecidas por descrição; daí a importância da teoria das descrições para o desenvolvimento do atomismo lógico.

Russell aplicava agora a teoria das descrições não somente aos círculos quadrados e objetos ficcionais, mas a muitas coisas que o senso comum consideraria como perfeitamente reais, como Júlio César, mesas e repolhos. Estas, ele agora declarava, eram construções lógicas fora dos dados sensoriais. Em uma sentença como "César cruzou o Rubicão!", dita na Inglaterra de agora, temos uma proposição em que não há constituintes individuais com os quais possuamos familiaridade. Para explicar como podemos entender a sentença, Russell analisa os nomes "César" e "Rubicão" como descrições definidas que, integralmente ditas, não incluiriam quaisquer termos referentes aos objetos aparentemente nomeados na sentença.

Os nomes próprios comuns são portanto descrições disfarçadas. Uma sentença completamente analisada conterá somente nomes logicamente próprios (palavras referentes a particulares com os quais são familiarizadas) e termos universais (palavras que indiquem caracteres e relações). A descrição de Russell daquilo que conta como nomes logicamente próprios varia segundo a época. Nas versões mais rigorosas da teoria, somente os demonstrativos puros parecem contar como nomes, de modo que uma proposição atômica seria algo como "(este) vermelho" ou "(este) em vez (daquele)".

"A filosofia do atomismo lógico" não foi nem de longe a última palavra de Russell em filosofia. Em 1921 ele escreveu *A análise da mente*, que defendia uma versão do monismo neutro de William James, a teoria que afirma que a mente e a matéria consistem em um material neutro que, para todos os efeitos práticos, nada mais é que os dados dos sentidos internos e externos. Durante as décadas de 1930 e 1940, Russell escreveu muitos livros populares sobre assuntos políticos e sociais e tornou-se famoso pela natureza heterodoxa de suas ideias morais e célebre pelo desenlace de sucessivos casamentos. Em 1940, indicado para um curto período como professor no City College de New York, foi considerado inadequado para lecionar pela Suprema Corte do Estado. Em 1945 publicou uma brilhantemente escrita, mas frequentemente imprecisa, *História da filosofia ocidental*, responsável por ter sido premiado com o Nobel de literatura.

O último livro de filosofia de Russell foi *Conhecimento humano: seu alcance e seus limites* (1948). Nesta obra ele buscou fornecer uma justificação empírica para o método científico. Para sua decepção, o livro recebeu reduzida atenção. Embora tenha se tornado bastante conhecido em uma fase posterior de sua vida, especialmente após ter herdado um condado, como ativista em assuntos sociais e políticos, particularmente na questão do desarmamento nuclear, a reputação de Russell entre os filósofos profissionais jamais voltou aos níveis de admiração devotados a suas obras antes de 1920. O próprio atomismo lógico, como ele foi o primeiro a admitir, era na maior parte devido às ideias de Ludwig Wittgenstein, um de seus últimos pupilos, do qual contaremos a história a seguir.

O *Tractatus* de Wittgenstein

Wittgenstein nasceu em Viena no ano de 1889 em uma família austríaca de descendência judaica. A família era grande e rica, o pai um destacado milionário do aço que tinha nove filhos com sua esposa católica, todos eles batizados na religião da esposa. A família era também altamente artística. Johannes Brahms era um conviva frequente, e o irmão de Ludwig, Paul, era um pianista concertista que adquiriu fama internacional a despeito de ter perdido um braço na Primeira Guerra Mundial. Ludwig foi educado no lar até completar quatorze anos, depois cursou a Realschule, em Linz, por três anos. Um de seus colegas de curso foi Adolf Hitler.

No colégio, em parte por influência de Schopenhauer, Wittgenstein abandonou a crença religiosa. Estudou engenharia em Berlim e depois na Universidade de Manchester, onde projetou um motor de reação-a-jato para aeronaves. Leu os *Princípios de matemática* de Russell, por intermédio dos quais se familiarizou com a obra de Frege, a quem visitou em Iena em 1911. A conselho de Frege, entrou para Cambridge, passando cinco períodos no Trinity College, estudando sob a orientação de Russell, que rapidamente reconheceu seu gênio e o manteve sob sua guarda.

Wittgenstein deixou Cambridge em 1913 e passou a viver como um ermitão em uma cabana que ele próprio construiu em Norway. As notas e cartas que escreveu nesse período expõem a germinação da visão de filosofia que ele iria manter por toda a sua vida. A filosofia, escreveu, não era uma disciplina dedutiva, não podendo ser situada no mesmo patamar das ciências naturais. "A filosofia não fornece quadros da realidade nem pode confirmar ou refutar as investigações científicas" (*NB* 93).

Com o irromper da guerra em 1914, Wittgenstein alistou-se como voluntário na artilharia do Exército austríaco, tendo servido com coragem notável nos frontes oriental e italiano. Caiu prisioneiro dos soldados italianos no Tirol setentrional em novembro de 1918 e foi conduzido a um campo de prisioneiros próximo de Monte Cassino. Durante o serviço militar escreveu pensamentos filosóficos em seu diário, e no período em que passou aprisionado transformou essas anotações no único livro de filosofia que publicou em vida, o *Tractatus logico-philosophicus*. Do campo de prisioneiros remeteu o livro a Russell, com quem foi capaz de discuti-lo na Holanda. O livro foi publicado na Alemanha em 1921; pouco depois era editado na Inglaterra, com tradução para o inglês de C. K. Ogden e uma introdução de Russell.

O *Tractatus* é curto, bonito e cifrado. Consiste em vários parágrafos numerados, a maioria deles breve. O primeiro é "O mundo é tudo que é o caso". O último é "Sobre aquilo de que não se pode falar, deve-se calar". O tema-chave do livro é a teoria figurativa do sentido. A linguagem, nos é dito, consiste em proposições que pintam o mundo. Proposições são expressões perceptíveis do pensamento; os pensamentos são figuras lógicas dos fatos, e o mundo é a totalidade dos fatos.

Uma sentença como "O trem para Londres parte às 11h15min" ou "O sangue é mais grosso que a água" não se parece com uma figura. Mas Wittgenstein acreditava que as proposições e os pensamentos eram figuras em um sentido literal; se não se pareciam com figuras era porque a linguagem envolve o pensamento com um pesado disfarce. Mas mesmo na linguagem comum, insistia ele, há um elemento figurativo perceptível. Tome-se a sentença "Meu garfo está à esquerda de minha faca". Isso afirma algo bem diferente de outra sentença contendo exatamente o mesmo número de palavras, a saber: "Minha faca está à direita de meu garfo". O que faz que a primeira sentença tenha o significado que tem é o fato de que em seu interior *as palavras* "meu garfo" ocupam a posição à esquerda *das palavras* "minha faca", o que elas não fazem na segunda sentença. Assim, uma relação espacial entre palavras figura uma relação espacial entre coisas (*TLP* 4.102).

Poucos casos são tão simples quanto este. Se a sentença fosse falada em vez de escrita, tratar-se-ia de uma relação temporal entre sons antes que de uma relação espacial sobre a página que iria representar a relação entre os itens sobre a mesa. Mas isso, por sua vez, é porque a sequência falada e a disposição espacial partilham uma certa estrutura abstrata. De acordo com o *Tractatus*, qualquer figura deve ter algo em comum com o objeto que representa. Esse mínimo compartilhado Wittgenstein chama de sua forma lógica. Muitas proposições, à diferença do atípico exemplo acima, não possuem forma espacial em comum com a situação que representam; mas toda proposição deve ter uma forma lógica em comum com aquilo que representa.

Wittgenstein acreditava que para revelar a estrutura figurativa do pensamento oculta pelo disfarce da linguagem comum devemos proceder a uma análise lógica nas linhas sugeridas por Russell. Nessa análise, confirmava, ao final chegaremos aos símbolos que denotam objetos inteiramente não complexos. Uma proposição completamente analisada consistirá em uma combinação de proposições atômicas, cada uma das quais conterá nomes de objetos simples, nomes relacionados uns aos outros de modos que figurarão, de forma verdadeira ou falsa, as relações entre os objetos que representam. Esse tipo de análise pode estar além dos poderes humanos, mas já o pensamento que a proposição expressa, na mente, tem a complexidade da proposição completamente analisada. Expressamos esse pensamento em alemão, inglês ou português corrente pela operação inconsciente de regras extremamente complicadas. A conexão entre a linguagem e o mundo é feita pela correlação entre os elementos decisivos desses pensamentos no recôndito da mente e os objetos atômicos que constituem a essência do mundo. A nós não se diz como são feitas essas correlações: trata-se de um processo misterioso que, parece, cada um de nós deve administrar por si mesmo, criando, como se dá, uma linguagem particular.

Tendo exposto a teoria da figura da proposição e a estrutura de mundo que vem com ela, Wittgenstein mostra como as proposições de vários tipos devem ser analisadas em combinações de figuras atômicas. A ciência consiste em proposições cujo valor-de-verdade é determinado pelos valores-de-verdade das proposições atômicas a partir das quais são construídas. A lógica consiste em tautologias, isto é, em proposições complexas que são verdadeiras não importando qual seja o valor-de-verdade de suas proposições constituintes. Nem todas as proposições são passíveis de análise em proposições atômicas: algumas há que revelam a si mesmas como pseudoproposições. Entre estas encontram-se as proposições da ética e da teologia. Assim também, é o que se revela, são as proposições da filosofia, incluindo as do próprio *Tractatus*.

O *Tractatus*, como nenhum outro tratado metafísico, tenta descrever a forma lógica do mundo; mas isso é algo que não pode ser feito. Uma figura deve ser independente daquilo que ela figura; deve ser capaz de ser uma falsa figura não menos que uma verdadeira. Mas, uma vez que toda proposição deve conter a forma lógica do mundo, ela não o pode figurar. O que o metafísico tenta dizer não pode ser dito, mas apenas mostrado. Os parágrafos do *Tractatus* são como uma escada que deve ser escalada e depois descartada se queremos ver o mundo da forma apropriada. A filosofia não é uma teoria, mas uma atividade, a atividade de esclarecer proposições não filosóficas. Uma vez esclarecidas, as proposições espelharão a forma lógica do mundo e mostrarão desse modo o que o filósofo deseja, mas não pode, dizer.

Nem ciência nem filosofia podem nos mostrar o sentido da vida. Mas isso não significa que um problema seja deixado sem solução.

> Pois só pode existir dúvida onde exista uma pergunta; uma pergunta, só onde exista uma resposta; e esta, só onde algo *possa* ser *dito*. Sentimos que, mesmo que todas as questões científicas *possíveis* tenham obtido resposta, nossos problemas de vida não terão sido sequer tocados. É certo que não restará, nesse caso, mais nenhuma questão; e a resposta é precisamente essa (*TLP* 6.51-6.52, 279).

Mesmo se se pudesse acreditar na imortalidade, isso não conferiria sentido à vida; nada é resolvido se se vive para sempre. Uma vida eterna poderia ser um enigma tão grande quanto o seguinte: "Deus não se revela *no* mundo", escreveu Wittgenstein. "O místico não é *como* o mundo é, mas *que* ele é" (*TLP* 6.432, 6.44; 279).

A filosofia pode fazer muito pouco por nós. O que ela pode fazer, contudo, foi feito definitivamente pelo *Tractatus* — era isso o que Wittgenstein acreditava. De forma perfeitamente coerente, depois de publicar o livro ele desistiu da filosofia e passou por vários empregos mais monótonos. Com a morte de Karl Wittgenstein, em 1912, Ludwig, como os irmãos, herdou uma grande fortuna, mas ao voltar da guerra ele renunciou à sua parte, e em vez de fazer uso dela sustentou a si próprio como jardineiro em um mosteiro ou como professor primário em escolas rurais. Em 1926 foi acusado por um de seus alunos de aplicação de castigos sádicos, e embora tenha sido inocentado o fato significou o fim de sua carreira como professor.

Positivismo lógico

Wittgenstein retornou a Viena e ajudou a projetar a arquitetura de uma nova casa para sua irmã. Ela o apresentou a Moritz Sclick, professor de filosofia da ciência na Universidade de Viena, com quem Wittgenstein retomou suas investigações intelectuais. Os dois se encontravam nas noites de domingo, em 1927 e 1928, e a eles juntaram-se outros, entre os quais Rudolph Carnap e Friedrich Waismann. Em 1929 Wittgenstein foi a Cambridge para trabalhar em um manuscrito filosófico (publicado postumamente com o título *Philosophische Bemerkungen* [Observações filosóficas]). Durante sua ausência o grupo de debates evoluiu para um movimento filosófico autoconsciente e publicou um manifesto, o *Wissenschaftliche Weltauffasssung der Wiener Kreis* [Concepção científica do mundo do Círculo de Viena = Manifesto do Círculo de Viena], que lançou uma campanha contra a metafísica como um sistema ultrapassado que deveria abrir caminho para uma visão de mundo científica.

O programa antimetafísico explorava algumas das ideias do *Tractatus* e proclamava que as verdades necessárias eram necessárias somente porque eram tautologias. Isso os habilitou a aceitar que as verdades matemáticas eram necessárias ao mesmo tempo em que negavam que elas nos afirmassem qualquer coisa sobre o mundo. O conhecimento sobre o mundo poderia ser obtido somente pela experiência, e as proposições somente possuíam significado se pudessem ser verificadas ou falseadas pela experiência. A tese de que o significado de uma proposição era seu modo de sua verificação, o princípio verificador, era a grande arma no ataque à metafísica. Se dois metafísicos discutissem a respeito da natureza do Absoluto ou sobre o objetivo do universo, poder-se-ia silenciá-los com a seguinte questão: "Que possível experiência poderia resolver a disputa entre vocês?".

Logo irromperam disputas a respeito do *status* e da formulação do princípio de verificação. Era ele em si uma tautologia? Era verificável pela experiência? Nenhuma resposta parecia satisfatória. Além disso, leis gerais da ciência, à semelhança dos dogmas metafísicos, pareciam incapazes de uma verificação conclusiva. Mais, elas eram passíveis de falsificação, e isso bastaria para lhes dar significado. Deveríamos então substituir o princípio de verificação por um princípio da falsificação? Mas se o fizermos será difícil entender como as afirmações de existência são significativas, pois somente um exaustivo percurso do universo poderia falsificá-las de forma conclusiva. Pareceu prudente reformular o critério de significância em uma forma mais fraca, que apresentasse uma proposição que tivesse sentido somente se houvesse algumas observações que fossem relevantes para a sua verdade ou falsidade. Wittgenstein deu apenas um assentimento qualificado para o princípio de verificação, mas por essa época ele defendia com frequência seu análogo *a priori*, que o senso de proposição matemática é o método de sua prova.

A verdadeira tarefa da filosofia, pensavam os positivistas, não era tanto estabelecer proposições filosóficas universais quanto esclarecer afirmações não filosóficas, e nisso eles estavam de acordo com Wittgenstein. O método que escolheram para esse esclarecimento era demonstrar como as afirmações empíricas eram construídas de forma verofuncional a partir de afirmações elementares, ou "protocolares", que eram registros diretos da experiência. As palavras que ocorrem em afirmações protocolares derivam seu significado da definição ostensiva — vale dizer, de um gesto que indicaria a apresentação da experiência que elas representam.

Esse programa deparou com um enorme obstáculo. As experiências registradas por protocolos aparentam ser privativas a cada indivíduo. Se o sentido depende da verificação, e cada um de nós empreende a verificação por um processo a que ninguém mais tem acesso, como poderia alguém entender o significado de quem quer que fosse? Schlick tentou responder a isso estabelecendo uma distinção entre forma e conteúdo. O conteúdo de minha experiência é aquilo que desfruto ou experimento quando, por exemplo, vejo algo vermelho ou algo verde. Isso é algo privativo ou incomunicável. Mas a forma, ou estrutura, da experiência pode ser comum a muitos. Quando vejo uma árvore ou um pôr-do-sol não posso saber se outras pessoas têm as mesmas experiências — talvez, quando elas olham para uma árvore, elas vejam o que eu vejo quando olho para um pôr-do-sol. Mas, na medida em que estejamos de acordo em chamar de verde uma

A. J. Ayer, que popularizou o positivismo lógico
na Grã-Bretanha na década de 1930.

árvore e de vermelho um pôr-do-sol, somos capazes de comunicar-nos uns com os outros e construir o idioma da ciência.

Wittgenstein não se satisfez com essa solução e lutou para fornecer uma definição de sentido que não apresentasse o risco de solipsismo. Afastou-se do Círculo de Viena e retornou de forma definitiva a Cambridge. Tendo submetido o *Tractatus* como uma dissertação de doutorado, tornou-se membro do Trinity College. O Círculo deu continuidade a seu programa antimetafísico, notadamente em um periódico, o *Erkenntnis*, editado por Schlick em sociedade com Hans Reichenbach, de Berlim. Suas ideias tiveram ampla circulação na Grã-Bretanha a partir de 1936, com a publicação de *Língua, verdade e lógica*, de A. J. Ayer. Um pouco mais tarde no mesmo ano, contudo, Schlick foi baleado por um estudante perturbado; e por volta de 1939 o Círculo deixou de existir, com alguns de seus mais destacados membros forçados ao exílio. O mais celebrado legado do Círculo à posteridade foi a publicação, em 1935, de *The Logic of Scientific Discovery*, de Karl Popper, que nunca fora membro em tempo integral do grupo.

A filosofia do último Wittgenstein

Na década de 1930 Wittgenstein tornou-se o mais influente professor de filosofia da Grã-Bretanha. Durante esse período virou a epistemologia e a filosofia de cabeça para baixo. Filósofos anteriores, de Descartes a Schlick, haviam lutado para demonstrar como o conhecimento do mundo público exterior — fosse científico ou emanado do senso comum — poderia ser construído a partir dos últimos, imediatos, dados privados da intuição ou da experiência. Wittgenstein mostrou nesse período que a experiência privada, longe de ser a base sobre a qual o conhecimento e a crença são fundados, era algo que em si pressupunha um mundo público compartilhado. Mesmo as palavras das quais fazemos uso para enquadrar nossos pensamentos mais íntimos e secretos derivam o único sentido que possuem de seu uso em nosso discurso externo comum. O problema da filosofia não é construir o público a partir do privado, mas fazer justiça ao privado no contexto do social.

Após seu retorno à filosofia, Wittgenstein abandonou muitas das teses do *Tractatus*. Ele deixou de acreditar em átomos lógicos e de buscar uma linguagem logicamente articulada na fala cotidiana. Uma doutrina definidora do atomismo lógico fora a de que toda proposição elementar é independente de qualquer outra proposição elementar. Claro que não se podia dizer o mesmo das afirmações protocolares dos positivistas: o valor-de-verdade de "Isto é um retalho vermelho" não é independente do valor-de-verdade de "Isto é um retalho azul". A reflexão sobre isso conduziu Wittgenstein a questionar a distinção das proposições entre elementares e não elementares e a abandonar a ideia de que os últimos elementos da linguagem são nomes que identificam objetos simples.

Wittgenstein passou a acreditar que no *Tractatus* havia obviamente simplificado em demasia a relação entre linguagem e mundo. A conexão entre os dois devia consistir apenas em duas características: a ligação dos nomes aos objetos e a adequação ou inadequação das proposições aos fatos. Isso, assim ele pensava agora, era um grande erro. Palavras assemelham-se umas às outras, do mesmo modo como um pedal se assemelha a um freio, mas as palavras diferem umas das outras em função do mesmo modo que os mecanismos operados pelos dois pedais. Wittgenstein enfatizava agora que a linguagem estava entrelaçada com o mundo de muitas diferentes maneiras, e para se referir a esses enlaces ele cunhou a expressão "jogos de linguagem".

Como exemplos de jogos de linguagem Wittgenstein cita o obedecer e o dar ordens, descrever a aparência dos objetos, exprimir sensações, fornecer medidas, construir um objeto a partir de uma descrição, comunicar um evento, especular a respeito do futuro, inventar histórias, interpretar peças teatrais, adivinhar charadas, contar piadas, perguntar, praguejar, cumprimentar e orar. Cada um desses jogos de linguagem, e muitos mais, terá de ser examinado se quisermos entender a linguagem. Podemos dizer que o significado de uma palavra é seu uso em um jogo linguístico — essa contudo não é uma teoria geral do significado, mas tão só um lembrete de que se desejamos fornecer uma descrição do sentido de uma palavra devemos observar o papel que ela desempenha em nossa vida. O uso da palavra "jogo" não foi concebido para sugerir que a linguagem é algo trivial: a palavra foi escolhida porque os jogos apresentam o mesmo tipo de variedade que as atividades linguísticas. Não há uma característica comum que identifique todos os jogos como jogos, e do mesmo modo não há nenhuma característica que seja essencial à linguagem — há tão somente características familiares entre os incontáveis jogos de linguagem.

Wittgenstein jamais abandonou sua primeira concepção de que a filosofia é uma atividade e não uma teoria. A filosofia não descobre nenhuma nova verdade; os problemas filosóficos são solucionados não pela aquisição de nova informação, mas pela reorganização daquilo que já sabemos. A função da filosofia, disse certa vez Wittgenstein, é desatar os nós em nosso modo de pensar. Isso significa que o movimento do filósofo será complicado, mas seu resultado será tão simples quanto uma simples peça para cordas.

Precisamos de filosofia se queremos evitar ser emboscados por nossa linguagem. Incorporada na gramática superficial de nossa linguagem há uma filosofia que nos ilude, ao ocultar de nós a variedade de modos pelos quais a linguagem funciona como uma atividade social e interpessoal. O desentendimento filosófico não irá nos causar mal se nos restringirmos aos afazeres do cotidiano, fazendo uso de palavras inerentes aos jogos de linguagem que são seus lares primitivos. Mas se começarmos a partir dos estudos abstratos — de matemática, digamos, ou de psicologia, ou de teologia — então nosso pensamento será restringido e distorcido, a não ser que possamos libertar a nós mesmos da confusão filosófica. A investigação intelectual será corrompida pelas noções matemáticas sobre a natureza dos números, ou da mente, ou da alma.

À semelhança dos positivistas, Wittgenstein era hostil à metafísica, mas ele a atacava não com um instrumento obtuso como o princípio da verificação, mas por um cuidadoso esboço das distinções que o habilitavam a desembaraçar a mistura de truísmo e *nonsense* no interior dos sistemas metafísicos. "Quando os filósofos usam uma palavra — 'saber', 'ser', 'objeto', 'eu', 'proposição', 'nome' — e procuram apreender a *essência* da coisa, deve-se sempre perguntar: essa palavra é usada de fato desse modo na língua em que ela existe? *Nós* reconduzimos as palavras de seu emprego metafísico para seu emprego cotidiano" (*IF* I, 116 [59])[6].

No período entre as duas guerras mundiais em que ensinou em Cambridge, Wittgenstein nada publicou. Escreveu copiosamente, enchendo cadernos de anotações, esboçando e reesboçando manuscritos, e pondo em circulação um grande número de manuscritos entre seus pupilos, os quais também tomaram e preservaram notas detalhadas de suas conferências. Mas nenhuma parte desse material foi publicada senão após a sua morte. Suas ideias circulavam majoritariamente, e frequentemente em formas corrompidas, de boca a boca.

Quando a Áustria foi anexada pela Alemanha nazista pela *Anchluss* de 1938, Wittgenstein tornou-se cidadão britânico. Durante a guerra ele trabalhou como paramédico, e em 1947 renunciou a sua cadeira em Cambridge, sendo sucedido por seu pupilo finlandês Georg Henrik von Wright, mas continuou a escrever filosofia e a comunicar pensamentos filosóficos a amigos próximos e a seus discípulos. Após um período de vida em solidão na Irlanda, residiu nas casas de vários amigos em Oxford e Cambridge até sua morte, em 1951, quando contava 62 anos.

A filosofia analítica depois de Wittgenstein

Em 1949, Gilbert Ryle, professor de metafísica em Oxford, publicou um livro chamado *The Concept of Mind*. As ideias apresentadas nesse livro guardavam uma forte semelhança com as de Wittgenstein. Ryle era fortemente anticartesiano — de fato, o primeiro capítulo de seu livro intitulava-se O mito de Descartes. Ryle enfatizava uma distinção entre "saber como" e "saber que", que pode ser em alguma medida tributária de Heidegger. Sua discussão da vontade e das emoções aniquilou a noção de impressões internas que muitos filósofos haviam herdado dos empiristas britânicos.

---

6. A atitude de Wittgenstein diante da metafísica será abordada de modo extenso no capítulo 7 a seguir.

Em um capítulo sobre Disposições e ocorrências ele chamou a atenção dos filósofos modernos para a importância das distinções aristotélicas entre as diferentes formas de atualidade e potencialidade. Sua discussão sobre sensação, imaginação e intelecto inclinava-se pesadamente na direção do behaviorismo, a fim de obter aceitação geral. Não obstante, o livro permaneceu um clássico da filosofia analítica da mente.

Contudo, quando as *Investigações filosóficas* de Wittgenstein foram publicadas postumamente, em 1953, foi possível ver as ideias que Ryle havia oferecido de maneira vívida mas crua apresentadas agora com muito mais sutileza e profundidade. Foi e ainda permanece matéria de controvérsia quanto, no desenvolvimento de suas ideias, Ryle extraiu de suas conversas com Wittgenstein e dos relatos de terceiros das conferências deste em Cambridge, e quanto ele poderia ter chegado a conclusões similares por reflexão independente.

Wittgenstein legou os direitos autorais de seu espólio literário a três de seus antigos alunos: Georg Henrik von Wright, Elizabeth Anscombe e Rush Rhees. Os três filósofos corresponderam a diferentes facetas da personalidade e da obra wittgensteiniana. Von Wright, que assumiu a cadeira de Wittgenstein em Cambridge de 1948 a 1951, retornando depois a uma carreira em sua nativa Finlândia, assemelhava-se ao Wittgenstein lógico do *Tractatus*; os livros que primeiro estabeleceram sua reputação são sobre indução, probabilidade e lógica modal. Anscombe, uma professora de Oxford, que a seu turno assumiu a cadeira de Cambridge até o fim do século XX, deu prosseguimento à obra de Wittgenstein sobre a filosofia de mente, e com seu livro *Intention* inaugurou uma duradoura discussão do raciocínio prático e da teoria da ação. Dos três, Rhees era o mais simpático ao lado místico e fideísta do temperamento de Wittgenstein, e inspirou em Wales uma particular escola de filosofia da religião.

Durante as últimas décadas do século XX, os inventariantes literários presidiram à publicação do extenso *Nachlass* de Wittgenstein. Muitos volumes vieram à luz, dos quais os mais importantes foram: *Gramática filosófica* (1974) e *Observações Filosóficas* (1975), a partir dos manuscritos pré-guerra; e *Remarks on the Foundations of Mathematics* (1978), *Remarks on the Philosophy of Psychology* (1980), mais *On Certainty* (1969), a partir dos últimos cadernos de notas mantidos até a época da morte de Wittgenstein. Todo o *Nachlass* foi publicado pela Oxford University Press em 1988, em transcrição e fac-símile, e em suporte eletrônico preparado pela Universidade de Bergen.

Após a morte de Wittgenstein, muitos passaram a considerar W. V. O. Quine (1908-2000) o decano da filosofia de língua inglesa. Tendo desde o início estabelecido sua reputação como lógico formalista, Quine frequentou por algum tempo o Círculo de Viena, além dos de Praga e Varsóvia. Após seu retorno aos Estados Unidos em 1936, juntou-se a Harvard, onde permaneceu pelo resto de sua vida profissional, com exceção dos anos de guerra em que serviu na Marinha. Seus livros mais importantes foram *De um ponto de vista lógico* (1953), que contém dois célebres ensaios: "Sobre o que há" e "Dois dogmas do empirismo", e *Palavra e objeto* (1960), uma magistral exposição de seu sistema, posteriormente suplementada por vários estudos menos influentes.

O objetivo de Quine na filosofia era oferecer uma estrutura para uma explicação naturalista do mundo nos termos da ciência, especialmente da ciência física, o que se propunha fazer por uma análise da linguagem ao mesmo tempo empírica e behaviorista. Todas as teorias pelas quais explicamos o mundo (sejam informais ou científicas) são baseadas em entradas [de dados] em nossos receptores sensoriais. Todos os termos e sentenças que ocorrem nas teorias devem ser definidos em termos do comportamento de falantes e ouvintes que fazem uso desses termos e sentenças. A forma básica do sentido de uma emissão é estímulo-significativa: a classe de todos os estímulos que moverão um utilizador de linguagem a assentir a uma emissão.

A despeito de sua busca de um programa radicalmente empirista, Quine causou seu primeiro grande impacto na filosofia com "Dois dogmas sobre o empirismo" (1951). Ali ele definia nos seguintes termos os dois alvos de seu ataque:

> Um deles é a crença em certa divisão fundamental entre verdades *analíticas*, ou fundadas em significados independentemente de questões de fato, e verdades *sintéticas*, ou fundadas em fatos. O outro dogma é o *reducionismo*: a crença de que todo enunciado significativo é equivalente a algum constructo lógico sobre termos que se referem à experiência imediata (*FLPV* 20 [Os Pensadores LII, 237]).

Quine não negava a existência de afirmações logicamente verdadeiras, afirmações que permanecem verdadeiras sob qualquer interpretação de seus termos não lógicos — por exemplo, "Nenhum homem não casado é casado". Mas não podemos passar desse tipo de afirmação logicamente verdadeira para a afirmação alegadamente analítica "Nenhum solteiro é casado", porque isso depende de assumir "homem não casado" e "solteiro" como sinônimos. Mas o que é a sinonímia? Poderíamos dizer que duas expressões são sinônimas se uma pode ser substituída pela outra em uma sentença sem afetar seu valor-de-verdade? Porém, "criatura com um coração" e "criatura com um rim" são intercambiáveis desse modo, mas ninguém supõe que "Todas as criaturas que têm corações têm rins" é analítica. Nem podemos apelar a qualquer noção de necessidade de modo que possamos definir analiticidade; a explicação deve percorrer o caminho inverso.

Poderíamos tentar, em vez disso, definir em que consiste para uma sentença o ser sintética, dizendo, por exemplo, que uma sentença é sintética se e somente se ela pode ser verificada ou falsificada pela experiência? Quine argumenta que esse movimento repousa em uma concepção falsa do que seja a verificação: não são sentenças simples, mas sistemas completos que são verificados ou falsificados. "Nossas afirmações sobre o mundo exterior apresentam-se perante o tribunal das experiências sensoriais não individualmente, mas somente como um corpo coletivo" (*FLPV* 140).

> A totalidade de nossos assim chamados conhecimentos ou crenças, das questões mais corriqueiras de geografia e história às mais profundas leis da física atômica ou mesmo da matemática pura e da lógica, é uma tessitura feita pelo homem que se impõe à experiência somente em suas fronteiras. Ou, para mudar o exemplo, a ciência total é como um campo de força cujas condições limitadoras são [dadas pela] experiência. Um conflito com a experiência na periferia provoca reajustes no interior do campo. Os valores-de-verdade têm de ser redistribuídos por algumas de nossas afirmações. A reavaliação de algumas afirmações permite reavaliações de outras, em razão das interconexões lógicas entre elas — as leis lógicas sendo por sua vez simplificadoras de algumas posteriores afirmações do sistema, de alguns elementos posteriores no campo (*FLPV* 140).

Disso se segue que é tolice destacar uma classe de afirmações analíticas que permaneça verdadeira aconteça o que acontecer. Qualquer afirmação pode ser assumida não importando o que aconteça se procedemos a drásticos ajustes em alguma outra parte do sistema. Por outro lado, nenhuma afirmação — nem mesmo uma lei da lógica — é totalmente imune à revisão. A ciência como um todo depende de fato tanto da linguagem quanto da experiência — mas essa dualidade não pode ser identificada em sentenças individuais.

Se não se pode dar nenhum sentido às noções de sinonímia e analiticidade, então toda a noção de sentido torna-se suspeita, porque não pode haver critérios de identidade para o sentido. Com certeza, Quine insistia, não há coisas tais como significados que devam ser interpretados com o apelo a conceitos intencionais como os de crença ou entendimento. O sentido deve ser explicado em termos puramente extensionais, mapeando-se dos estímulos sensoriais ao comportamento verbal. Quine concebe um linguista de campo buscando traduzir todo um idioma estrangeiro utilizando como únicos dados "as forças que ele presencia impondo-se às superfícies nativas e aos comportamentos observáveis, vocais e outros quaisquer, do nativo" (WO 28).

O alvo do experimento racional de Quine é a identificação de três níveis de indeterminação. Primeiro, há uma indeterminação de referência individual. O linguista pode observar que os nativos utilizam o som "Gavagai" somente na presença de coelhos. Mas — mesmo admitindo que esta é uma afirmação de observação — o som pode igualmente referir-se ao coelho, ao estado de coelho ou a uma parte do coelho. Segundo, há indeterminação no nível de toda a linguagem: os dados podem igualmente apoiar dois manuais de tradução bem diferentes, incompatíveis até. Essa indeterminação é um exemplo particular de um fenômeno mais geral, a saber, que as teorias, e não somente as teorias da tradução, são subdeterminadas por entradas de dados sensoriais. Mais de um sistema científico completo, contudo, pode ser compatível com todos os dados até hoje disponíveis.

Temos também de abandonar a ideia de que existe alguma ordenação fixa no mundo. O que existe depende da teoria que adotamos. Em seu primeiro ensaio, "Sobre o que há", Quine celebremente afirmou: "Ser é ser o valor de uma fronteira variável", quando ele afirmou que nisso seguia os passos de Frege e Russell, que insistiam que em uma teoria científica não deviam ser permitidos nomes que carecessem de uma referência definida. Quando todos os nomes duvidosos tivessem sido eliminados com o auxílio da teoria da descrição de Russell, restariam as sentenças da forma "Há um x tal que x é..." seguidas por um conjunto de predicados estabelecendo as propriedades pelas quais o suposto indivíduo seria identificado. O que há, de acordo com a teoria, serão as entidades que os quantificadores abrangem. Mas, porque diferentes teorias podem igualmente ser apoiadas, assim também acontecerá com diferentes ontologias. O que pode ter a existência afirmada o pode sempre em relação a uma teoria.

Wittgenstein e Quine são normalmente considerados, especialmente na Europa continental, os dois principais expoentes da filosofia analítica.

Na verdade, suas filosofias diferem radicalmente entre si[7]. Os dois discordavam em particular sobre a natureza da filosofia. Por sua descrença na distinção analítico-sintética, Quine não via nenhuma fronteira bem definida entre a filosofia e a ciência empírica. Wittgenstein, por toda a sua vida, continuou a acreditar naquilo que escreveu no *Tractatus* (4.111): "A filosofia não é uma das ciências naturais. A palavra 'filosofia' deve significar algo que esteja acima ou abaixo, mas não ao lado, das ciências naturais". O cientificismo, isto é, a tentativa de ver a filosofia como uma ciência, era sua *bête noire*. No *Blue Book* ele escreveu: "Os filósofos têm os métodos da ciência constantemente sob seus olhos, e são irresistivelmente tentados a responder a questões do modo como o faz a ciência. Essa tendência é a verdadeira origem da metafísica e conduz o filósofo à completa escuridão" (*BB* 18).

Nos Estados Unidos, contudo, o cientificismo introduzido por Quine chegou para ficar. Um de seus mais eloquentes expositores foi o pupilo de Quine em Harvard, Donald Davidson (1917-2003), que ensinou em muitas universidades nos Estados Unidos, encerrando sua carreira, nos últimos 22 anos de sua vida, em Berkeley. O método de publicação escolhido por Davidson foi o do estudo curto, mas muitos de seus ensaios têm sido editados em livro, notadamente o *Essays on Actions and Events* (1980) e *Inquiries into Truth and Interpretation* (1984). Na filosofia da mente e da ação, o cientificismo de Davison assume a forma de uma negação de que há uma linha demarcatória entre a filosofia e a psicologia; na filosofia da linguagem isso toma a forma de uma teoria do sentido empírica e extensiva.

"Verdade e significado", estudo de Davidson de 1967, começa da seguinte maneira:

> É aceito por muitos filósofos da linguagem, e recentemente por alguns linguistas, que uma teoria do significado satisfatória deve fornecer uma descrição de como os sentidos das sentenças dependem dos significados das palavras. Se tal descrição não puder dispor de uma linguagem particular, argumenta-se, não haverá nenhuma explicação para o fato de que, ao dominarmos um vocabulário finito e um conjunto de regras finitamente afirmado, estaremos capacitados a preparar e compreender qualquer uma entre uma potencial quantidade infinita de sentenças (*ITI* 17).

---

7. As diferenças foram detalhadas com grande clareza por P. N. S. HACKER, *Wittgenstein's Place in Twentieth Century Analytic Philosophy*, Oxford, Blackwell, 1996, 183-227.

A teoria do significado de Davidson é construída sobre uma teoria da verdade. Uma teoria da verdade para uma linguagem L apresenta as condições-de-verdade para todas as sentenças de L. Isso será feito não pelo método impossível de listar todas as sentenças, mas pela demonstração de como as partes que compõem as sentenças contribuem para as condições-de-verdade das sentenças em que ocorrem. Uma teoria desse tipo conterá uma lista finita de termos e um conjunto finito de regras sintáticas, mas irá assegurar como teses derivadas o conjunto potencialmente infinito de sentenças verdadeiras da forma: "'S' é verdade em L se e somente se p".

À semelhança de Quine, Davidson ilustra sua teoria com a consideração de um caso em que encontramos uma comunidade com um idioma totalmente estranho. Para interpretá-lo temos de construir uma teoria-de-verdade para seu idioma observando com quais sentenças eles concordam e em que circunstâncias; mas evitamos a ameaça de indeterminação e ceticismo ao assumir que os nativos possuem crenças verdadeiras e razoáveis e extraem conclusões e tomam decisões de um modo racional. Este é "o princípio de caridade".

O comportamento real das pessoas é determinado por suas razões, vale dizer, por seus desejos e crenças, os quais Davidson constrói como eventos mentais. A relação entre esses eventos mentais e as ações que eles "racionalizam" é de tipo causal: dizer que uma ação é intencional é precisamente dizer que ela foi causada pelas crenças e pelos desejos apropriados. Mas para Davidson a causação é oblíqua: não podemos formar leis psicológicas conectando as crenças e os desejos dos agentes com os atos que eles causam. Em vez disso, Davidson argumenta, todo evento mental individual é também um evento individual físico, e este evento é relacionado pelas leis da física aos eventos físicos individuais que são idênticos às ações. Não há leis psicofisiológicas que possam ser afirmadas, contudo, relacionando eventos fisiológicos de certo tipo a eventos psicológicos de certo tipo.

A posição de Davidson é materialista, pois nela nunca há quaisquer eventos que não sejam eventos físicos. Mas ele ambiciona tirar o espinho de seu materialismo ao insistir naquilo que chama de "a anomalia do mental". Qualquer evento mental é idêntico a um evento físico, mas diferentes descrições aplicam-se ao evento enquanto mental e enquanto físico. Como um evento mental, ele está sujeito não às leis causais, mas à interpretação, porque sua identidade como um evento mental depende de sua posição em uma rede de outros eventos mentais. Como um evento mental, mas não como um evento físico, ele está sujeito a uma avaliação normativa que diga se é racional ou irracional. Isso torna a exata natureza da causação físico-mental, como Davidson reconhece, profundamente misteriosa.

Na Inglaterra, os filósofos continuaram a acreditar na existência de um abismo, e não apenas de uma fronteira indistinta, entre a ciência e a filosofia. Eles confirmavam, como Ryle e Wittgenstein, que o objetivo da filosofia não era a informação, mas o entendimento. Em um estudo intitulado "Em defesa do dogma", Peter Strawson (1919-2006) e seu tutor, Paul Grice, repeliram o ataque de Quine à distinção analítico-sintética. Em seu próprio filosofar Strawson era tudo, menos dogmático. Numa época em que a filosofia de Oxford era superconfiante quanto a seu próprio valor e avessa a aprender algo de filósofos distantes no tempo e no espaço, Strawson lembrou a seus colegas do valor de outros estilos de filosofia escrevendo sobre a *Crítica da razão pura*, de Kant — e em alguma medida moldando sua obra sobre ela. Numa época em que "metafísica" era por muitos considerada um palavrão, Strawson deu à sua obra mais importante — *Individuals* (1959) — o subtítulo *Um ensaio sobre a metafísica descritiva*.

A metafísica descritiva busca descrever a estrutura real de nosso pensamento sobre o mundo, sem nenhuma pretensão de aperfeiçoar essa estrutura (tal pretensão é a marca da metafísica revisionária). Em *Individuals* Strawson buscou esboçar as condições fundamentais para uma linguagem na qual seja possível referir-se aos objetos, reidentificá-los e fazer previsões a respeito deles. Ele encarava sua tarefa como uma tarefa de análise conceitual, mas do tipo de alcance amplo e geral. "A estrutura que o metafísico busca", escreveu, "não se apresenta prontamente na superfície da linguagem, mas nela está submersa" (*I* 10).

Strawson buscou estabelecer que os corpos e pessoas em nosso esquema material conceitual ocupam uma posição especial: particulares desses dois tipos são os particulares básicos. Os dois atos discursivos da referência e da descrição, correspondentes à estrutura sujeito-predicado da linguagem, são possíveis somente se podemos identificar e reidentificar os objetos materiais, e isso requer uma unificada estrutura espaciotemporal. (Em um mundo de sons puros, em que há apenas volume e sequência temporal, a reidentificação não ocorre com facilidade.) Uma estrutura de objetos localizados no espaço e no tempo e que possuem propriedades é anterior a, e pressuposta por, qualquer linguagem que possa simplesmente recordar a distribuição das características de várias localidades.

Pessoas, não menos que corpos materiais, são para Strawson uma categoria lógica fundamental. Uma pessoa não deve ser concebida em termos de dualismo cartesiano. Se as mentes são egos cartesianos para os quais somente as experiências privadas podem ser atribuídas, então o problema de como alguém atribui estados de consciência a outros torna-se insolúvel. "É uma condição necessária para alguém atribuir a si próprio estados de consciência e experiências, como o fazem as pessoas, que esse alguém deva atribuí-los, ou estar preparado para atribuí-los, a outros que não a si mesmo" (*I* 99). Podem-se atribuir tais estados a outros somente se se podem identificar outros objetos da experiência. E não se podem identificar outros se não se os podem identificar *somente* como sujeitos da experiência, possuidores de estados de consciência. Assim, o primitivo é o conceito não de uma mente, mas de uma pessoa:

> O que quero dizer com conceito de uma pessoa é o conceito de um tipo de entidade tal que *tanto* os predicados atribuindo estados de consciência *quanto* os predicados atribuindo características corpóreas, uma situação física etc. são igualmente aplicáveis a um indivíduo singular daquele tipo singular. [...] O conceito de uma pessoa é logicamente anterior ao de uma consciência individual. O conceito de uma pessoa não deve ser analisado como aquele de um corpo animado ou de uma alma encarnada (*I* 102-103).

Não obstante, Strawson acreditava, não era impossível conceber a sobrevivência do próprio indivíduo após a morte do corpo. Essa sobrevivência, contudo, seria a sobrevivência de um indivíduo que era rigorosamente solitário, incapaz de se comunicar com os outros e incapaz de provocar efeitos no mundo. À proporção que as memórias evanescem e a impotência empalidece, o conceito que o sobrevivente tem de si como um indivíduo torna-se tênue. "No limite da tenuidade não há, *do ponto de vista de sua sobrevivência como um indivíduo*, nenhuma diferença entre a continuidade da experiência e seu encerramento. A sobrevivência desencarnada, em termos como os descritos, pode até mesmo não parecer atraente. Foi por esse motivo sem dúvida que os ortodoxos insistiram sabiamente na ressureição do corpo" (*I* 116).

A morte do próprio Strawson, no início de 2006, marcou o fim de uma era na filosofia inglesa.

3

De Freud a Derrida

No século XIX houve um constante intercâmbio de ideias filosóficas entre os países da Europa continental e o mundo anglófono. A influência de Kant e Hegel foi enorme nas universidades britânicas, ao passo que muitos pensadores radicais do continente europeu consideravam bastante atraente a tradição do empirismo britânico. A carreira de William James ilustra a natureza cosmopolita da filosofia daquele tempo. Convertido para a filosofia pela leitura de um filósofo francês, estudou na Alemanha e frequentemente deu conferências na Inglaterra, enquanto vivia nos Estados Unidos da América. Do mesmo modo, o jovem Bertrand Russell não foi de modo nenhum um filósofo insular: enquanto escrevia sua filosofia da matemática manteve uma correspondência regular com o alemão Frege e com o italiano Peano.

Tudo isso mudou por volta da metade do século passado. Tanto os filósofos continentais como os anglófonos tomaram rumos diversos, dificilmente entendendo-se entre si. Na Grã-Bretanha e nos Estados Unidos, a tradição analítica em filosofia, que Russell havia ajudado a fundar, tornara-se dominante nos círculos acadêmicos, chegando quase a banir estilos alternativos de filosofar. A escola da moda na Europa continental era o existencialismo, capitaneada na França por Jean-Paul Sartre e na Alemanha por Martin Heidegger. Tentativas bem-intencionadas de unir

Um encontro de filósofos anglófonos e continentais presidido
por Gilbert Ryle. Christ Church, Oxford, por volta de 1970.

os proponentes dos diferentes estilos de filosofar obtiveram apenas um limitado sucesso na segunda metade do século.

Freud e a psicanálise

O pensador europeu que mais influenciou o pensamento filosófico anglo-americano por todo o século XX não foi na verdade um filósofo, mas um homem que se considerava um cientista, na verdade o inventor de uma nova ciência: Sigmund Freud. Muito poucos filósofos descrevem a si mesmos como freudianos, mas todos os que estavam envolvidos com o ensino de filosofia da mente, ética ou filosofia da religião foram obrigados a tomar contato com as propostas inéditas e excitantes de Freud para essas áreas.

Freud nasceu na Morávia em 1856, em uma família austríaca de judeus não praticantes. Em 1860 a família mudou-se para Viena, onde Freud fez sua residência médica na universidade local, juntando-se posteriormente à equipe do Hospital Geral no ano de 1882, onde inicialmente especializou-se em anatomia do cérebro. Além disso, foi colaborador do neurologista Joseph Breuer no tratamento por hipnose de pacientes histéricos. Três anos depois mudou-se para Paris para estudar sob a orientação do neurologista Jean-Martin Charcot, e pouco depois de seu regresso a Viena, em 1886, passou a exercer a medicina em consultório particular. No mesmo ano desposou Martha Bernays, com quem teve seis filhos, três meninas e três meninos.

Em 1895, em associação com Breuer, Freud publicou um trabalho sobre histeria que apresentava uma análise original da doença mental. Gradualmente ele deixou de usar a hipnose como método de tratamento e a substituiu por uma inédita forma de terapia, que chamou de psicanálise e que consistia, como ele mesmo explicou, em nada mais que uma troca de palavras entre paciente e médico.

A premissa por trás do novo método era que os sintomas histéricos eram o resultado de memórias de um trauma psicológico que havia sido recalcado pelo paciente, mas que poderia ser recuperado por meio de um processo de livre associação. O paciente, deitado em um divã, era encorajado a falar sobre qualquer coisa que lhe viesse à mente. Freud ficou convencido, em decorrência de muitas dessas sessões, de que os traumas psicológicos relevantes retroagiam à infância e possuíam conteúdo sexual. Suas teorias a respeito da sexualidade infantil conduziram a um rompimento com Breuer.

Isolado por seus colegas médicos, Freud continuou a exercer a medicina em seu consultório em Viena. Em 1900 publicou a mais importante de suas obras, *A interpretação dos sonhos*, na qual argumenta que os sonhos, não menos que os sintomas neuróticos, são uma expressão codificada de desejos sexuais recalcados. A teoria ali apresentada, Freud confirmava, era aplicável tanto a pessoas normais como a pessoas neuróticas, e a ela seguiu-se um novo estudo seu, publicado um ano depois, intitulado *A psicopatologia da vida cotidiana*. Estes foram os primeiros de uma série de livros altamente legíveis que constantemente modificavam e refinavam suas teorias psicanalíticas. Em 1902 Freud foi indicado para uma cadeira extraordinária de neuropatologia na Universidade de Viena, e a partir de então começou a fazer pupilos e colegas. Entre eles os proeminentes eram Alfred Adler e Carl Jung, os quais vieram a romper com Freud e fundaram suas próprias escolas.

Em 1923 Freud publicou *O ego e o id*, em que apresenta uma nova e elaborada anatomia da mente inconsciente. Jamais refreado pela controvérsia, ele apresentou um relato menos inflado da origem da religião em *O futuro de uma ilusão* (1927). Freud era ateu, mas isso não o impediu de se identificar com a cultura judaica ou de sofrer ataques de antissemitismo. A psicanálise foi banida pelos nazistas, e quando a Áustria foi anexada pela Alemanha em 1938 ele foi forçado a emigrar para a Inglaterra. Foi calorosamente acolhido em Londres, cidade em que suas obras tinham sido traduzidas e publicadas pelos membros do grupo Bloomsbury. Após sofrer durante dezessete anos de câncer na mandíbula, Freud morreu em 23 de setembro de 1939 de uma injeção letal de morfina aplicada por seu médico a pedido do próprio paciente. Sua obra psicanalítica foi continuada por sua filha mais jovem, Anna.

Em um conjunto de conferências introdutórias dadas entre 1915 e 1917, Freud resumiu a teoria psicanalítica a duas teses fundamentais. A primeira é que a maior parte de nossa vida mental, não importando se de sentimento, pensamento ou volição, é inconsciente. A segunda é que os impulsos sexuais, definidos de modo amplo, são supremamente importantes não apenas como as causas potenciais dos males mentais, mas também como o motor da criação cultural e artística. Se o elemento sexual na obra de arte e na cultura permanece em grande extensão inconsciente, isso se dá em razão de a socialização exigir o sacrifício dos instintos primários. Tais instintos tornam-se sublimados, vale dizer, desviados de seus objetivos originais e canalizados para atividades sociais aceitáveis. Mas a sublimação é um estado instável, e instintos indomados e insatisfeitos podem se vingar por meio de males mentais e desequilíbrio.

A existência do inconsciente, Freud acreditava, manifesta-se de três modos diferentes: na forma de enganos triviais cotidianos, nos relatos de sonhos e por sintomas neuróticos. Na verdade, os sonhos e os sintomas neuróticos não revelam por si sós, ou na interpretação que lhes é dada pelo paciente sem ajuda médica, as crenças, os desejos e os sentimentos que, segundo o julgamento de Freud, formam o inconsciente. Mas ele crê que o exercício da livre associação na análise, na forma interpretada pelo analista, revela o padrão subjacente à mente inconsciente.

A chave para esse padrão é o desenvolvimento sexual. A sexualidade infantil, explica Freud, começa com um estágio oral, em que o prazer se concentra na boca. A este se seguem o estágio anal, entre um e três anos, e o estágio "fálico", no qual a criança se concentra em seu pênis ou clitóris. Por essa época, Freud afirma, um menino sente atração sexual por sua mãe e se ressente da posse que o pai tem dela. Mas sua hostilidade em relação ao pai o faz temer que este vá retaliar castrando-o. Assim, o menino abandona suas intenções sexuais em relação a sua mãe e gradualmente passa a se identificar com o pai. Este é o complexo de Édipo, um estágio crucial para o desenvolvimento emocional de todo menino. Neuróticas são as pessoas que ficaram fixadas em um estágio inicial de seu desenvolvimento. A recuperação dos desejos edipianos e o histórico de seu recalque constituem parte importante de toda análise. Freud não tinha dúvidas de que, *mutatis mutandis*, havia um equivalente feminino do complexo de Édipo, mas este jamais foi integralmente desenvolvido de modo convincente.

Até o final de sua vida, Freud substituiu a dicotomia inicial entre consciente e inconsciente por um esquema trifásico da mente. "O aparato mental", ele escreveu em *O ego e o id*, "é composto de um *id*, que é o depósito dos impulsos instintivos, de um *ego*, que é a porção mais superficial do *id* que foi modificada pela influência do mundo exterior, e de um superego, que se desenvolve a partir do *id*, domina o ego e representa as inibições do instinto que são características do homem" (*SE* xx. 266).

Toda a orientação do ego, diz Freud, é efetivar uma reconciliação entre as partes da alma. Enquanto o ego estiver em harmonia com o *id* e o superego, tudo correrá bem. Mas na ausência dessa harmonia as desordens mentais irão evoluir. Os conflitos entre o ego e o *id* conduzem às neuroses; os conflitos entre o *id* e o superego conduzem à melancolia e à depressão. Quando o ego entra em conflito com o mundo exterior, as psicoses evoluem.

Freud não nos seria grato por sua inclusão em uma história da filosofia, pois via a si como um cientista, dedicado à descoberta dos rígidos determinismos a que estão sujeitas as ilusões humanas de liberdade. Na verdade, a partir do momento em que foram expostas de modo preciso, permitindo assim que fossem submetidas a testes experimentais, a maior parte de suas detalhadas teorias demonstraram carecer de fundamento. Médicos profissionais discordam sobre até que ponto as técnicas psicanalíticas são formas efetivas de terapia, e se são, de que derivam sua eficácia. Quando elas realmente logram sucesso, aparentemente isso se deve não a mecanismos deterministas ocultos, mas ao fato de expandirem a autoconsciência e a liberdade de escolha do indivíduo. Mas, a despeito de todas as críticas teóricas que possam ser feitas a sua obra, Freud teve enorme influência sobre a sociedade — no que se refere aos costumes sexuais, a nossa compreensão dos males mentais, a nossa apreciação da arte e da literatura e às relações interpessoais de diversos tipos.

Freud não foi o primeiro pensador a conceder ao impulso sexual um lugar de importância fundamental na psique humana. Ele foi precedido por muitas gerações de teólogos que consideravam nossa real condição humana como moldada por um pecado de Adão que era sexual quanto à origem, à transmissão e à consequência. Se o pudor do século XIX buscou ocultar a ubiquidade do sexo, o véu utilizado para isso foi sempre muito fácil de rasgar. Freud gostava de citar um dito de Schopenhauer que afirmava que a ironia da vida era que o sexo, a principal preocupação do homem, devesse ser buscado em segredo. O sexo, dizia Schopenhauer, o verdadeiro herdeiro e senhor do mundo, ignorava todas as precauções tomadas para sua contenção.

Os contemporâneos de Freud ficaram chocados com sua ênfase na sexualidade infantil. Mas os sentimentos vitorianos em relação às crianças era um comportamento de origem recente à época, não sendo compartilhado, por exemplo, por Agostinho, que escreveu em suas *Confissões*: "O que é inocente não é a mente infantil, mas a delicadeza de seus órgãos. Eu mesmo pude observar e estudar um bebê ciumento. Ele sequer podia falar, e pálido de ciúme e amargor fixava seu irmão alimentando-se do leite de sua mãe. Quem desconhece esse fato provindo da experiência?". A permissividade sexual de muitas sociedades modernas não se deve somente à disponibilidade de contraceptivos, mas a todo um ambiente de pensamento que Freud contribuiu muito para criar. Não que ele tenha recomendado a licenciosidade sexual nos escritos que publicou, mas tão somente por ele ter dado circulação a uma influente metáfora: a visão do desejo sexual como um fluido psíquico que deve encontrar um meio de vazão por um canal ou outro. À luz dessa metáfora, a abstinência sexual surge como um perigoso represamento de forças que eventualmente irão irromper através de quaisquer barreiras de contenção, com um efeito desastroso para a saúde mental.

Pode-se afirmar que o próprio conceito de saúde mental, na forma que ganhou em tempos modernos, data da época em que Freud, Breuer e Charcot iniciaram o tratamento de pacientes histéricos como autênticos inválidos e não como fingidores. Isso, afirma-se com frequência, é resultado mais de uma decisão moral que de uma descoberta médica, mas a maioria das pessoas de hoje em dia consideraria esse tipo de tratamento *a* decisão moral correta. Pode-se afirmar que Freud redefiniu as fronteiras entre a moral e a medicina. Formas de comportamento que antes de sua época seriam consideradas transgressões merecedoras de punição são agora há muito vistas, nos tribunais como nos consultórios, como doenças passíveis de terapia. A dificuldade de estabelecer uma distinção firme e rápida entre o julgamento clínico e a avaliação moral é ilustrada de modo impactante pela mudança de atitude em relação ao comportamento homossexual, que, por muito tempo encarado como crime infame, foi depois por mais de um século visto como um desequilíbrio psicopatológico sintomático e é agora considerado por muitos o elemento-chave de um estilo de vida escolhido de forma racional.

A influência de Freud sobre a arte e a literatura tem sido grande, a despeito de sua deselegante consideração da criação artística como extremamente similar à neurose. Os romancistas podem fazer uso de técnicas associativas similares à do divã do analista, e os críticos se deleitam em interpretar obras de literatura em termos edipianos. Os historiadores gostam de escrever psicobiografias, analisando as ações dos personagens públicos na maturidade com base em episódios reais ou imaginados ocorridos em sua infância. Pintores e escultores têm retirado os símbolos freudianos do mundo dos sonhos e concedido a eles formas concretas.

Todos nós, na verdade, direta ou indiretamente, temos introjetada em nós uma grande porção de teoria psicanalítica. Na discussão de nossas relações com nossa família e com nossos amigos falamos inconscientemente de recalque e sublimação, além de descrevermos alguns tipos como anais ou narcisistas. Pessoas que jamais leram uma obra de Freud ficam felizes em identificar seus próprios atos falhos ou os de outras pessoas. Nenhum filósofo desde Aristóteles contribuiu mais para o vocabulário cotidiano da psicologia e da moralidade.

É difícil condenar o julgamento de W. H. Auden, que lamentou a morte de Freud em 28 intricadas quadras, entre as quais esta:

> Se errava quase sempre, e às vezes de modo absurdo,
> para nós ele não é mais agora uma pessoa
> mas todo um modo de pensar.

A fenomenologia de Husserl

A vida de Edmund Husserl assemelha-se, em pontos cruciais, à de Sigmund Freud. Husserl era três anos mais jovem que Freud, e como este nasceu em uma família judaica na Morávia e fez seus estudos em Viena. Ambos devotaram a maior parte de suas vidas a um projeto pessoal que pretendia ser o primeiro estudo realmente científico da mente humana. Ao final de suas vidas, os dois foram vítimas do antissemitismo nazista: Freud obrigado a fugir da Áustria para morrer no exílio, Husserl tendo seus livros queimados pelas tropas alemãs que invadiram Praga em 1939.

A vida profissional de Husserl foi contudo bem diferente da de Freud. Seus estudos iniciais foram nas áreas de matemática e astronomia, não em medicina. A seguir buscou fazer uma carreira acadêmica tradicional em filosofia, assumindo postos em sucessivos departamentos de várias universidades. Embora tenha se doutorado em Viena, obteve sua habilitação profissional em Halle, e as cadeiras a que foi posteriormente convocado situavam-se não em universidades austríacas, mas em suas congêneres alemãs.

O interesse de Husserl por filosofia foi despertado inicialmente pelas conferências de Franz Brentano em Viena, entre 1884 e 1886. O ex-pastor Brentano (1838-1917) era um erudito acadêmico que buscara relacionar a filosofia aristotélica da mente à investigação experimental contemporânea em um livro chamado *A psicologia de um ponto de vista experimental* (1874), que teria ampla influência. Os dados da consciência, explicava o livro, eram de duas espécies: fenômenos físicos e mentais. Os fenômenos físicos eram coisas como cores e aromas; os fenômenos mentais, como os pensamentos, eram caracterizados por possuírem um conteúdo ou um objeto imanente. Essa característica, para a qual Brentano reintroduziu o termo escolástico "intencionalidade", era a chave para a compreensão dos atos mentais e da vida.

Embora sob a influência da abordagem brentaniana da psicologia, Husserl continuou em princípio a concentrar sua atenção na matemática. Sua tese de habilitação em Halle fora sobre o conceito de número, e seu primeiro livro, *Filosofia da aritmética*, publicado em 1891, buscava explicar nossos conceitos de número pela identificação dos atos mentais que estavam em sua origem psicológica. Nosso conceito de pluralidade, por exemplo, dizia-se ser derivado de um processo de "combinação coletiva" que agrupava itens em agregados. Em razão desse desejo de encontrar uma base para a matemática na psicologia empírica, Husserl foi forçado a algumas conclusões não atraentes. Ele negou, por exemplo, que o zero e o um fossem números, e teve de fazer uma distinção aguda entre a aritmética dos números pequenos e a aritmética dos números grandes. Com o olho de nossa mente podemos enxergar apenas pequenos grupos, de modo que apenas uma pequena parte da aritmética pode ser considerada de base intuitiva; quando lidamos com números maiores, passamos a outro patamar, da intuição para um reino meramente simbólico.

Resenhistas do livro de Husserl, com destaque para Frege, reclamaram que ele confundia imaginação e pensamento. Uma vez privativos do indivíduo, os eventos mentais que eram o tema da psicologia não poderiam ser a base de uma ciência pública como a aritmética. Isso valia também para os pensamentos, que eram uma propriedade comum da raça. Husserl aceitou a crítica e abandonou seu primeiro psicologismo. Em suas *Investigações lógicas* (1900-1901) ele argumenta que a lógica não pode ser derivada da psicologia, e que qualquer tentativa de fazê-lo não poderá escapar de um círculo vicioso, uma vez que terá de apelar à lógica no curso de sua dedução. Daí em diante, como Frege, ele assumiu uma distinção aguda entre a lógica e a psicologia. Mas, enquanto Frege, seguido pela tradição analítica, situava a filosofia no lado lógico da divisa, Husserl, seguido pela tradição europeia, encarava o lado psicológico como a morada de direito da filosofia. Por essa época, contudo, Frege e Husserl estavam de acordo quanto a fundamentar a filosofia — fosse lógica ou psicológica — em um realismo platônico explícito.

A situação geral no início do século XX foi descrita vividamente, embora não imparcialmente, por Gilbert Ryle:

> Na virada do século Husserl encontrava-se sob muitas das pressões intelectuais que assolavam Meinong, Frege, Bradley, Peirce, G. E. Moore e Bertrand Russell. Todos estavam igualmente em revolta contra a ideia-psicologia de Hume e Mill, e todos demandavam igualmente a emancipação da lógica da psicologia; todos também encontraram na noção de significado sua rota de fuga das teorias subjetivistas do pensamento; quase todos defendiam uma teoria platônica dos significados, isto é, de conceitos e proposições; todos igualmente demarcavam a filosofia em relação à ciência natural, alocando investigações factuais às ciências naturais e investigações conceituais à filosofia; quase todos entre eles falavam como se essas investigações conceituais da filosofia terminassem em algum tipo de superinspeções de alguns tipos de superobjetos, como se as investigações conceituais fossem, na verdade, investigações superobservacionais; todas elas, contudo, na prática real de suas investigações conceituais necessariamente divergiam das superobservações que sua epistemologia platônica exigia. Husserl falava de essências contemplativas da mesma maneira que Moore falava de conceitos de inspeção, e do mesmo modo que Russell falava de contato pessoal com os universais, mas é claro que foi em decorrência de suas justas intelectuais, e não como resultado de quaisquer contemplações intelectuais, que eles resolveram suas reais dificuldades conceituais (*CP* I. 180).

Ryle logra enfatizar o ponto de partida comum das tradições analítica e europeia, mas no caso de Husserl as justas intelectuais eram, na verdade, mais complicadas do que sugere essa intensa passagem.

Husserl adotou de Brentano a noção de intencionalidade, vale dizer, a ideia de que o que é característico dos fenômenos mentais, como opostos aos físicos, é que são voltados para os objetos. Pensamos em Troia, por exemplo, ou nos preocupamos com nossos investimentos — a intencionalidade é a característica indicada pelas pequenas palavras "em" e "com". Qual é a relação entre o que está se passando em minha mente e uma há muito extinta cidade ou com o mercado de ações pelo mundo? Husserl e muitos outros depois dele passaram anos em busca da resposta a essa questão[1].

Duas coisas são essenciais a um pensamento: que ele tenha um conteúdo e que ele tenha um possuidor. Suponha que eu pense em um dragão. Duas coisas fazem desse pensamento o que ele é: primeiro, ser o pensar em um dragão e não em uma águia ou em um cavalo; segundo, que é o meu pensar, e não o seu pensar ou o pensar de Napoleão. Husserl destacaria essas características ao afirmar que era um *ato* meu com uma *matéria* (seu objeto intencional) particular. Também outras pessoas podem pensar em dragões; nesse caso, para Husserl, temos vários atos individuais pertencentes a uma mesma espécie. O conceito *dragão*, na verdade, nada mais é que a espécie a que tais atos pertencem.

Assim, nas *Investigações lógicas*, os conceitos são definidos como se fossem itens psicológicos. Como, então, se relaciona a lógica com os conceitos assim compreendidos? Do mesmo modo, Husserl acreditava então que os teoremas da geometria estão relacionados aos corpos empíricos tridimensionais. Desse modo foi possível a ele desautorizar seu psicologismo inicial e estabelecer uma distinção clara entre a psicologia e a lógica. Agora ele estava pronto para ir mais longe e traçar uma linha entre a psicologia e a epistemologia, o que fez por meio de uma reinvenção da psicologia como uma nova disciplina, a da "fenomenologia".

A fenomenologia foi desenvolvida durante a primeira década do século XX. Em 1900, Husserl foi indicado para um cargo de professor associado na Universidade de Göttingen. Ali teve como colega o renomado matemático David Hilbert, mas o mais entusiasta de seus colaboradores em sua nova empreitada foi um grupo de filósofos sediados em Munique, responsáveis por cunhar a frase "movimento fenomenológico". Por volta de 1913, o movimento tinha suficiente autoconfiança para publicar um anuário da pesquisa fenomenológica. Constava do primeiro número dessa publicação um texto de Husserl com porte de livro, que havia sido planejado para ser o primeiro volume de uma obra a ser intitulada *Ideias para uma fenomenologia pura*.

---

1. Intencionalidade nada tem a ver com "intenção" no sentido moderno. Brentano retirou a palavra de contextos medievais, nos quais ela deriva do verbo "intendere", que significa esticar uma corda dum arco no momento em que se fixa um alvo. Um objeto intencional é portanto, aqui, o alvo de um pensamento.

O objetivo da fenomenologia era o estudo dos dados imediatos da consciência, sem referência a qualquer coisa que a consciência pudesse nos dizer, ou pretendesse nos dizer, sobre o mundo extramental. Quando penso em uma fênix, a intencionalidade de meu pensamento é exatamente a mesma existam ou não existam fênix na realidade. Já em 1901 Husserl escreve: "Em essência, não faz diferença para um objeto apresentado e dado à consciência se ele existe ou se é fictício, ou se é talvez completamente absurdo. Penso em Júpiter assim como penso em Bismarck, penso na Torre de Babel assim como penso na catedral de Colônia, penso num polígono regular de mil lados assim como penso em um sólido regular de mil faces" (*LI* II. 99). Assim se dá também, acreditava Husserl, quando vejo uma mesa. A intencionalidade de minha experiência é exatamente a mesma exista de fato uma mesa ou esteja eu alucinando. O fenomenologista deve fazer um estudo cerrado dos fenômenos psicológicos e pôr entre parênteses o mundo dos objetos extramentais. Sua atitude em relação à existência daquele mundo deve ser de suspensão do juízo, atitude para a qual Husserl fazia uso da palavra grega *epoché*. A isso se chamava "a redução fenomenológica". Era, como foi, a filosofia tornando-se mais modesta.

Fenomenologia não é o mesmo que fenomenalismo. Um fenomenalista acredita que não existe nada senão os fenômenos e que as afirmações sobre coisas como objetos materiais têm de ser traduzidas para afirmações sobre aparências. Berkeley e Mill assumiram versões do fenomenalismo[2]. Husserl, por sua vez, não assegurou em seu *Ideias* que não há realidades além dos fenômenos, mas deixou deliberadamente aberta a possibilidade da existência de um mundo de objetos não fenomênicos. O que ocorre é tão somente que tais objetos não dizem respeito, ou ao menos não dizem respeito inicialmente, ao filósofo.

A razão para isso, segundo Husserl, é que temos conhecimento imediato infalível dos objetos de nossa própria consciência, ao passo que possuímos informação apenas inferencial e conjectural sobre o mundo exterior. Husserl fez uma distinção entre percepção imanente, que era autoevidente, e percepção transcendente, que era falível. A percepção imanente é meu contato imediato com meus próprios atos e estados mentais correntes. A percepção transcendental é minha percepção de meus próprios atos e estados passados, das coisas físicas e dos eventos, e dos conteúdos das mentes de outras pessoas.

---

2. Ver volume II, p. 233 ss. e p. 24-25 deste volume.

A percepção imanente fornece a substância da fenomenologia. A percepção imanente é mais fundamental que a percepção transcendente não somente porque a percepção imanente é autoevidente e a percepção transcendente é falível, mas porque as inferências e conjecturas que constituem a percepção transcendente são baseadas, e têm de ser baseadas, nas liberações da percepção imanente. Somente a consciência possui um "ser absoluto"; todas as outras formas de ser dependem da consciência para sua existência (*Ideias*, I. 49). Assim, a fenomenologia é a mais básica de todas as disciplinas, porque os itens que são sua substância fornecem os dados para todos os outros ramos da filosofia e da ciência.

Husserl concebeu *Ideias* como uma obra em três volumes, mas os últimos dois somente foram publicados após sua morte. Em 1916 ele se mudou para Freiburg, onde permaneceu como professor da universidade daquela cidade até sua aposentadoria, em 1928, período durante o qual recusou um convite para lecionar na Universidade de Berlim, em 1923. Em Freiburg suas aulas atraíram uma ampla audiência internacional, e alguns dos alunos que teve viriam se tornar filósofos altamente influentes, por exemplo Martin Heidegger e Edith Stein. Nesse período ele desenvolveu em várias direções o sistema apresentado em *Ideias* I. Por um lado, ampliou o método fenomenológico a fim de descartar algumas suposições que Descartes não havia questionado, de modo que a *epoché* husserliana tornou-se mais radical que a dúvida cartesiana. Por outro lado, buscou combinar seu solipsismo metodológico com uma solução para o problema da intersubjetividade que iria estabelecer a existência de outras mentes. Sua posição final era a de um idealismo transcendental que ele afirmava ser a conclusão inseparável da fenomenologia (*CM* 42). Alguns dos resultados dessas reflexões tardias foram publicados em duas obras que vieram à luz no ano posterior a sua aposentadoria: *Meditações cartesianas* e *Lógica formal e transcendental*.

O existencialismo de Heidegger

Dois anos antes, um dos alunos de Husserl publicara um livro que teria um impacto muito maior sobre a filosofia do que esses últimos livros de Husserl: *Sein und Zeit* [Ser e tempo], de Martin Heidegger (1899-1976). Ali se afirmava que a fenomenologia, até então, havia sido muito pouco empenhada. Ela buscava examinar os dados da consciência, mas empregava noções como "sujeito", "objeto", "ato" e "conteúdo", que não eram itens

Martin Heidegger, deão do existencialismo continental.

que ela havia descoberto na consciência, mas herdados da sua filosofia anterior. Ainda mais importante, Husserl aceitara o esquema de Descartes, em que havia dois reinos correlatos de consciência e realidade. Somente um desses, a consciência, era a base que Husserl adotara para a fenomenologia. Mas a primeira tarefa da fenomenologia, Heidegger observava, era o estudo do conceito do Ser (*Sein*), que era anterior à clivagem entre a consciência e a realidade. A experiência que nos leva a contrastar essas duas como polos opostos é o primeiro fenômeno a ser examinado.

Devemos portanto retornar para antes de Descartes, de modo que nos esclareçamos sobre a natureza da filosofia, e assumir como nosso ponto de partida não a consciência, mas o Ser. Mas não será suficiente, Heidegger nos alerta, um simples retorno às categorias de Platão e Aristóteles, que já possuem um elemento de sofisticação artificial. Os pré-socráticos oferecem os melhores exemplos para um fenomenólogo integral imitar, já que eles predatam a formação de um vocabulário filosófico profissional com todas as pressuposições que esse tipo de vocabulário permite. Heidegger proporia a si mesmo a tarefa de inventar um vocabulário puro que nos capacitaria, por assim dizer, a filosofar na inocência.

O mais importante dos termos cunhados por Heidegger é o *Dasein*. *Dasein* é o tipo de ser que é capaz de fazer questões filosóficas, e do modo como Heidegger o expõe o *Dasein* soa inicialmente suspeito, como o ego cartesiano. Mas se o ego cartesiano era essencialmente uma coisa pensante, uma *res cogitans*, pensar é apenas um, e não o mais fundamental, dos modos pelos quais o *Dasein* tem seu ser. O elemento primitivo do *Dasein* é "ser-no-mundo", e pensar é apenas um modo de unir-se ao mundo: agir sobre ele e reagir a ele são em última instância elementos tão importantes quanto pensar. O *Dasein* não é uma *res cogitans*, mas uma *res curans*: não uma coisa pensante mas uma coisa que cuida. Somente se eu tiver algum cuidado, ou interesse, pelo mundo estarei disposto a indagar sobre ele e a responder às questões assim formuladas na forma de afirmações de saber.

Conceitos e julgamentos podem ser pensados como instrumentos para fazer as contas com o mundo. Mas há instrumentos desse tipo mais primitivos, ferramentas em um sentido literal. Um carpinteiro relaciona-se com o mundo ao utilizar um martelo. Ele não necessita pensar sobre o martelo para bem utilizá-lo; ter consciência do martelo pode na verdade atrapalhar a concentração em seu projeto que é sua verdadeira relação com a realidade. As entidades com as quais nos relacionamos desse modo transparente são ditas por Heidegger "à mão". A distinção entre o que está e o que não está à mão sublinha nossa construção da espacialidade do mundo.

Heidegger enfatiza a natureza temporal do *Dasein*: devemos pensar sobre ele não como uma substância, mas como o desdobrar de uma vida. Nossa vida não é uma entidade autocontida ou autodesenvolvida: desde o começo descobrimos estar-lançados em um contexto físico, cultural e histórico. Esse "estar-lançado" (*geworfenheit*) é chamado por Heidegger de "facticidade" do *Dasein*. Mas minha vida não está exaurida por aquilo que sou agora e tenho sido até aqui: posso ser o que ainda não cheguei a ser, e minhas potencialidades são tão essenciais a meu ser quanto o são minhas conquistas. De fato, segundo Heidegger, na definição do que sou, o futuro tem prioridade sobre o passado e sobre o presente. O *Dasein*, afirma Heiddeger, é "uma capacidade de ser", e aquilo que busco em minha vida determina o significado de minha situação e minhas capacidades presentes. Mas, não importa quais sejam minhas conquistas e potencialidades, todas elas terminam em morte — porém, embora a morte as *elimine*, ela não as *completa*. Qualquer visão de minha vida como um todo deve levar em conta a diferença entre o que eu serei e o que eu poderia ter sido: daí vêm culpa e ansiedade.

Se Heidegger estava certo, há algo de absurdo nas tentativas dos filósofos, de Descartes a Russell, de provar a existência de um mundo exterior. Não somos observadores tentando, mediados pela experiência, obter conhecimento de uma realidade da qual estamos separados. Desde o início somos nós mesmos elementos do mundo, "sempre de fato seres-no-mundo". Somos seres entre outros seres, agindo sobre eles e a eles reagindo. Nossas ações e reações não necessitam ser todas guiadas pela consciência. Na verdade, é somente quando nossas ações espontâneas erram o alvo de alguma maneira que tomamos consciência do que estamos fazendo. Isso é o que ocorre quando o "está-à-mão" se torna o "indisponível-à-mão".

A atividade do *Dasein*, para Heidegger, possui três aspectos fundamentais. Primeiro, há o que ele chama de "sintonização": as situações em que estamos lançados manifestam-se atraentes, alarmantes ou entediantes, e assim por diante, e a elas respondemos com comportamentos dos mais variados tipos. Segundo, o *Dasein* é discursivo: vale dizer, ele opera em um mundo de discursos, entre entidades que são articuladas e interpretadas para nós pelo idioma e pela cultura que partilhamos com os outros. Terceiro, o *Dasein* é "entendimento" em um sentido especial — a saber, suas atividades são voltadas (não necessariamente conscientemente) para algum objetivo, algum "em nome de" que dará sentido a toda uma vida em um contexto cultural. Esses três aspectos do *Dasein* correspondem ao passado, ao presente e ao futuro do tempo; o tempo que dá a *Sein und Zeit* a segunda parte de seu título.

Embora o *Dasein* opere em um contexto biológico, social e cultural, não há algo como uma natureza humana que dê origem às atividades do indivíduo humano. A essência do *Dasein*, afirma Heidegger, é sua existência. Ao afirmar isso, Heidegger se tornou o pai do "existencialismo", a escola filosófica que enfatiza que os indivíduos não são meros membros de determinada espécie nem determinados por leis universais. O que sou essencialmente é o que escolho livremente ser. A falta de base para essa escolha é alarmante, e eu posso muito bem buscar refúgio numa conformidade irracional. Mas isso não passa de uma decisão inautêntica, uma traição ao meu *Dasein*. Para ser autêntico devo construir minha própria vida com plena consciência de que não há base, seja na natureza humana, seja num mandamento divino, para as escolhas que faço, e que nenhuma escolha trará qualquer significado transcendente para minha vida.

Ser e tempo é um livro de difícil leitura, e qualquer intérprete que busque fazer suas ideias parecerem inteligíveis à leitura deve escrever em um estilo muito diferente do estilo do próprio Heidegger. É objeto de controvérsia se o vocabulário idiossincrásico e a sintaxe tortuosa utilizados por Heidegger são essenciais para seu projeto ou se não passam de uma desnecessária demonstração de autogratificação. Mas não há dúvida de que sua obra é não apenas original, mas importante. Um dos oponentes mais eloquentes de Heidegger, Gilbert Ryle, admite ao fim de uma resenha crítica do livro que ele não tinha senão admiração por sua "análise fenomenológica das raízes formadoras da alma humana".

Como obra de fenomenologia, *Sein und Zeit* desfrutou notoriedade bem maior que qualquer obra de Husserl, o fundador da fenomenologia. A relação entre o discípulo e seu mestre teve um final infeliz. Em 1929 Heidegger sucedeu a Husserl como professor de filosofia em Freiburg, tornando-se reitor da universidade em 1933. Em um notório discurso inaugural em maio daquele ano, Heidegger saudou o nazismo como o veículo por meio do qual o povo alemão iria por fim cumprir sua missão espiritual histórica. Um de seus primeiros atos como reitor foi excluir da biblioteca da universidade todos os membros judeus, entre eles o emérito professor Husserl, que ainda teria à frente mais cinco anos de vida. Depois da guerra, Heidegger teve de se penitenciar por seu apoio a Hitler e foi ele mesmo impedido de ensinar na universidade de 1945 a 1950. Seu pensamento, contudo, permaneceu influente até a data de sua morte, em 1976, e daí em diante.

O existencialismo de Sartre

Em contraste com o existencialismo de direita de Heidegger, Jean-Paul Sartre, que por um curto período foi aluno de Heidegger, concebeu na França uma forma de existencialismo que foi prontamente conduzida para a esquerda no espectro político. Nascido em Paris em 1905, Sartre estudou na École Normale Supérieure de 1924 a 1928, e por alguns anos se sustentou ensinando filosofia em escolas de segundo grau. Foi contudo em Berlim e Freiburg, de 1933 a 1935, que começou a desenvolver sua própria filosofia, que encontrou sua primeira expressão em duas monografias filosóficas publicadas em 1936: *A transcendência do eu* e *Imaginação: uma crítica psicológica*. A elas seguiram-se um romance, *A náusea*, em 1938, e *Esboço para uma teoria das emoções*, em 1939.

Os ensaios de Sartre de antes da guerra são detalhados estudos sobre a filosofia da mente sob o molde fenomenológico. Sartre, à feição de Heidegger, reclamava que Husserl não havia conduzido a redução fenomenológica longe o suficiente. Husserl aceitara o eu cartesiano, o sujeito pensante, como um dado da consciência, mas na verdade ele não é isso: quando absorto naquilo que vejo ou ouço não penso em mim. É somente pela reflexão que tornamos o eu um objeto; assim, se quisermos ser fenomenólogos dedicados, deveremos começar a partir da consciência pré-reflexiva. O eu, o sujeito pensante, repousa fora da consciência e pertence portanto, não mais que outras mentes, ao mundo transcendente.

Em *Imaginação*, Sartre ataca a noção, bem difundida entre filósofos, mas particularmente explícita em Hume, de que na imaginação lidamos com os conteúdos de um mundo mental interior. É um engano, Sartre demonstrou, pensar que a percepção e a imaginação consistem ambas na presença mental de figuras ou simulacros; a única diferença entre elas é que na percepção as imagens são mais intensas ou vívidas que na imaginação. Na verdade, Sartre assegurava, o imaginar nos relaciona aos objetos extramentais, não às imagens internas. E o faz assim não menos que a percepção, mas de modo diferente. Isso é mais facilmente demonstrado no caso em que imaginamos uma pessoa real mas ausente; nos casos em que o que imaginamos não existe de fato, o que fazemos é criar um objeto no mundo.

Também as emoções, segundo Sartre, são interpretadas erroneamente se pensamos nelas como sensações internas passivas. Emoção é uma certa maneira de apreender o mundo: sentir ódio em relação a alguém, por exemplo, é considerar esse alguém odioso. Mas é óbvio que a emoção não é uma consciência imparcial, sem preconceitos, de nosso ambiente; ao contrário, Sartre chega a descrevê-la como uma "transformação mágica" das situações em que surpreendemos a nós mesmos. Quando estamos deprimidos, por exemplo, sentimos como se tivesse sido lançado um encanto sobre o mundo de modo que se tornassem inúteis todos os esforços de nos relacionarmos com ele.

Quando irrompeu a guerra, em 1939, Sartre cumpria o serviço militar obrigatório, e em 1940 lutou no Exército até ser capturado pelos alemães. Libertado após o armistício, retornou a Paris como professor de filosofia, mas além disso fez parte da resistência à ocupação nazista. Em 1943 publicou seu *magnum opus*: *O ser e o nada*. Se os ensaios que publicara antes da guerra tinham inspiração husserliana, *O ser e o nada* devia muito a

Heidegger, algo reconhecido no próprio título da obra. Partes de *O ser e o nada* são tão difíceis quanto qualquer trecho de *Sein und Zeit*. Mas, como costuma ser natural em um romancista e dramaturgo, Sartre possuía o dom, que Heidegger não tinha, de ilustrar os pontos filosóficos com narrativas detalhadas e convincentes. Após o término da guerra, Sartre retornou à escrita para apresentar os principais temas de sua obra de forma mais breve e popular em *Existencialismo e humanismo* (1946).

O ser (*l'être*), para Sartre, é aquilo que precede e subjaz aos diferentes tipos e aspectos das coisas que encontramos na consciência. Separamos as coisas em tipos e classes de acordo com nossos interesses e como instrumentos para nossos objetivos. Se retirarmos todas as distinções que a consciência faz, restará o puro ser, o ser em si, *l'en-soi*, o qual é opaco, maciço, simples e acima de tudo contingente: "sem razão, sem causa, sem necessidade" (*BN* 619). Dizer que é sem causa não é o mesmo que dizer que é causa de si, *causa sui*; ele apenas está ali — "gratuito", como Sartre o chama, e algumas vezes *"de trop"*.

O *en-soi* é um dos dois conceitos-chave de *O ser e o nada*. O outro é *le pour-soi*, o para-si, quer dizer, a consciência humana. Como isso se relaciona com o nada do título? A resposta de Sartre é que o homem é o ser por intermédio do qual o nada vem ao mundo. A negação é o elemento que estabelece a diferença entre *le pour-soi* e *l'en-soi*.

Sartre expande aqui um tema de Heidegger. Se os filósofos ingleses tomaram o dito "nada nadifica" (*Das Nichts nichtet*) como a quintessência do absurdo, Sartre aceita a objetificação do *nada* e busca dar a ele um significado importante. Quando a consciência articula o mundo, ela o faz por meio da negação. Se tenho um conceito de *vermelho*, eu divido o mundo entre vermelho e não vermelho. Se distingo cadeiras de mesas, então tenho de considerar as cadeiras como não mesas e as mesas como não cadeiras. Se quero fazer uma distinção entre a consciência e o ser, devo dizer que a consciência é o não ser: "o ser por meio do qual o nada vem ao mundo deve ser seu próprio nada" (*BN* 23).

Para um historiador, é como se Sartre estivesse reintroduzindo na filosofia uma charada concebida por Parmênides e resolvida há muito por Platão[3]. A. J. Ayer, em 1945, comparou a abordagem de Sartre do *le néant* com a resposta do rei em *Alice no país das maravilhas* quando Alice diz que ela vê ninguém na estrada: "Eu queria apenas ter tais olhos... Para

---
3. Ver volume I, p. 238 ss. e 253 ss.

ser capaz de ver ninguém! E a essa mesma distância!". Afortunadamente, *O ser e o nada*, a despeito do título, possui muito conteúdo de importância quase independentemente do relato sartriano sobre a "nadificação". A mais interessante de suas ideias, uma vez mais, é tomada de Heidegger. Se para a maior parte dos objetos a essência precede a existência, "existe no mínimo um ser cuja existência precede a sua essência, um ser que existe antes que possa ser definido por qualquer concepção dele. Esse ser é o homem" (*EH* 66). A liberdade humana precede a essência do homem e torna-o possível. Se um carvalho tem de seguir um padrão particular de vida por ser isso o tipo de coisa que é, os seres humanos não pertencem a uma espécie desse modo: cabe a cada pessoa decidir que tipo de coisa será. A liberdade humana cria uma fissura no mundo dos objetos.

A vida de um ser humano tomado como indivíduo, segundo Sartre, não é determinada antecipadamente, nem por um criador, nem por causas necessárias, nem por leis morais absolutas. A única necessidade a que não posso escapar é a necessidade de escolher. A liberdade humana é absoluta mas é também alarmante, e tentamos escondê-la de nós mesmos adotando algum tipo de papel predeterminado oferecido pela moralidade, pela sociedade ou pela religião. Mas nossos esforços de ocultamento estão condenados ao fracasso, e terminamos indecisos, tacitamente cônscios de nossa liberdade ao mesmo tempo em que buscando nos reduzir a meros objetos. Essa é a condição que Sartre chama de "má-fé".

A atitude alternativa é aceitar e afirmar a própria liberdade e aceitar a responsabilidade pelos próprios atos e pela vida, sem o auxílio de qualquer ordem moral preexistente e não constrangidos por quaisquer circunstâncias contingentes. Claro, haverá limites físicos às minhas possíveis ações, mas é pela adequação de meus próprios desejos e projetos que confiro significado à situação em que encontro a mim mesmo. Tenho de fazer uma escolha que é totalmente minha. "Emerjo solitário e temeroso em face do único e primeiro projeto que constitui meu ser: todas as barreiras, todas as pistas, colapsam, aniquiladas pela consciência de minha liberdade; eu não tenho, nem posso ter, acesso a qualquer valor contra o fato de que sou eu que mantenho os valores no ser" (*EH* 66).

Nos anos posteriores à guerra, Sartre, juntamente com Simone de Beauvoir, tornou-se o centro da vida cultural e intelectual da margem esquerda do Sena. Ele fundou e editou um periódico mensal de vanguarda, *Les Temps Modernes*, e escreveu um punhado de romances e peças teatrais de sucesso, das quais talvez a mais conhecida seja *Huis clos* [Entre quatro paredes], em que consta a frequentemente citada fala "O inferno são os outros". Em *O ser e o nada*, além do *en-soi* e do *pour-soi*, Sartre introduzira a noção do ser-para-os-outros, que vem a ser em resumo o modo em que sou apresentado aos outros e por eles observado, tornando-me nada mais que um objeto para eles, objeto talvez de sua inveja ou seu desprezo. O sentido original de ser-para-os-outros, ele escreveu, é o conflito. Em sua última obra Sartre desenvolveu esse tema, concedendo-lhe maior importância.

No que se refere a escolhas sociais e políticas, ele assumiu posições próximas às do Partido Comunista, apesar da dificuldade de conciliar o determinismo marxista com o libertarismo absoluto que era a chave do existencialismo. Em um esforço destinado a resolver essa tensão ele escreveu uma *Crítica da razão dialética* em 1960. Em 1964 recusou o Nobel de literatura e em 1968 apoiou as rebeliões estudantis que ameaçaram o governo De Gaulle. Faleceu em 1980.

Jacques Derrida

Por um breve período da década de 1960 parecia que poderia acontecer uma reaproximação entre a filosofia continental e a filosofia anglófona. Em 1962, um filósofo de 32 anos, de ascendência argelo-judaica, chamado Jacques Derrida, publicou sua tese de doutorado sobre Husserl e a geometria. No mesmo ano foi publicado postumamente um conjunto de conferências do filósofo oxfordiano J. L. Austin (1911-1960), intitulado *How to do things with words* [Como fazer coisas com palavras], que continha uma teoria sobre os diferentes tipos de atos discursivos. Em 1967 Derrida publicou três obras altamente originais (*Escritura e diferença*, *Discurso e fenômenos* e *Gramatologia*) que traziam claras marcas da influência de Austin.

Os dois filósofos, contudo, abordaram o mesmo tópico de modos muito diferentes. Austin partiu, já em 1946, de uma distinção entre dois tipos de discurso, constativo e performativo. Uma sentença constativa é utilizada para afirmar como são as coisas na verdade: "Está chovendo", "O trem está chegando". As emissões performativas, contudo, não são afirmações que possam ser julgadas e consideradas verdadeiras ou falsas por comparação aos fatos; elas são atos discursivos que alteram as coisas em vez de dizer algo sobre elas. Exemplos: "Eu batizo este navio *Rainha Elizabeth*", "Prometo encontrá-lo às dez", "Legarei meu relógio ao meu irmão".

Austin prosseguiu classificando muitos tipos diferentes de emissões performativas — apostas, compromissos, vetos, pedidos de desculpas, imprecações — e identificando elementos performativos ocultos em afirmações aparentemente diretas. Em seu estágio desenvolvido, sua teoria abriu espaço, nos atos discursivos, para três elementos: as forças locutória, não locutória e perlocutória. Suponha que alguém me diga: "Atire nela!". O ato locutório é definido pela especificação do sentido de "atire" e pela referência a "ela". O ato não locutório é o de ordenar, incitar etc. O ato perlocutório (que ocorre apenas se o não locutório se realiza) seria descrito, por exemplo, por "Ele me fez atirar nela".

Austin introduziu muitos novos termos técnicos para trazer à baila distinções entre diferentes tipos de discurso e os elementos inerentes a eles. Cada termo, quando apresentado, é definido em temos lúcidos e iluminado por exemplos. O efeito abrangente é trazer clareza, em um nível microscópico, a um campo vasto e importante da filosofia da linguagem.

O método de Derrida é bem diferente. Também ele apresenta termos técnicos em grande profusão: por exemplo, "grama", "reserva", "incisão", "traço", "espaçamento", "branco", "suplemento", *pharmakon* e muitos outros. Mas ele é muito menos inclinado a oferecer definições desses termos, e frequentemente parece rejeitar a própria solicitação de uma definição como de algum modo imprópria. A relevância de seus exemplos ilustrativos é raramente clara, de modo que mesmo características banais da linguagem assumem um ar de mistério.

No tratamento dos aspectos do discurso, Austin não estava particularmente interessado na distinção entre o que é falado (como em uma promessa oral) e o que é escrito (como em um testamento); os pontos filosóficos que ele estabelece aplicam-se em geral aos dois tipos de uso linguístico. Derrida, por sua vez, concede grande importância à distinção, atacando o que chama de "fonocentrismo", a alegada superênfase da civilização ocidental sobre a palavra falada. Dada a ênfase dada pelo direito e pelos negócios em pôr as coisas por escrito, e os enormes esforços que as sociedades modernas têm empregado para alfabetizar seus cidadãos, a acusação de fonocentrismo de Derrida tem de se basear em vários textos excêntricos, a começar por uma irônica passagem do *Fedro* de Platão.

Entre os atos performativos do discurso, a promessa é um caso paradigmático que interessou tanto a Austin como a Derrida. Austin listou, de modo instrutivo, os diferentes tipos de infortúnio que podem afetar uma promessa, da insinceridade à incapacidade. Derrida estava particularmente impressionado com o fato de que alguém poderia morrer antes de cumprir uma promessa, uma circunstância que ele expressa ao afirmar que todo performativo é assombrado pela morte. Mas, *malgrado* Derrida, uma vez que somos todos, sempre, mortais, a possibilidade da morte não nos diz nada quanto aos performativos em particular. Ir de bicicleta ao trabalho, não menos que fazer uma promessa, é algo que pode ser interrompido pela morte. Claro, em uma promessa a morte pode realmente ser mencionada, como quando noiva e noivo juram fidelidade "até que a morte nos separe". Mas nesse caso não se quebra de fato uma promessa, ou se deixa de cumpri-la, quando um dos esposos morre.

A hostilidade de Derrida em relação ao fonocentrismo era parte de um ataque ao que ele denominou "a metafísica da presença", a noção de que a base para as afirmações de significado e verdade é algo dado intimamente na consciência. O alvo primeiro de seu ataque foi Husserl, mas a noção empírica de dados sensoriais permanece aberta a uma crítica semelhante. Concedeu-se primazia ao discurso sobre a escrita na tradição ocidental, afirma Derrida, em razão de o discurso estar mais próximo do pensamento que a escrita, pensamento que é idealizado como o supremo, transcendental objeto de significação. Derrida "desconstrói" a oposição entre o discurso e a escrita e concede uma posição privilegiada ao texto escrito, o mais distanciado do controle por seu autor, o único mais capaz de diversas e superpostas interpretações. Alguns têm considerado o ataque à metafísica empreendido por Derrida uma empresa, em um grau bem diferente, paralela à demolição empreendida por Wittgenstein da noção de uma linguagem privada.

Em suas primeiras obras, Derrida apresentou provas de grande agudeza intelectual; mas depois de 1967 seu pensamento e sua escrita deslocaram-se mais e mais para longe dos de Austin e Wittgenstein. À medida que sua carreira progredia, seu estilo de operação moveu-se para bem longe não apenas da corrente da filosofia analítica, mas da filosofia como entendida pelos grandes filósofos, de Aristóteles a Husserl. Foi sempre considerada uma tarefa dos filósofos estabelecer distinções entre conceitos que pudessem ser confundidos uns com os outros, e se necessário inventar ou adaptar termos para sinalizar essas distinções. Derrida, em contraste, introduziu novos termos cujo efeito era confundir ideias que eram perfeitamente distintas.

Considere-se a noção de "diferança" (*différance*), da qual Derrida tinha muito orgulho[4]. Diferança é palavra intentada para combinar as no-

---

4. A palavra *"différance"* é frequentemente traduzida para o inglês por "differance", mas minha tradução por *deferrence* corresponde mais exatamente à construção da palavra em francês. Devo

ções de diferir (adiar) e diferença (ser distinto). "Diferança", ele nos diz, "é ser concebido antes da separação entre diferir como adiamento e diferir como a obra real da diferença" (*SP* 88). Não fica claro como essas duas noções contrastantes podem ser combinadas desse modo, e as explicações e paráfrases oferecidas por Derrida não ajudam em nada:

> A diferança é o que torna possível o movimento da significação somente se cada dito elemento presente que faz sua aparição sobre a cena da presença está relacionado a outro algo que não ele mesmo, guardando dessa forma para si a marca de um elemento do passado, e deixando-se já moldar pela marca de sua relação com um elemento futuro, esse traço estando relacionado não menos com aquilo que é chamado futuro que com aquilo que é chamado passado, e constituindo aquilo que é chamado o presente por intermédio dessa mesma relação com o que não é, com o que em absoluto não é: vale dizer, nem mesmo a um passado ou a um futuro como presentes modificados (*Diff*. 13).

Pode-se perceber o que ele quer dizer. Se eu digo ao garçom no café da manhã: "*bacon* com ovos", o significado do que digo depende do fato de que no momento em que emito a palavra "com" a palavra "*bacon*" já está no passado, mas permanece relacionada a ela. Fato incontestável. E se é isso o que significa a diferança então o que Derrida diz dela é perfeitamente correto: "não é o nome de um *objeto*, não é o nome de algum 'ser' que poderia estar presente. E por essa razão não é também um conceito". Mas isso não pode ser tudo o que a diferança significa, porque sabemos que alguns dos leitores de Derrida tomaram-na como o nome de Deus — embora Derrida nos assegure que ela "recusa qualquer relação com a teologia" (*P* 40). As várias paráfrases que encontramos de "diferança" em seus textos são talvez em si uma instância da diferança; promissórias que são bem distintas de uma definição e que postergam para um futuro indefinido uma confirmação real do sentido.

Derrida concebeu um método para lidar com autores, uma técnica que pode ser apelidada de método ramalhete. Para juntar um ramalhete, precisamos coletar alguns textos que contenham a mesma palavra (ou, frequentemente, apenas o mesmo fonema). A seguir, nós os retiramos de

---

contudo solicitar ao leitor que a pronuncie exatamente como "*difference*", em deferência a Derrida, que concedia muita importância à sonoridade igual das duas palavras francesas.

contexto e ocasião, descartamos seu emissor ou sua voz e modificamos o sentido original que possuíam fazendo uso de italicização, omissão ou truncamento. Então nós os reunimos e os apresentamos como um ramalhete, acompanhados de alguma tese chocante ou provocadora a enlaçá-los. A técnica do ramalhete tornou-se popular em alguns departamentos de literatura, visto demandar consideravelmente menos esforços que os métodos mais tradicionais de crítica literária.

O último Derrida mantém a atenção do leitor por meio de uma sagaz exposição retórica. Um instrumento particularmente bem-sucedido pode ser chamado de "o paradoxo irrefutável". Um dos trechos mais citados da *Gramatologia* — destacado pelo próprio autor — é "Nada existe fora do texto". Uma notação impressionante, até mesmo chocante! Com certeza a Peste Negra e o Holocausto não foram eventos textuais do mesmo modo que uma nova edição de *Vidas dos poetas*, de Samuel Johnson, é um evento textual. Mas a seguir Derrida explica gentilmente que por texto ele não quer dizer um *corpus* de escritos, mas algo que supera os limites do mundo, do real, da história[5]. Bem, se o que está afirmando é simplesmente que não há nada além do universo, isso seria algo difícil de contradizer. E uma injunção para tentar ver as coisas em contexto é seguramente um bom conselho.

Talentoso retórico que é, Derrida mantém seus leitores atentos oferecendo sexo e morte. Já tivemos um encontro com a morte a assombrar os performativos; encontramos o sexo em lugares igualmente irrelevantes. Ele nos diz que falar sozinho mantém com o ato de falar alto a mesma relação que a masturbação mantém com a copulação. Sem dúvida. Uma comparação não menos adequada teria sido comparar paciência e truco; mas isso seguramente não teria excitado o leitor do mesmo modo. Novamente, ao final do *Apocalipse* lemos o seguinte: "O Espírito e a Esposa dizem: 'Vem!'. Que aquele que ouve diga também: 'Vem!'" (Ap 22,17). Derrida escreveu muito sobre esse texto, jogando muito bem com o duplo sentido que, tanto em francês [*vien*] como em inglês [*come*], carrega a palavra "vem". Se alguém fosse indelicado o suficiente para ressaltar que não há a possibilidade de a palavra grega que foi traduzida por "vem" ter o sentido de "ter um orgasmo", esse alguém seria sem dúvida alertado de que havia falhado totalmente em perceber o ponto do exercício.

---

5. DERRIDA, Living on, in Harold BLOOMFIELD (ed.), *Deconstruction and Criticism*, New York, Seabury Press, 1979.

Jacques Derrida, em foto posterior à sua
conquista de *status* icônico em muitos círculos.

Pode parecer indelicado criticar Derrida como fizemos acima. O motivo para assim proceder é que esse tipo de paródia de um comentário honesto é exatamente o método que ele adotou em suas obras finais: suas armas filosóficas são o chiste, o xingamento, o desprezo e o riso irônico de superioridade. Normalmente, o historiador tenta identificar algumas das maiores doutrinas de um filósofo, apresentá-las do modo mais claro possível e talvez, só então, acrescentar uma ou duas palavras de avaliação. No último Derrida não há doutrinas a apresentar. Não ocorre simplesmente que um leitor não afeito a sua obra falhe em identificá-las ou entendê-las; o próprio Derrida recusa a ideia de que sua obra possa ser encapsulada em teses. De fato, em algumas ocasiões ele chega a negar a ambição de ser filósofo.

Não é então injusto incluir Derrida, seja para louvá-lo, seja para culpá-lo, em uma história como esta? Penso que não. Independentemente do que ele próprio possa dizer, ele foi considerado por muitas pessoas um filósofo sério, e como tal deve ser avaliado. Mas não surpreende que sua fama seja menor nos departamentos de filosofia que nos departamentos de literatura, cujos membros têm menos prática em discernir a filosofia autêntica da filosofia falsificada.

4

Lógica

A lógica empírica de Mill

Sistema de lógica de John Stuart Mill é falho em duas partes principais. Os primeiros dois livros apresentam um sistema de lógica formal; o restante da obra lida com a metodologia das ciências natural e social. A primeira parte começa com uma análise da linguagem, particularmente com uma teoria da nomeação.

Mill foi o primeiro empirista britânico a levar a lógica formal a sério, e desde o começo ele ansiava por dissociar-se do nominalismo que fora associado com o empirismo desde os tempos de Hobbes. Por "nominalismo" ele entendia a teoria dos dois nomes da proposição: a teoria de que uma proposição é verdadeira se e somente se o sujeito e o predicado são nomes da mesma coisa. O relato hobbesiano, dizia Mill, serve somente às proposições em que o predicado e o sujeito são nomes próprios, como "Túlio é Cícero". Mas é uma teoria tristemente inadequada a qualquer outro tipo de proposição.

Mill faz uso da palavra "nome" sem parcimônia. Não são apenas os nomes próprios, como "Sócrates", e os pronomes, como "este", mas também as descrições definidas, como "o rei que sucedeu a Guilherme, o Conquistador", que contam como nomes para ele. Assim também para os termos gerais, como "homem" e "sábio", e os nomes abstratos, como "sabedoria". Todos os nomes, sejam particulares ou gerais, sejam abstratos ou concretos, denotam coisas; nomes próprios denotam as coisas que nomeiam, e os termos gerais denotam as coisas das quais são a verdade: assim, não somente "Sócrates", mas também "homem" e "sábio" denotam Sócrates. Os termos gerais, além de possuir uma denotação desse tipo, possuem uma conotação: há itens que eles conotam assim como itens que eles denotam. O que eles conotam são os atributos que eles significam, isto é, o que seria especificado em uma definição deles fornecida por um dicionário. Na lógica, a conotação vem antes da denotação: "quando a humanidade estabeleceu o termo sábio, não se estava pensando em Sócrates" (*SL* 1.2.5.2).

Como "nome" abrange tal multiplicidade de termos, Mill pode aceitar a visão nominalista de que toda proposição é uma conjunção de nomes. Mas isso não o compromete com a visão hobbesiana, pois, à diferença de Hobbes, ele pode apelar à conotação ao estabelecer as condições-de-verdade das proposições. Uma sentença que junte dois termos conotativos, como "todos os homens são mortais", nos diz que certos atributos (aqueles, digamos, de animalidade e racionalidade) são sempre acompanhados do atributo de mortalidade.

No segundo livro, Mill discute a inferência, da qual distingue dois tipos: real e verbal. A inferência verbal não nos traz nenhum conhecimento inédito sobre o mundo; o conhecimento da linguagem apenas é suficiente para nos capacitar a derivar a conclusão da premissa. Como exemplo de uma inferência verbal, Mill tira de "Nenhum grande general é um homem impulsivo" a inferência de que "Nenhum homem impulsivo é um grande general": a premissa e a conclusão, ele nos diz, são a mesma coisa. Há inferência real quando inferimos uma verdade, na conclusão, que não estava contida nas premissas.

Mill descobriu ser muito difícil explicar como poderiam ser descobertas novas verdades pelo uso de raciocínio geral. Ele aceitava que todo raciocínio era silogístico e afirmava que em todo silogismo a conclusão está contida e suposta nas premissas. Tome-se o argumento das premissas "Todos os homens são mortais" e "Sócrates é um homem" para concluir que "Sócrates é mortal". Para que este silogismo seja válido universalmente, então, com certeza, a proposição "Sócrates é mortal" deve ser pressuposta na assunção mais geral "Todos os homens são mortais". Por outro lado, se substituímos o nome "Sócrates" pelo de alguém ainda não morto (o exemplo de Mill era "o duque de Wellington"), então a conclusão nos dá de fato nova informação, mas não é justificada pela prova resumida na primeira premissa. Daí a conclusão de que o silogismo não é uma inferência genuína:

> Toda inferência é de particulares para particulares. Proposições gerais são tão só registros de tais inferências já feitas, e fórmulas reduzidas para fazer mais. A premissa maior de um silogismo, em consequência, é uma fórmula dessa descrição; e a conclusão não é uma inferência tirada *da* fórmula, mas uma inferência tirada *de acordo* com a fórmula; constituindo-se a lógica real antecedente ou premissa em fatos particulares dos quais a proposição geral foi coletada por indução (*SL* 3.3.4).

"Indução" era um nome que havia muito vinha sendo dado pelos lógicos ao processo de derivar uma verdade geral de instâncias particulares. Mas há mais de um tipo de indução. Suponha que eu afirme "Pedro é judeu, Tiago é judeu, João é judeu..." e passe então a enumerar todos os apóstolos. Posso partir daí para concluir que "Todos os apóstolos são judeus", mas, se o fizer, afirma Mill, não estarei de fato partindo do particular para o geral: a conclusão será tão só uma anotação resumida para fatos particulares enunciados na premissa. As coisas são muito diferentes quando fazemos uma generalização somente com base num levantamento incompleto dos itens aos quais se aplica — como quando concluímos das mortes anteriores dos seres humanos que os seres humanos de todas as épocas irão morrer.

A crítica de Mill ao argumento dedutivo inclui uma confusão entre lógica e epistemologia. Uma inferência pode ser, como ele afirma, dedutivamente válida sem que seja informativa: a validade é uma condição necessária, mas não suficiente, para que um argumento produza informação verdadeira. Mas o silogismo não é a única forma de inferência, havendo muitos argumentos não silogísticos válidos (por exemplo: argumentos da forma "A = B", "B = C", logo "A = C") que são bem capazes de dar informação. Mesmo no caso do silogismo, é possível oferecer um relato que faça dele uma inferência real, bastando que interpretemos "Todos os homens são mortais" não como se estivéssemos dizendo que "mortal" é um nome para todo membro da classe dos homens, mas, em concordância com o relato do próprio Mill sobre a nomeação, como se estivéssemos dizendo que há uma conexão entre os atributos conotados por "homem" e por "mortal".

Sem dúvida, Mill responderia perguntando como poderíamos ao menos conhecer esse tipo de conexão senão por indução; e a parte mais interessante de sua lógica é sua tentativa de estabelecer regras para a descoberta indutiva. Ele estabelece cinco regras, ou cânones, para a investigação experimental que guie os pesquisadores à descoberta indutiva de causas e efeitos. Podemos considerar para efeito de ilustração os dois primeiros desses cânones.

O primeiro é chamado método de concordância, e afirma que se um fenômeno F aparece na conjunção das circunstâncias A, B e C, e também na conjunção das circunstâncias C, D e E, então temos de concluir que C, a única característica comum, é relacionada causalmente a F.

O segundo, o método de discordância, afirma que se F ocorre na presença de A, B e C, mas não na presença de A, B e D, então temos de concluir que C, a única característica a diferenciar os dois casos, é causalmente relacionada a F.

Mill afirma que estamos sempre mas não necessariamente conscientes disso, aplicando seus cânones na vida cotidiana e nas cortes jurídicas. Assim, para ilustrar o segundo cânone ele diz: "Quando um homem leva um tiro no coração, é por esse método que sabemos ter sido um tiro de revólver que o matou; pois ele estava em completude de vida imediatamente antes, com todas as circunstâncias sendo as mesmas, à exceção do ferimento".

Os métodos de concordância e discordância de Mill são uma sofisticação das tabelas de presença e ausência de Bacon[1]. Como os de Bacon, os métodos de Mill parecem assumir a constância das leis gerais. Mill diz de forma explícita: "A proposição de que o curso da Natureza é uniforme é o princípio fundamental, ou axioma geral, da indução". Mas de onde vem esse axioma geral? Como empirista integral, Mill o trata como sendo em si uma generalização da experiência: seria imprudente, ele diz, assumir que a lei da causação possa ser aplicada a estrelas distantes. Mas, se esse mesmo princípio geral é a base da indução, é difícil perceber como pode ele mesmo ser estabelecido por indução. Mas então Mill estava preparado para afirmar que não somente as leis fundamentais da física, mas também as da aritmética e da lógica, incluindo o princípio mesmo da não contradição, nada eram além de muito bem confirmadas generalizações a partir da experiência[2].

A refundação da lógica por Frege

A esse respeito Frege ocupava o polo oposto em relação a Mill. Enquanto para Mill as proposições de todo tipo eram conhecidas *a posteriori*, para

---
1. Ver vol. III, p. 50 ss.
2. Ver capítulo 6 na sequência.

Frege, não menos que a lógica, a aritmética não era apenas *a priori*, mas também analítica. Para estabelecer essa noção, Frege precisava investigar e sistematizar a lógica a um grau que nem ele, nem Mill, nem nenhum de seus predecessores haviam atingido. Ele organizou a lógica de uma maneira totalmente nova e tornou-se de fato o segundo fundador da disciplina primeiramente estabelecida por Aristóteles.

Uma maneira de definir a lógica é dizer que é a disciplina que distingue as inferências boas das más. Nos séculos anteriores a Frege, a parte mais importante da lógica tinha sido o estudo da validade e da não validade de uma forma particular de inferência, a saber, o silogismo. Regras elaboradas haviam sido esboçadas para distinguir inferências válidas do tipo

> Todos os alemães são europeus.
> Alguns alemães são loiros.
> Portanto, Alguns europeus são loiros.

de inferências não válidas do tipo

> Todas as vacas são mamíferos.
> Alguns mamíferos são quadrúpedes.
> Portanto, Todas as vacas são quadrúpedes.

Embora essas duas inferências tenham conclusões verdadeiras, a primeira é válida, isto é, somente a primeira é uma inferência de uma forma que jamais irá conduzir de premissas verdadeiras a uma falsa conclusão.

A silogística abrange de fato apenas uma pequena proporção das formas de raciocínio válidas. Em *The Prime Minister*, de Anthony Trollope, a duquesa de Omnium anseia por colocar um apaniguado seu como membro do Parlamento representando o burgo de Silverbridge, algo que fora sempre o privilégio dos duques de Omnium. Trollope escreve que ela "tem um pequeno silogismo em sua cabeça, que afirma que o duque governa o burgo e a duquesa governa o duque; logo, quem governa o burgo é a duquesa". O raciocínio da duquesa é perfeitamente válido, mas não é um silogismo e não pode ser formulado como tal. Isso ocorre porque o raciocínio dela depende do fato de "governar" ser uma relação transitiva (se A governa B e B governa C, então A de fato governa C), enquanto o sistema silogístico é um sistema projetado para lidar somente com sentenças do tipo sujeito–predicado, e não rico o suficiente para lidar com questões de relacionamento.

Lady Glencora Palliser, personagem de Trollope, chefiava não apenas um, mas dois duques de Omnium. Nesta ilustração de Millais para o *Phineas Finn*, ela estabelece seu domínio sobre o antigo duque ao presenteá-lo com um neto.

Uma ulterior fraqueza da silogística é que ela não pode lidar com inferências em que palavras como "todos" ou "alguns" ocorram não no lugar do sujeito mas em algum ponto do predicado gramatical. As regras não irão determinar a validade de inferências que contêm premissas como "Todos os políticos dizem algumas mentiras" ou "Ninguém pode falar todas as línguas" em casos em que a inferência se volte para a palavra "algumas" na primeira sentença ou para a palavra "todas" na segunda.

Frege concebeu um sistema para superar essas dificuldades, o qual expôs primeiro em seu *Begriffsschrift*. O primeiro passo era substituir as noções gramaticais de *sujeito* e *predicado* por novas noções lógicas, a que Frege chamava "argumento" e "função". Na sentença "Wellington derrotou Napoleão", os gramáticos diriam (ou costumavam dizer) que "Wellington" era o sujeito e "derrotou Napoleão" o predicado. A introdução de Frege das noções de *argumento* e *função* oferecem um método mais flexível de análise da sentença.

Funciona assim. Suponha que peguemos nossa sentença "Wellington derrotou Napoleão" e nela coloquemos, no lugar do nome "Napoleão", o nome "Nelson". É claro que isso altera o conteúdo da sentença. Podemos pensar na sentença dessa forma como consistindo em um componente constante — "Wellington derrotou..." — e um elemento substituível — "Napoleão". Frege chama o primeiro de componente fixo de uma função, e o segundo componente de argumento da função. A sentença "Wellington derrotou Napoleão" é, como Frege diria, o valor da função "Wellington derrotou..." para o argumento "Napoleão", e a sentença "Wellington derrotou Nelson" é o valor da mesma função para o argumento "Nelson".

Podemos também analisar a sentença de modo diferente. "Wellington derrotou Napoleão" é também o valor da função "... derrotou Napoleão" para o argumento "Wellington". Podemos ir além e afirmar que a sentença é o valor da função "... derrotou..." para os argumentos "Wellington" e "Napoleão" (tomados nessa ordem). Na terminologia de Frege, "Wellington derrotou..." e "... derrotou Napoleão" são funções de um único argumento; "... derrotou..." é uma função de dois argumentos[3].

Ver-se-á que em comparação com a distinção sujeito–predicado a dicotomia função–argumento provê um método muito mais flexível de re-

---

3. Como as expliquei acima, depois do *Begriffsschrift*, as funções, argumentos e seus valores são todos pedaços de linguagem: nomes e sentenças, com ou sem falhas. Em seus últimos escritos Frege aplicou as noções com mais frequência não a itens linguísticos, mas a itens em que linguagem é utilizada para expressar e falar a respeito. Discutirei isso adiante, no capítulo sobre a metafísica (capítulo 7).

velar as similaridades logicamente relevantes entre as sentenças. A análise sujeito–predicado é suficiente para assinalar a similaridade entre "César conquistou a Gália" e "César derrotou Pompeia", mas não consegue enxergar a similaridade entre "César conquistou a Gália" e "Pompeia evitou a Gália". Isso passa a ser uma questão de importância lógica quando lidamos com sentenças como as que ocorrem em silogismos que não contêm nomes próprios como "César" e "Gália", mas expressões quantificadas como "todos os romanos" ou "alguma província".

Tendo introduzido essas noções de função e argumento, o próximo passo de Frege foi introduzir uma nova notação para expressar o tipo de generalidade expressa por uma palavra como "toda", não importando em que parte da sentença ela ocorra. Se "Sócrates é mortal" é uma sentença verdadeira, podemos dizer que a função "... é mortal" é verdadeira para o argumento "Sócrates". Para exprimir generalidade precisamos de um símbolo que indique que uma certa função é verdadeira não importando qual seja seu argumento. Adaptando a notação que Frege introduziu, os lógicos escrevem

$(x)(x$ é mortal$)$

para significar que, não importa que nome seja fixado como um argumento para a função "... é mortal", a função permanece verdadeira. A notação pode ser lida como "Para todo x, x é mortal" e é equivalente à afirmação de que tudo o mais é mortal.

Essa notação para a generalidade pode ser aplicada em todos os diferentes modos nos quais as sentenças podem ser analisadas em função e argumento. Assim, "$(x)($Deus é maior que $x)$" é equivalente a "Deus é maior que tudo". Ela pode ser combinada a um signo para a negação ("~") para produzir notações equivalentes a sentenças contendo "não" e "nenhum". Assim, "(x) ~$(x$ é imortal$)$" = "Para todo x, não ocorre que x é imortal" = "Nada é imortal". Para representar uma sentença contendo expressões como "algum", Frege explorou a equivalência, havia muito aceita pelos lógicos, entre (por exemplo) "Alguns romanos eram covardes" e "Nem todos os romanos eram não covardes". Assim, "Algumas coisas são mortais" = "Não é o caso que nada é mortal" = "~(x) ~$(x$ é mortal$)$". Por conveniência, os seguidores de Frege usaram, no lugar de "algum", um signo "(Ex)" como equivalente a "~(x) ~". A notação de Frege, e sua abreviação, pode ser usada para fazer afirmações sobre a existência das coisas de diferentes espécies. "$(Ex)(x$ é um cavalo$)$", por exemplo, é o equivalente de "Há cavalos" (desde, como nota Frege, que esta sentença seja entendida como cobrindo também o caso em que haja apenas um cavalo).

Frege acreditava que os objetos de todo tipo fossem nomeáveis — números, por exemplo, eram nomeados por numerais — e que os locais de argumento em sua notação lógica podiam ser preenchidos com o nome de qualquer coisa. Consequentemente "$(x)(x$ é mortal$)$" significa não apenas que todo mundo é mortal, mas que tudo o mais é mortal. Assim compreendida, é uma proposição falsa, porque, por exemplo, o número dez não é mortal.

É na verdade raro para nós querer fazer afirmações desse tipo de generalidade irrestrita. É muito mais comum para nós querer dizer que tudo *de certo tipo* tem uma certa propriedade, ou que tudo que tem uma certa propriedade dada tem também uma certa outra propriedade. "Todos os homens são mortais" ou "O que sobe tem que descer" são exemplos de sentenças típicas da linguagem comum. Para expressar tais sentenças no sistema de Frege é preciso transplantar seu cálculo predicado (a teoria dos quantificadores do tipo "alguns" e "todos") para um cálculo proposicional (a teoria de conectivos entre sentenças, como "se" e "e").

No sistema de Frege da lógica proposicional, o elemento mais importante é um signo para a condicionalidade, dificilmente correspondente a "se" na linguagem comum. O lógico estoico Fílon, na Antiguidade, havia definido "Se p então q" ao dizer que essa era uma proposição que era falsa no caso em que p era verdadeiro e q falso, e verdadeira nos três outros possíveis casos[4]. Frege definiu seu signo para condicionalidade (que podemos representar por "$\rightarrow$") de modo similar. Ele alertou que esse signo não corresponde da mesma forma a "se... então" na linguagem comum. Se tomarmos "$p \rightarrow q$" como equivalente a "Se p então q", então as proposições do tipo "Se o sol está brilhando, $3 \times 7 = 21$" e "Se o movimento perpétuo é possível, então porcos podem voar" tornam-se verdadeiras — simplesmente porque a consequência da primeira proposição é verdadeira, e o antecedente da segunda proposição é falso. O "se" tem comportamento diferente na linguagem cotidiana; ali, o uso dele que é o mais próximo de "$\rightarrow$" está em sentenças como "Se aquelas cortinas combinam com o sofá, então eu sou um holandês". O signo de Frege pode ser considerado uma versão desnuda da palavra "se", designado para capturar exatamente aquele aspecto de seu significado que é necessário para a formulação de rigorosas provas que o contenham.

---

4. Ver volume I, p. 171.

Na terminologia de Frege "... → ..." é uma função que assume sentenças como seus argumentos: seus valores são também sentenças. Se as sentenças que são seus valores (sentenças na forma "$p \to q$") são falsas ou verdadeiras é algo que irá depender somente de se as sentenças que são seus argumentos ("p" e "q") são verdadeiras ou falsas. Podemos chamar sentenças desse tipo de "funções-de-verdade". O condicional não é a única função-de-verdade no sistema de Frege. Assim o é também a negação, representada pelo signo "~", contanto que uma sentença negada seja verdadeira apenas no caso em que a sentença negada seja falsa, e vice-versa.

Com o auxílio desses dois símbolos, Frege constrói um sistema completo de lógica proposicional, derivando todas as verdades daquela lógica de um conjunto limitado de verdades primitivas ou axiomas, tais como "$(q \to p) \to (\sim p \to \sim q)$" e "$\sim\sim p \to p$". Conectivos outros que não "se", tais como "e" e "ou", são definidos em termos de condicionalidade e negação. Assim, "$\sim q \to p$" elimina o caso em que p é falso e $\sim q$ é verdadeiro: isso significa que p e q não são os dois falsos, e são portanto equivalentes a "p ou q" (em símbolos modernos, "$p \vee q$"). "p e q" ("$p \& q$"), por outro lado, é representado por Frege como "$\sim(q \to \sim p)$". Como Frege percebeu, seria possível um sistema diferente em que a conjunção seria primitiva e a condicionalidade fosse definida em termos de conjunção e negação. Mas na lógica, ele ratificava, a dedução é mais importante que a conjunção, e é por isso que "se" e não "e" é considerado primitivo.

Os primeiros lógicos haviam esboçado algumas regras de inferência, regras para a passagem de uma proposição a outra. Uma das mais bem conhecidas era a chamada *modus ponens*: "De 'p' e 'Se p então q' infere 'q'". Em seu sistema, Frege afirma poder provar todas as leis da lógica usando o *modus ponens* como uma simples regra de inferência. As outras regras são ou axiomas de seu sistema ou teoremas provados com base neles. Assim, a regra tradicionalmente chamada de contraposição, que permite a inferência de

Se John está roncando, John está dormindo

para

Se John não está dormindo, John não está roncando,

é justificada pelo primeiro dos axiomas citados acima.

Ao reunirmos o cálculo proposicional de Frege e seu cálculo predicado, podemos simbolizar as sentenças universais da linguagem cotidiana fazendo uso tanto do signo de generalidade como do signo de condicionalidade. A expressão

$(x)(Fx \rightarrow Gx)$

pode ser lida

Para todo x, se Fx então Gx,

o que significa que qualquer que seja x, se "Fx" é verdadeiro, então "Gx" é verdadeiro.

Se substituirmos "F" por "é um homem" e "G" por "é mortal", obteremos então "Para todo x, se x é um homem, x é mortal", o que vem a ser o que Frege oferece como a tradução de "Todos os homens são mortais". O contraditório disso, "Alguns homens não são mortais", é expresso como "$\sim(x)(x$ é um homem $\rightarrow x$ é mortal)", e seu contrário, "Nenhum homem é mortal", é expresso como "$(x)(x$ é um homem $\rightarrow \sim x$ é mortal)". Com o uso dessas traduções, Frege pode provar o modo pelo qual seu sistema de teoremas corresponde ao *corpus* integral da silogística aristotélica.

O cálculo lógico de Frege não é apenas mais sistemático que o de Aristóteles, é também mais abrangente. Seu simbolismo é capaz, por exemplo, de assinalar a diferença entre

Todo garoto ama alguma garota = $(x)(x$ é um garoto $\rightarrow Ey(y$ é uma garota & x ama $y))$

e a aparentemente similar (mas muito menos plausível) versão passiva da sentença

Alguma garota é amada por todo garoto = $(Ey(y$ é uma garota & $(x)(x$ é um garoto $\rightarrow x$ ama $y))$.

Lógicos aristotélicos de épocas anteriores buscaram em vão encontrar um modo simples e conspícuo de revelar as diferenças de significado em sentenças ambíguas da linguagem cotidiana. Deve-se mencionar uma sutileza final do sistema de Frege. A sentença "Sócrates é mortal", como vimos, pode ser analisada como tendo "Sócrates" por argumento e "... é mortal" por função. Mas a função "... é mortal" pode ser em si encarada como um argumento de uma função diferente, uma função operando em um nível mais elevado. É isso o que ocorre ao completarmos a função "... é mortal" não com um argumento determinado, mas com um quantificador, como em "$(x)(x$ é mortal$)$". O quantificador "$(x)(x\ldots)$" pode ser visto como uma função de segundo nível da função de primeiro nível "... é mortal". A função inicial, Frege nunca deixa de enfatizar, é incompleta, mas pode ser completada de duas maneiras, ou pela inserção de um argumento no lugar de um argumento, ou por ela própria tornar-se o argumento da função de segundo nível. Isso é o que acontece quando a elipse em "... é mortal" é preenchida com um quantificador do tipo "Tudo".

Indução e abdução em Peirce

Várias das inovações de Frege em lógica deram-se de forma bem independente das de Charles Sanders Peirce. Mas Peirce jamais foi capaz de incorporar os resultados por ele alcançados em um sistema rigoroso, e menos ainda de publicá-los em um formato definido. A importância de Peirce na história da lógica deriva antes de suas investigações sobre a estrutura da pesquisa científica. A lógica dedutiva auxilia-nos na organização de nosso conhecimento, mas o tipo de raciocínio que estende nosso conhecimento ("inferência ampliadora", no dizer de Peirce) é de três tipos: indução, hipótese e analogia. Todas essas inferências, afirmava Peirce, dependem essencialmente de amostragem. Portanto, qualquer descrição de inferência não dedutiva deve estar relacionada à teoria matemática da probabilidade (*EWP* 177).

Os cientistas constroem hipóteses e fazem previsões com base nessas hipóteses, para então fazer observações com o intuito de confirmar ou refutar suas hipóteses. Esses três estágios da investigação são chamados por Peirce abdução, dedução e indução. Na fase abdutiva o investigador seleciona uma teoria para consideração. Na fase dedutiva ele formula um método para testar a teoria. Na fase indutiva ele avalia os resultados do teste.

> Como é que um cientista decide quais hipóteses são dignas de ser submetidas ao teste indutivo? Um número indefinido de muitas teorias diferentes pode explicar os fenômenos que ele deseja investigar. Se não quiser perder seu tempo, sua energia e seu fundo de pesquisas, o cientista necessita de alguma orientação sobre quais teorias explorar. Essa orientação é dada pelas

> A lógica simbólica moderna não mais utiliza o sistema simbólico de Frege, o seu fundador, que era difícil de ser impresso. A ilustração mostra o padrão, em sua notação, para a derivação de resultados do tipo "Se esta ostra é um pássaro e não pode voar, segue-se daí que alguns pássaros não podem voar".

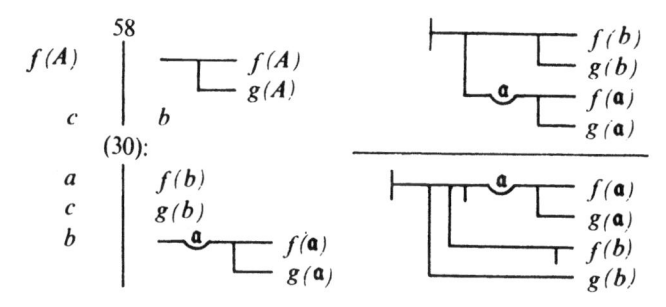

regras da lógica de abdução. A teoria, se verdadeira, deve ser autenticamente demonstrativa; deve ser empiricamente testável; deve ser simples e natural e coerente com o conhecimento existente, embora não necessariamente com nossas opiniões subjetivas sobre antecedentes semelhantes (P 7.220-221).

Regras de abdução, contudo, não explicam por si sós o sucesso dos cientistas em sua escolha de hipóteses. Temos de acreditar que em sua investigação da natureza eles são auxiliados pela própria natureza.

A ciência pressupõe nossa capacidade de "escolher" corretamente. Faríamos melhor se abandonássemos toda a busca de aprender a verdade [...] a não ser que possamos confiar que a mente humana tem tal poder de escolher o certo que antes de serem tentadas muitas hipóteses possamos esperar que a escolha inteligente nos conduza àquela que irá passar por todos os testes (P 6.530).

Essa confiança tem de ser pressuposta logo de saída, mesmo que não tenha indício algum em que se apoiar. A história da ciência, porém, demonstra de fato que esse tipo de confiança pode ser bem fundamentada: "raramente foi necessário tentar mais que duas ou três hipóteses aventadas por um gênio incontestável até que a correta fosse descoberta" (P 7.220)

Uma vez escolhida a teoria, a abdução é seguida pela dedução. Consequências são derivadas da hipótese, ou seja, são feitas previsões experimentais, que provarão ser verdadeiras se a hipótese for correta. Na dedução, Peirce ratificava, a mente está sob o domínio do hábito: uma ideia geral irá sugerir um caso particular. É pela verificação ou falsificação das predições das instanciações particulares que o cientista confirmará ou, dependendo do caso, poderá refutar a hipótese sob teste.

É a indução o mais importante de todos os elementos sob teste, e a indução é essencialmente uma questão de amostragem.

> Suponha que um navio aporte em Liverpool carregado de grãos em seu porão. Suponha que toda a carga seja retirada com grande eficácia pelo uso de alguma maquinaria. Suponha que 27 porções iguais tenham sido retiradas da proa, da parte central e da popa do navio; de estibordo, do centro e de bombordo; e da parte superior, da parte central e da parte inferior do cargueiro. Suponha que após essas partes terem sido misturadas e feita a seleção dos grãos descobriu-se que quatro quintos dessa amostragem foram considerados de qualidade A. Inferimos então, experiencialmente e provisoriamente, que aproximadamente quatro quintos de todo o carregamento de grãos do cargueiro sejam da mesma qualidade (*EWP* 177).

Ao afirmar que chegamos à inferência provisoriamente, Peirce quer dizer que se nossa experiência for estendida indefinidamente, e toda correção que se apresentar por si só for aplicada diligentemente, então nossa aproximação se tornará cada vez mais indefinidamente próxima. Inferências desse tipo, Peirce afirma, repousam não na postulação de uma matéria de fato, mas tão somente na matemática da probabilidade.

A indução assim descrita é do tipo quantitativo: uma inferência da proporção de uma amostragem para a proporção de uma população. Mas há outro tipo de indução que é importante não somente na ciência mas na vida cotidiana. Trata-se da indução qualitativa, quando inferimos a partir de uma ou mais qualidades observadas de um indivíduo para outras qualidades não observadas. Para ilustrar isso, Peirce nos apresenta ao conceito de *mugwump*[5]. Um *mugwump*, ele nos diz, tem certas características:

> Ele possui de si um elevado autoconceito e concede grande importância à distinção social. Ele lamenta o grande papel que a disposição contenciosa e a rude camaradagem desempenham nas relações dos políticos americanos com seu eleitorado. [...] Ele afirma que as considerações monetárias de-

---

5. Qualquer um que situe a si próprio mais ou menos acima dos partidos políticos, professando visões não imediatistas e superiores. Em 1884 foi um termo especialmente aplicado a membros do Partido Republicano dos Estados Unidos que se recusaram a apoiar o indicado pelo partido para concorrer à presidência. (N. do T.)

veriam por norma ser as decisivas em questões de política pública. Ele respeita o princípio de individualismo e *laissez-faire* como os grandes agentes da civilização. Essas visões, entre outras, reconheço como os índices de um "*mugwump*". Agora, suponha que eu encontre por acaso um homem numa estação ferroviária e ao entabular uma conversa com ele descubra que ele acalente esse tipo de opiniões; minha suposição natural será que ele é um "*mugwump*". Essa é uma inferência hipotética. Vale dizer, tendo identificado várias marcas de um *mugwump*, descubro que esse homem as tem todas, e infiro que ele tenha todas as outras características que contribuem para fazer dele um pensador daquela estirpe (*EWP* 210).

Esse exemplo simples ilustra os três estágios da investigação científica como descrita por Peirce. Meu companheiro de viagem deplora a vulgaridade plebeia de seus congressistas. Eu concebo a hipótese de que ele é um *mugwump* e concluo ser provável que ele se oponha à regulamentação dos negócios pelos governos. Pergunto a ele sua opinião sobre uma recente medida que restringe o comércio e tenho minha hipótese confirmada por sua veemente declaração. Permanece contudo não mais que uma probabilidade, a despeito de qualquer conversa posterior, já que a viagem de trem, felizmente, é apenas finitamente longa.

A saga dos *Principia mathematica*

As investigações lógicas de Peirce não deixaram grande marca no desenvolvimento da lógica no início do século XX. Antes, a obra de Frege é que foi continuada, em particular pelas de Russell e Whitehead, seus sucessores na busca do graal lógico. Os três volumes dos *Principia mathematica* contêm uma sistematização da lógica que logo se tornaria muito mais conhecida que a apresentada nas obras de Frege.

Uma razão para a grande popularidade dos *Principia* é que eles substituem o simbolismo engenhoso mas dificultoso de Frege por uma notação bem mais conveniente, que Russell e Whitehead emprestaram de seu inventor, o matemático italiano Giuseppe Peano. Se o sistema de Frege é bidimensional e demanda uma complicada tipologia, o sistema de Peano é linear e necessita apenas de uns poucos signos especiais adicionais às letras do alfabeto. Assim, o signo til "~" é usado para a negação, o signo "∨" para a disjunção e o signo ferradura ⊃ para o "se" com função-de-verdade.

Esses signos para conectivos lógicos são ainda hoje de uso comum, embora neste texto façamos uso do signo "→" em vez do signo ⊃, por ser atualmente preferido em relação àquele. Para a conjunção, Russell e Whitehead utilizam um ponto simples, como em "p.q"; atualmente o *ampersand*[6], como em "p & q", é preferencialmente utilizado. Russell e Whitehead expressavam quantificações universais assim: "$(x)F(x)$"; e quantificações existenciais assim: "$(Ex)F(x)$". Também estes símbolos são agora de uso comum: o "E" na quantificação existencial é impresso algumas vezes em reverso.

O sistema dos *Principia* é, como o de Frege, um sistema axiomático em que as verdades lógicas são derivadas por regras provenientes de um punhado de axiomas. O conjunto inicial de axiomas, contudo, difere do de Frege, e, se Frege assumira "se" e "não" como conectivos primários a partir dos quais os outros podiam ser definidos, Russell e Whitehead assumem "ou" e "não" (aos quais chamam de "constantes lógicas") como básicos. Na verdade, são possíveis muitos outros conjuntos de axiomas, com diferentes constantes primitivas, tanto que foram estudados pelos lógicos das décadas posteriores.

Mas logo se percebeu que os sistemas axiomáticos não eram o único modo, nem mesmo necessariamente o melhor modo, de dar à lógica uma forma rigorosa. Isso foi demonstrado por Wittgenstein, que inventou um dispositivo formal que, à semelhança da maior parte dos de Frege, foi adotado pelos manuais de lógica: a tabela-verdade.

É possível definir os conectivos proposicionais dispondo em uma tabela as condições-de-verdade das proposições que as contêm. Assim, a tabela

p	q	$p \& q$
V	V	V
F	V	F
V	F	F
F	F	F

representa que "$p \& q$" é verdadeiro no caso em que "p" e "q" são ambos verdadeiros, e falso nos outros três casos possíveis, a saber (*a*) quando "p" é falso e "q" é verdadeiro, (*b*) quando "p" é verdadeiro e "q" é falso,

---

6. Língua inglesa, sem equivalente em português: contração da expressão *and per se and* (e por si e). (N. do T.)

(c) quando "*p*" e "*q*" são ambos falsos. O valor-de-verdade de "*p* & *q*", como o revela a tabela, é determinado pelos valores-de-verdade das proposições componentes "*p*" e "*q*"; a proposição composta, podemos dizer, é uma *função-de-verdade* de seus constituintes, e as possíveis combinações de valores-de-verdade dos constituintes expõem as *condições-de-verdade* para a proposição composta.

Tabelas similares podem ser compostas para outras constantes lógicas, como "ou" e "se". "Se *p* então *q*" é escrita na forma "*p* → *q*" e é interpretada como uma condição verofuncional que é verdadeira em todos os casos exceto para aqueles em que "*p*" é verdadeiro e "*q*" é falso. A mais simples tabela-verdade é aquela para "não":

p	$\sim p$
V	F
F	V

Isso demonstra que uma proposição é verdadeira quando sua negação é falsa, e vice-versa.

Proposições de grande extensão e complexidade podem ser construídas a partir do uso repetido de constantes lógicas, mas, por mais complexas que sejam, seus valores-de-verdade podem ser sempre determinados a partir dos valores-de-verdade das proposições simples que os formam (Wittgenstein, *TLP* 5.31). Considere a proposição a seguir:

Se *p* e *q*, então não-*p* e *q*.

Essa é uma função-de-verdade de "*p*" e "*q*" como se demonstra pela tabela a seguir:

p	q	$p \& q$	→	$\sim p \& q$
V	V	V V V	F	F V F V
F	V	F F V	V	V F V V
V	F	V F F	V	F V F F
F	F	F F F	V	V F F F

Essa tabela é construída da seguinte maneira. Primeiro as colunas sobre cada ocorrência das variáveis proposicionais simples são completadas pela cópia dos valores dados nas duas colunas da esquerda, que representam um arranjo convencional que assegure que todas as possíveis combinações de valores-de-verdade sejam cobertas (*TLP* 4.31). Então, na quarta coluna da direita o valor-de-verdade de "não-p" é preenchido sob o signo "~" pela reversão do valor-de-verdade de "p". Então as colunas sob os "&s" são preenchidas pela derivação do valor-de-verdade das proposições conjuntas via a tabela dada anteriormente. Por fim, a coluna "→" é computada, com os valores-de-verdade sendo derivados da definição verofuncional de "se... então". Essa coluna demonstra o valor de toda a complexa fórmula para toda combinação possível de valores-de-verdade de seus constituintes. Ela se mostrará falsa se "p & q" for verdadeiro, e será verdadeira em todos os outros casos.

Ao construirmos tabelas-verdade para proposições complexas dessa maneira, descobriremos algumas vezes que elas assumem o mesmo valor-de-verdade para todo valor-de-verdade possível das proposições elementares. Assim, a proposição "p ou não p" é verdadeira seja "p" verdadeiro ou falso, como vemos a seguir:

p	$p \vee \sim p$
V	V V F V
F	F V V F

Por outro lado, a proposição "p e não-p" é falsa seja o que possa "p" ser:

p	p & $\sim p$
V	V F F V
F	F F V F

Uma proposição que é verdadeira para todas as veropossibilidades de suas proposições elementares é chamada *tautologia*; uma proposição que é falsa para todas as veropossibilidades é chamada *contradição* (*TLP* 4.46). A tautologia apresentada acima corresponde à lei do meio excluído. A tautologia que é a negação da contradição apresentada acima corresponde à lei da não contradição. Essas duas leis faziam parte das três tradicionais leis do pensamento.

Desse modo, o estudo das tautologias se liga com a lógica do passado, mas também assinala um avanço sobre a abordagem de Frege da lógica proposicional. Pode-se demonstrar que todas as fórmulas que são tautólogas pelo teste de Wittgenstein são ou axiomas ou teoremas do sistema de Frege, e no mesmo sentido que o que quer que possa ser provado pelos axiomas de Frege será uma tautologia. O método da tabela-verdade e o sistema axiomático revelam-se assim como os dois dispositivos para lidar com o mesmo material, a saber, os truísmos lógicos do cálculo proposicional. Mas esse método tem muitas vantagens em relação ao método axiomático.

Primeiro, ele representa todas as verdades lógicas como estando no mesmo nível entre si, enquanto o sistema de Frege e o sistema dos *Principia* privilegiam um conjunto arbitrariamente escolhido delas como se fossem axiomas. Segundo, não há necessidade de apelar a qualquer autoevidência em lógica: o método tabela-verdade é inteiramente mecânico, no sentido em que pode ser estabelecido por uma máquina. Finalmente, dada uma fórmula de cálculo proposicional, podemos sempre estabelecer, pelo uso de uma tabela-verdade, se se trata ou não de uma tautologia. Um sistema axiomático não oferece nada de comparável. Vale dizer, se descobrimos uma prova sabemos que a fórmula é um teorema; mas se fracassamos em descobrir uma prova isso pode demonstrar apenas os limites de nossa própria ingenuidade. Se nos perguntarem "É p uma tautologia ou não?", o método de Wittgenstein nos fornece um método à prova de falhas para responder à questão não apenas com um "sim" mas com um "não". O método axiomático não oferece *processo decisório* similar (para fazer uso de um termo que se tornou padrão entre os lógicos).

O cálculo proposicional clássico, nos diferentes modos formulados por Frege, Russell e Wittgenstein, foi criticado por uma escola de lógicos, fundada por L. E. J. Brouwer, que deplorava o uso na matemática do princípio do meio excluído. Esses lógicos, chamados de "intuicionistas", concebiam a matemática como uma construção da mente humana, e portanto atribuindo verdades a essas proposições matemáticas se fossem passíveis de demonstração. Nessa base seria errado afirmar "p" sem prova independente, simplesmente porque alguém havia refutado "não-p". Os intuicionistas conceberam sistemas de lógica que careciam não somente de "$p \lor \sim p$", mas de outros teoremas familiares como "$\sim\sim p \to p$".

Os lógicos dos anos 1920 e 1930 demonstraram que havia muitas maneiras pelas quais os cálculos proposicional e predicado podiam ser formalizados. Além de sistemas axiomáticos contendo um ou outro conjunto de axiomas mais um número de regras de inferência, poder-se-ia ter um sistema sem regras mas com um conjunto infinito de axiomas, ou um sistema sem axiomas e um limitado número de regras. Um sistema desse último tipo foi concebido por Georg Gentzen em 1934: consistia em sete regras para a introdução das constantes lógicas e quantificadores, além de oito regras para sua eliminação. A lógica formal, se apresentada desse modo, assemelha-se aos argumentos não formais da vida cotidiana de modo mais aproximado que qualquer sistema axiomático. Sistemas desse tipo são adequadamente chamados de sistemas de "dedução natural". Eles são apropriados não apenas para a lógica clássica, mas também para a intuicionista.

Além de conceber uma variedade de métodos de sistematizar a lógica, os lógicos tinham um interesse próprio em estabelecer verdades de segunda ordem a respeito das propriedades de vários sistemas. Uma propriedade desejável, na verdade essencial, para um sistema de lógica é a da consistência. Dado um conjunto de axiomas e regras, por exemplo, é necessário demonstrar que a partir desses axiomas, seguindo essas regras, jamais será possível derivar duas proposições que contradigam uma à outra. Outra propriedade, desejável, mas não essencial, é a da independência: desejamos mostrar que nenhum axioma do sistema é derivável pelas regras dos axiomas remanescentes do sistema. O lógico Paul Bernays demonstrou em 1926 que o sistema proposicional dos *Principia mathematica* era consistente, e que quatro de seus axiomas eram independentes entre si, mas que o quinto era dedutível como uma tese dos quatro remanescentes.

O método de provar consistência e independência depende de tratar os axiomas e teoremas de um sistema dedutivo simplesmente como fórmulas abstratas, e de tratar as regras do sistema simplesmente como procedimentos mecânicos para a obtenção de uma fórmula a partir de outra. As propriedades do sistema são então exploradas pela oferta de um conjunto de objetos como um modelo, ou interpretação, do cálculo abstrato. Os elementos do sistema são mapeados quanto aos objetos e suas relações de modo tal que se satisfaça, ou se torne verdadeira, a fórmula do sistema. Uma fórmula P irá estabelecer uma fórmula Q se e somente se todas as interpretações que satisfazem P satisfizerem igualmente a Q. Essa abordagem teórico-modelar da lógica assumiu gradualmente uma importância semelhante à da abordagem anterior que havia se concentrado na noção de prova.

Uma terceira propriedade dos sistemas dedutivos que foi explorada pelos lógicos nos anos entreguerras foi a da completude. Uma apresentação axiomática do cálculo proposicional será completa se e somente se toda tautologia de tabela-verdade for provada no interior do sistema. Hilbert e Ackermann ofereceram em 1928 uma prova de que o cálculo proposicional dos *Principia mathematica* era, nesse sentido, completo. De fato, era completo também no sentido mais forte de que se adicionarmos qualquer fórmula não tautológica como um axioma chegaremos a uma contradição. Em 1930, Kurt Gödel provou que o cálculo predicado de primeira-ordem, a lógica da quantificação, era completo no sentido mais fraco, mas não o era no sentido mais forte.

Uma questão se impõe agora: seria a aritmética, como a lógica geral, um sistema completo? Frege, Russell e Whitehead esperavam ter estabelecido que a aritmética era um ramo da lógica. Russell escreveu: "Se ainda há os que não admitem a identidade entre a lógica e a matemática, podemos desafiá-los a indicar em que ponto, nas sucessivas definições e deduções dos *Principia mathematica*, consideram eles que a lógica termina e a matemática começa" (*IMP* 194-195). Se a aritmética era um ramo da lógica, e se a lógica era completa, então a aritmética deveria ser também um sistema completo.

Gödel, em um estudo que marcou época, datado de 1931, demonstrou que a aritmética não era um sistema completo, e que não deveria ser transformada em um. Por meio de um engenhoso dispositivo ele construiu no interior do sistema dos *Principia* uma fórmula que podia ser demonstrada como verdadeira e ainda assim não provável no interior do sistema: uma fórmula que com efeito afirma de si que é improvável. Gödel fez isso demonstrando como transformar fórmulas do sistema lógico em afirmações de aritmética associando os signos dos *Principia* aos números naturais, de modo tal que toda relação entre duas fórmulas do sistema lógico correspondessem a uma relação entre os números assim associados. Em particular, se um conjunto de fórmulas A, B, C for uma prova de uma fórmula D, então haverá uma relação numérica específica entre os números godelianos da quarta fórmula. Daí ele partiu para a construção de uma fórmula que somente poderia ter uma prova no sistema se os números relevantes de Gödel violassem as leis da aritmética. A fórmula deve portanto ser improvável; no entanto, Gödel podia demonstrar, de fora do sistema, que era uma fórmula verdadeira. Podemos pensar em remediar esse problema pela adição da fórmula improvável como um axioma ao sistema, mas isso irá permitir que uma outra, diferente, fórmula improvável seja construída, e assim por diante *ad infinitum*. Temos de concluir que a aritmética é incompleta e incompletável.

Mesmo se um sistema é completo, não se segue disso que sempre haverá um modo de decidir se uma fórmula particular é ou não é válida. Naturalmente, a produção de uma prova irá provar que é; mas o fracasso em produzir uma prova não prova que ela é inválida. Para o cálculo proposicional existe tal procedimento decisório: o método da tabela-verdade irá demonstrar se algo é ou não é uma tautologia. A aritmética, não sendo completável, é *a fortiori* indecidível. Mas, entre a lógica proposicional e a aritmética, o que dizer da lógica predicada de primeira ordem, que Gödel havia demonstrado ser completa: há ali um procedimento decisório? O penoso trabalho dos lógicos mostra que partes do sistema são decidíveis, mas mostra também que não pode haver procedimento decisório para o cálculo inteiro, e que não podemos dar uma regra satisfatória para determinar quais partes são decidíveis e quais não o são.

A lógica modal moderna

Enquanto isso, outros lógicos estudavam um ramo da lógica que havia sido negligenciado desde a Idade Média: a lógica modal. Lógica modal é a lógica das noções de necessidade e possibilidade. Seu estudo nos tempos modernos inicia-se com a obra de C. I. Lewis, em 1918, que a abordou por meio da teoria da implicação. O que é para uma proposição p implicar uma proposição q? Russell e Whitehead trataram seu signo ferradura (o "se" verofuncional) como um signo de implicação, fundamentados em que "Se p e $p \to q$ então q" era uma inferência válida. Mas eles perceberam que esta era uma estranha forma de implicação — ela permite, por exemplo, que qualquer proposição falsa implique toda proposição — e portanto deram a ela o nome de "implicação material". Lewis insistia que a única implicação autêntica era a implicação estrita: p implica q somente se é *impossível* que p deva ser verdadeiro e q falso; "p implica estritamente q", ele afirmava, era equivalente a "q conclui-se logicamente de p". Ele elaborou sistemas axiomáticos em que o signo para implicação material era substituído por um novo signo para representar a implicação estrita, e esses sistemas foram os primeiros sistemas formais da lógica modal. A implicação estrita impressiona muitos críticos por ser dificilmente menos paradoxal que a implicação material, dado que uma proposição impossível implica estritamente toda proposição, de modo que "Se gatos são cães então porcos podem voar" torna-se verdadeira.

As pesquisas modais de Lewis, contudo, são interessantes por si sós. Ele ofereceu cinco diferentes axiomas, os quais numerou de S1 a S5, e demonstrou que cada um dos conjuntos de axiomas era consistente e independente. Eles variam em força. S1, por exemplo, não permite uma prova do tipo "Se p & q é possível, então p é possível e q é possível" (a qual parece bem plausível), enquanto S5 contém "Se p é possível, então p é necessariamente possível" (o que, antes, parece duvidoso). Vistos sob certos pontos, o sistema mais interessante é S4, que Gödel demonstrou ser equivalente à lógica dos *Principia mathematica* com os seguintes axiomas adicionais (lendo-se "se" como implicação material e não estrita):

(1) Se necessariamente p, então p.
(2) Se necessariamente p, então (se necessariamente [se p então q] então necessariamente q).
(3) Se necessariamente p, então necessariamente necessariamente p.

Gödel também acrescentou, como regra, que se "p" fosse alguma tese do sistema, poderíamos também acrescentar "necessariamente p". O sistema explora a interdefinibilidade da necessidade (que é representada pelo símbolo □) e possibilidade (representada por ◇). Como era bem sabido na Antiguidade e na Idade Média, "necessariamente" pode ser definido como "não possivelmente não" e "possivelmente" como "não necessariamente não".

Há muitas afirmações que podem ser formuladas no interior da lógica modal em que não há consenso entre os lógicos sobre seu valor-de-verdade. As mais contenciosas são aquelas em que os operadores modais são reiterados. O sistema que Gödel axiomatizou, S4, contém como teses deriváveis as duas fórmulas a seguir:

Se possivelmente possivelmente p, então possivelmente p.
Se necessariamente p, então necessariamente necessariamente p.

Porém não contém as duas a seguir:

Se possivelmente p, então necessariamente possivelmente p.
Se possivelmente necessariamente p, então necessariamente p.

que são prováveis em S5 e são características apresentações daquele sistema. Os méritos relativos de S4 e S5 como sistemas de lógica modal permanecem questão de debate hoje em dia, e não apenas entre lógicos. Alguns filósofos da religião, por exemplo, têm argumentado que se é possível que um ser necessário (isto é, Deus) existe, então um ser necessário não existe. Isso implica um apelo tácito à segunda das S5 teses relacionadas acima.

Há alguns paralelos entre os operadores modais e os quantificadores da lógica predicada. A interdefinibilidade de "necessário" e "possível" é paralela à interdefinibilidade de "todos" e "alguns". Assim como "Para todos x, Fx" implica "Fa", assim "Necessariamente p" implica "p", e assim como "Fa" implica "Para alguns x, Fx", então "p" implica "possivelmente p". Há leis de distribuição na lógica modal análogas às da teoria da quantificação: assim é necessário que p e q se e somente se for tanto necessário que p como necessário que q, e é possível que p ou q se e somente se é ou possível que p ou possível que q. Em razão disso, se introduzirmos a quantificação na lógica modal, e utilizarmos operadores e quantificadores modais ao mesmo tempo, teremos um sistema que será semelhante à dupla quantificação.

Na lógica modal quantificada é importante assinalar a ordem em que os operadores e quantificadores são situados. É fácil ver que "Para todo x, x é possivelmente F" não é o mesmo que "É possível que para todo x, x seja F": em uma loteria honesta, todos têm chance de ser o ganhador, mas não há a possibilidade de que todos sejam o ganhador. Da mesma maneira, temos de fazer a distinção entre "Há algo que necessariamente ϕs" e "Necessariamente, há algo que ϕs". É verdade que por necessidade há alguém comparativamente ao qual ninguém é mais obeso. Contudo, tal pessoa não é necessariamente tão obesa: é perfeitamente possível para ela ser esbelta e cessar de ser uma campeã da gordura. Sentenças em que o operador modal precede o quantificador (como na segunda dos dois pares de sentenças acima) eram chamadas na Idade Média de modais *de dicto*, e as sentenças em que o quantificador vem antes (como no primeiro dos dois pares acima) eram chamadas de modais *de re*. Esses termos têm sido revividos pelos modernos lógicos modais para o estabelecimento de distinções similares.

A despeito dos paralelos entre a lógica modal e a teoria da quantificação, há ainda uma importante diferença, que ocorre tão logo introduzimos no sistema a noção de identidade. No termo técnico introduzido por Quine, a lógica modal é referencialmente opaca, enquanto os contextos quantificacionais não o são. A opacidade referencial é definida da maneira a seguir. Seja E uma sentença da forma A = B (em que A e B são expressões referentes). Então, se P é uma sentença contendo A, e Q é uma sentença semelhante a P em todos os aspectos exceto que contém B enquanto P contém A, então P é referencialmente opaca se P e E não implicam Q em conjunto.

Os contextos modais são facilmente vistos como opacos nesse sentido. Quando Quine escreveu, o número de planetas era 9, mas se "Necessariamente, 9 é maior que 7" é verdade, "Necessariamente o número de planetas é maior que 7" não é. Em razão dessa opacidade alguns lógicos, notadamente Quine, rejeitam toda a lógica modal. Mas a obra de alguns lógicos do início dos anos 1960 — notadamente Føllesdal, Kripke e Hintikka — tornou a lógica modal respeitável.

A ideia-chave da moderna lógica modal é explorar as similaridades entre quantificação e modalidade definindo a necessidade como verdade em todos os mundos, e a possibilidade como verdade em alguns mundos possíveis. A pura verdade é então concebida como verdade no mundo real, que é um entre todos os mundos possíveis. Falar de mundos possíveis não implica trazer à baila quaisquer implicações metafísicas: para os objetivos da semântica modal, basta qualquer modelo com a estrutura formal apropriada.

Para ilustrar o modo pelo qual a semântica é estabelecida, tome-se um universo em que há apenas dois objetos, a e b, e três predicados, F, G e H, e suponhamos que há três mundos possíveis naquele universo, dos quais o mundo 2 é o mundo real, ao qual podemos chamar alfa.

Mundo 1	Fa	$\sim Ga$	$\sim Ha$	$\sim Fb$	Gb	Hb
Mundo 2	Fa	$\sim Ga$	Ha	$\sim Fb$	Gb	$\sim Hb$
Mundo 3	Fa	Ga	$\sim Ha$	Fb	Gb	Hb

Se necessidade é verdade em todos os mundos possíveis, temos nesse universo "Necessariamente Fa" e "Necessariamente Gb". A tese "Se necessariamente p, então p" é exemplificada pela verdade de Fa e Gb em alfa, o mundo real. Se possibilidade é verdade em algum mundo possível temos, por exemplo, "Possivelmente Fb" e "Possivelmente Ga", mesmo se "Fb" e "Ga" são falsos em alfa.

A reiteração das modalidades, que como vimos originam problemas, é agora explicada em termos de uma relação a ser definida entre os diferentes mundos possíveis. Um mundo possível pode ou não ser *acessível* a partir de outro. Quando fazemos uso de um único operador, como em "possivelmente p", podemos ser entendidos como dizendo "Em algum mundo beta, acessível a partir de alfa, p é o caso". Se reiteramos, e dizemos "possivelmente possivelmente p", queremos dizer "Em algum mundo gama, acessível a partir de beta, que é acessível a partir de alfa, p é o caso". Não se pode dar por garantido que todo mundo acessível a partir de beta é também acessível a partir de alfa: para ser este o caso dependerá de como é definida a relação de acessibilidade. Isso, por sua vez, irá determinar que sistema — qual, por exemplo, dos S1-S5 de Lewis — é o adequado a nossos objetivos.

Se as noções que desejamos capturar em nossa lógica modal são aquelas da necessidade e da possibilidade lógicas, então todo mundo possível será acessível a partir de qualquer outro mundo possível, dado que a lógica é universal e transcendente. Mas há outras formas de necessidade e possibilidade. Há, por exemplo, necessidade e possibilidade epistêmicas, em que "possivelmente p" significa "Por tudo o que sei em contrário, p". Os filósofos têm também estendido a noção de modalidade a muitos outros contextos, em que há pares de operadores que se comportam de modos que lembram os operadores modais paradigmáticos. Na lógica temporal, por exemplo, "sempre" corresponde a "necessário" e "algumas vezes" a "possível", sendo ambos os pares de operadores interdefiníveis com o auxílio da negação. Na deontológica, a lógica da obrigação, "obrigatório" é o operador por necessidade, e "permitido" é o operador por possibilidade. Nesses e em outros casos a relação de acessibilidade demandará cuidadosa definição: em uma lógica dos tempos, por exemplo, mundos futuros, mas não mundos passados, serão acessíveis a partir do mundo atual (isto é, do mundo presente)[7].

O problema da opacidade referencial surge em todos esses amplos conceitos modais. Pode-se lidar com ele fazendo-se uma distinção entre dois tipos diferentes de referência. Para ser um nome autêntico um termo deve ser, na terminologia de Kripke, um designador rígido; vale dizer, deve ter a mesma referência em todo mundo possível. Há outras expressões cuja referência é determinada a partir de seu sentido (por exemplo, "o descobridor do oxigênio") e que pode portanto mudar de um mundo para outro. Feita essa distinção, é fácil aceitar que uma afirmação tal como "9 = o número de planetas" não é uma afirmação de identidade autêntica unindo dois nomes. "9" é de fato um designador rígido que mantém sua referência por todos os mundos possíveis; mas "o número de planetas" é uma descrição que em mundos diferentes pode se referir a números diferentes.

---

[7]. A lógica do tempo e do tempo gramatical foi primeiramente estudada de modo sistemático por A. N. PRIOR, *Time and Modality*, Oxford, Oxford University Press, 1957; a deontológica foi primeiramente estudada por G. H. VON WRIGHT, *An Essay on Deontic Logic*, Amsterdam, NorthHolland, 1968.

5

Linguagem

No curso do século XIX, os filósofos voltaram sua atenção com maior intensidade para o tópico do significado. O que significam as palavras e as sentenças? Como elas significam? Significam elas do mesmo modo? Qual é a relação entre significado e verdade? Essas questões eram então formuladas com uma urgência que não se havia sentido desde a Idade Média[1].

Frege sobre sentido e referência

Uma obra seminal sobre a teoria do significado foi "Sentido e referência", estudo de Frege de 1892 que tinha por ponto de partida uma questão sobre as afirmações de identidade. É a identidade uma relação? Se sim, é uma relação entre signos ou entre aquilo que os signos representam? Parece que ela não pode ser uma relação entre objetos que os signos representam, porque, se for assim, quando "$a = b$" for verdade então "$a = a$" não poderá ser diferente de "$a = b$". Por outro lado, parece que ela não pode ser uma relação entre signos, porque os nomes são arbitrários, e se uma sentença da forma "$a = b$" expressa uma relação entre símbolos ela não

---

1. Para as teorias medievais sobre o significado, ver vol. II, p. 155s., 171-173.

pode expressar nenhum fato sobre o mundo extralinguístico. Assim, uma sentença do tipo "A estrela da manhã é idêntica à estrela da tarde" expressa não uma tautologia linguística, mas uma descoberta astronômica.

Frege solucionou esse problema ao distinguir dois tipos diferentes de significação. Onde outros filósofos falam de significado, Frege introduz uma distinção entre a *referência* de uma expressão (o objeto ao qual ela se refere: o planeta Vênus é a referência em "estrela da manhã") e o *sentido* da expressão (o modo particular pelo qual um signo representa aquilo que designa). "A estrela da tarde" difere em sentido de "a estrela da manhã" mesmo ao se descobrir que as duas expressões se referem a Vênus. Frege diz em geral que uma afirmação de identidade será verdadeira e informativa se o signo de identidade for protegido por dois nomes com a mesma referência mas com sentidos diferentes. A palavra "nome" é, como mostra o exemplo, usada por Frege em um sentido amplo, para permitir designações complexas de objetos. Ele está preparado para chamar todas essas designações de "nomes próprios" (*CP* 157-158).

Frege aplica a distinção entre sentido e referência a sentenças de todos os tipos. Em sua descrição do significado há três níveis de itens: signos, os sentidos dos signos e suas referências. Ao fazer uso dos signos expressamos um sentido que denota uma referência (*CP* 161). Em uma linguagem bem regrada, acredita Frege, todo signo teria um e somente um sentido. Em linguagens naturais, palavras como "banco" e "porto" são ambíguas, e um nome como "Aristóteles" pode ser parafraseado de diversas maneiras; temos de ficar gratos se a mesma palavra tem o mesmo sentido no mesmo contexto. Por outro lado, não se requer, mesmo em uma linguagem ideal, que todo sentido deva ter apenas um signo. O mesmo sentido pode ser expresso por diferentes signos em diferentes linguagens, ou até na mesma linguagem. Uma boa tradução preserva o sentido do texto original. O que se perde na tradução é o que Frege denomina a "cor" do texto. A cor é importante para a poesia, mas não para a lógica, e não é objetiva do modo que o sentido o é.

O sentido de uma palavra é o que assimilamos quando entendemos a palavra. É bem diferente de uma imagem mental, mesmo se, quando um signo se refere a um objeto tangível, bem possamos ter uma imagem mental à qual o associar. As imagens são subjetivas e variam de pessoa a pessoa; uma imagem é *minha* imagem ou é *sua* imagem. O sentido de um signo, por outro lado, é algo que é a propriedade comum de todos os que fazem uso da linguagem. É em razão de os sentidos serem públicos deste modo que os pensamentos podem ser transmitidos de uma geração a outra.

Para Frege não são apenas os nomes próprios — simples ou complexos — que possuem sentidos e referências. O que dizer de sentenças inteiras, que expressam pensamentos? É o pensamento — vale dizer, o conteúdo da sentença — seu sentido ou sua referência?

> Assumamos por ora que a sentença tem referência. Se então substituímos uma palavra da sentença por outra que possua a mesma referência, porém com sentido diferente, isso não tem influência na referência da sentença. Ainda assim, podemos perceber que em um caso desse tipo há uma mudança no pensamento, uma vez que, por exemplo, o pensamento na sentença "A estrela da manhã é um corpo iluminado pelo Sol" difere daquele na sentença "A estrela da tarde é um corpo iluminado pelo Sol". Qualquer um que não saiba que a estrela da tarde é a estrela da manhã pode assumir um pensamento como verdadeiro e o outro como falso. O pensamento, respectivamente, não pode ser a referência da sentença, devendo antes ser considerado seu sentido (*CP* 162).

Se o pensamento expresso por uma sentença não é sua referência, tem afinal a sentença uma referência? Frege aceita que possa haver sentenças sem referência: sentenças que pertencem a obras de ficção, como as da *Odisseia*. Mas a razão pela qual essas sentenças não têm uma referência é que elas contêm nomes que não possuem uma referência, como "Odisseu". Outras sentenças têm de ter uma referência; e o exame das sentenças ficcionais irá nos capacitar a determinar exatamente o que vem a ser essa referência.

Espera-se que a referência de uma sentença seja determinada pela referência das partes de uma sentença. Pergunta-se, todavia, o que falta em uma sentença se uma de suas partes não possui uma referência. Se um nome não possui uma referência, isso não influencia o pensamento, uma vez que este é determinado somente pelo sentido das partes que o constituem, não por sua referência. É somente se tomamos a *Odisseia* como ciência antes que como mito — se desejamos seriamente assumir suas sentenças como ou verdadeiras ou falsas — que temos de subscrever uma referência a "Odisseu". "Por que queremos que todo nome próprio tenha não apenas um sentido, mas também uma referência? Por que o pensamento não é o suficiente para nós? Porque, e em consequência de que, estamos preocupados com seu valor-de-verdade" (*CP* 163). Somos, diz Frege, movidos a aceitar o valor-de-verdade de uma sentença como a referência dessa sentença: o Verdadeiro, ou, se for o caso, o Falso. Toda sentença indicativa proposta com seriedade é o nome de um ou outro desses objetos. Todas as sentenças verdadeiras partilham entre si a mesma referência, e o mesmo se dá com as sentenças falsas.

Assim, a relação entre uma sentença e seu valor-de-verdade é a mesma que aquela entre um nome e sua referência. Trata-se de uma conclusão surpreendente: naturalmente, afirmar que porcos têm asas é fazer algo totalmente diferente de nomear algo. Frege concordaria, mas isso se dá porque afirmar uma sentença é algo bem diferente de formar uma sentença a partir de um sujeito e de um predicado. "Sujeito e predicado (compreendidos em seu sentido lógico) são de fato elementos do pensamento; eles estão situados no mesmo nível como itens para a compreensão. Ao combinar sujeito e predicado obtém-se apenas um pensamento, jamais se passando do sentido à referência, nunca de um pensamento para seu valor-de-verdade" (*CP* 164). Sentenças podem ocorrer sem afirmação, talvez como uma cláusula em um modo condicional, como "Se porcos têm asas, então porcos podem voar". Embora toda sentença séria nomeie um valor-de-verdade (neste caso, o Falso), o mero uso de uma sentença não obriga o usuário a especificar seu valor-de-verdade. Somente se afirmarmos uma sentença *diremos que* ela é um nome do Verdadeiro.

Muitos filósofos depois de Frege têm feito uso dessa distinção entre sentido e referência e aceitado a existência de uma importante diferença entre predicação e asserção; mas quase todos têm rejeitado a noção de que as sentenças completas possuem uma referência de qualquer tipo. Na verdade, em seus últimos escritos, o próprio Frege parece ter desistido da ideia de que havia dois grandes objetos, o Verdadeiro e o Falso; no lugar disso, ele passou a aceitar que a verdade era não um objeto, mas uma propriedade, embora de um tipo indefinível, *sui generis* (*CP* 353).

Até o fim de sua vida Frege tornou-se mais interessado nos aspectos da linguagem que não foram capturados por seu sistema de lógica — o "colorido" na expressão dos pensamentos. A linguagem científica em sua forma apresenta pensamentos em preto-e-branco; mas nas disciplinas da área de humanidades as sentenças podem vestir os pensamentos com trajes coloridos, com expressões de sentimentos. Interpolamos palavras e frases como "Que horror!" ou "Graças a Deus!" e fazemos uso de palavras carregadas como "cão" no lugar de palavras diretas como cachorro. Tais características das sentenças não dizem respeito à lógica porque não afetam seu valor-de-verdade. Uma afirmação que contém a palavra "cão" no lugar

Carta de Frege a Husserl em que o primeiro explica
ao segundo sua distinção entre sentido e referência.

de "cachorro" não se torna falsa apenas porque a pessoa que a emite não percebe a hostilidade que a palavra expressa (*PW* 140).

Em seu artigo "O pensamento", Frege examinou as características da linguagem representadas pelos tempos dos verbos e por expressões indexadoras como "hoje", "aqui" e "eu". Se uma sentença contém um verbo no tempo presente, como em "Está nevando", então, para apreender o pensamento expresso, é preciso saber quando a sentença foi proferida. Algo semelhante acontece com o uso do pronome da primeira pessoa. "Eu estou faminto" dito por Pedro exprime um pensamento diferente do que é expresso por "Eu estou faminto" quando dito por Paulo. Um pensamento pode ser verdadeiro e o outro falso. Assim, uma mesma sentença pode, em diferentes contextos, expressar um pensamento diferente. Segundo Frege, também o oposto pode se dar. Se em 9 de dezembro eu digo "Nevou ontem", expresso o mesmo pensamento que se dissesse em 8 de dezembro "Está nevando hoje". Coube aos lógicos da geração posterior tentar incorporar tais complicações em sistemas formais.

Os pragmatistas sobre linguagem e verdade

Tendo desenvolvido a teoria quantificacional de forma independente de Frege, Charles Sanders Peirce também expressou com terminologia diferente muitas das percepções de Frege em questões de filosofia e linguagem. Os dois filósofos rejeitavam o modo tradicional de estabelecer a distinção entre sujeito e predicado, e analisaram as proposições dividindo-as em elementos de dois tipos: um como símbolo completo (os *argumentos* no *Begriffsschrift* de Frege), o outro como símbolo incompleto ou não saturado (as *funções* do *Begriffsschrift*). Os nomes próprios a que Frege chama "argumentos" são chamados por Peirce "índices", e as expressões conceituais, ou funções, de Frege têm em Peirce o nome de "ícones". Para Peirce, uma classe particularmente importante de ícones era a das expressões para relações. "Na afirmação de uma relação", ele escreve, "as designações dos correlatos devem ser consideradas, da mesma forma que muitos sujeitos lógicos e como o próprio relativo, como o predicado." Em sua abordagem das sentenças que dizem respeito a relações bilocais, do tipo "João ama Maria", pouco diferia Peirce de Frege. Contudo, ele ampliou a noção de relação em duas direções, ao considerar aquilo que chamou de "valência" (a saber, a quantidade de argumentos) de diferentes relações. Ele estava particularmente interessado nas relações trilocais (do tipo "João deu Fido a Maria"); e em adição às relações "poliádicas", com dois ou mais sujeitos, ele introduziu o termo "relação monádica" para os predicados comuns unilocais, do tipo "... é sábio". Peirce estava mesmo disposto a chamar uma proposição completa de "relação medádica" — a saber, uma proposição relativa com quantidade zero (do grego *meden*) de lugares não saturados.

A lógica e a teoria da linguagem de Peirce estavam envoltas por uma teoria geral dos signos que ele chamava de "semiótica" e à qual concedia grande importância. Um signo passa por um objeto ao ser compreendido ou interpretado por um ser inteligente; a interpretação é em si um outro signo. Peirce chama o signo externo de "representamen" e o signo como entendido de "o interpretante". A função semiótica dos signos é uma relação triádica entre representamen, objeto e interpretante.

Peirce classificou os signos em três classes. Há os signos naturais: as nuvens, por exemplo, são um signo natural da chuva; e ramos quebrados em uma árvore podem indicar a presença de veados. Depois, há os signos icônicos, que significam pela semelhança que possuem com outros objetos. Pinturas e esculturas naturalistas são os exemplos mais óbvios, mas há outros, como os mapas. Duas características são essenciais a um signo icônico: (1) ele deve partilhar com seu objeto alguma característica que cada um deles teria independentemente de o outro existir ou não; (2) o método de interpretar essa característica deve ser fixado por convenção. Por fim, há os símbolos, entre os quais as palavras constituem o exemplo mais importante, que incluem coisas como uniformes e sinais de trânsito. Estes, à semelhança dos signos icônicos, são determinados por convenção, mas, à diferença deles, não operam pela exploração de qualquer semelhança com seus objetos.

Desde Peirce, os teóricos dividiram a semiótica em três disciplinas: sintática, o estudo da gramática e do que quer que possa subjazer à estrutura gramatical; semântica, o estudo da relação entre a linguagem e a realidade; pragmática, o estudo do contexto social e dos objetivos e consequências da comunicação. A obra do próprio Peirce operava na interface de todas as três disciplinas; mas na obra de seus seguidores, a despeito de seu título acadêmico, "pragmatistas", a discussão concentrou-se em dois conceitos-chave da semântica, nomeadamente o sentido e a verdade.

Peirce e James explicaram o sentido de modo semelhante: para descobrir o significado de uma emissão é necessário explorar quais seriam as consequências de ela ser verdade; e se não há diferenças entre as consequências de duas crenças distintas elas são com efeito a mesma crença. Mas James afirmava que a verdade de uma crença, e não apenas seu significado, dependia de suas consequências ou, antes, das consequências de acreditar nela. Se minha crença de que p é algo compensador a longo prazo, algo cuja consequência abrangente é lucrativa para minha vida, então p é verdadeiro para mim. A afirmação pragmatista, ele nos diz, é esta:

> Considerada concretamente, a verdade é um atributo de nossas crenças, e estas são atitudes que sucedem satisfações. As ideias soltas que as satisfações reúnem são primeiramente apenas hipóteses que desafiam ou convocam uma crença a surgir e tomar posse delas. A ideia pragmatista da verdade é justamente esse tipo de desafio. O pragmatista julga ultrassatisfatório aceitá-lo e, coerentemente, afirma sua própria posse (T 199).

O pragmatismo, afirmava James, não era no fundo inconsistente com o realismo. Verdade e realidade não são a mesma coisa; a verdade é algo conhecido, pensado ou dito sobre a realidade. De fato, a noção de uma realidade independente de qualquer crente, disse James, estava na base da definição pragmatista da verdade. Qualquer afirmação, para ser considerada verdadeira, deve concordar com alguma realidade.

> O pragmatismo define "concordar" como significando certos modos de "funcionar", sejam eles reais ou potenciais. Assim, para que a minha afirmação "a mesa existe" seja a verdade de uma mesa reconhecida como real por você, ela deve ser capaz de me levar a agitar a sua mesa, a me explicar por palavras que sugiram aquela mesa à sua mente, a fazer um desenho que seja como a mesa que você vê etc. Somente por meios como estes há sentido em dizer que ela [a afirmação] concorda com a realidade, somente assim ela me dá a satisfação de ouvi-lo corroborar-me (T 218).

Trechos como este sugerem que o pragmatismo se soma à noção de verdade do senso comum, em vez de afastar-se dela. Para "p" ser verdadeiro, aparentemente, não é necessário somente ser o caso que p, mas deve de fato ser verificado, ou ao menos verificável, que p é o caso. A um objetante que proteste afirmando que quando uma crença é verdadeira seu objeto existe de fato, James replica: "ele está *pronto* a existir, segundo princípios pragmatistas firmes". Como pode o mundo ser feito diferente para mim, ele perguntava, simplesmente por eu considerar verdadeira uma opinião minha? "Primeiro, ali deve ser encontrável um objeto (ou signos concretos de tal objeto devem ser encontrados) que deverá ser concorde com a opinião. Segundo, tal opinião não deve ser contraditada por qualquer outra coisa da qual eu esteja ciente" (*T* 275).

Porém, a despeito desse blefe — mangas arregaçadas, modo de falar —, James era acima de tudo um escritor escorregadio, sendo bem difícil apanhá-lo de guarda baixa quanto à questão de se uma proposição pode ser verdadeira sem qualquer fato que a ela corresponda. Ele tenta evitar a questão fazendo da noção de verdade uma noção relativa. Na vida humana, ele nos diz, a palavra "verdade" somente pode ser usada "relativamente a algum crente particular". Críticos reclamaram que há algumas verdades (digamos, sobre o passado humano) que ninguém jamais saberá; ao que James replicou que estas, embora jamais sejam objetos reais de conhecimento, são sempre objetos possíveis de conhecimento, e na definição de verdade devemos por certo conceder prioridade ao real em relação ao meramente virtual. Mas há outra, e mais séria, objeção a sua afirmação de que a verdade é relativa a quem a afirma. Certamente, se sustento que p é verdade enquanto você sustenta que não-p é verdade, é uma questão autêntica quem de nós está certo.

A teoria das descrições de Russell

Um dos primeiros e mais afiados críticos de James foi Bertrand Russell, que atacou a descrição pragmatista da verdade em um artigo de 1908, intitulado "Verdade transatlântica". "Segundo os pragmatistas", escreve Russell, "dizer 'é verdade que outra pessoa existe' significa 'é conveniente acreditar que outra pessoa existe'. Mas, se é assim, então essas duas frases são meramente palavras diferentes para a mesma proposição; logo, quando acredito em uma acredito na outra" (James, *T* 278). Mas, afirma Russell, uma proposição pode ser verdadeira e a outra ser falsa, e em geral foi frequentemente mais fácil na prática descobrir se p era verdadeiro do que se era bom acreditar que p. "É muito mais fácil", escreve Russell, "estabelecer a simples questão de fato 'Foram os papas sempre infalíveis?' do que estabelecer a questão quanto a se no fim das contas são boas as consequências de julgá-los infalíveis" (James, *T* 273).

Nos anos que conduziram aos *Principia mathematica*, contudo, os interesses filosóficos de Russell concentravam-se menos na natureza da verdade do que nos diferentes tipos de significado que as palavras e frases possam ter, e também nos possíveis modos pelos quais elas possam acabar não fazendo sentido. Quando escreveu os *Principia mathematica*, Russell possuía uma visão muito simples do significado, o que o levou a uma muito universal visão do ser, tributária da de Parmênides[2].

> *Ser* é aquilo que pertence a todo termo concebível, a todo possível objeto do pensamento — em resumo, a tudo que possa possivelmente ocorrer em qualquer proposição, verdadeira ou falsa, e a todas as proposições desse tipo em si mesmas. [...] "A não é" deve sempre ser ou falsa ou sem sentido. Porque se A fosse nada ele não poderia ser dito não ser; "A não é" implica que há um termo A cujo ser é negado, e daí se supõe que A é. Assim, a não ser que "A não é" seja um som vazio, deve ser falso — o que quer que A possa ser ele certamente é. Números, os deuses homéricos, relações, quimeras e espaços quadrimensionais, todos têm ser, pois se não fossem entidades de algum tipo não poderíamos fazer nenhuma proposição sobre eles. Assim, o ser é um atributo geral de tudo, e mencionar algo é demonstrar que ele é (*PM* 449).

Não demorou muito para que ele passasse a acreditar que um sistema que faz distinções entre os diferentes modos pelos quais os signos possam significar era mais crível que um sistema em que o mundo continha uma profusão de diferentes tipos de objetos, todos relacionados aos símbolos por uma única simples relação de denotação. Logo, por exemplo, Russell passou a adotar o método de Frege para lidar com as asserções e negações da existência. Como ele viria a observar nos *Principia mathematica*:

> Suponha que digamos "O quadrado circular não existe". Parece óbvio tratar-se de uma proposição verdadeira, e no entanto não podemos tomá-la como a negação da existência de um determinado objeto chamado "o quadrado circular". Pois, se houvesse tal objeto, ele existiria: não podemos primeiramente assumir que há um certo objeto para então passarmos à negação da existência de tal objeto. Sempre que o sujeito gramatical de uma proposição possa ter sua inexistência suposta sem tornar a proposição desprovida de significado, é óbvio que o sujeito gramatical não é um nome próprio, isto é, não é um nome que representa diretamente algum objeto. Assim, em todos os casos desse tipo a proposição deve ser capaz de ser tão analisada que o que

---

2. Ver volume I, p. 238-243.

era o sujeito gramatical deverá ter desaparecido. Assim, quando dizemos "O quadrado circular não existe", devemos, como uma primeira tentativa de fazer tal análise, substituir "é falso que haja um objeto x que é ao mesmo tempo redondo e quadrado" (*PM*, 2ª ed., 66).

Russell continuou a acreditar que qualquer nome próprio autêntico deva substituir algo, deva "representar diretamente algum objeto". Mas ele pensava que nem todos os nomes aparentes eram nomes autênticos. Por exemplo, ele julgava que Frege errava ao tratar "Aristóteles" e "o tutor de Alexandre" como o mesmo tipo de símbolo, cada qual um nome com um sentido e uma referência. Se "Aristóteles" era um nome próprio autêntico, ele ratificava, esse nome não teria um sentido, mas teria um significado somente se tivesse uma referência. Por outro lado, uma expressão como "o tutor de Alexandre" não era sequer um nome, porque, à diferença de um nome autêntico, possuía partes que eram símbolos por si sós. O relato positivo de Russell a respeito dessas expressões é chamado de sua *teoria das descrições definidas* e foi apresentado primeiramente em seu artigo "On Denoting", de 1905.

Tome-se a sentença "O autor do *Hamlet* era um gênio". Para que ela seja verdadeira, deve-se dar que um, e somente um, indivíduo tenha escrito *Hamlet* (caso contrário, ninguém teria o direito de ser denominado "*o autor de Hamlet*"). Assim, Russell propôs analisar a sentença dividindo-a em três elementos, a saber:

Para algum x, (1) x escreveu *Hamlet*
  e (2) Para todo y, se y escreveu *Hamlet*, y é idêntico a x
  e (3) x era um gênio.

O primeiro elemento afirma que pelo menos um indivíduo escreveu *Hamlet*; o segundo elemento afirma que no máximo um indivíduo escreveu *Hamlet*. Tendo assim estabelecido que apenas um único indivíduo escreveu *Hamlet*, a sentença analisada faz uso do terceiro elemento para dizer que aquele único indivíduo era um gênio. Na sentença não analisada "o autor de *Hamlet*" parece ser um nome complexo, e seria tratado como tal no sistema de Frege. Do modo como foi analisado por Russell não aparece nenhuma expressão nominal, e em vez disso temos uma combinação de predicados e quantificadores. A análise é concebida para ser aplicada não somente quando — como no caso em questão — há de fato um objeto que responda à descrição definida, mas também quando a descrição for do tipo vaga, como em "o atual rei da França". Uma sentença como "O rei da França é careca" resulta falsa quando analisada segundo as linhas russellianas.

Considere as seguintes sentenças:

(1) O monarca do Reino Unido é homem.
(2) O monarca dos Estados Unidos é homem.

Nenhuma dessas sentenças é verdadeira, mas a razão para isso é diferente em cada caso. A primeira sentença é obviamente falsa, porque, embora haja um monarca do Reino Unido, ela é uma mulher; a segunda falha em ser verdadeira porque os Estados Unidos não possuem um monarca. De acordo com a análise de Russell, esta sentença não é apenas não verdadeira, mas positivamente falsa, e correspondentemente também sua negação, "Não ocorre que o monarca dos Estados Unidos seja homem", é verdadeira. (Por outro lado "O monarca dos Estados Unidos não é homem", resulta, como a segunda sentença acima, positivamente falsa.)

Qual é o proveito dessa complicada análise? É natural pensar que uma vez que não há monarquia nos Estados Unidos a sentença (2) não é apenas falsa como enganadora; a questão de seu valor-de-verdade não se apresenta. Isso é sem dúvida verdadeiro no nosso uso desse tipo de descrições definidas na linguagem cotidiana, mas Frege e Russell buscavam construir uma linguagem para atender aos objetivos da lógica e da matemática. Ambos consideravam essencial que essa linguagem devesse conter apenas expressões com um sentido definido, com o que queriam dizer que todas as sentenças contendo as expressões deveriam possuir um valor-de-verdade. Se permitimos em nossos sistemas sentenças carentes de um valor-de-verdade, então a inferência e a dedução tornam-se impossíveis.

Frege propôs evitar valores-de-verdade falhos por meio de vários preceitos arbitrários. A análise de Russell, em que "o monarca de X" não é, em nenhum caso, uma expressão referente de fato, alcança o caráter definitivo que ele e Frege buscavam, e assim o faz por meios muito menos artificiais. É bastante fácil admitir que o "quadrado circular" não denota nada, já que se trata de uma expressão obviamente autocontraditória. Mas antes da investigação pode não ser no fim das contas tão claro se algumas complicadas fórmulas matemáticas contêm uma contradição oculta. E se assim o for poderemos não ser capazes de descobrir isso por investigação lógica (isto é, procedendo a uma *reductio ad absurdum*) a não ser que se assegure do valor-de-verdade das sentenças que contêm a contradição.

A teoria figurativa da proposição

No *Tractatus logico-philosophicus*, Wittgenstein parte da teoria das descrições de Russell para analisar as descrições dos objetos complexos. "Toda afirmação sobre complexos", ele escreve, "pode ser resolvida em uma afirmação sobre seus constituintes e nas proposições que descrevem os complexos de forma completa". Tome-se a seguinte sentença (que não era um dos exemplos dados por Wittgenstein):

Áustria-Hungria é aliada da Rússia.

Essa sentença não era verdadeira na época em que Wittgenstein escreveu o *Tractatus*, pois a Áustria-Hungria estava em guerra com a Rússia. E não é verdadeira agora por uma razão bem diferente, uma vez que a unidade política chamada "Áustria-Hungria" não mais existe. Se seguirmos a trilha de Russell, diremos que nos dois casos a sentença significa algo, mas é falsa. As duas possibilidades de falsidade são claramente paralelas àquelas de "O monarca de X é homem". "Áustria-Hungria" pode ser considerada uma descrição definida, aproximadamente: "a união da Áustria e da Hungria".

Se seguirmos Wittgenstein e analisarmos a sentença segundo as linhas da teoria de Russell, teremos:

Para alguns x e alguns y, x = Áustria
e y = Hungria
e x está unida a y
e x é aliada da Rússia
e y é aliada da Rússia.

Ou, de modo mais simples, podemos dizer que "Áustria-Hungria é aliada da Rússia" significa "Áustria é aliada da Rússia e Hungria é aliada da Rússia, e Áustria é unificada à Hungria". No *Tractatus*, Wittgenstein construiu muita metafísica na possibilidade de uma análise desse tipo. Mas na filosofia da linguagem ele escreveu: "O mérito de Russell é ter demonstrado que a aparente lógica formal de uma proposição não necessita ser sua forma real".

Quando escreveu o *Tractatus*, Wittgenstein acreditava que a linguagem disfarçava a estrutura do pensamento de modo que esta ficava irreconhecível. A tarefa da filosofia era revelar, por meio de análise, a forma nua do pensamento por baixo da tessitura da linguagem cotidiana. As proposições complexas deveriam ser reduzidas a proposições elementares, e as proposições elementares deveriam ser reveladas como figuras da realidade. Wittgenstein registrou em seu diário, no dia 29 de setembro de 1914, como primeiramente apresentou-se a ele a ideia de que as proposições eram essencialmente figurativas na natureza:

> O conceito geral de proposição carrega em si um conceito bem geral da coordenação de proposição e situação. A solução para todas as minhas questões deve ser extremamente simples. Em uma proposição uma palavra é como foi colocada junto experimentalmente. (Como quando no tribunal de Paris um acidente automobilístico é representado por meio de bonecos etc.) Isso deve preceder a natureza da verdade de forma direta (*NB* 7).

A tese de que uma proposição é uma figura não é tão implausível quando percebemos que Wittgenstein considerava figuras não somente pinturas, desenhos e fotografias, e não apenas modelos tridimensionais, mas também coisas como mapas, trilhas musicais e gravações em disco. Sua teoria da figura talvez seja mais bem considerada como uma teoria da representação em geral.

Em qualquer representação há duas coisas a considerar: (*a*) o que ela representa; (*b*) se o representa correta ou incorretamente. A distinção entre essas duas características de uma representação, no caso de uma proposição, é a distinção entre o que a proposição *significa* e se o que ela significa é verdadeiro ou falso — a distinção entre o sentido e o valor-de-verdade.

Se, em um tribunal, um caminhão de brinquedo e um carrinho de leite de brinquedo devem representar a colisão entre um caminhão e um carrinho de leite, várias coisas são necessárias. Primeiro, o caminhão de brinquedo deve ser semelhante ao caminhão real, e o carrinho de leite de brinquedo deve ser semelhante ao carrinho real: os elementos do modelo devem passar por aqueles da situação a ser representada. Isso é chamado por Wittgenstein de relação figuradora que faz da figura uma figura (*TLP* 2.1514). Segundo, os elementos do modelo devem estar relacionados entre si de um modo particular. A posição do caminhão de brinquedo e do carrinho de leite de brinquedo representa a relação espacial por ocasião do acidente, de um modo que não se daria se os brinquedos fossem simplesmente dispostos lado a lado em uma mesa. Isso, para Wittgenstein, é a *estrutura* da figura (*TLP* 2.15). Toda figura, então, consiste em uma estrutura adicionada a uma relação figuradora.

A relação entre as miniaturas em um tribunal é um fato, e isso levou Wittgenstein a dizer que uma figura, uma proposição, é um fato e não uma mera coleção de objetos ou nomes. É um fato que não poderia se dar de outra forma. A possibilidade da estrutura — no caso das miniaturas no tribunal, sua tridimensionalidade — é chamada por Wittgenstein de forma figuradora. A forma figuradora é aquilo que as figuras têm em comum com aquilo que elas figuram, o elemento comum que habilita uma a ser por fim uma figura da outra. Assim, uma figura representa uma possibilidade no mundo real (*TLP* 2.161).

Como a figura se conecta com a realidade que ela representa? Isso se dá pela escolha de um objeto *qua* objeto, com uma determinada forma figurada. Se escolho um conjunto de miniaturas como próximos tridimensionais de objetos tridimensionais, ao mesmo tempo faço suas formas tridimensionais as formas figuradas da figura. Estabeleço a conexão com a realidade ao estabelecer a correlação entre os elementos da figura e os elementos da situação que ela representa. Como estabeleço essa correlação? Quando escreveu o *Tractatus*, Wittgenstein julgou ser isto uma questão empírica sem importância para a filosofia.

Figuras podem ser mais ou menos abstratas, mais ou menos semelhantes àquilo que figuram: sua forma figuradora pode ser mais ou menos rica. O mínimo necessário para que uma figura seja capaz de figurar uma situação é chamado por Wittgenstein de forma lógica (*TLP* 2.18). Os elementos da figura devem ser capazes de combinar-se em um padrão correspondente à relação dos elementos do que é figurado. Assim, por exemplo, em uma trilha musical a ordenação das notas na página da esquerda para a direita representa a ordenação dos sons no tempo. O arranjo espacial das notas não é parte da forma figurativa, dado que os sons não são no espaço; mas a ordenação é comum aos dois, e é isso o que é a forma lógica.

Wittgenstein aplicou sua teoria geral da representação a pensamentos e proposições. Uma figura lógica de um fato, ele disse, é um pensamento, e na proposição um pensamento é expresso de um modo perceptível aos sentidos (*TLP* 3,3.1). Embora no *Tractatus* os pensamentos sejam anteriores às proposições e deem vida a elas, Wittgenstein tem muito menos a nos dizer sobre pensamentos do que sobre proposições, e para entendê-lo é melhor concentrarmo-nos nas proposições como figuras do que nos pensamentos como figuras. Se perguntamos quais são os elementos dos pensamentos, por exemplo, não recebemos nenhuma resposta clara; mas se perguntamos quais são os elementos das proposições uma resposta apresenta-se de imediato: os nomes.

De fato, a teoria da figura das proposições originou-se das reflexões de Wittgenstein sobre a diferença entre as proposições e os nomes. Para Frege, tanto nomes como proposições possuem sentido e referência, a referência de uma proposição sendo um valor-de-verdade. Mas, como Wittgenstein veio a perceber, há um importante contraste entre a relação entre nomes e o que eles referem, de um lado, e proposições e o que elas referem, de outro. Para entender um nome próprio, como "Bismarck", devo saber a quem ou ao que ele refere; mas posso entender uma proposição sem saber se ela é verdadeira ou falsa. O que entendemos, quando entendemos uma proposição, não é sua referência, mas seu sentido. Um nome pode ter somente uma relação com a realidade: ou ele nomeia algo ou não é de fato um símbolo significante. Mas uma proposição tem uma relação de mão dupla: ela não deixa de ter um significado quando deixa de ser verdadeira (*TLP* 3.144).

Assim, entender um nome é perceber sua referência; entender uma proposição é perceber seu sentido. Há uma diferença adicional entre nomes e proposições que é consequência dessa diferença. A referência de um nome tem de ser explicada a alguém; mas para entender o sentido de uma proposição não é preciso explicação alguma. Uma proposição pode comunicar um novo sentido com palavras antigas: podemos entender uma proposição que jamais ouvimos antes e cujo valor-de-verdade não conhecemos. É esse o fato ao qual Wittgenstein apela quando afirma que uma proposição é uma figura.

O que Wittgenstein quer dizer ao chamar uma proposição de figura pode ser resumido em nove teses:

(1) Uma proposição, à diferença de um nome, é essencialmente composta (*TLP* 4.032).
(2) Os elementos de uma proposição são correlacionados, por decisão humana, aos elementos da realidade (*TLP* 3.315).
(3) A combinação desses elementos em uma proposição apresenta — sem intervenção humana posterior — uma situação possível ou um estado de coisas (*TLP* 4.026).
(4) Uma proposição situa-se em uma relação essencial à situação possível que representa: ela partilha sua estrutura lógica (*TLP* 4.03).

(5) Essa relação pode apenas ser demonstrada, mas não dita, porque a forma lógica pode apenas ser reproduzida, não representada (*TLP* 4.022).
(6) Toda proposição é bipolar: ou verdadeira ou falsa (*TLP* 3.144).
(7) Uma proposição é verdadeira ou falsa por concordar ou discordar da realidade: é verdadeira se a situação possível que figura é obtida do fato, e falsa se não o é (*TLP* 4.023).
(8) Uma proposição deve ser independente da situação real, a qual, se ela a obtém, a torna verdadeira; caso contrário ela jamais será falsa (*TLP* 3.13).
(9) Nenhuma proposição é *a priori* verdadeira (*TLP* 3.05).

Ao afirmar essas sentenças não usei a palavra "figura", porque a teoria é interessante e importante leve ou não a engano o seu encapsulamento no lema "Uma proposição é uma figura". Wittgenstein acreditava de fato que todos os teoremas permanecem verdadeiros se se substitui a palavra "proposição" pela palavra "figura". Ele também tinha perfeita consciência de que as proposições não se parecem com figuras. Mas ele acreditava que se uma proposição fosse totalmente articulada e escrita em uma linguagem ideal então a cada elemento do signo proposicional corresponderia um único objeto no mundo. Assim, sua natureza figuradora saltaria aos olhos (*TLP* 3.2).

Não devemos no entanto pensar que haja qualquer coisa de errado com as sentenças não analisadas que emitimos na vida cotidiana. Wittgenstein insiste que todas as proposições de nossa linguagem do dia a dia, do jeito como são, estão em perfeita ordem lógica (*TLP* 5.5563). Isso se dá porque a análise completa delas já está presente no pensamento de qualquer um de nós que as entenda, embora, naturalmente, não sejamos mais cônscios de como nossas palavras simbolizam do que de como nossos sons são produzidos (*TLP* 4.002).

Contudo, nem todas as sentenças produzidas por falantes de uma língua são proposições autênticas: muitas são apenas pseudoproposições que uma análise revelaria serem desprovidas de sentido. As últimas dezessete páginas do *Tractatus* são dedicadas a uma vívida demonstração de como as proposições da lógica (6.1 ss.), da matemática (6.2 ss.), de uma ciência *a priori* (6.3 ss.), da ética e da estética (6.4 ss.) e, finalmente, da filosofia (6.5 ss.) são todas, de diferentes modos, pseudoproposições.

As únicas proposições que merecem um lugar nos livros de lógica são as tautologias, que não dizem nada em si mas simplesmente exibem as propriedades lógicas das proposições autênticas, que, essas sim, dizem algo (*TLP* 6.121). A matemática consiste em equações, mas as equações ocupam-se não com a realidade, mas somente com a substituibilidade dos signos. Na vida real fazemos uso das proposições matemáticas somente ao passarmos de uma proposição não matemática para outra (*TLP* 6.2-3). Na ciência, proposições como os axiomas da mecânica newtoniana não são de fato proposições, mas, antes, expressões de percepções nas formas pelas quais a proposições científicas autênticas podem ser elencadas (*TLP* 6.32 ss.).

Na ética e na estética, de modo semelhante, não há proposições autênticas. Nenhuma proposição pode exprimir o significado da palavra ou da vida, porque todas as proposições são contingentes — elas possuem polos verdadeiro–falso — e nenhum valor autêntico pode ser matéria contingente (*TLP* 6.41). Por fim, as proposições da própria filosofia caem vítimas desse machado. A filosofia não é um corpo de proposições, mas uma atividade, a atividade da análise. Aplicada às proposições da vida cotidiana, a filosofia concede a estas um significado claro; aplicada às pseudoproposições, revela-as como *nonsense*. As próprias proposições do *Tractatus* carecem de significado por serem tentativas de dizer o que pode apenas ser mostrado. Isso, contudo, não as torna inúteis, já que seu fracasso é em si instrutivo.

> Minhas proposições elucidam dessa maneira: quem me entende acaba por reconhecê-las como contrassensos, após ter escalado através delas — por elas — para além delas. (Deve, por assim dizer, jogar fora a escada após ter subido por ela.)
>
> Deve sobrepujar essas proposições, e então verá o mundo corretamente (*TLP* 6.54, [281]).

Jogos de linguagem e linguagens privadas

Ao retornar à filosofia nos anos 1920 e 1930, Wittgenstein reteve a noção de que a filosofia era uma atividade, não uma teoria, e que os pronunciamentos filosóficos não eram proposições no mesmo sentido em que o eram as afirmações da linguagem cotidiana. Mas ele chegou a uma visão muito diferente de como as proposições cotidianas têm significado. No início e posteriormente, ele acreditava que a linguagem cotidiana era corroborada por uma linguagem perfeita articulada na forma de átomos lógicos. A partir da *Gramática filosófica* ele continuou a acreditar nisso por pensar que a linguagem cotidiana estava embutida nas atividades e estruturas sociais a que ele chamava "jogos de linguagem".

Casa em Viena projetada por Wittgenstein para
sua irmã na década de 1920. Possui a mesma beleza
austera e intimidadora do *Tractatus*.

O que é isto, perguntava ele na *Gramática*, que dá significado aos sons e marcas no papel que formam a linguagem? Por si sós os símbolos parecem inertes e mortos; o que é que lhes dá vida? (*PG* 40,107; *PI* I. 430) A resposta óbvia é que eles se tornam vivos ao ser significados por oradores e escritores que compreendem seus ouvintes e leitores. Essa resposta óbvia é a verdadeira, mas devemos ter claro o que são o significado e o entendimento. Eles não são, como se poderia pensar, processos mentais que acompanham sentenças faladas. Se você está tentado a pensar dessa maneira, tente executar esse processo sem a fala. "Faça esta experiência", diz Wittgenstein: "*diga* 'aqui está frio' e *dê a significação de* 'aqui está quente'. Você consegue? E o que você faz enquanto isso?" (*PI* I. 332,510).

Se você tentar executar um ato de significação sem emitir a sentença apropriada, provavelmente irá descobrir-se recitando a própria sentença sob a sua respiração. Mas é claro que seria absurdo sugerir que simultaneamente a toda emissão pública de uma sentença ocorra também uma a *sotto voce*. Demandaria talento assegurar que os dois processos estivessem em perfeita sincronia — e quão desastroso seria se eles saíssem de compasso de forma que o sentido de uma palavra fosse erroneamente associado a sua vizinha!

É verdade que quando ouvimos uma sentença em uma linguagem que conhecemos ocorrem eventos mentais — sensações, imagens etc. — que diferem das que ocorrem quando ouvimos uma sentença em uma linguagem que não conhecemos. Mas essas experiências irão variar de caso a caso, e não podem ser encaradas como constituindo em si o entendimento. O entendimento não pode ser realmente pensado como um processo afinal. Wittgenstein pergunta:

> Quando entendemos uma sentença? Quando a emitimos completamente? Ou quando a estamos emitindo? O entendimento, assim como a emissão de uma sentença, é um processo articulado e faz sua articulação corresponder exatamente à de uma sentença? Ou é inarticulado, algo que acompanha da maneira como uma nota-pedal acompanha uma melodia? (*PG* 50)

Entender a linguagem é, como jogar xadrez, um estado antes que um processo, mas não devíamos pensar nesse processo como um estado de algum mecanismo mental oculto.

Por vezes somos tentados a pensar que as operações conscientes de nossa mente são o resultado de um processo mental em um nível menor que o da introspecção. Talvez, pensamos, nosso mecanismo mental opere muito suavemente para que sejamos capazes de seguir todos os seus movimentos, como os pistões de um motor a vapor ou as lâminas de um cortador de grama. Se apenas pudéssemos afiar nossa faculdade de introspecção, ou fazer que o maquinário se movesse em câmera lenta, poderíamos então ser capazes de observar de fato os processos da significação e do entendimento.

Segundo uma versão da doutrina do mecanismo mental, entender o significado de uma palavra é convocar uma imagem apropriada em conexão com ela. Dizem-me "Traga-me uma flor vermelha", e segundo essa versão tenho de possuir uma imagem vermelha em minha mente e assegurar-me da cor da flor que trarei comparando-a à imagem do vermelho em minha mente. Mas isso não pode ser certo: caso contrário, como alguém poderia obedecer à ordem "Imagine um retalho vermelho"? A teoria nos põe no caminho de uma regressão infinita (*BB* 3; *PG* 96).

Suponha que substituamos a dita inspeção de uma imagem pela inspeção real de um pedaço vermelho de papel. Por certo, a maior vivacidade da amostra irá tornar o processo ainda mais explicativo! Mas não é o que acontece: se é necessário explicar como alguém sabe o que significa "vermelho", resta igualmente a ser explicado como ele sabe que esta amostra — seja mental ou física — é vermelha. "Tão logo você pense", diz Wittgenstein, "em substituir a imagem mental por, digamos, uma imagem pintada, e tão logo a imagem perca assim seu caráter oculto, ela deixa de no fundo parecer conceder qualquer vida à sentença" (*BB* 5). Naturalmente, é verdade que quando falamos frequentemente nos vêm imagens a nossas mentes. Mas não é que elas confiram significação às palavras que usamos. É antes o inverso: as imagens são como as figuras que iluminam um texto escrito em um livro.

Uma das mais importantes versões da confusa teoria de que a significação é um processo mental é a tese de que nomear é um ato mental. Essa ideia é o alvo de uma das seções mais importantes das *Investigações filosóficas*: o ataque à noção de uma linguagem particular, ou, mais precisamente, da noção de definição ostensiva particular.

Na epistemologia de Russell e dos positivistas lógicos, a definição ostensiva desempenha um papel crucial: é onde a linguagem se une ao conhecimento por familiaridade. Mas Wittgenstein insiste que a familiaridade com o objeto que uma palavra substitui não é a mesma coisa que o conhecimento do significado da palavra. Familiaridade com o objeto não bastará sem uma apreensão do papel na linguagem da palavra a ser definida. Suponha que eu explique a palavra "tove"[3] apontando para um lápis e dizendo "Isto se chama 'tove'". A explicação seria um tanto imprópria, porque eu posso ter querido dizer "Isto é um lápis" ou "Isto é redondo" ou "Isto é madeira", e assim por diante (*PG* 60; *BB* 2). Nomear algo não é suficiente para confrontá-lo e emitir um som: o rito de perguntar e dizer nomes é algo que pode ser feito somente no contexto de um jogo linguístico.

Isto é muito claro no caso relativamente simples de nomear uma cor ou um objeto material; as questões são muito mais complicadas quando consideramos os nomes de eventos e estados mentais, tais como sensações e pensamentos. Considere o modo pelo qual a palavra "dor" funciona como o nome de uma sensação. Somos tentados a pensar que para cada pessoa a "dor" adquire sua significação ao ser correlacionada por ela com sua própria sensação privada e incomunicável. Mas Wittgenstein demonstrou que nenhuma palavra poderia adquirir significado desse modo. Um de seus argumentos desenvolve-se da seguinte maneira.

Suponha que eu queira manter um diário sobre a ocorrência de certa sensação, e que eu associe a sensação com o signo "S". É essencial para a suposição que nenhuma definição do signo possa ser dada em termos de nossa linguagem cotidiana, porque senão a linguagem não seria privada. O signo deve ser definido somente para mim, e isso por uma definição ostensiva particular. "Falo ou escrevo o signo e ao mesmo tempo em que o faço concentro minha atenção na sensação. [...] Desse modo gravo em mim mesmo a conexão entre o signo e a sensação" (*PI* I. 258).

Wittgenstein argumenta que nenhuma cerimônia desse tipo pode estabelecer uma conexão apropriada. Quando em seguida eu chamo algo de "S", como saberei o que quis significar por "S"? O problema não é que eu possa ter uma lembrança confusa e chamar de "S" algo que não seja "S"; o problema é mais profundo. Até mesmo para pensar *falsamente* que algo é S devo conhecer a significação de "S", e isso, argumenta Wittgenstein, é impossível numa linguagem privada. Mas não posso apelar à memória para definir a significação? Não, pois para fazer isso eu devo convocar a memória certa, a memória de S, e para fazê-lo eu devo já saber o que "S" significa. No fim das contas, não há modo de estabelecer uma diferença entre o uso correto e o uso incorreto de "S", e isso significa que falar de "cor-

---

3. Palavra inventada por Lewis Carrol para designar um animal fictício em *Alice através do espelho*. (N. do T.)

reção" está fora de cogitação. A definição privada que dei a mim mesmo não é uma definição real.

O alvo do argumento de Wittgenstein é que não pode haver uma linguagem cujas palavras refiram-se ao que somente possa ser conhecido pelo emissor individual da linguagem. A palavra "dor" não é uma palavra em uma linguagem privada, pois, não importa o que os filósofos possam dizer, outras pessoas podem saber com muita facilidade quando uma pessoa está sentindo dor. Não é por definição ostensiva privada que "dor" torna-se o nome de uma sensação; a linguagem da dor é enxertada na expressão pré-linguística da dor quando os pais ensinam o bebê a substituir seus gritos iniciais por uma expressão convencional, aprendida por meio da linguagem.

Qual é a razão do argumento da linguagem privada e contra quem ele se dirige? Wittgenstein escreveu certa vez que a terapia filosófica é dirigida contra o filósofo em cada um de nós. É bem plausível propor que cada um de nós, quando começou a filosofar, acreditasse implicitamente em uma linguagem privada. Certamente, muitos estudantes do primeiro ano são seduzidos pela sugestão cética: "Por tudo o que sabemos, o que eu chamo de 'vermelho' você pode chamar de 'verde', e vice-versa". Essa sugestão estava na raiz da distinção feita por Schlick entre forma e conteúdo nas sentenças protocolares, e todo o edifício do positivismo lógico desmorona se uma linguagem privada é impossível. Assim também as epistemologias de Russell e do primeiro Wittgenstein.

Mas o alcance do argumento da linguagem privada estende-se para bem longe no passado da história da filosofia. Descartes, ao expressar sua dúvida filosófica, assume que minha linguagem tem significado enquanto a existência do meu próprio corpo e a dos de outrem permanecem incertas. Hume julgava ser possível para os pensamentos e experiências ser reconhecidos e classificados ao mesmo tempo em que a existência do mundo exterior fosse mantida em suspensão. Mill e Schopenhauer, de diferentes maneiras, pensavam que um homem pudesse expressar o conteúdo de sua mente na linguagem ao mesmo tempo em que questionava a existência de outras mentes. Todas essas suposições são essenciais à estrutura da filosofia em questão, e todas elas requerem a possibilidade de uma linguagem privada.

Tanto o empirismo como o idealismo garantem que a mente não possui conhecimento direto de coisa alguma que não seu próprio conteúdo. A história dos dois movimentos demonstra que eles conduzem ao solipsismo, a doutrina do "Somente eu existo". O ataque de Wittgenstein à definição privada racha o solipsismo ao demonstrar que a possibilidade da própria linguagem em que é expresso depende da existência do mundo público e social. A destruição do solipsismo carrega consigo uma refutação do empirismo e do idealismo que inexoravelmente o envolvem.

A demolição por Wittgenstein da noção de uma linguagem privada foi o evento mais significativo na filosofia da linguagem no século XX. Após a sua morte, a filosofia da linguagem tomou um rumo diferente devido às diferentes concepções da natureza da filosofia em si. Wittgenstein havia feito uma distinção aguda entre a ciência, que se ocupa da aquisição de novas informações, e a filosofia, que busca fornecer o entendimento daquilo que já conhecemos. Mas o ataque de Quine à distinção tradicional entre as proposições analíticas e sintéticas levou muitos filósofos, particularmente nos Estados Unidos, a questionar se havia uma fronteira bem definida entre a filosofia e a ciência empírica.

Em particular, houve um movimento no sentido de amalgamar a filosofia da linguagem com a psicologia e a linguística. Do lado filosófico, o movimento foi lançado por Donald Davidson na busca de uma teoria sistemática da significação para as linguagens naturais; do lado da linguística, por Noam Chomsky e suas sucessivas teorias postulando mecanismos ocultos subjacentes à aquisição da gramática cotidiana. Em minha opinião, Wittgenstein estava certo em ver a tarefa da filosofia como completamente diferente da tarefa da ciência empírica, e muitos desenvolvimentos na filosofia da linguagem na última parte do século XX serviram para obscurecer, antes que para enriquecer, as percepções que haviam sido conquistadas em suas primeiras décadas.

6

Epistemologia

Dois empiristas eloquentes

Mill descreveu seu *Sistema de lógica* como um manual da doutrina que deriva todo o conhecimento da experiência. Foi portanto um proponente do empirismo, embora ele próprio não gostasse do termo. Na verdade, em um importante aspecto, Mill foi um dos mais resolutos empiristas que já existiu, indo além de seus predecessores ao afirmar que não somente toda a ciência, mas também toda a matemática derivava da experiência. Os axiomas da geometria e os primeiros princípios da matemática são, diz ele, "não obstante todas as aparências em contrário, resultado das observações e experiências, fundadas, em suma, sobre os indícios dos sentidos" (*SL* 2.3.24.4).

A definição de cada número, Mill ratificava, envolve a asserção de um fato físico:

> Cada um dos números — dois, três, quatro etc. — denota fenômenos físicos e conota uma propriedade física daqueles fenômenos. Por exemplo, o dois denota todos os pares de coisas e o doze todas as dúzias de coisas, conotando respectivamente aquilo que as faz pares e dúzias; e aquilo que as faz assim é algo físico; uma vez que não se pode negar que duas maçãs são distinguíveis

de três maçãs, dois cavalos de um cavalo e assim por diante: que são um fenômeno diferente, visível e tangível (*SL* 3.24.5).

Não fica claro exatamente o que na propriedade é conotado pelo nome de um número, e Mill admite que os sentidos têm alguma dificuldade para distinguir 102 cavalos de 103 cavalos, não importando quão fácil seja distinguir dois cavalos de três. Não obstante, há uma propriedade conotada por números, a saber, o modo característico pelo qual uma aglomeração é formada e pode ser separada em partes. Por exemplo, existem coleções de objetos que, ao mesmo tempo em que deixam suas impressões nos sentidos do modo ∴ podem ser separadas em duas partes do modo ... . "Garantida essa proposição, denominamos trios a todas as parcelas desse tipo" (*SL* 2.6.2).

Críticos de Mill observariam que era uma dádiva que nem tudo no mundo era fixo, pois se fosse seríamos incapazes de separar partes, e dois e um não seriam três. Não parece, após reflexão ponderada, que qualquer fato físico seja afirmado na definição de um número como 777.864. Mas a tese de Mill que afirma ser a aritmética uma ciência essencialmente empírica não apoia nem demole sua descrição da definição de números.

Ele afirma, por exemplo, que um princípio como "A soma de iguais resulta em iguais" é uma verdade indutiva, ou lei da natureza, da mais alta ordem. Verdades indutivas são generalizações baseadas em experiências individuais. Afirmações de tais verdades devem sempre, em certa medida, ser especulativas ou hipotéticas; e é o que ocorre nesse caso. O princípio "nunca é precisamente verdadeiro, já que um quilo na realidade não é exatamente igual a outro quilo, e nem a extensão medida de um quilômetro é igual a uma outra; uma boa balança ou instrumentos de medida mais precisos irão sempre identificar alguma diferença" (*SL* 2.6.3).

Aqui os críticos afirmam que Mill confundia aritmética com suas aplicações. Mas era importante para Mill ratificar que a aritmética era uma ciência empírica, já que a alternativa, que se tratava de uma disciplina *a priori*, era fonte infindável de danos. "Estou convencido de que a noção de que as verdades exteriores à mente podem ser conhecidas pela intuição ou pela consciência, independentemente de observação e experiência, é em nossos tempos o grande esteio intelectual das falsas doutrinas e das más instituições" (*A* 134). Para evitar esse infortúnio, Mill estava disposto a pagar um alto preço, além de especular com a possibilidade de que em algum tempo futuro, em alguma galáxia distante, poderia se dar que dois mais dois resultariam não em quatro, mas em cinco.

John Henry Newman, cuja *Gramática do assentimento*,
embora redigida com fins religiosos, tornou-se um clássico
da epistemologia de pleno direito.

Considerado filósofo, John Henry Newman pertencia à mesma tradição empírica de John Stuart Mill. Detestava a metafísica alemã que começava a se infiltrar em Oxford durante o período em que ele passou por lá. "Que sistema vão de palavras sem ideias esses homens parecem querer estruturar", ressaltou. Após sua conversão a Roma, ele ficou igualmente desconfortável com a filosofia escolástica privilegiada por seus confrades católicos. A única experiência direta que temos das coisas fora de nós mesmos, garantia, vem intermediada por nossos sentidos; pensar que temos aptidões para o conhecimento direto das coisas imateriais é mera superstição. Mesmo nossos sentidos nos conduzem apenas um pouco para fora de nós mesmos: temos de estar próximos das coisas para tocá-las; não podemos nem ver, nem ouvir e nem tocar coisas situadas no passado ou no futuro. Mas, embora fosse um empirista empedernido, Newman concede um papel mais destacado à razão que o que foi assegurado pelo idealista Kant:

> Ocorre que a razão é aquela faculdade da mente pela qual essa deficiência [dos sentidos] é compensada: pela qual o conhecimento das coisas externas a nós, aos seres, fatos e acontecimentos, é obtido para além do alcance do sentido. Ela assegura para nós não somente as coisas naturais, ou imateriais, ou presentes, ou passadas, ou futuras; e mesmo se limitada em poder é ilimitada quanto a sua abrangência. [...] Ela atinge os confins do universo, chegando ao Trono de Deus além de tais confins; ela nos traz conhecimento — real ou incerto, mas ainda conhecimento —, em variados graus de imperfeição, de toda parte; mas, ao mesmo tempo, com essa característica que é a de o obter de forma indireta e não diretamente (US 199).

Na verdade, a razão não percebe nada: é uma faculdade para passar das coisas que são percebidas para as coisas que não o são. O exercício da razão é assegurar algo a partir de outro algo.

Newman identifica duas diferentes operações do intelecto exercidas quando raciocinamos: inferência (a partir das premissas) e assentimento (a uma conclusão). É importante ter em mente que essas duas são bem distintas entre si. Frequentemente assentimos a uma proposição quando já esquecemos as razões para assentir; por outro lado, o assentimento pode ser dado sem argumentação ou baseado em maus argumentos. Argumentos podem ser melhores ou piores, mas o assentimento ou existe ou não existe. É verdade que alguns argumentos são tão envolventes que o assentimento segue-se imediatamente à inferência. Mas mesmo em casos de prova matemática há uma distinção entre as duas operações intelectuais. Um matemático que acaba de resolver uma prova complexa não assentiria à sua conclusão sem rever seu trabalho e sem buscar corroboração de seus pares.

O assentimento, como foi dito, pode ser dado sem evidência ou argumento adequados. Isso frequentemente conduz a erro; mas será sempre errado? Locke assim o afirmava: uma característica do amor à verdade fornecida por ele foi a de não acalentar qualquer proposição com certeza maior que as provas sob as quais ela é firmada possam garantir. "Quem quer que vá além dessa medida de assentimento, é certo que não acolha a verdade por amor a ela, ou ame a verdade pela verdade apenas, mas sim por algum outro fim" (*Ensaio sobre o entendimento humano*, IV. XVI). Locke assegurava que não poderia haver verdade demonstrável quanto a coisas concretas, e assim o assentimento a uma proposição concreta deve ser condicional e quase próximo da certeza. O assentimento absoluto não possui exercício legítimo que não seja como o ratificador de atos de intuição ou demonstração.

Newman discorda. Não há coisas como graus de assentimento, afirma, embora haja espaço para opinião sem o assentimento necessário para o conhecimento.

> Todo dia, como é natural, traz consigo oportunidades para que alarguemos nosso círculo de assentimentos. Lemos os jornais, assistimos aos debates no Parlamento, apelos aos tribunais, artigos de escol, despachos dos correspondentes, resenhas de livros, críticas dos espetáculos artísticos, e mesmo que não formemos opinião alguma sobre os temas discutidos, como se não fossem de nosso interesse, ou se formamos no mínimo uma opinião sobre eles [...] jamais dizemos que concedemos [a uma proposição] um grau de assentimento. Podemos mesmo falar de graus de verdade como falamos de graus de assentimento (*GA* 115).

Não obstante, argumenta Newman, dar assentimento a uma prova carecendo de intuição ou demonstração pode muito bem ser legítimo, e frequentemente o é.

> Podemos ter certeza para além de qualquer chance de engano de que nosso próprio eu não é a única coisa que existe, que há um mundo exterior, que se trata de um sistema formado por partes e um todo, um universo comandado por leis, e que o futuro é afetado pelo passado. Aceitamos e sustentamos com assentimento não qualificado que a Terra, considerada um fenômeno, é um globo, que todas as suas regiões veem o sol a seu turno, que há vários vestígios nela de terra e água, que há de fato cidades que existem em determinados lugares e têm os nomes de Londres, Paris, Florença e Madri. Temos certeza de que tanto Paris como Londres, a não ser que sejam engolidas de repente por um terremoto ou queimadas até seus alicerces, são hoje exatamente aquilo que eram ontem (*GA* 117).

Cada um de nós tem certeza de que todos morreremos um dia. Mas se nos for indagado dos indícios para tanto tudo o que poderemos oferecer são argumentos circulares ou *reductio ad absurdum*.

Rimos de desprezo perante a ideia de que não temos pais por não termos memória de nosso nascimento, de que não devemos jamais deixar essa vida, embora não possamos ter experiência do futuro, de que somos capazes de viver sem comer, embora jamais tenhamos tentado, de que um mundo de homens não houve antes de nossa época, ou que esse mundo não tem história: que não tenha havido ascensão ou queda de nações, nenhum grande homem, nem guerras, nem revoluções, nem arte, nem ciência, nem literatura, nem religião (GA 117).

Sobre todas essas verdades, resume Newman, temos uma segurança imediata e sem hesitações, e não nos consideramos culpados por não amar a verdade pela verdade em razão de não podermos alcançá-la por meio de uma prova consistindo em uma série de proposições intuitivas. Nenhum de nós pode pensar ou agir sem aceitar algumas verdades "não intuitivas, não demonstradas, e mesmo assim soberanas".

Embora negue que haja graus de assentimento, Newman faz uma distinção entre assentimento simples e assentimento complexo ou certeza. O assentimento simples pode ser inconsciente, pode ser rude, pode não passar de um capricho. O assentimento complexo envolve três elementos: deve partir de uma prova, deve fazer-se acompanhar de um sentido específico ou de conteúdo intelectual e deve ser irreversível. O sentimento de satisfação e autocongratulação característico da certeza está ligado não ao conhecimento em si, mas à consciência de possuir conhecimento.

Uma diferença entre o conhecimento e a certeza com a qual os filósofos normalmente concordam é a seguinte: se eu conheço p, então p é verdadeiro; mas eu posso estar certo de que p e p sejam falsos. Newman não é particularmente consistente quanto a isso. Por vezes ele fala como se houvesse algo como uma falsa certeza; em outras ocasiões sugere que uma convicção pode ser uma proposição apenas se a proposição em questão é objetivamente verdadeira (GA 128). Mas, assegure ou não a certeza a verdade, é inegável que estar certo a respeito de algo implica acreditar em sua verdade. Segue-se daí que se estou seguro de algo acredito que esse algo irá permanecer o mesmo que o assumo ser agora, mesmo se minha mente tiver o azar de deixar minha crença arrefecer. Se há convicção quanto a uma crença, a escolha é por mantê-la e rejeitar espontaneamente como frivolidades quaisquer objeções a ela. Se se está certo de algo, se alguém possui a convicção, digamos, de que a Irlanda fica a leste da Inglaterra, se essa pessoa for coerente, não lhe restará alternativa a não ser adotar uma "intolerância ditatorial em relação a qualquer afirmação em contrário".

Naturalmente, a despeito da resolução inicial de quem quer que seja, esse alguém pode em alguma ocasião desistir de sua convicção. Newman ratifica que qualquer pessoa que perca sua convicção sobre algo prova portanto jamais ter estado certa a respeito desse algo.

Como podemos afirmar então, a qualquer momento, quais são nossas certezas? Newman julga que não se pode traçar nenhuma linha entre certezas reais que têm a verdade por objeto e certezas meramente aparentes. O que aparenta ser uma certeza é sempre passível de revelar-se ter sido um engano. Não há teste interior ou imediato suficiente para estabelecer uma distinção entre certezas autênticas e falsas (GA 145).

Newman distingue corretamente a certeza da infalibilidade. Minha memória não é infalível: é claro que me lembro do que fiz ontem, mas isso não significa que eu jamais relembre equivocadamente. Tenho certeza de que dois e dois somam quatro, mas com frequência cometo erros em adições mais altas. A certeza diz respeito a uma proposição particular, a infalibilidade é uma capacidade ou um dom. Era possível para Newman estar certo de que Vitória era rainha sem arrogar-se possuidor de qualquer tipo de infalibilidade geral.

Mas como posso confiar na certeza quando sei que no passado estive certo quanto a uma inverdade? É claro que o que aconteceu uma vez pode acontecer de novo.

> Suponha que estou caminhando ao ar livre, sob a luz do luar, e enxergue indistintamente os contornos de alguma figura entre as árvores — trata-se de um homem. Chego mais perto, e ainda é um homem; mais perto ainda, e toda indecisão está próxima do fim. — Estou seguro de que é um homem. Mas ele nem se move nem fala quando me dirijo a ele; é quando então me pergunto qual seria seu objetivo em esconder-se entre as árvores a uma hora dessas. Aproximo-me bem dele e estendo meu braço. Então descubro com certeza que aquilo que tomei por um homem não é senão uma sombra atípica, formada pelos raios da lua projetados nos interstícios de alguns galhos de sua folhagem. Não deveria eu desconfiar de minha segunda certeza em razão de ter errado quanto à primeira? Qualquer objeção que paire sobre minha segunda certeza em razão do fracasso da primeira não desaparece perante a prova em que se funda esta segunda? (GA 151).

O sentido da certeza é, como sempre foi, o sino do intelecto, que algumas vezes soa quando não deve. Mas não abdicamos do uso dos relógios porque em algumas ocasiões eles indicam o tempo erroneamente.

Não se pode estabelecer regra geral alguma que nos impeça sempre de incorrer em erro quanto a alguma peça específica de raciocínio concreto. Em sua *Ética*, Aristóteles nos diz que nenhum código de leis ou tratado moral pode indicar por antecipação o caminho da virtude individual: necessitamos de uma virtude da sabedoria prática (*phronesis*) para determinar o que fazer a cada momento. O mesmo se dá com o raciocínio prático. Newman diz que a lógica da linguagem nos conduzirá somente até aí, e que necessitamos de uma virtude intelectual especial, a que ele chama "o sentido ilativo", para nos dizer qual o conclusão apropriada a extrair de determinado caso.

> Em nenhum tipo de raciocínios concretos, seja na ciência experimental, na investigação histórica ou na teologia, há qualquer teste supremo da verdade e do erro em nossas inferências que não o do Sentido Ilativo que os sanciona; do mesmo modo que não há teste suficiente da excelência poética, da ação heroica ou da conduta cavalheiresca que não o sentido mental particular, seja este o gênio, o gosto, a noção de adequação ou o sentido moral, aos quais tais sujeitos morais são rigorosamente entregues (*GA* 231-232).

A epistemologia de Newman não foi muito estudada pelos filósofos posteriores em razão do objetivo religioso que era sua meta absoluta ao desenvolvê-la. Mas a abordagem de crença, conhecimento e certeza em *A gramática do assentimento* possui méritos que são bem independentes de seu contexto teológico e aceitam comparação com os textos clássicos da tradição empirista de Locke a Russell.

Peirce sobre os métodos da ciência

Nos Estados Unidos, na década que se seguiu após a publicação da *Gramática* de Newman, Charles Sanders Peirce buscava elaborar uma epistemologia adequada a uma era de investigação científica. Ele a apresentou em uma série de artigos, publicados na revista *Popular Science Monthly*, intitulados "Ilustrações da lógica da ciência". Os dois artigos mais famosos da série foram os dois primeiros: "A fixação da crença" e "Como tornar claras nossas ideias" (*CP* 5, 358 ss., 388 ss.).

No primeiro ensaio Peirce nota que a investigação sempre se origina da dúvida e termina em crença.

A irritação da dúvida é o único motivo imediato para a luta pela obtenção da crença. É certamente melhor para nós que nossas crenças devam ser tais que possam verdadeiramente orientar nossas ações de modo que se satisfaçam nossos desejos; e essa reflexão irá nos fazer rejeitar qualquer crença que não pareça ter sido formada com o intuito de garantir esse resultado. Mas irá proceder assim somente ao criar uma dúvida para pôr no lugar daquela crença. Com a dúvida, portanto, inicia-se a disputa, a qual termina quando termina a dúvida. Daí o único objeto da investigação ser o estabelecimento da opinião (*EWP* 126).

Para estabelecer nossas opiniões e fixar nossas crenças, diz Peirce, são utilizados quatro métodos diferentes: os da tenacidade, da autoridade, do *a priori* e o científico.

Podemos tomar uma proposição e repeti-la para nós mesmos, apoiando-nos em tudo o que a avalize e afastando-nos de tudo que possa abalá-la. Assim, algumas pessoas leem somente os jornais que confirmem suas crenças políticas, e uma pessoa religiosa pode dizer: "Oh, eu não poderia acreditar nisso, pois eu com certeza seria amaldiçoada se o fizesse". Esse é o método da tenacidade, o qual tem a vantagem de prover conforto e paz de espírito. Pode ser verdade, diz Peirce, que a morte seja aniquilamento, mas um homem que acredita que irá direto para o paraíso quando morrer "tem um prazer barato que não será seguido pelo desapontamento derradeiro".

O problema com que alguém depara ao adotar o método da tenacidade é descobrir que suas crenças particulares conflitam com as de outros crentes igualmente tenazes. O remédio para isso é fornecido pelo segundo método, o da autoridade: "Crie-se uma instituição cuja função seja apresentar as doutrinas como corretas à atenção do público, reiterá-las perpetuamente e ensiná-las aos jovens, possuindo ao mesmo tempo o poder de impedir o ensino, a defesa ou a expressão de doutrinas contrárias". Esse método tem sido praticado à perfeição em Roma, desde os dias de Numa Pompílio até Pio IX, mas por todo o mundo, do Egito a Sião, deixou majestosas lembranças gravadas em pedra de uma sublimidade comparável à das maiores obras da natureza.

O método da autoridade tem duas desvantagens. Primeira: faz-se sempre acompanhar de crueldade. Se a queima e o massacre dos hereges são condenados nos Estados modernos, certo tipo de terrorismo moral incentiva todavia a uniformidade de opinião. "Permita que saibam que você acredita em algo considerado tabu e fique certo de que será tratado com

"O método da autoridade" condenado por Peirce atingiu seu ponto mais alto quando o Concílio Vaticano convocado por Pio IX declarou que os papas eram infalíveis. O método correto em epistemologia, segundo Peirce, deve ser chamado, por contraste, de "falibilismo".

uma crueldade menos brutal, mas muito mais refinada, que caçá-lo como a um lobo." Segunda: nenhuma instituição pode regulamentar a opinião quanto a todo tipo de assunto, e sempre haverá alguns pensadores independentes que, da comparação de sua própria cultura com a de outros, perceberão que as doutrinas inculcadas pela autoridade afloram somente do acaso e do hábito.

Esses pensadores podem adotar um terceiro método, na tentativa, por uma meditação *a priori*, de produzir uma metafísica válida universalmente, o que é intelectualmente mais respeitável que os outros dois métodos, mas falhou manifestamente em produzir uma fixação de crenças. Desde os tempos mais antigos até os mais recentes, o pêndulo tem oscilado, sem tempo para descansar, entre as metafísicas idealista e materialista.

Devemos portanto adotar o quarto método, o método da ciência. O primeiro postulado desse método é a existência de uma realidade independente de nossas mentes:

> Há coisas reais cujos caracteres são inteiramente independentes de nossas opiniões sobre eles; aquelas realidades afetam nossos sentidos em conformidade a leis regulares, e, embora nossas sensações sejam tão diferentes quanto nossas relações com esses objetos, ainda assim, ao fazer uso das leis da percepção, podemos assegurar pelo raciocínio como são as coisas de fato, e qualquer homem, se possuir experiência e razão suficientes sobre o assunto, será conduzido à única verdadeira conclusão (*EWP* 133).

A tarefa da lógica é nos prover com os princípios orientadores para que sejamos capazes de descobrir, com base no que já sabemos, algo que ainda não saibamos, aproximando-nos assim, cada vez mais, da realidade última.

Embora Peirce insistisse na dúvida como a origem da investigação, ele rejeitava o princípio cartesiano de que a verdadeira filosofia devesse partir do universal ceticismo metódico. A dúvida autêntica deve ser dúvida sobre uma proposição particular, a partir de uma razão específica. A dúvida cartesiana nada mais era que uma pretensão fútil, e a busca cartesiana de recuperar a certeza por meio da meditação particular era ainda mais perniciosa. "Individualmente, não podemos esperar de forma razoável obter a filosofia última que perseguimos; podemos persegui-la somente, portanto, para a *comunidade* de filósofos" (*EWP* 87).

Descartes estava certo quanto a ser a primeira tarefa da filosofia o esclarecimento de nossas ideias, mas ele fracassou em fornecer um relato adequado do que queria significar por ideias claras e distintas. Se uma ideia deve ser distinta, ela deve passar pelo teste da avaliação dialética. Processos de investigação, se levados suficientemente longe, darão uma determinada solução a toda questão a que sejam aplicados. Os cientistas podem estudar um problema — por exemplo, o da velocidade da luz — por muitos métodos diferentes, podendo no princípio obter diferentes resultados, mas à medida que cada um aperfeiçoar seus métodos e processos os resultados mover-se-ão decididamente juntos na direção de um almejado centro. Será nesse centro que a verdade deverá ser encontrada.

Conflitaria isso com a tese de que a realidade é independente do pensamento? A resposta de Peirce é complexa e sutil:

> Por um lado, a realidade é independente, não necessariamente do pensamento em geral, mas somente do que você ou eu ou qualquer número finito de homens possam pensar a esse respeito. [...] Por outro lado, embora o objeto da opinião final dependa de qual seja aquela opinião, ainda assim, o que é aquela opinião não depende do que você ou eu ou qualquer homem pense. Nossa perversidade, e a dos outros, pode adiar indefinidamente o estabelecimento de uma opinião; pode mesmo, algo concebível, fazer que uma proposição arbitrária passe a ser universalmente aceita pelo tempo que durar a raça humana (*EWP* 155).

É possível portanto que *p* deva ser verdadeiro mesmo que todo ser humano acredite que seja falso. Peirce oferece dois modos de abrir espaço a essa possibilidade. Por um lado, afirma, outra raça pode ser bem-sucedida em extinguir a nossa, e a opinião verdadeira será em suma aquela que eles venham a ter. Mas ele também diz que "o consenso universal que constitui a verdade é sem dúvida limitado aos homens nesta vida terrena, ou à raça humana, mas se estende à comunhão inteira de espíritos a que pertencemos" (*EWP* 60).

É importante sermos claros quanto ao conteúdo das crenças que alcançamos no curso dessa busca comunal incessante da verdade. A crença, diz Peirce, tem três propriedades: primeiro, é algo de que temos consciência; segundo, ela pacifica a irritação da dúvida; terceiro, ela diz respeito ao estabelecimento em nossa natureza de uma regra de ação, vale dizer, de um hábito. Diferentes crenças distinguem-se pelos diferentes modos de ação a que dão origem. "Se as crenças não diferem quanto a isso, se elas pacificam a mesma dúvida pela produção da mesma norma de ação, então diferença alguma no modo de consciência sobre elas pode torná-las crenças diferentes."

Para ilustrar esse ponto Peirce faz uso de um exemplo religioso. Os protestantes dizem que depois que as palavras da consagração tiverem sido ditas as oferendas no altar são o pão e o vinho; os católicos dizem que não. Mas membros das duas extrações não diferem uns dos outros nas expectativas que possuem quanto aos efeitos sensíveis do sacramento. "Podemos não querer dizer nada por meio do vinho senão que possua certos efeitos, diretos ou indiretos, sobre os nossos sentidos; e falar a respeito de algo que tenha todas as características sensíveis do vinho, e no entanto seja na verdade sangue, não passa de jargão sem sentido" (*EWP* 146).

É nesse contexto que Peirce primeiro coloca em ação o princípio do pragmatismo, que ele apresenta como a regra para obter a máxima clareza sobre nossas ideias. "Considere que efeitos, que provavelmente podem ter consequências práticas, podemos atribuir ao objeto de nossa concepção. Então, nossa concepção desses efeitos é o todo de nossa concepção do objeto" (*EWP* 146). É importante notar que o pragmatismo de Peirce é uma teoria não da verdade, mas do significado, antecipando como tal a teoria da verificação do significado aplicada posteriormente pelos positivistas lógicos. Peirce aplica o princípio aos conceitos de dureza, leveza, liberdade e força, concluindo, no último caso, que "se conhecemos quais são os efeitos de força estamos a par de todo fato que implique dizer que uma força existe, não restando mais nada a saber" (*EWP* 151).

Nos escritos de Peirce não fica sempre clara a maneira pela qual ele enxerga a relação entre a lógica e a psicologia. No começo de seus ensaios destinados a ilustrar a lógica da ciência, ele escreve o seguinte:

> O objeto do raciocínio é descobrir, a partir da consideração do que já sabemos de fato, algo que ainda não sabemos. Em consequência, raciocinar é bom se é de modo que forneça uma conclusão verdadeira a partir de premissas verdadeiras, e não o contrário. Assim, a questão de sua validade é uma questão puramente de fato e não de pensamento (*EWP* 122).

Por outro lado, Peirce às vezes escreve como se as verdades lógicas fossem leis do comportamento mental. Assim, tendo dito que as três principais classes da inferência lógica são a dedução, a indução e a hipótese, ele continua o discurso para dizer que, "na dedução, a mente encontra-se sob o domínio de um hábito ou associação, em virtude da qual uma ideia geral sugere, em cada caso, uma reação correspondente" (*EWP* 209). Talvez as duas afirmações tenham de ser reconciliadas do seguinte modo: racionalizar, seja bom ou mau, é questão de hábito; mas é uma questão de fato, não do pensamento, se uma determinada peça de raciocínio é válida ou não.

Frege sobre lógica, psicologia e epistemologia

Os escritos de Frege não carecem de uma explícita discriminação entre lógica e psicologia. Enquanto escrevia sua obra lógica, de *Begriffsschrift* em diante, Frege não demonstrou interesse pela epistemologia por si só, mas ocupava-se em estabelecer a relação entre epistemologia e outras disciplinas relacionadas. Frege acreditava, seguindo a tradição cartesiana, que fora dado à epistemologia um papel fundamental na filosofia, papel que deveria ter sido concedido à lógica. Por outro lado, os filósofos de tradição empirista haviam confundido lógica com psicologia. Ao construir seu sistema lógico, Frege ansiava por demonstrar a diferença em natureza e papel entre a lógica e esses dois outros ramos de estudo.

Frege assumiu, e adaptou para seus próprios objetivos, a distinção kantiana entre conhecimento *a priori* e conhecimento *a posteriori*. Para assegurar que o discurso de um conhecimento *a priori* não implica confusão entre psicologia e lógica ele nos recorda que é possível descobrir o conteúdo de uma proposição antes de chegarmos a uma prova dela. Devemos fazer a distinção, portanto, entre como chegamos primeiramente a acreditar em uma proposição e, depois, como iremos eventualmente justificá-la. Afinal, se quisermos falar de conhecimento será necessária uma justificação, porque o conhecimento é crença que é ao mesmo tempo verdadeira e justificada. É absurdo falar de um engano *a priori*, porque somente se pode conhecer o que é verdadeiro.

> Quando uma proposição é chamada *a posteriori* ou analítica, no meu sentido, isso não é um juízo sobre as condições — psicológicas, fisiológicas e físicas — que tornaram possível representar o conteúdo da proposição na consciência. Nem é isso um juízo sobre o possível método defectivo pelo qual alguma outra pessoa passa a acreditar que ela é verdadeira. Antes, é um juízo sobre o solo fundamental que provê a justificação para que se acredite ser ela verdadeira (*FA* 3).

Se a proposição é do tipo matemático, sua justificação deve ser matemática; não pode ser um caso psicológico de processos na mente do matemático. Que fique claro, matemáticos possuem sensações e imagens mentais, e elas podem desempenhar um papel nos pensamentos de alguém que esteja calculando. Mas essas imagens e esses pensamentos não são aquilo de que trata a aritmética. Diferentes matemáticos associam diferentes imagens ao mesmo número: ao operar com o número cem, uma pessoa pode pensar em "100", outra em "C". Mesmo que a psicologia pudesse dar uma explicação causal da ocorrência do pensamento de que dez ao quadrado é cem, seria uma explicação totalmente diferente da aritmética, pois a aritmética ocupa-se da verdade de tais proposições, enquanto a psicologia ocupa-se com a ocorrência das proposições no pensamento. Uma proposição pode ser pensada sem ser verdadeira, e uma proposição pode ser verdadeira sem ser pensada.

A psicologia interessa-se pela causa de nosso pensar, a matemática pela prova de nossos pensamentos. Causa e prova são coisas bem diferentes. Sem uma porção apropriada de fósforo em seu cérebro, não resta dúvida de que Pitágoras não teria sido capaz de provar seu famoso teorema; mas isso não implica que uma afirmação do fósforo em seu cérebro deva aparecer como uma linha na prova de seu teorema. Se os homens evoluíram, não resta dúvida de que houve evolução na consciência humana; assim, se a matemática é uma questão de sensações e ideias, deveríamos alertar os astrônomos quanto a tirar conclusões sobre eventos no passado distante. Frege expõe o caráter absurdo dessa posição em um irônico trecho:

> Você admite que $2 \times 2 = 4$; mas a ideia de número tem uma história, uma evolução. Pode-se colocar em dúvida se ela progrediu tanto. Como você pode saber que naquele passado distante a proposição já existia? Não poderiam as criaturas então viventes ter assumido a proposição de que $2 \times 2 = 5$? Talvez tenha sido somente mais tarde que a seleção natural, em sua luta pela existência, tenha desenvolvido a proposição $2 \times 2 = 4$, que talvez, por seu turno, esteja destinada a tornar-se $2 \times 2 = 3$ (*FA*, vi-vii).

Por toda a sua vida Frege continuou a manter uma distinção aguda entre lógica e psicologia. Em seu último ensaio, "Pensamentos", ele alertou contra a ambiguidade inerente à afirmação de que a lógica lida com as leis do pensamento. Se por "leis do pensamento" entendemos leis psicológicas que relacionam os eventos a suas causas, então elas não são leis da lógica, pois não fariam distinção entre pensamentos verdadeiros e falsos, dado que o erro e a superstição possuem causas na mesma proporção que uma firme crença. As leis da lógica são "leis do pensamento" somente no mesmo sentido em que as leis morais são leis do comportamento. O pensamento real nem sempre obedece às leis da lógica, não mais do que o comportamento real sempre obedece à lei moral.

Contudo, nesse mesmo último ensaio, Frege explora a epistemologia de um modo que tende a borrar as distinções que ele havia defendido de forma tão resoluta. Ele indaga sobre o sentido, ou modo de apresentação, do pronome da primeira pessoa, "Eu", que ele trata como um nome próprio que tem seu utilizador como sua referência. Todo mundo, diz Frege, "é apresentado a si próprio de um modo especial e primário, de um jeito que não é apresentado a ninguém mais". Suponha que Horácio tenha o pensamento de que foi golpeado. Somente ele pode apreender o sentido de tal pensamento, uma vez que é somente a ele próprio que o pensamento apresenta-se nesse modo especial.

> Ele não pode comunicar um pensamento que somente ele pode apreender. Portanto, se ele disser agora "Eu fui golpeado", ele deve fazer uso do "Eu" em um sentido que possa ser apreendido por outros, talvez no sentido de "a pessoa que está falando agora a vocês". Ao assim proceder ele faz que as circunstâncias de sua emissão sirvam à expressão do pensamento (*CP* 360).

Isso parece contradizer a até aqui consistente afirmação de Frege de que embora as imagens mentais possam ser privativas os pensamentos são propriedade comum a todos nós. Segundo seus próprios princípios, um pensamento incomunicável sobre um ego privado não seria de fato um pensamento. Mas, em vez de rejeitar a ideia de que "Eu" é um nome próprio e descartar inteiramente a noção cartesiana de ego, Frege segue em frente para apresentar em termos altamente cartesianos uma doutrina bem fundamentada sobre dois mundos separados, um interior e privado e outro exterior e público. As coisas perceptíveis do mundo físico, diz ele, são acessíveis a todos nós: podemos todos ver as mesmas casas e tocar as mesmas árvores. Mas além disso, ele afirma, há um mundo interior de impressões dos sentidos, imagens e sentimentos, de desejos e aspirações — itens a que, para os objetivos presentes, podemos chamar "ideias".

Qualquer um que afirme, como Frege o faz nesse ensaio, que nossa vida mental tem lugar no interior de um mundo privado interior deve em alguma ocasião enfrentar a questão: Que razão há para crer que exista algo como um mundo exterior? Descartes, em suas *Meditações*, utiliza argumentos céticos para purificar o leitor, temporariamente, da crença em qualquer coisa que não seja o reino interior, e passa então a restaurar a fé do leitor no mundo exterior ao apelar para a verdade de Deus. Frege aceita aqui a distinção cartesiana entre matéria (o mundo das coisas) e mente (o mundo das ideias). Como Descartes, ele aceitou a necessidade de oferecer uma resposta ao ceticismo idealista, a tese de que nada existe senão as ideias.

E se tudo fosse apenas um sonho, uma peça representada no palco de minha consciência (*CP* 363)? Pareço caminhar acompanhado em um campo verde; mas talvez o reino das coisas seja vazio, e tudo o que eu tenho são ideias das quais sou eu mesmo o proprietário. Se ao menos o que é essa minha ideia pudesse ser o objeto de minha consciência, então, por tudo que sei, não há campo verde (pois um campo não é uma ideia, e não há ideias verdes) e não há companhia (pois seres humanos não são ideias). Pelo que sei não há nem mesmo ideias outras que as minhas próprias (pois não sei de outro que as tenha que não eu). Frege conclui: "Ou é falsa a tese de que apenas o que é ideia minha pode ser objeto de minha consciência, ou todo meu conhecimento e [toda minha] percepção são restritos ao alcance de minhas ideias, ao estágio de minha autoconsciência. Nesse caso, devo ter apenas um mundo interior e não devo saber nada sobre outras pessoas" (*CP* 364). Na verdade, esse curso de pensamento não leva à conclusão de que eu mesmo não passo de uma ideia? Estirado em uma espreguiçadeira tenho uma linha de impressões visuais, dos dedos de meus pés ao delineamento borrado de meu nariz. Com que direito seleciono uma de minhas ideias e me estabeleço como dono das outras? Afinal, por que deve haver um dono para as ideias?

Aqui chegamos a um beco sem saída. Se não há donos de ideias, não há ideias também; não pode haver uma experiência sem alguém para experimentar. Uma dor é necessariamente *sentida*, e o que é sentido deve ter alguém que o sinta. Sendo assim, *há* algo que não é ainda minha ideia e ainda pode ser um objeto de meu pensamento, a saber, eu mesmo. Frege, à semelhança de Descartes, conduz o ceticismo a um fim com um *cogito, ergo sum*. Mas, se o ego cartesiano era um *sujeito* não ideal do pensamento, o ego fregiano é um *objeto* não ideal do pensamento. Sua existência refuta a tese de que somente aquilo que é parte do conteúdo de minha consciência pode ser objeto de meu pensamento.

Se existe uma coisa como a ciência, Frege afirmava, "deve-se reconhecer um terceiro reino" — um mundo em adição ao mundo de coisas e ao mundo de ideias. O ego, como dono das ideias, é o primeiro cidadão desse terceiro reino. O terceiro reino é o reino do pensamento objetivo. Os cidadãos desse reino compartilham com as ideias a propriedade de serem independentes de um dono. O teorema de Pitágoras é atemporalmente verdadeiro, não carecendo portanto de donos; não passou a ser verdadeiro quando foi primeiramente pensado ou provado (*CP* 362).

Outras pessoas, diz Frege, podem assimilar pensamentos da mesma forma que eu; não somos donos de nossos pensamentos assim como somos donos de nossas ideias. Não *temos* pensamentos; pensamentos são aquilo que *assimilamos*. O que é assimilado já está ali, e tudo o que temos a fazer é tomar posse daquilo. Nossa assimilação de um pensamento não possui mais efeito sobre o pensamento em si que nossa observação da lua em provocar a lua nova. Pensamentos não mudam ou vêm e vão; eles não são causalmente ativos ou passivos do modo em que o são os objetos no mundo físico. Naquele mundo, uma coisa age sobre a outra e a modifica, e essa mesma coisa sofre uma ação e também se modifica. Não é o que se passa no mundo atemporal no qual habita o teorema de Pitágoras (*PW* 138).

Poucos dos que acompanharam Frege na trilha do ceticismo cartesiano irão acompanhá-lo na rota que ele oferece para sair da ilusão. Sua resposta ao desafio não convence mais que a do próprio Descartes. Ao aceitar a divisão entre um mundo público, de coisas físicas, e um mundo privativo, de consciência humana, os dois filósofos buscam reunir aquilo que separaram apelando a um terceiro mundo: a mente divina, no caso de Descartes; o mundo dos pensamentos, no caso de Frege. Em cada caso, o erro fatal foi a aceitação da dicotomia inicial. Não há dois mundos, mas apenas um, ao qual pertencem não apenas os objetos físicos inanimados, mas também os animais conscientes racionais. Ao aceitar que a consciência nos provê com conteúdos incomunicáveis e certezas não partilháveis, Frege errava, pecando contra seu próprio princípio cardeal da separação de pensamentos e ideias.

Conhecimento por familiaridade e conhecimento por descrição

Seis anos antes de Frege publicar seus artigos sobre a natureza do pensamento, Bertrand Russell havia escrito *Problemas da filosofia*, um opúsculo destinado a dar a mais de uma geração de estudantes de filosofia sua primeira introdução à epistemologia. Russell era um dos netos de John Stuart Mill, e em grande parte de sua vida ele buscou ser fiel à tradição empirista da qual Mill fora um intrépido expoente. Mas Russell não podia aceitar a visão de Mill da matemática como uma ciência empírica; assim, seu empirismo era sempre misturado a um elemento do platonismo que ele partilhava com Frege. Seu ponto de partida nos *Problemas* é a dúvida sistemática de Descartes.

> Parece-me estar sentado agora em uma cadeira, à frente de uma mesa de certo formato, na qual vejo folhas de papel com escritos ou impressas. Ao voltar minha cabeça vejo do lado de fora das janelas edifícios, nuvens e o Sol. Acredito que o Sol está a cerca de 150 milhões de quilômetros da Terra, que é um globo quente, muitas vezes maior que a Terra, e que, devido ao movimento de rotação desta, nasce toda manhã e irá continuar a fazê-lo por um tempo indefinido no futuro (*PP* 7-8).

Por mais evidente que isso pareça ser, Russell nos diz, pode ser razoavelmente posto em dúvida. A mesa parece diferente e é percebida de modo diferente de diferentes ângulos e para diferentes pessoas em diferentes ocasiões. A mesa real não é o que experimentamos imediatamente, mas é uma inferência a partir daquilo que é imediatamente conhecido. O que é imediatamente conhecido em sensação é algo bem diferente de qualquer mesa real.

> Batizemos de "dados sensoriais" as coisas que são imediatamente conhecidas por sensação: tais como cores, sons, cheiros, durezas, rudezas e assim por diante. Daremos o nome de "sensação" à experiência de sermos imediatamente conscientes dessas coisas. Assim, sempre que vemos uma cor, temos uma sensação *da* cor, mas a cor em si é um dado sensorial, não uma sensação. A cor é aquilo do qual somos imediatamente cônscios, e a própria consciência é a sensação (*PP* 12).

Os dados sensoriais são as únicas coisas das quais podemos estar realmente certos. Descartes eliminou sua própria dúvida com o *cogito*, "Penso, logo sou". Mas isso, Russell nos alerta, diz algo mais do que o que é certo: os dados sensoriais não nos asseguram de um eu permanente, e o que é de fato certo não é que "Eu estou vendo uma cor marrom", mas sim que "uma cor marrom está sendo vista". Os dados sensoriais são particulares e pessoais: há alguma razão para acreditar em objetos públicos neutros da forma como imaginamos serem as mesas? Se não há, então não há razão *a fortiori* para acreditar em outras pessoas que não eu, dado que é somente através de seus corpos que tenho qualquer acesso às mentes de outros.

Russell admite que não há prova real de que o todo de uma vida não passa de um sonho. Nossa crença em um mundo exterior independente é instintiva antes que reflexiva, mas isso não significa que haja alguma boa razão para rejeitá-la. Se acordássemos provisoriamente que há objetos físicos assim como dados sensoriais, poderíamos afirmar que são esses objetos as causas dos dados sensoriais? Se o fizermos, deveremos acrescentar imediatamente que não há razão para pensar que essas causas são *como* os dados sensoriais — por exemplo, que são coloridas. O senso comum nos deixa cegos o suficiente quanto à sua verdadeira natureza.

Para esclarecer a relação entre os dados sensoriais e os objetos que os causam, Russell apresenta sua celebrada distinção entre conhecimento por familiaridade e conhecimento por descrição.

> Podemos dizer que temos *familiaridade* com qualquer coisa de que tenhamos consciência, sem a intermediação de qualquer processo de inferência ou qualquer conhecimento de verdades. Assim, na presença de minha mesa eu estou familiarizado com os dados sensoriais que formam a aparência de minha mesa — [...] cor, forma, dureza, polidez etc. [...] Meu conhecimento da mesa como um objeto físico, ao contrário, não é um conhecimento direto. Do modo como se dá, é obtido pela familiaridade com os dados sensoriais que formam a aparência da mesa. Vimos que é possível, sem nada de absurdo, duvidar mesmo se existe de fato uma mesa, considerando que não é possível duvidar dos dados sensoriais. Meu conhecimento da mesa é do tipo que chamaremos "conhecimento por descrição". A mesa é "o objeto físico que causa este ou aquele dado sensorial". Isso *descreve* a mesa por meio dos dados sensoriais (*PP* 46-47).

Os dados sensoriais não são as únicas coisas com as quais somos familiarizados. A introspecção nos familiariza com nossos próprios pensamentos, sentimentos e desejos. A memória nos familiariza com os dados passados dos sentidos interiores e exteriores. Podemos até, embora isso seja colocado em dúvida, ser familiarizados com nossos próprios eus. Não possuímos familiaridade com os objetos físicos de outras mentes, mas temos por certo familiaridade com entidades até mais rarefeitas, a saber, conceitos universais como os de *brancura, irmandade* e assim por diante.

À semelhança de Platão, Russell pensava que os universais pertenciam a um mundo suprassensível, o mundo do ser. O mundo do ser é inalterável, rígido, perfeito e morto. Era o mundo da existência que continha os pensamentos, sentimentos e dados sensoriais. Por temperamento, algumas pessoas preferiram um mundo, enquanto outras preferiram o outro. Mas "os dois são reais e importantes para o metafísico" (*PP* 100).

Toda proposição que podemos entender, confirmava Russell, deve ser composta inteiramente de constituintes com os quais somos familiarizados. Como então podemos fazer afirmações sobre Bismarck, a quem nunca vimos, ou sobre a Europa, que é grande demais para ser apreendida como um dado sensorial? A resposta de Russell é que qualquer juízo sobre Bismarck ou sobre a Europa contém na verdade uma série de descrições definidas contidas umas nas outras, e todo conhecimento sobre elas é em última instância redutível ao conhecimento do que é conhecido por familiaridade. Somente desse modo podemos ter qualquer conhecimento sobre coisas que jamais experimentamos.

Quando escreveu *Nosso conhecimento do mundo exterior* (1914), Russell descreveu a relação entre os objetos físicos e os dados sensoriais afirmando que os primeiros eram constructos lógicos dos últimos. Considerando que nos *Problemas* ele pensou que os objetos *eram causa* dos dados sensoriais, embora deles distintos, ele acreditava então que afirmações sobre objetos da vida cotidiana, assim como as afirmações científicas, eram redutíveis por análise a afirmações sobre experiências sensoriais. Mas também isso veio a revelar-se uma fase temporária em seu pensar, e em sua última obra filosófica, *Conhecimento humano: seu alcance e seus limites* (1948), Russell retornou a uma teoria causal da percepção. Nesse meio-tempo muito havia acontecido para contestar toda a fundamentação e todo o método de sua epistemologia.

A *epoché* de Husserl

Husserl foi o último grande filósofo de tradição cartesiana. Ele considerava a redução fenomenológica, e particularmente o programa da *epoché*, ou suspensão do juízo, sobre a existência da realidade extramental, um refinamento da dúvida metodológica cartesiana. De vários modos ele buscou ser mais radical que Descartes em extirpar das bases da filosofia o que quer que fosse passível de dúvida. Primeiro, ele negava a indubitabilidade do *cogito* se esta supusesse a afirmação da existência de um eu permanente e não apenas do sujeito de minhas sensações presentes. Segundo, ele julgava que Descartes havia feito uso dos dados da consciência por seu valor nominal, sem fazer neles a distinção entre o que era realmente dado pela sensação e o que era neles o resultado de uma interpretação metafísica que pressupunha tacitamente a existência de um mundo exterior, espalhado no espaço e no tempo e sujeito a um princípio de causalidade (*LI* 16).

As diferenças que separam Husserl de Descartes, contudo, não possuem importância quando comparadas às similaridades que os unem. Os dois filósofos consideravam a epistemologia a disciplina básica, anterior a todas as outras partes da filosofia e a todas as ciências empíricas. Husserl, como Descartes, jamais duvidou de duas coisas: a certeza quanto a seus estados e processos mentais e a linguagem que ele utilizava para relatar esses fenômenos. Essas certezas, ambos acreditavam, podem sobreviver a qualquer dúvida sobre o mundo exterior.

Descartes acreditava que Deus poderia ter criado minha mente, exatamente como ela é, sem que existisse algo como a matéria. Husserl argumentava que nossa percepção dos objetos externos consiste nos vislumbres e contatos parciais que estabelecemos com eles — nossas "adumbrações" deles, como ele as define. Porém, a não ser que essas adumbrações exibam a ordem que de fato têm, não podemos de modo algum construir objetos a partir delas. Todavia, é perfeitamente concebível que essa ordem possa ser dispersa, restando apenas uma caótica série de sensações. Se fosse assim, deixaríamos de perceber os objetos físicos e nosso mundo seria destruído. Mas a consciência, argumenta Husserl, sobreviveria à destruição do mundo (*Ideas*, 49).

Se minha própria consciência é indubitavelmente certa, enquanto o mundo da matéria é essencialmente duvidoso, nada pode ser mais prudente que suspender o juízo sobre o último e concentrar-se na descrição e na análise precisas da primeira. Mas a *epoché* de Husserl, ou suspensão do juízo, não é o ponto de partida neutro que aparenta ser entre realismo e idealismo, pois a admissão de que se pode dar expressão à consciência em um mundo essencialmente privativo levanta de saída a questão contra o realismo. Por separarem o conteúdo da consciência de qualquer ligação não contingente a sua expressão na linguagem e seus objetos no mundo exterior, Husserl e Descartes descobrem-se aprisionados em uma forma de solipsismo, do qual

Descartes tenta escapar apelando à veracidade de Deus, e Husserl, em seus últimos anos, pela postulação de uma consciência transcendental.

A linha de argumentação que levou Husserl a tornar-se um idealista transcendental desenvolve-se da seguinte maneira. Seu ponto de partida era o naturalista, segundo o qual a consciência é parte do mundo, com causas físicas. Mas, se se quer evitar postular, como Kant, uma *Ding an Sich* [coisa em si] que não seja obtenível pela experiência, deve-se afirmar que o mundo físico é em si uma criação da consciência. Mas, se a consciência que o cria é nossa própria consciência psicológica cotidiana, então somos confrontados com um paradoxo: o mundo como um todo é constituído por um de seus elementos, a consciência humana. O único modo de evitar o paradoxo é afirmar que a consciência que forma o mundo não é parte do mundo, mas é transcendental[1].

O mundo que a consciência cria, contudo, é moldado não somente por nossas próprias experiências, mas pela cultura e pelas assunções fundamentais em que vivemos, o que Husserl chama de "o mundo-da-vida". O mundo-da-vida não é um conjunto de juízos baseados em provas, mas antes um substrato inexaminado subjacente a toda evidência e todo julgamento. Contudo, não é algo supremo e imutável. Nosso mundo-da-vida é afetado pelos desenvolvimentos na ciência da mesma forma que a ciência é enraizada em nosso mundo-da-vida. As hipóteses adquirem seu significado mediante sua conexão com o mundo-da-vida, mas, por sua vez, gradualmente o modificam. Em *Experiência e julgamento*, um estudo publicado em 1939, Husserl escreveu:

> Tudo o que a ciência natural contemporânea forneceu como determinações daquilo que existe pertence também a nós, ao mundo, na medida em que este mundo é pré-dado aos adultos de nosso tempo. E mesmo se não tivermos um interesse particular pela ciência natural, e mesmo se nada soubermos a respeito de seus resultados, ainda assim, o que existe é pré-dado a nós por antecipação e determinado de tal modo que o assumimos no mínimo como sendo em princípio cientificamente determinável.

Não é fácil perceber como reconciliar esses últimos pensamentos com os primeiros estágios do pensamento husserliano. Similarmente, os

---
1. Sou grato aqui ao artigo "Transcendental Idealism", de Herman Philipse, publicado em *CCH*, 239-319.

leitores dos últimos escritos de Wittgenstein descobrem-no a explorar novas e incômodas ideias sobre a natureza da justificação suprema do conhecimento e da crença[2].

Wittgenstein sobre a certeza

O ceticismo de Descartes teve um efeito mais duradouro do que seu racionalismo: os filósofos têm se impressionado mais com as dificuldades levantadas pela Primeira e Segunda *Meditações* que pelas réplicas a essas dificuldades dadas nas *Meditações* Quarta e Sexta. O idealismo transcendental de Husserl é somente a última de uma longa série de tentativas malogradas de responder ao ceticismo cartesiano sobre o mundo exterior ao mesmo tempo em que aceitando o quadro cartesiano do mundo interior. O argumento wittgensteiniano da linguagem particular, que demonstrou que não havia como identificar itens da consciência sem fazer referência ao mundo público, abalou os alicerces de toda a noção cartesiana de consciência. Mas foi somente nos últimos anos de sua vida, nos escritos epistemológicos publicados postumamente como *Da certeza*, que Wittgenstein abordou o ceticismo cartesiano de frente.

Em resposta à dúvida cartesiana apresentada na Primeira *Meditação*, Wittgenstein estabelece dois pontos iniciais. Primeiro, a dúvida necessita de fundamentação (*OC* 323, 458). Segundo, uma dúvida autêntica deve fazer uma diferença no comportamento de alguém: uma pessoa não duvida de fato se tem ou não um par de mãos se ela faz uso de suas mãos como todos nós o fazemos (*OC* 428). Em resposta, Descartes poderia concordar com o primeiro ponto; esta é a razão pela qual ele inventou o gênio maligno: fornecer um fundamento para a suspeição de nossas intuições. Ao segundo ponto ele poderia responder com uma distinção: a dúvida que ele recomenda é uma dúvida do tipo teórico, metodológico, e não uma dúvida do tipo prático.

A seguinte crítica de Wittgenstein é muito mais substancial. Uma dúvida, ele afirma, pressupõe o domínio de um jogo de linguagem. Para expressar a dúvida de que p, é necessário entender o que se quer dizer ao dizer p.

---

2. A similaridade entre os dois é indicada por Dagfinn Føllesdal em seu estudo "Ultimate Justification in Husserl and Wittgenstein", em M. E. REICHER e J. C. MAREK (eds.), *Experience and Analysis*, Viena, ÖBT & HPT, 2005, ao qual sou grato pela citação feita no parágrafo acima.

A dúvida cartesiana radical destrói a si mesma por estar obrigada a questionar o significado das palavras utilizadas para expressá-la (*OC* 369, 456). Se o gênio maligno está me iludindo totalmente, então ele está me iludindo a respeito do significado da palavra "iludir". Então, "O gênio maligno me ilude totalmente" não exprime a dúvida total que se destinava a exprimir.

Mesmo no interior do jogo de linguagem deve haver algumas proposições que não podem ser postas em dúvida. "Nossas dúvidas repousam no fato de algumas proposições serem isentas de dúvida, serem como são os pontos na direção dos quais se movem" (*OC* 341). Mas se há proposições das quais não podemos duvidar são elas também proposições sobre as quais não podemos nos enganar? Wittgenstein distingue engano de outras formas de falsa crença. Se alguém imaginasse que viveu por muito tempo em um lugar diferente daquele no qual de fato esteve vivendo, isso não seria um engano, mas um distúrbio mental; seria algo que se tentaria curar na pessoa que assim o imaginasse e não algo do qual se tentasse convencê-la do contrário. A diferença entre loucura e engano é que, enquanto o engano implica julgamento, na loucura não se faz nenhum julgamento de fato, seja verdadeiro ou falso. O mesmo se passa com o sonho: o argumento "Posso estar sonhando" não tem sentido, porque se estou sonhando este argumento também está sendo sonhado, e na verdade é por estarem sendo sonhadas que essas palavras possuem algum significado (*OC* 383).

O objetivo de Wittgenstein em *Da certeza* não é apenas estabelecer a realidade do mundo externo em oposição ao ceticismo cartesiano. Sua preocupação, como ele mesmo reconhece, era muito mais próxima da de Newman na *Gramática do assentimento*: Wittgenstein queria investigar como era possível possuir uma certeza inabalável que não fosse fundamentada em provas. A existência dos objetos externos era certa, mas não era algo que pudesse ser provado, ou isso seria um objeto do conhecimento. Sua localização em nosso mundo figurado (*Weltbild*) ia bem além disso.

Nos últimos meses de sua vida, Wittgenstein buscou esclarecer o *status* de um conjunto de proposições que têm uma posição especial na estrutura de nossa epistemologia, proposições que, como ele definiu, "são feitas" para nós (*OC* 116). Proposições como "O monte Branco existe há muito tempo" e "Não se pode voar à lua abanando os braços" aparentam ser proposições empíricas, mas são proposições empíricas de um modo especial: elas não são resultantes de investigação, mas são as bases da investigação; elas são proposições empíricas fossilizadas que abrem canais para as proposições ordinárias e fluidas. São proposições que formam nosso

"Motores de carro não crescem da terra" era um dos exemplos dados por Wittgenstein de proposições que formam nossa imagem do mundo. Foi ao questionar tais proposições que surrealistas como Joan Miró obtiveram seus efeitos.

mundo figurado, e um mundo figurado não é aprendido pela experiência, sendo o pano de fundo herdado contra o qual eu faço a distinção entre o verdadeiro e o falso. As crianças não os aprendem, elas os engolem da forma que o recebem juntamente com aquilo que aprendem (*OC* 94, 476).

> É bem certo que motores de carros não crescem da terra. Sentimos que se há alguém que possa acreditar no contrário esse alguém pode acreditar que *tudo* o que digamos seja falso, e possa questionar tudo que afirmemos ser certo.
>
> Mas como a crença desse *alguém* se adequaria a todo o resto? Poderíamos dizer que alguém que possa acreditar nisso não aceita todo o nosso sistema de verificação. O sistema é algo que um ser humano adquire por meio de observação e instrução. Propositalmente, não afirmei [que um ser humano] "aprende" (*OC* 279).

A primeira vez em que começamos a acreditar em algo, acreditamos não em uma única proposição, mas em todo um sistema: a luz se espraia gradualmente sobre o todo.

Embora essas proposições forneçam os fundamentos para nossos jogos de linguagem, elas não fornecem a eles as bases ou premissas. "Fornecer as bases", diz Wittgenstein, "justificar a prova, é um processo que chega a um termo; mas o termo alcançado não é o de certas proposições chegarem a nós imediatamente como verdade, isto é, não é um tipo de *visão* de nossa parte; é nossa atuação, o que repousa no fundo do jogo de linguagem" (*OC* 204).

No século XX, a epistemologia passou por estágios paralelos de desenvolvimento em diferentes climas de pensamento. Em cada caso, de uma concentração inicial sobre a consciência individual, os epistemologistas passaram a uma apreciação do papel das comunidades sociais na construção da rede de crença. Do mesmo modo, eles passaram de uma concentração no aspecto puramente cognitivo da experiência para uma ênfase em seu elemento afetivo e prático. Essa evolução teve lugar no seio de duas diferentes escolas de filosofia (continental e analítica) e também no interior do pensamento de filósofos individuais como Husserl e Wittgenstein. Em cada caso, o desenvolvimento enriqueceu um campo da filosofia que havia sido inicialmente restringido pelo excessivo individualismo.

7

Metafísica

Variedades do idealismo

Os filósofos mais significativos da primeira parte do século XIX eram todos idealistas, de um tipo ou de outro. O período foi o ápice do idealismo transcendental na Alemanha, com Fichte, Schelling e Hegel operando uma teoria do universo como a história evolutiva de uma consciência absoluta. Mesmo os críticos mais contundentes do idealismo absoluto eram tributários de uma diferente forma de idealismo, o idealismo empirista de Berkeley, para o qual ser é ser percebido. John Stuart Mill, na Inglaterra, e Arthur Schopenhauer, na Alemanha, tomaram ambos como ponto de partida a tese de Berkeley segundo a qual o mundo da experiência não consiste senão em ideias, e ambos tentaram separar a teoria berkeliana da matéria de seu suporte teológico[1].

Segundo Mill, nossa crença em que os objetos físicos persistem na existência quando não estão sendo percebidos remonta simplesmente a nossa contínua expectativa de outras percepções no futuro. Ele define matéria como "uma possibilidade permanente de sensação" e afirma que o mundo exterior é o mundo das sensações possíveis sucedendo umas às outras de modo justificável.

---
1. Ver volume III, 98, 351.

Logo no começo de seu *O mundo como vontade e representação*, Schopenhauer nos diz: "O mundo é minha representação". Tudo no mundo existe somente como um objeto para um sujeito, existe somente em relação à consciência. Para obter a sabedoria filosófica um homem deve aceitar "que não conhece sol algum e terra alguma, mas sempre apenas um olho que vê um sol, uma mão que toca uma terra" (*MVR*, 43). O sujeito, diz Schopenhauer, é aquele que conhece todas as coisas e não é conhecido por nenhuma; é assim portanto o sustentáculo do mundo.

Schopenhauer assume de Kant que o espaço, o tempo e a causalidade são formas necessárias e universais de todo objeto, intuídas em nossa consciência antes de qualquer experiência. O espaço e o tempo são formas *a priori* da sensibilidade, e a causalidade é uma forma *a priori* do entendimento. O entendimento (*Verstand*) não é predicado dos humanos, pois outros animais percebem as relações entre causa e efeito. O entendimento é o que transforma sensações cruas em percepção, assim como o sol nascente cobre de cor a paisagem. A faculdade que é predicado dos humanos é a razão (*Vernunft*), vale dizer, a capacidade de formar conceitos abstratos e relacioná-los entre si. A razão confere aos seres humanos a possibilidade da fala, da deliberação e da ciência, mas não aumenta o conhecimento, apenas o transforma. Todo nosso conhecimento vem de nossas percepções, que são o que constitui o mundo.

A tese de que o mundo existe somente para um sujeito conduz a um paradoxo. Schopenhauer aceitava uma descrição evolutiva da história: antes do homem existiram os animais, antes dos animais terrestres existiram os peixes, antes dos peixes existiram as plantas. Uma longa série de mudanças teve lugar antes que se abrisse o primeiro olho. Assim, segundo a tese de que o mundo é representação, a existência do mundo inteiro é para sempre dependente daquele primeiro olho, mesmo se fosse apenas o de um inseto.

> Assim, necessariamente, vemos de um lado a existência do mundo todo dependente do primeiro ser que conhece, por mais imperfeito que seja; de outro, vemos esse primeiro animal cognoscente inteiramente dependente de uma longa cadeia de causas e efeitos que o precede, na qual aparece como um membro diminuto (*MVR* 76).

Essa antinomia pode ser resolvida somente se passamos da consideração do mundo como representação para o mundo como vontade.

O livro II de *O mundo como vontade e representação* tem início por uma consideração das ciências naturais. Algumas delas, como a botânica e a zoologia, lidam com as formas permanentes dos individuais; outras, como a mecânica e a física, prometem explicações da mudança. Estas oferecem leis da natureza, como as da inércia e da gravidade, que determinam a posição dos fenômenos no tempo e no espaço. Mas essas leis não oferecem informação sobre a natureza íntima das forças da natureza — matéria, peso, inércia e assim por diante — que são convocadas para responder por sua constância. "A força em virtude da qual uma pedra cai na terra, ou um corpo repele outro, não é menos estranha e misteriosa em sua essência íntima do que aquela que produz os movimentos e o crescimento de um animal" (*MVR* 154).

A investigação científica, enquanto restringe suas preocupações às representações, deixa-nos insatisfeitos. "Queremos conhecer a significação dessas representações. Perguntamos se este mundo não é nada além de representação, caso em que teria de desfilar diante de nós como um sonho inessencial ou um fantasma vaporoso, sem merecer nossa atenção. Ou ainda se é algo outro que o complemente, e qual sua natureza" (*MVR* 155). Jamais seríamos capazes de avançar muito se fôssemos meros objetos cognoscentes — querubins alados sem um corpo. Mas cada um de nós está enraizado no mundo em razão de nossa encarnação. Meu conhecimento do mundo é dado a mim por meu corpo, mas meu corpo não é apenas um meio de informação, um objeto entre outros; é um agente ativo de cujo poder tenho consciência direta. É minha vontade que me dá a chave para minha própria existência e mostra a mim o mecanismo íntimo de minhas ações.

Os movimentos de meu corpo não são efeitos dos quais é causa minha vontade: o ato e a vontade são idênticos: "Todo ato verdadeiro [da vontade de um homem] é simultânea e inevitavelmente também um movimento de seu corpo" (*MVR* 157). Do mesmo modo, as impressões sobre o corpo são também impactos sobre a vontade — prazerosos, se conformes à vontade; dolorosos, se a ela contrários. Cada um de nós conhece-se ao mesmo tempo como um objeto e como uma representação; e isto é a chave para o entendimento da essência de todo fenômeno da natureza.

> Assim, todos os objetos que não são nosso corpo, portanto não são dados de modo duplo, mas apenas como representações na consciência, serão julgados exatamente conforme analogia com aquele corpo. Por conseguinte, serão tomados, precisamente como ele, de um lado como representação e, portanto, nesse aspecto, iguais a ele; mas de outro, caso se ponha de lado sua existência como representação do sujeito, o que resta, conforme sua essência íntima, tem

de ser o mesmo que aquilo que denominarmos em nós vontade. Pois que outro tipo de realidade ou existência deveríamos atribuir ao mundo dos corpos? Donde retirar os elementos para compô-los? Além da vontade e da representação, absolutamente nada é conhecido, nem pensável (*MVR* 162-163).

A força pela qual o cristal é formado, a força pela qual o ímã se volta para o polo, a força que germina e vegeta na planta — todas essas forças, tão diferentes em sua existência fenomênica, são idênticas em sua natureza íntima àquilo que em nós é a vontade. A existência fenomênica é mera representação, mas a vontade é uma coisa em si. A palavra "vontade" é como um encanto que revela para nós o mais profundo ser de tudo que há na natureza.

Isso não significa — Schopenhauer apressa-se a ressaltar — que uma pedra que cai possua consciência ou desejos. Deliberação a respeito de motivos é somente a forma que a vontade assume nos seres humanos, não constituindo parte da essência da vontade, que vem em graus diferentes, com apenas os mais altos deles acompanhados por conhecimento e autodeterminação. Poderíamos indagar: por que deveríamos afirmar que as forças naturais são graus inferiores da vontade, em vez de afirmar que a vontade humana é o grau mais elevado da força? A resposta que Schopenhauer dá a isso é que nosso conceito de força é uma abstração do mundo fenomênico de causa e efeito, enquanto a vontade é algo de que temos consciência imediata. Explicar a vontade em termos de força seria explicar o mais conhecido por intermédio do menos conhecido, o que equivale a renunciar ao único conhecimento imediato que temos da mais íntima natureza do mundo.

A vontade é algo sem fim: está além do reino de causa e efeito. É errado, portanto, perguntar pela causa de forças originais como gravidade ou eletricidade. Na verdade, as expressões dessas forças se dão conforme as leis de causa e efeito; não é a gravidade que faz que uma pedra caia, mas antes a proximidade com a Terra. A força da gravidade por si só não é parte da corrente causal, pois está situada fora do tempo. O mesmo se dá com outras forças.

> Por milênios, numa dada matéria dormitam forças químicas, até que o contato de reagentes as libera e faz aparecer. O tempo, porém, existe somente para este fenômeno, não para a força mesma. Por milênios o galvanismo dormita no cobre e no zinco, os quais repousam tranquilos ao lado da prata, que arde em chamas logo após os três metais entrarem em contato sob requeridas condições (*MVR* 199).

Essa descrição da operação de causalidade no mundo tem algumas características em comum com o ocasionalismo de Malebranche, e Schopenhauer destaca a semelhança[2]: "De fato, Malebranche tem razão. Toda causa na natureza é causa ocasional" (*MVR* 200). Mas, se para Malebranche era Deus a causa verdadeira de todo efeito natural, para Schopenhauer essa causa verdadeira era a vontade universal. Uma causa natural, ele nos diz,

> apenas dá a oportunidade, a ocasião, para o fenômeno da Vontade una, indivisa, em-si de todas as coisas, e cuja objetivação grau por grau é todo este mundo visível. Apenas a entrada em cena, o tornar-se visível neste lugar, neste tempo, é produzido pela causa, e nesse sentido depende desta, mas não o todo do fenômeno, não sua essência íntima (*MVR* 201).

A vontade universal é objetivada em muitos níveis diferentes. A principal diferença entre os graus mais altos e os mais baixos da vontade repousa no papel da individualidade. Nos graus mais altos, a individualidade é preeminente: não há dois seres humanos iguais, e há diferenças marcantes entre os animais individuais das altas espécies. Mas quanto mais se desce na escala mais difícil localizar o caráter individual mais completo no caráter comum das espécies. Plantas dificilmente possuem quaisquer qualidades individuais, e no mundo inorgânico toda individualidade desaparece. Uma força como a eletricidade deve apresentar-se exatamente do mesmo modo em todos os seus milhões de fenômenos. Essa é a razão pela qual é mais fácil prever os fenômenos quanto mais descemos na hierarquia da vontade.

Perpassando o mundo da natureza, a vontade é expressa na forma de conflito. Há um conflito entre os diferentes graus da vontade, como quando um ímã atrai um pedaço de ferro, o que é a vitória de uma forma mais elevada da vontade (a eletricidade) sobre uma mais baixa (a gravitação). Quando uma pessoa ergue um braço, isso constitui um triunfo da vontade humana sobre a gravidade, e em todo animal saudável presenciamos o organismo consciente conquistando uma vitória sobre as leis físicas e químicas que operam sobre os constituintes do corpo. É esse conflito perpétuo que faz da vida física um fardo e implica a necessidade do sono e, por fim, a morte. "Pois, finalmente, por circunstâncias favoráveis, as forças naturais subjugadas reconquistam a matéria que lhes foi arrebatada pelo

---

2. Ver volume III, 80.

organismo, agora cansado até mesmo pelas constantes vitórias, e alcançam sem obstáculos a exposição de sua natureza" (*MVR* 210). Na ponta mais baixa da escala, igualmente, presenciamos o conflito universal essencial que manifesta a vontade. A rotação da Terra em redor do Sol é mantida pela constante tensão entre as forças centrífuga e centrípeta. A matéria em si é mantida na existência pelas forças de atração e repulsão, gravitação e impenetrabilidade. Essa pressão e essa resistência constante são a objetividade da vontade em seu mais baixo grau, e mesmo ali, na forma de uma mera necessidade cega, expressa seu caráter de vontade.

No sistema de Schopenhauer a vontade ocupa a mesma posição que a coisa-em-si no sistema de Kant. Considerada separadamente de suas atividades fenomênicas, ela encontra-se fora do tempo e do espaço. E, como o tempo e o espaço são condições necessárias para a multiplicidade, a vontade deve ser única; ela permanece indivisível, a despeito da pluralidade das coisas no espaço e no tempo. A vontade é objetivada em um modo mais alto num ser humano que numa pedra, mas isso não quer dizer que há uma porção maior de vontade no ser humano e menor na pedra, pois a relação entre parte e todo pertence apenas à noção de espaço. Assim também com a pluralidade: "A vontade se manifesta no todo e completamente tanto em um carvalho quanto em milhões" (*MVR* 190).

Os diferentes graus de objetivação da vontade são por Schopenhauer identificados às Ideias de Platão. Também estas, à semelhança da própria vontade, estão fora do tempo e do espaço.

> Os diferentes graus de objetivação da vontade expressos em inumeráveis indivíduos e que existem como seus protótipos inalcançáveis, ou formas eternas das coisas, que nunca aparecem no tempo e no espaço, *medium* do indivíduo, mas existem fixamente, não submetidos a mudança alguma, são e nunca vindo-a-ser, enquanto as coisas nascem e perecem, sempre vêm-a-ser e nunca são (*MVR* 191).

A combinação do idealismo platônico com o misticismo hindu proporcionou ao sistema de Schopenhauer uma exclusiva qualidade metafísica. Por mais que tenham admirado seu estilo ou admitido sua influência, poucos filósofos se sentiram capacitados a segui-lo totalmente. Nunca houve uma escola de schopenhauerianos nos moldes das de kantianos e hegelianos. O único que se dispunha a declarar-se discípulo de Schopenhauer era o Wagner de *Tristão e Isolda*.

Uma litografia de F. Stassen ilustra o momento na ópera
de Wagner em que Isolda dá a bebida fatal a Tristão.

Metafísica e teleologia

É um salto considerável passar do idealismo místico de Schopenhauer ao naturalismo evolucionário de Darwin — na verdade, parece estranho até mesmo mencionar um biólogo num capítulo dedicado à metafísica. Mas as teorias de Darwin tiveram consequências — que ultrapassaram seus interesses imediatos — para a teoria da causação. Aristóteles foi o primeiro a sistematizar a metafísica, o que fez dividindo-a em quatro tipos de causas: material, formal, eficiente e final. A causa final era o objetivo, o fim, de uma estrutura ou atividade. Às explicações em termos de causas finais se dava o nome de "teleológicas", a partir da palavra grega para fim, *telos*. Para Aristóteles, as explicações teleológicas operavam em todos os níveis, do escavar de uma minhoca à rotação dos astros. A partir de Darwin, muitos pensadores afirmam não haver mais nenhum espaço para a explicação teleológica em qualquer disciplina científica.

As explicações teleológicas das atividades e estruturas possuem duas características: elas explicam as coisas em termos dos fins delas, não de seus princípios; além disso, apelam à noção de bondade. Assim, uma atividade será explicada em referência não a seu ponto de partida, mas a seu termo; e a chegada ao termo será exibida como alguma forma de bem para o agente cuja atividade está por ser explicada. Assim, o movimento de queda dos corpos na Terra foi explicado por Aristóteles como um movimento na direção de seu lugar natural, aquele que era o melhor lugar para eles estarem, e o movimento circular dos astros seria explicado pelo amor de um ser supremo. Similarmente, a explicação teleológica do desenvolvimento das estruturas orgânicas mostrava como o órgão, em seu estado de perfeição, conferia um benefício a todo o organismo. Desse modo, patos desenvolvem pés com membranas de modo que possam nadar.

Descartes rejeitou o uso da explicação teleológica na física e na biologia. A causação final, afirmava, implica por parte do agente um conhecimento do fim a ser perseguido, mas esse tipo de conhecimento existe somente nas mentes. A explicação de todo movimento e toda atividade físicos deve ser mecanicista, ou seja, ser dada em termos de condições iniciais, não finais, e tais condições devem ser afirmadas em termos descritivos, não avaliativos. Descartes não ofereceu nenhum bom argumento para sua rejeição, e sua tese excluía incontinente a atração gravitacional tanto quanto o balé cósmico aristotélico. Além disso, Descartes errava ao pensar que a explicação teleológica devia envolver um objetivo consciente: o que quer que tenha pensado Aristóteles sobre os corpos celestes, ele jamais acreditou que uma minhoca, e menos ainda uma pedra caindo, possuísse uma mente.

Não foi Descartes, mas Newton e Darwin que desfecharam os golpes mais fortes contra a teleologia aristotélica, ao minarem, de diferentes modos, seus dois elementos constituintes. A gravidade newtoniana, não menos que o movimento aristotélico, fornece uma explicação por referência a um termo: a gravidade é uma força centrípeta, uma força "por meio da qual os corpos são atraídos, ou impelidos, ou de algum modo orientados, a um ponto como a um centro". Mas a explicação de Newton é fundamentalmente diferente da de Aristóteles na medida em que não implica nenhuma sugestão de que é de algum modo bom para um corpo chegar a um centro ao qual tende.

A explicação darwinista em termos de seleção natural, por outro lado, assemelha-se à de Aristóteles ao solicitar que o termo do processo a ser explicado, ou que a complexidade da estrutura a ser considerada, deva ser algo que seja benéfico para o organismo relevante. Mas, à diferença de Aristóteles, Darwin explica o processo e as estruturas não em termos de um impulso para o estado final ou estrutura aperfeiçoada, mas em termos da pressão das condições iniciais do sistema e de seu meio ambiente. As presas e garras sangrentas características da luta pela existência assim o foram, naturalmente, na busca de um bem, a saber, da sobrevivência do organismo individual ao qual pertenciam; mas elas não se tingiram de sangue na busca do bem último que é explicado pela seleção natural, ou seja, a sobrevivência da espécie mais adaptada. É desse modo que o surgimento das espécies particulares no curso da evolução pode ser explicado não somente sem apelar à noção de um projetista consciente, mas sem sequer evocar a teleologia.

É claro que é apenas em um nível específico que o sistema de Darwin presta-se a tornar a teleologia supérflua. Seres humanos, como os esposos, agem motivados por metas não somente no que respeita a gerar descendência melhorada, mas na vida cotidiana e nos negócios em geral. Outros entre os animais mais evoluídos não agem somente por instinto, mas buscam metas aprendidas pela experiência. Além disso, os cientistas darwinistas não desistiram da busca por causas finais. Os biólogos contemporâneos, na verdade, são muito mais competentes no discernimento da função das estruturas e dos comportamentos que seus predecessores no período entre Descartes e Darwin. O que Darwin fez foi tornar a explicação teleológica respeitável, ao oferecer uma receita geral para traduzi-la em uma explicação de uma forma mecanicista. Seus sucessores, assim, sentiram-se livres para fazer uso de tais explicações, sem oferecer mais que uma nota promissória explicando como essas explicações seriam reduzidas a um mecanismo em qualquer caso particular. Assim que identificavam o benefício, G, que uma atividade ou estrutura conferia a um organismo, eles se sentiam capacitados a afirmar, sem mais nenhum acréscimo, que "o organismo evoluiu de tal modo que G".

Duas grandes questões sobre a teleologia permanecem irrespondidas pela obra de Darwin. Primeiro, são as decisões livres e conscientes dos seres humanos irredutíveis teleologicamente ou podem ter uma explicação em termos mecanicistas? Há os que acreditam que quando se souber mais sobre o cérebro humano será possível demonstrar que todo pensamento e toda ação humanos são o resultado de processos físicos mecanicistas. Essa crença, contudo, é um ato de fé, não o resultado de alguma descoberta científica ou análise filosófica.

Segundo, se consideramos que podem ser encontradas explicações darwinistas abrangentes para a existência dos organismos teleológicos que enxergamos à nossa volta, encerrar-se-ia aí nossa investigação? Ou pode o universo em si ser considerado um sistema que, por meios mecanicistas, opera com o fim de produzir espécies de organismos do mesmo modo que um refrigerador funciona por meios mecanicistas para a obtenção de uma temperatura uniforme? É o universo em si uma enorme máquina, um sistema voltado para um fim?

Os biólogos dividem-se a respeito de se a evolução em si possui uma direção. Alguns creem que ela tem uma tendência embutida a produzir organismos de complexidade e consciência sempre maiores. Outros alegam que não há prova de que a evolução tenha qualquer tipo de eixo privilegiado. Seja como for, permanece a questão sobre qual das explicações, a teleológica ou a mecanicista, opera no universo em um nível fundamental. Se Deus criou o mundo, então a explicação mecanicista é fortalecida pela explicação teleológica; a explicação fundamental da existência e operação de qualquer criatura é o objetivo do criador. Se não houver nenhum Deus, mas o universo for devido à operação de leis necessárias em vez de ao acaso, então é o nível mecanicista de explicação que é o fundamental. Até onde estou informado, ninguém, seja filósofo ou cientista, deu uma resposta definitiva a essa questão.

Realismo *versus* nominalismo

Na história da filosofia há um problema filosófico sempre recorrente, apresentado de diversas maneiras. Essa questão é, se quisermos dar um sentido ao mundo em que vivemos, se deve existir, fora da mente, entidades de tipo bem diferente das coisas fugazes que encontramos na existência cotidiana. Na Antiguidade, Platão e Aristóteles discutiam se havia Ideias e Formas que existiam independentes da matéria e dos objetos materiais. Por toda a Idade Média, filósofos realistas e nominalistas debateram se os universais eram realidades ou meros símbolos. Na época moderna, os filósofos da matemática conduziram um debate paralelo sobre a natureza dos objetos matemáticos, em que os formalistas identificavam os números aos numerais e os realistas asseguravam que os números possuíam uma realidade independente, constituindo um terceiro mundo, separado dos mundos da mente e da matéria.

O mais estridente defensor do realismo em tempos modernos foi Frege. Em uma conferência intitulada "Teorias formais da aritmética" (*CP* 112-21) ele ataca a ideia de que signos para números — como "½" e "π" — não passam de signos vazios que não identificam nada. O ato mesmo de chamá-los de "signos", ele afirma, já sugere que significam de fato alguma coisa. Um formalista determinado poderia chamá-los de "formas". Se levarmos a sério a contestação de que "½" não indica coisa alguma, então trata-se de uma mera porção de tinta de impressão ou um desperdício de giz, com várias propriedades físicas e químicas. Como é possível que isso tenha a propriedade de, ao ser adicionado a si próprio, resultar em 1? Poderíamos dizer que ele tem essa propriedade por definição? Uma definição serve para conectar um sentido a uma palavra, mas esse signo era suposto não ter conteúdo algum. Claro, cabe a nós dar um significado a um signo, e portanto depende parcialmente da escolha humana que propriedades tem o conteúdo de um signo. Mas essas são propriedades do conteúdo, não do signo em si; daí que, segundo o formalista, elas não serão propriedades do número. O que não podemos fazer é dar propriedades às coisas apenas por definição.

No *Grundgesetze*, Frege utiliza contra os formalistas o tipo de argumento que já fora usado por Wyclif contra os nominalistas da Idade Média[3].

> Não se pode, por pura definição, produzir magicamente em uma coisa uma propriedade que ela de fato não possui — a não ser a de ser chamada pelo nome com o qual alguém a nomeou. Que uma figura oval produzida com tinta sobre papel deva, por definição, adquirir a propriedade de produzir uma quando acrescentada a ela é algo que posso considerar apenas uma superstição científica. Poder-se-ia, do mesmo modo, por uma pura definição, tornar diligente um aluno preguiçoso (*BLA* 11).

Para Frege, não somente os números, mas também as funções são realidades independentes da mente. Tome-se uma expressão como "$2x^2 + x$".

---

3. Ver volume II, p. 177-178.

Essa expressão divide-se em duas partes, um signo para um argumento e uma expressão para uma função. Nas expressões

$$(2 \times 1^2) + 1$$
$$(2 \times 4^2) + 4$$
$$(2 \times 5^2) + 5$$

podemos reconhecer a mesma função ocorrendo vezes sem conta, mas com diferentes argumentos, a saber: 1, 4 e 5. O conteúdo comum a essas expressões é o que a função é, e pode ser representado por "$2(\ )^2 + (\ )$", isto é, pelo resto de "$2x^2 + x$", se deixarmos o x de fora. O argumento não é parte da função; antes, ele se associa a ela para formar um todo completo. Uma função deve ser separada de seu valor por um argumento particular: o valor de uma função matemática é sempre um número, como o número 3 é o valor de nossa função para o argumento 1, de modo que "$(2 \times 1^2) + 1$" nomeia o número 3. Uma função em si, à diferença dos números que são seus argumentos e seus valores, é algo incompleto, ou "insaturada", como a chama Frege. Essa a razão por que se a representa, simbolicamente, por um signo contendo saltos. Em si, não é um signo, mas uma realidade que repousa para além do signo.

Não era somente na matemática que Frege era um realista convicto. Ele estendeu a noção da função de tal modo que todos os conceitos de qualquer tipo tornaram-se funções. A ligação entre funções matemáticas e predicados do tipo "… assassinado…" ou "… é mais leve que…" é feita em uma chocante passagem de Função e conceito, em que somos convidados a considerar a função "$x^2 = 1$".

> A primeira questão a ser levantada aqui é quais são os valores dessa função para diferentes argumentos. Ora, se substituirmos x sucessivamente por -1, 0, 1, 2 obteremos:
>
> $$(-1)^2 = 1$$
> $$0^2 = 1$$
> $$1^2 = 1$$
> $$2^2 = 1$$
>
> Dessas equações, a primeira e a terceira são verdadeiras e as outras são falsas. Eu digo "o valor de nossa função é um valor-de-verdade" e faço a distinção entre os valores-de-verdade do que é verdadeiro e do que é falso (*CP* 144).

Feito esse movimento, é possível para Frege definir um conceito como uma função cujo valor para todo argumento é um valor-de-verdade. Um conceito será então a contraparte extralinguística de um predicado na linguagem: o que é representado, por exemplo, pelo predicado "... é um cavalo". Conceitos, à semelhança de números, são bem independentes da mente ou da matéria: nós não os criamos, nós os descobrimos; mas não os descobrimos pela operação de nossos sentidos. Eles são objetivos, embora não tenham o tipo de realidade (*Wirklichkeit*) que pertence ao mundo físico de causa e efeito.

O realismo de Frege é com frequência chamado de platonismo, mas há uma diferença significativa entre as Ideias de Platão e os conceitos de Frege. Para Platão, o Cavalo Ideal era em si um cavalo: somente sendo em si um cavalo ele poderia partilhar a cavalidade com os cavalos não ideais do mundo cotidiano[4]. O conceito fregiano de *cavalo*, em contraste, é algo bem diferente de um cavalo. Qualquer cavalo real é um objeto, e entre objetos e conceitos há, para Frege, um grande abismo determinado. Não apenas o conceito *cavalo* não é um cavalo, mas, nos diz Frege, não é um conceito. À uma primeira audição esta afirmação nos desconcerta; mas na realidade não há nada de irracional nela. Preceder *"cavalo"* de "o conceito" resulta em tornar um signo para um conceito em um signo para um objeto, assim como colocar entre parênteses a palavra "nadar" torna o signo para um verbo num nome que, à diferença de um verbo, pode ser o sujeito de uma sentença. Podemos de fato dizer "'nadar' é um verbo", como também "'nadar' é um nome". Esta é a pista para entender a afirmação de Frege de que o conceito *cavalo* não é um conceito.

Primeira, Segunda e Terceira em Peirce

No mundo de língua inglesa, o mais original sistema de metafísica concebido no século XIX foi o de Charles Sanders Peirce. É verdade que o princípio de pragmatismo de Peirce assemelha-se ao princípio de verificação dos positivistas lógicos, e que de tempos em tempos ele tem a propensão a revelar a metafísica como "blablablá sem sentido"; não obstante, o próprio Peirce construiu um sistema que era tão abstruso e elaborado quanto qualquer coisa que se pudesse encontrar nos escritos dos idealistas alemães.

---
4. Ver volume I, p. 246 ss.

À semelhança de Hegel, Peirce tinha fascínio pelas tríades. Em 1891, eis o que ele escreveu em *The Monist*:

> Em toda parte, em qualquer teoria da lógica, três concepções surgem perpetuamente, e nos sistemas mais bem acabados elas ocorrem em conexão entre si. Trata-se de concepções tão abrangentes, e consequentemente indefinidas, que são difíceis de apreender e podem facilmente passar despercebidas. A elas chamo concepções de Primeira, Segunda, Terceira. Primeira é a concepção de ser ou existir independentemente de tudo o mais. Segunda é a concepção de ser relativo a, a concepção de reação com, algo mais. Terceira é a concepção de mediação, por intermédio da qual uma primeira e uma segunda são relacionadas (*EWP* 173).

O sistema triádico foi inspirado pela pesquisa de Peirce sobre a lógica das relações. Ele classificou os predicados de acordo com o número de itens com os quais eles se relacionam. "... é azul" é um predicado monádico ou do tipo unilocal; "... é o filho de...", bilocal, é diádico; e "... dá... a..." é triádico. Uma impressão sensorial de uma qualidade é um exemplo de uma "primeiridade", enquanto a hereditariedade é um exemplo de uma "secundidade". A terceira classe de itens pode ser exemplificada pela relação em que um signo significa ("intermédia") um objeto para uma mente interpretadora. As ideias universais são um caso paradigmático da terceiridade, assim como as leis da natureza. Se uma faísca cai em um barril de pólvora (primeira) ela provoca uma explosão (segunda), e assim o faz em conformidade a uma lei que faz a intermediação entre as duas (terceira).

Peirce estava disposto a aplicar essa classificação triádica de forma muito ampla, à psicologia e à biologia, assim como à física e à química. Ele chegou mesmo a empregá-la em uma escala cósmica: em um de seus escritos afirmou: "Mente é Primeira, Matéria é Segunda, Evolução é Terceira" (*EWP* 173). Além disso, ele ofereceu uma prova elaborada de que, enquanto uma linguagem científica deve possuir predicados monádicos, diádicos e triádicos, não há fenômenos que requeiram predicados quadrilocais para sua expressão. Expressões que contenham esse tipo de predicados podem sempre ser traduzidas para expressões contendo somente predicados dos três tipos básicos.

Contudo, Peirce encara a terceiridade como um elemento irredutível do universo, negligenciado pelos filósofos nominalistas, que se recusaram a aceitar a realidade dos universais. O fim de toda investigação científica é descobrir a terceiridade na variedade de nossa experiência — descobrir os padrões, regularidades e leis do mundo em que vivemos. Mas não deveríamos estar em busca de leis universais, sem exceção, que determinem tudo o que acontece. A doutrina da necessidade, na verdade, foi um dos principais alvos da crítica de Peirce à *Weltanschauung* da ciência do século XIX, o que ele afirma do seguinte modo:

> A proposição em questão é que o estado das coisas que existem no tempo, associado a certas leis imutáveis, determina completamente o estado das coisas [existentes] em qualquer outro tempo (já que uma limitação ao tempo *futuro* é indefensável). Assim, dado o estado do universo na névoa original, e dadas as leis da mecânica, uma mente poderosa o bastante poderia deduzir desses dados a forma exata de toda curva de toda letra que estou a escrever neste momento (*EWP* 176).

Peirce julgava essa proposição bem indefensável. Ela não podia ser desenvolvida nem como um postulado do raciocínio nem como o resultado de observação. "Tente conferir cada lei da natureza e você descobrirá que quanto mais precisas forem suas observações, elas irão revelar ilações irregulares da lei com um grau maior de certeza" (*EWP* 182). Peirce afirmava que há um irredutível elemento de acaso no universo, uma tese a que ele chamou "tiquismo", da palavra grega para acaso, $\tau v \chi \eta$. Como apoiadores do tiquismo, ele cita os nomes de Aristóteles e Darwin. A inclusão do acaso como uma causa possível, afirma Peirce, era a essência mais bem acabada do aristotelismo; e o único modo de responder pelas leis da natureza era supô-las como o resultado da evolução. "Isso as considera não como absolutas, não como devendo ser obedecidas rigorosamente, mas produz um elemento de indeterminação, espontaneidade ou acaso absoluto na natureza" (*EWP* 163). Assim, isso abria amplo espaço para a crença na autonomia e na liberdade da vontade humana.

Havia, Peirce pensava, três meios de explicar a relação entre leis físicas e psíquicas. O primeiro era o neutralismo, que as colocava como independentes umas das outras. O segundo era o materialismo, que considerava as leis psíquicas derivadas das físicas. O terceiro era o idealismo, que considerava as leis psíquicas primordiais e as físicas derivativas. O neutralismo era descartado pela navalha de Ockham: nunca busque dois fatores explicativos quando um apenas cumpre a função. O materialismo incluía a

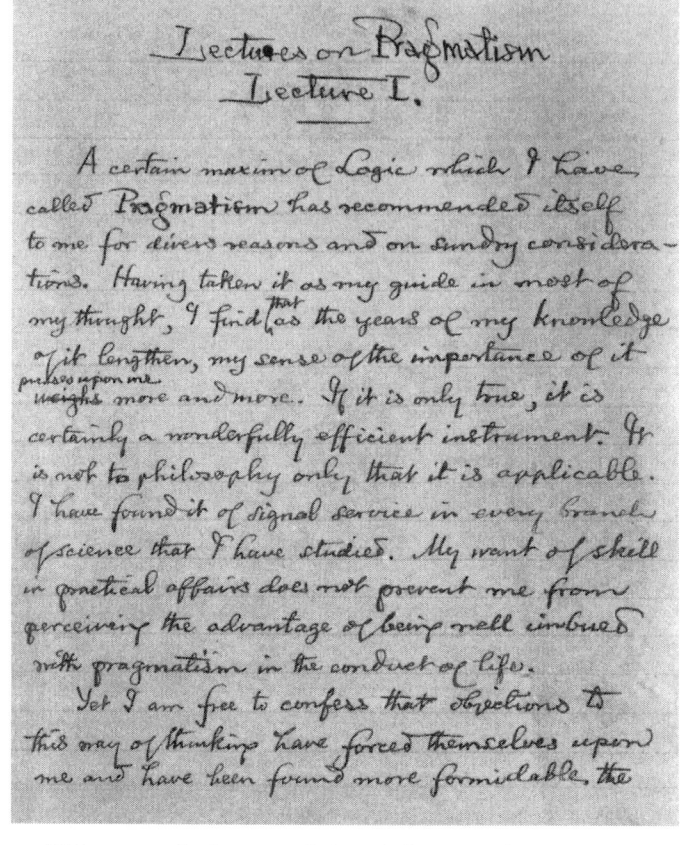

Página manuscrita de uma conferência de Peirce que ilustra as espirais que ele acreditava serem imprevisíveis por leis deterministas.

repugnante ideia de que uma máquina podia sentir. "A única teoria inteligível do universo é a do idealismo objetivo, que diz que a matéria é mente estéril, os hábitos obstinados tornando-se leis físicas" (*EWP* 168).

Peirce dispôs-se a explicar a evolução do universo em termos de primeiridade, secundidade e terceiridade. "Três elementos agem no mundo: primeiro, o acaso; segundo, a lei; e terceiro, a assunção do hábito" (*CP* I. 409). No princípio infinitamente remoto nada havia senão sentimento impersonalizado, sem qualquer conexão de regularidade. Então, o germe de uma tendência generalizadora iria despontar como um jogo, e seria dominante sobre os outros jogos. "Assim, a tendência ao hábito teria se iniciado; e daí, juntamente aos outros princípios da evolução, todas as regularidades do universo teriam evoluído" (*EWP* 174).

A teoria da evolução cósmica de Peirce difere do darwinismo em vários modos. Primeiramente, ela afirma seu princípio em termos manifestamente gerais, sem nenhuma referência a espécies animais ou vegetais:

> Onde quer que haja muitos objetos, com uma tendência a manter certas características inalteradas, não sendo contudo absoluta essa tendência, mas abrindo espaço para variações do acaso, então, se a quantidade de variação é absolutamente limitada a certas direções pela destruição de tudo que alcança esses limites, haverá uma tendência gradual ao acaso nas direções que partem deles (*EWP* 164).

Segundo, enquanto a doutrina darwinista da sobrevivência do mais apto buscava eliminar a necessidade de explicar o curso da natureza em termos de causas finais aristotélicas, Peirce, como Aristóteles, considerava ser a busca de um objetivo final a dinâmica que governa o universo. Surpreendente como possa parecer, é o amor a força movente da história cósmica. O viscoso protoplasma original tem o poder de crescimento e reprodução, sendo capaz de sentir e assumir hábitos. "O amor, ao identificar germes do sentimento de amor no odioso, aos poucos o aquece para a vida e o faz amoroso." Isso, para Peirce, é o segredo da evolução.

Peirce distingue três modos de evolução: por variação fortuita, por necessidade mecânica e por amor criativo. Fiel a sua paixão por cunhar termos ingleses a partir de raízes gregas, ele chamou esses três tipos de evolução ticástica, anancástica e agapástica, das respectivas palavras gregas para acaso, necessidade e amor. A teoria evolucionária de Darwin era ticástica: Peirce julgava que havia poucos indícios positivos que a fundamentassem, devendo-se sua popularidade à paixão vigente no século XIX pela economia desalmada de tipo *laissez-faire*. "A felicidade dos carneiros se dá tão só pela danação das cabras, transposta para o outro lado da equação." O princípio da necessidade que alicerça a evolução anancástica, acreditava Pierce, já havia sido descartado por seus argumentos. Resta-nos a terceira forma de evolução, a agapástica. Essa forma de evolução fora proposta por Lamarck: os esforços dos pais produzem alterações benéficas que são herdadas por sua prole. Pierce conclui: "Uma autêntica filosofia evolucionária, a saber, do tipo que faça do princípio do crescimento um elemento primordial do universo, está tão longe de ser antagônica da ideia de um criador pessoal que acaba por ser inseparável de tal ideia" (*EWP* 214).

A metafísica do atomismo lógico

A metafísica caminha de mãos dadas com a lógica também no *Tractatus* de Wittgenstein. Embora a maior parte do livro seja dedicada à natureza da linguagem, suas páginas iniciais consistem em uma série de pronunciamentos sobre a natureza do mundo. As teses de Wittgenstein sobre o mundo são dependentes, histórica e logicamente, de sua tese sobre a linguagem, embora constituam um sistema metafísico que merece consideração por si só.

Segundo o *Tractatus*, a cada par de proposições contraditórias corresponde um, e somente um, fato, aquele que torna uma delas verdadeira e a outra falsa. A totalidade de tais fatos é o mundo. Fatos podem ser positivos ou negativos. Um fato positivo é a existência de um estado de coisas; um fato negativo é a inexistência de um estado de coisas. Um estado de coisas, ou situação (*Sachverhalt*), é uma combinação de objetos. Um objeto é essencialmente um possível constituinte de um estado das coisas, e sua natureza é a possibilidade de ocorrer em combinação com outros objetos em estados de coisas. Como todo objeto contém em sua natureza todas as possibilidades de sua combinação com outros objetos, segue-se que, se qualquer objeto é dado, todos os objetos são dados (*TLP* 1.1-2.011).

Objetos são simples e carecem de partes, mas podem se combinar em complexos. Eles são não geráveis e indestrutíveis, pois qualquer mundo possível deve conter os mesmos objetos que este nosso; a mudança é somente uma alteração na configuração dos objetos. Objetos podem diferir uns dos outros por natureza, por propriedades externas ou podem ser apenas numericamente distintos, indiscerníveis mas não idênticos (*TLP* 2.022-2.02331). Os objetos constituem a forma inalterável e subsistente, a substância e o conteúdo do mundo.

Objetos combinam-se em estados de coisas: o modo pelo qual se conectam dá ao estado de coisas a sua estrutura. A possibilidade de uma estrutura é a forma do estado de coisas. Estados de coisas são independentes uns dos outros: da existência ou inexistência de um deles é impossível inferir a existência ou inexistência do outro. Uma vez que os fatos são a existência ou a inexistência de estados de coisas, segue-se daí que os fatos são também independentes uns dos outros. A totalidade de fatos é o mundo.

Essas densas páginas do *Tractatus* são difíceis de entender. Nelas não figura nenhum exemplo de objetos que sejam o esteio do universo. Comentadores da obra têm oferecido interpretações amplamente variadas:

para alguns, os objetos são dados sensoriais; para outros, são universais. Possivelmente, esses dois itens seriam reconhecidos por Wittgenstein como objetos: mesmo porque eles são o mesmo que os itens que, segundo Russell, são conhecidos por nós por familiaridade. A falta de exemplos no *Tractatus*, todavia, não é acidental. Wittgenstein acreditava na existência de objetos simples e estados de coisas atômicos não por pensar que ele poderia dar exemplos deles, mas porque pensava que deviam existir como os correlatos no mundo dos nomes e das proposições elementares de uma linguagem completamente analisada.

Seu raciocínio para chegar a essa conclusão é fundado em três premissas. Primeiro, uma sentença ter ou não significado é algo pertinente à lógica. Segundo, quais são as coisas particulares que existam é algo que concerne à experiência. Terceiro, a lógica é anterior a toda experiência. Portanto, uma sentença ter ou não significado não pode jamais depender da existência de coisas particulares. Essa conclusão estabelece uma condição que todo sistema de lógica deve cumprir. Para cumpri-la, pensava Wittgenstein, deve-se estabelecer que nomes podem significar somente objetos simples. Se "N" é o nome de um complexo, então "N" não teria sentido algum se o complexo fosse partido, e as sentenças que o contivessem tornar-se-iam desprovidas de sentido. Assim, quando qualquer sentença desse tipo é completamente analisada, o nome "N" deve desaparecer e ter seu lugar tomado por nomes que nomeiem abertamente (*TLP* 3.23, 3.24; *IF* I. 39).

Os objetos simples, no mundo do *Tractatus*, são concatenados em estados de coisas atômicos, que correspondem às proposições elementares que são concatenações de nomes. O mundo pode ser descrito completamente pela listagem de todas as proposições elementares e pela listagem de quais delas são verdadeiras e quais são falsas (*TLP* 4.26), pois as proposições elementares verdadeiras irão registrar todos os fatos positivos, enquanto as proposições elementares falsas irão corresponder a todos os fatos negativos, e a totalidade de fatos é o mundo (*TLP* 2.06).

Metafísica má e metafísica boa

O *Tractatus* é uma das obras mais metafísicas já escritas, e sua semelhança com a *Ética* de Spinoza não é coincidência. Mesmo assim, foi tomado como bíblia por um dos mais antimetafísicos grupos de filósofos, o Círculo de Viena. Os positivistas lógicos agarraram-se à ideia de que as verdades necessárias eram necessárias somente por serem tautologias; isso os capacitou, assim eles acreditavam, a reconciliar a necessidade da matemática com um empirismo ao pé da letra. Também eles empregaram o princípio de verificação como uma arma que os capacitava a descartar todas as afirmações metafísicas como sem sentido.

Por toda a sua vida, Wittgenstein partilhou a visão positivista de que a remoção, a dissolução da metafísica era uma das tarefas do filósofo. Ele descrevia a tarefa do filósofo como "recuperar as palavras de seu uso metafísico para seu uso cotidiano", e censurava a metafísica como uma busca pela essência oculta da linguagem ou do mundo. E no entanto ele próprio era um metafísico por mérito próprio — e não apenas ao tempo do *Tractatus*, cujas proposições condenou como desprovidas de sentido, mas durante toda a sua última filosofia. Ele reconheceu que poderia haver uma tentativa legítima para entender as essências, na qual ele mesmo se engajara. Em nossas investigações, ele disse, "tentamos entender a essência da linguagem, sua função e construção". O que estava errado, a seu ver, era considerar a essência não algo que está a olhos vistos e do qual se deve dar não mais que uma descrição acurada, mas algo interior e oculto, um tipo de ectoplasma ou *hardware* metafísico que explique o funcionamento da mente e da linguagem. Havia principalmente três tipos de metafísica contra as quais Wittgenstein saía a campo: a espiritualista, a científica e a fundamentalista.

Quando lidamos com o pensamento humano, o impulso metafísico pode nos levar a admitir substâncias ou processos espirituais. Somos levados a erro pela gramática. Quando a gramática nos faz esperar uma substância física, sem que haja nenhuma, inventamos uma substância metafísica; quando nos faz esperar um processo empírico, sem que possamos encontrar um, passamos a admitir um processo incorpóreo. É essa a origem do dualismo cartesiano; a mente cartesiana é uma substância metafísica, e sua operação sobre o corpo é um processo metafísico. O cartesianismo é metafísico no sentido em que isola afirmações sobre a vida mental de qualquer possibilidade de verificação conclusiva, ou falsificação, no mundo público.

Além da metafísica dualista, há a metafísica materialista. "A característica de uma questão metafísica", escreve Wittgenstein, "é expressarmos uma falta de clareza sobre a gramática das palavras sob a forma de uma questão científica" (*BB* 35). A metafísica é a filosofia disfarçada de ciência natural, e esta é a forma de metafísica particularmente adorada pelos materialistas. É um erro metafísico pensar, por exemplo, que a exploração do cérebro irá nos auxiliar a entender o que se passa em nossas mentes quando pensamos e compreendemos.

Os grandes metafísicos do passado pensaram com frequência sobre seu tema como dotado de primazia sobre todas as outras partes da filosofia: Aristóteles chamou a metafísica de "filosofia primeira", e Descartes julgava que a metafísica era a raiz da árvore do conhecimento. Wittgenstein negou que qualquer parte da filosofia devesse ser privilegiada desse modo. Poder-se ia começar a filosofar a qualquer ponto e abandonar o tratamento de um problema filosófico para assumir o tratamento de outro. A filosofia não possui e não oferece alicerces para outras disciplinas. Ela não é uma casa ou uma árvore, mas uma teia.

> A verdadeira descoberta é a que me faz romper com o filosofar quando eu quiser.
>
> A que acalma a filosofia, de tal modo que esta não seja mais fustigada por questões que colocam *ela própria* em questão.
>
> Mostra-se agora, isto sim, um método por exemplos, e a série desses exemplos pode ser interrompida.
>
> Resolvem-se problemas (afastam-se dificuldades), não *um* problema (*IF* I, 133).

Mas, se foi por toda a sua vida hostil à metafísica fundacional, em sua obra de maturidade Wittgenstein fez de fato contribuições substanciais para áreas da filosofia que teriam sido tradicionalmente encaradas como pertencentes à metafísica. Grande parte da *Metafísica* de Aristóteles é dedicada a atividades filosóficas que se assemelham bem de perto ao método do próprio Wittgenstein.

A distinção entre atualidade e potencialidade e a classificação dos diferentes tipos de potencialidade são universalmente reconhecidas (tanto por adeptos como por desafetos) como algumas das mais características contribuições de Aristóteles para a filosofia, particularmente para a filosofia da mente. Suas distinções foram posteriormente organizadas por filósofos escolásticos na Idade Média. Wittgenstein assumiu uma longa investigação sobre a natureza da potencialidade em seu *Brown Book*, em que as seções 58 a 67 são dedicadas a vários jogos de linguagem com a palavra "pode". As distinções que ele assinala entre processos e estados, e entre diferentes tipos de estados, correspondem às distinções aristotélicas entre *kinesis*, *hexis* e *energeia*. Os critérios pelos quais os dois filósofos fazem as distinções coincidem quase sempre. O exemplo que Wittgenstein discute à exaustão para ilustrar a relação entre um poder e seu exercício, a saber, o de aprender a ler (*IF* I, 156 ss.), é próximo do exemplo-padrão de Aristóteles sobre a *hexis* mental, a saber, o conhecimento da gramática. Ao estudo sistemático da atualidade e da potencialidade podemos chamar *metafísica dinâmica*, e se assim o fazemos devemos dizer que Wittgenstein foi um dos mais consumados praticantes dessa forma particular de metafísica.

Contudo, não foi uma metafísica do tipo aristotélico, mas sim do tipo leibniziano a que veio a ser uma das mais florescentes versões da metafísica na última metade do século XX. O desenvolvimento da semântica modal em termos de mundos possíveis não necessitava, em si, de implicações metafísicas, mas vários filósofos interpretaram isso em um sentido metafísico e estavam preparados para opor resistência à ideia que afirmava haver indivíduos identificáveis que possuíam apenas existência possível, não atual.

Em minha opinião isso foi um desenvolvimento errado. Há uma dificuldade em fornecer um critério de identidade para os objetos meramente possíveis. Se alguma coisa deve ser um sujeito do qual possamos fazer predicações, é essencial que seja possível dizer em quais ocasiões se farão duas predicações *daquele mesmo sujeito*. Caso contrário, jamais seremos capazes de aplicar o princípio de que não devem ser feitas predicações contraditórias do mesmo sujeito. Temos vários critérios complicados a partir dos quais decidimos se estão sendo feitas duas afirmações sobre o mesmo homem real; por qual critério podemos decidir se duas afirmações estão sendo feitas sobre o mesmo *possível* homem? Essas dificuldades foram levantadas por Quine em seu famoso estudo "Sobre o que há", de 1961:

> Considere-se, por exemplo, o homem gordo possível no umbral daquela porta; e agora o homem calvo possível no umbral daquela porta. São eles o mesmo homem possível ou dois homens possíveis? Como decidir? Quantos homens possíveis há no umbral daquela porta? Há mais magros do que gordos possíveis? Quantos deles são semelhantes? Ou o fato de serem semelhantes torna-os um único? *Duas* coisas possíveis nunca são semelhantes? Isso é o mesmo que afirmar ser impossível que duas coisas sejam semelhantes? Ou, finalmente, é o conceito de identidade simplesmente inaplicável a possíveis não realizados? Mas que sentido há em falar de entidades que não podem significativamente ser ditas idênticas a si mesmas e distintas uma da outra? (São Paulo, Abril Cultural, 1975, v. LII, 225, trad. Luis Henrique dos Santos [Os Pensadores]).

W. V. O. Quine, o grande inimigo da metafísica dos mundos possíveis. Como é que muitos homens possíveis, ele teria perguntado, estariam dividindo a sala com ele aqui?

Para mim, as questões levantadas por Quine parecem irrespondíveis, expondo assim a incoerência da noção de indivíduos possíveis não realizados. Mas nas últimas décadas do século XX filósofos de grande talento exercitaram a si próprios na tentativa de responder às questões de Quine e assim resolver o que foi chamado de "o problema da identidade transmundana". À luz da história registrada nestes volumes parece-me mais prudente aderir ao grande princípio aristotélico de que não há individuação sem atualização — a contraparte do cardeal princípio antiplatônico de que não há atualização sem individuação.

No mundo de língua inglesa a palavra "metafísica" foi florescente no princípio do século XX, com Peirce, nos Estados Unidos, elevando o princípio do amor cósmico, e com os neo-hegelianos na Grã-Bretanha traçando os lineamentos do Absoluto. À medida que o século avançava, os filósofos tornaram-se mais e mais hostis à metafísica; essa hostilidade teve seu clímax com o positivismo dos anos 1930, mas permaneceu influente até a segunda metade do século. Com a aproximação do século XXI, a metafísica torna-se novamente respeitável, mas com uma diferença. O lugar antes ocupado pelos metafísicos monistas dos idealistas britânicos é agora assumido pela ainda exuberante metafísica pluralista dos exploradores de mundos possíveis. Seria interessante ver se o século XXI irá exibir semelhante ciclo de pensamento metafísico.

8

Filosofia da mente

Bentham sobre intenção e motivo

Os *Princípios de moral e legislação*, de Bentham, contêm uma análise detalhada da ação humana, com capítulos extensos dedicados a tópicos tais como intenção e motivo. Desde a Idade Média não houve nenhum grande filósofo que tivesse dedicado uma atenção minuciosa aos diferentes elementos cognitivos e afetivos cuja presença ou ausência pudesse contribuir para o caráter moral das ações individuais. A abordagem do tópico por Bentham assemelha-se à de Aquino, mas ele é muito mais generoso na oferta de exemplos concretos para ilustrar seus pontos. Ainda mais importante, há uma diferença significativa entre os dois filósofos, tanto no que respeita à terminologia utilizada como no referente à avaliação moral procedida[1].

Para Aquino, uma ação seria intencional se fosse escolhida como um meio para um fim; se uma ação fosse apenas um acompanhamento ou consequência inevitável de uma escolha desse tipo, não seria intencional, mas tão só voluntária. Bentham não gostava da palavra "voluntária"; ela induzia a erro, afirmava, porque algumas vezes significava *incoercível* e outras

---

1. Ver volume II, 297.

vezes significava *espontânea*. Ele preferia utilizar a palavra "intencional". Contudo, ele fez a mesma distinção de Aquino, mas a assinalou como uma distinção entre dois tipos de intenção. Uma consequência, disse, pode ser ou diretamente intencional ("quando a perspectiva de produzi-la constitui um dos elos na corrente de causas pela qual a pessoa é obrigada a agir") ou obliquamente intencional ("quando a consequência for antevista como agradável, mas a perspectiva de torná-la possível não formar nenhum elo na corrente determinadora"). Para Bentham, um incidente que é diretamente intencional pode sê-lo de forma fundamental ou de forma indireta, conforme a perspectiva de produzi-lo teria ou não teria operado como um motivo se não fosse encarada como produtora de um outro evento. Essa distinção entre intenção fundamental e intencional corresponde à distinção escolástica entre fins e meios.

Bentham ilustrou sua panóplia de distinções ao referir-se à história da morte do rei Guilherme II, da Inglaterra, que morreu durante uma caça ao cervo, em razão de um ferimento infligido por sir Walter Tyrell. Bentham classificou as oscilações relativas aos possíveis graus de consciência e intencionalidade na mente de Tyrell, e atribuiu a cada um dos casos imaginados a classificação apropriada: não intencional, obliquamente intencional, diretamente intencional, indiretamente intencional, totalmente intencional.

O resultado da terminologia de Bentham era definir a própria intenção em termos puramente cognitivos: para descobrir o que uma pessoa pretende é necessário estar certo do que ela sabe, não do que ela quer. O que ela quer é relevante somente para a subclasse de intencionalidade implícita. Um ato é não intencional apenas se seu resultado final é inadvertido; é desse modo que "se pode pretender tocar um homem sem a intenção de feri-lo; e mesmo assim, como mostram as consequências, há a possibilidade de feri-lo". A inclinação cognitiva que Bentham concede à intenção é de grande importância, pois para ele a intenção é um critério-chave para a avaliação moral e legal das ações.

Não se deve pensar, contudo, afirma Bentham, que as intenções são em si más ou boas. "Se [uma intenção] é considerada boa ou má em qualquer sentido, isso se dá ou porque se a considera produtora de boas ou más consequências, ou porque se a considera originada de um bom ou de um mau motivo" (*P* 8. 13). Consequências, porém, dependem das circunstâncias, e as circunstâncias são simplesmente ou conhecidas ou desconhecidas pelo agente. Logo, o que quer que se diga a respeito da bondade ou maldade da intenção que resulte dos atos de uma pessoa dependerá de seu conhecimento ("consciência") das circunstâncias.

No nono capítulo dos *Princípios*, Bentham classifica os diferentes graus dessa consciência. Se um homem está ciente de uma circunstância ao agir, então o ato desse homem é dito ser um ato *refletido*, com respeito àquela circunstância; caso contrário, será um ato *irrefletido*. A despeito de ignorar as circunstâncias que de fato obtém, um agente pode supor que as circunstâncias obtêm aquilo que de fato elas não obtêm; isso não passa de *suposição errônea* e resulta em um ato *desaconselhado*. Se um ato é intencional, e é aconselhado levando em conta todas as circunstâncias relevantes a uma consequência particular, não havendo suposições errôneas a respeito das circunstâncias preventivas, então a consequência é intencional. "A prudência, no que respeita às circunstâncias, livre de suposição errônea sobre qualquer circunstância preventiva, estende a intencionalidade do ato para as consequências" (*P* 9. 10).

Bentham faz uma distinção entre intenções e motivos: as intenções de um homem podem ser boas e seus motivos maus. Suponha que, "sem malícia, um homem o processe por um crime pelo qual ele o crê culpado, mas pelo qual na verdade você não é culpado". Aqui, o motivo é maligno e as consequências reais são desastrosas; não obstante, a intenção é boa, pois as consequências da ação do homem teriam sido boas se fossem como ele as vislumbrara.

Ao discutir os motivos, Bentham ressalta as implicações de palavras como "luxúria", "avareza" e "crueldade". Em si, ele diz, nenhum motivo é bom ou mau; essas palavras denotam motivos maus somente no sentido de que jamais são aplicadas apropriadamente, exceto quando ocorre que os motivos que elas significam sejam maus. Por exemplo, "luxúria é o nome que se dá ao desejo sexual quando seus resultados são considerados maus". É somente em casos individuais que os motivos podem ser bons ou maus. "Um motivo é bom quando a intenção que ele gera é uma boa intenção; mau quando a intenção é má; e uma emoção é boa ou má conforme as consequências materiais que são os objetos dela" (*P* 10. 33).

Por "motivo" Bentham quer dizer aquilo que, descrito em termos neutros, ele chamaria de consequência suprema e diretamente intencional. A partir de sua explicação, fica claro que o motivo não fornece um título à parte para a qualificação moral de um ato; o único estado mental primariamente relevante para a moralidade de um ato voluntário é o estado cognitivo em relação às consequências.

A descrição de Bentham do motivo encontra-se em acordo com a posição geral utilitária de que a bondade e a maldade moral nas ações devem ser julgadas considerando suas consequências com respeito ao prazer e à dor. Sua concepção cognitiva da intenção colocou seus seguidores em conflito com a doutrina do duplo efeito, segundo a qual pode haver uma diferença moral entre fazer algo com um propósito e meramente vislumbrar isso como uma consequência indesejada da escolha de quem quer que seja. Essas questões morais serão discutidas de forma detalhada no próximo capítulo.

Na sua *Fundamentação*, Kant exaltou a importância do motivo mais que qualquer outro filósofo moral o fizera. A posição de Bentham mantém-se no extremo oposto da teoria ética. Como destacaria J. S. Mill, os utilitaristas "foram além de quase todos os outros ao afirmar que o motivo não tem nada a ver com a moralidade da ação". Não apenas o motivo, mas também a intenção, na forma que é comumente entendida, é irrelevante para o julgamento utilitarista moral do comportamento. É um paradoxo agradável que o fundador do utilitarismo tenha oferecido uma análise mais completa dos conceitos de intenção e motivo do que qualquer escritor que o precedera logrou alcançar.

Razão, entendimento e vontade

Na Europa continental, a análise dos conceitos mentais tomou um rumo diferente. O idealismo absoluto de um filósofo como Hegel torna difícil fazer a distinção em sua obra entre a filosofia da mente e a metafísica. Schopenhauer, contudo, partindo da distinção kantiana entre o entendimento (*Verstand*) e a razão (*Vernunft*), oferece um estudo detalhado das diferenças que separam as faculdades cognitivas do homem e do animal.

O entendimento, assim como a sensação, é algo que os animais partilham com os seres humanos, porque o entendimento é a capacidade de assimilar relações causais, algo que os animais seguramente podem fazer. Na verdade, a sagacidade de animais como raposas e elefantes algumas vezes supera o entendimento humano. Mas somente os seres humanos possuem razão, vale dizer, conhecimento abstrato corporificado em conceitos. A razão é a capacidade de reflexão, que situa os homens bem acima dos animais, tanto em poder como em sofrimento. "Os animais vivem exclusivamente no presente; já [o homem] vive ao mesmo tempo no futuro e no passado" (*MVR* 83).

A razão confere três grandes dons aos homens: linguagem, liberdade e ciência. O primeiro e mais essencial é o da linguagem:

> Somente com a ajuda da linguagem a razão traz a bom termo suas mais importantes realizações, como a ação concordante de muitos indivíduos, a cooperação planejada de muitos milhares de pessoas, a civilização, o Estado, sem contar a ciência, a manutenção de experiências anteriores, a visão sumária do que é comum num conceito, a comunicação da verdade, a propagação do erro, o pensamento e a ficção, os dogmas e as superstições (*MVR* 83-84).

A importância do conhecimento abstrato é que ele pode ser assimilado e compartilhado. O entendimento pode apreender o modo de operação de um guindaste ou o apoio de um arco; mas é necessário um maior entendimento para a construção de máquinas e edifícios. Para objetivos práticos, o mero entendimento pode às vezes ser preferível: "não me serve de nada saber em abstrato o ângulo exato, medido em graus e minutos, em que devo pressionar uma navalha se eu não souber isso intuitivamente, ou seja, se não tiver a sensação disso". Mas quando o planejamento de longo prazo se faz necessário, ou quando o auxílio dos outros é exigido, o conhecimento abstrato é essencial.

Segundo Schopenhauer, tanto os animais como os homens possuem vontades, mas somente os homens podem deliberar. É somente no abstrato que os diferentes motivos podem ser apresentados simultaneamente na consciência como objetos de escolha. A conduta ética deve ser baseada em princípios, mas princípios são abstratos. Contudo, a razão, embora necessária para a virtude, não é para esta suficiente. "A razão encontra-se unida tanto à grande maldade como à grande bondade, e o seu auxílio confere grande eficácia seja a esta primeira, seja à segunda" (*MVR* 141).

A vontade, para Schopenhauer, está presente e ativa por todo o universo, mas apreendemos sua natureza apenas por meio da inclinação humana, da qual estamos nós mesmos cônscios. Toda inclinação, diz Schopenhauer, surge de uma falta, de uma deficiência, do sofrimento portanto. Um desejo deve ser assegurado, mas para cada desejo satisfeito outros dez são negados. O desejo dura mais tempo, a realização é apenas momentânea. "Objeto algum alcançado pelo querer pode fornecer uma satisfação duradoura, sem fim, mas ela se assemelha sempre apenas a uma esmola atirada ao mendigo, que torna sua vida menos miserável hoje, para prolongar seu tormento amanhã" (*MVR* 266).

Como norma geral, o conhecimento está a serviço da vontade, dedicado à satisfação dos desejos desta. Com os animais é sempre assim, o que é simbolizado pelo modo como a cabeça de um animal inferior é voltada para o solo. Também nos homens, na maioria das ocasiões, o conhecimento é o escravo da vontade, mas os homens podem elevar-se acima da consideração dos objetos como meros instrumentos para a satisfação do desejo. O homem permanece ereto e, como o Apolo do Belvedere, pode estender seu olhar para bem longe, adotando uma atitude de contemplação, desatento às necessidades do corpo.

Nesse estado, a mente humana depara com uma nova classe de objetos: não apenas as ideias lockianas da percepção, não simplesmente as ideias abstratas da razão, mas as Ideias universais descritas por Platão. O modo de apreender as Ideias é o seguinte: deixe toda a sua consciência ser preenchida com a silenciosa contemplação de uma paisagem ou de um edifício, esqueça-se de sua própria individualidade, de suas próprias necessidades e de seus desejos. O que você conhecerá então não mais será uma forma individual, mas eterna, um grau particular de objetivação da vontade universal. E você irá se perder e se tornar um sujeito de conhecimento: puro, sem vontade, sem dor, atemporal, enxergando coisas *sub specie aeternitatis*. "Em tal contemplação, de um só golpe a coisa particular se torna a IDEIA de sua espécie e o indivíduo que intui se torna PURO SUJEITO DO CONHECER. O indivíduo enquanto tal conhece apenas coisas isoladas; o puro sujeito do conhecer conhece apenas Ideias" (*MVR* I 247). Na contemplação livre da servidão da vontade deixamos de nos preocupar com nossa felicidade ou infelicidade. Na verdade, deixamos de ser indivíduos e "existimos tão somente como olho cósmico UNO, que olha a partir de todo ser que conhece, porém só no homem tem a capacidade de tornar-se tão inteiramente livre do serviço da vontade" (*MVR* 269).

Todo ser humano tem em seu interior o poder de conhecer as Ideias nas coisas, mas um indivíduo especialmente favorecido pode possuir esse conhecimento de forma mais intensa e com mais continuidade que o comum dos mortais. Tal pessoa é aquilo que significamos por gênio.

Schopenhauer nos diz as características do gênio: é imaginativo e incansável, detesta a matemática e vive na fronteira da loucura. Seu dom encontra expressão acima de tudo nas obras de arte, e é por meio das obras de arte que aqueles de nós que não são gênios podem ser apresentados ao efeito libertador da contemplação. Schopenhauer diz isso numa detalhada consideração das várias artes. A libertação da tirania da vontade que é ofertada pela arte é, contudo, de tipo limitado e temporário. A única via para uma libertação completa é renunciar simultaneamente à vontade de viver[2].

No sistema de Schopenhauer, o que é a relação entre alma e corpo? Antes de tudo, há uma completa rejeição da ideia dualista sobre a existência de relações causais entre o interior e o exterior. A vontade e os movimentos do corpo não são dois diferentes eventos ligados pela causalidade: as ações do corpo são atos da vontade tornados perceptíveis. O corpo inteiro, com todas as suas partes, diz Schopenhauer, não é senão a objetivação da vontade e de seus desejos:

> Dentes, esôfago, canal intestinal são a fome objetivada. Os genitais são o impulso sexual objetivado; as mãos que agarram e os pés velozes já correspondem ao empenho mais indireto da vontade que eles expõem. E, assim como a forma humana em geral, assim também a compleição física do indivíduo corresponde à vontade individualmente modificada, ao caráter do indivíduo, compleição [...] que, portanto, sem exceção, é em todas as partes característica e significativa (*MRV* 167).

Schopenhauer antecipa aqui uma famosa observação de Wittgenstein: "O corpo humano é a melhor figura da alma humana" (*PI* II, 178).

O corpo está envolvido de forma íntima no conhecimento tanto quanto no desejo; meu próprio corpo é o ponto de partida da minha percepção do mundo, e meu conhecimento dos outros objetos depende de seus efeitos em meu corpo. Mas, mesmo quando nos erguemos acima do conhecimento das ideias para o conhecimento das Ideias, ainda assim o corpo tem um papel, como Schopenhauer nos afirma de forma surpreendente. "O homem é ímpeto tempestuoso e obscuro do querer (indicado pelo polo dos órgãos genitais, como seu foco), e simultaneamente sujeito eterno, livre, sereno, do puro conhecer (indicado pelo polo do cérebro)" (*MVR* 275).

Haverá alguma parte do ser humano que sobreviverá à morte do corpo ou nos aguarda a total extinção? Por um lado, diz Schopenhauer, "À nossa frente, de fato, somente o nada"; por outro, ele pode afirmar: "se *per impossibile* um único ser, mesmo o mais ínfimo, fosse completamente aniquilado, com ele teria de sucumbir o mundo inteiro" (*MVR* 190). A última afirmação é derivada do princípio metafísico de que a vontade que é a rea-

---
2. A teoria estética de Schopenhauer será considerada no capítulo 10 e sua teoria ética no capítulo 9, a seguir.

lidade interior de todo indivíduo é em si singular e indivisível. Intérpretes buscaram reconciliar os dois pronunciamentos sugerindo que na morte o ser humano é absorvido na vontade singular: ele continua, portanto, a existir, mas perde toda a individualidade.

Psicologia experimental
versus Psicologia filosófica

À medida que o século XIX avançava, os psicólogos buscaram inaugurar uma nova ciência da mente, que iria estudar os fenômenos mentais por métodos empíricos e experimentais. Na Europa, o primeiro laboratório psicológico foi inaugurado em 1879, na Universidade de Leipzig, por Wilhelm Wundt, um professor de fisiologia, com especialização no sistema nervoso, que publicara cinco anos antes um texto influente intitulado Princípios de psicologia fisiológica. William James, que havia ido para a Alemanha para fazer seus estudos nesse campo, antecipou Wundt ao inaugurar um laboratório de psicologia em Harvard; e, em 1878, ao conceder o primeiro doutorado em psicologia de todos os tempos, James sumarizou as descobertas da nova ciência em seus volumes dos *Princípios de psicologia* (1890), uma obra descrita por Bertrand Russell como possuidora "da mais alta excelência possível".

A tarefa da nova psicologia era relacionar os eventos e estados aos processos no cérebro e no sistema nervoso. O manual de James apresentava o estudante à fisiologia relevante e reportava o trabalho dos psicólogos sobre os tempos de reação dos sujeitos experimentais. Sua abrangência era ampla, indo do comportamento instintivo dos animais aos fenômenos do hipnotismo. Na maior parte de tempo James investigava o trabalho de outros, mas de tempos em tempos ele fez sua própria contribuição original para o tema.

A inovação mais conhecida de James no campo da psicologia filosófica foi sua teoria das emoções. Enquanto seus contemporâneos esforçavam-se para descobrir a exata relação entre os sentimentos emocionais e seus concomitantes processos corporais, James propôs que as emoções eram nada mais que a percepção desses processos. Nos *Princípios de psicologia* ele escreveu:

> Nosso modo natural de pensar sobre emoções mais inferiores é que a percepção mental de alguns fatos excita a afeição mental chamada emoção, e

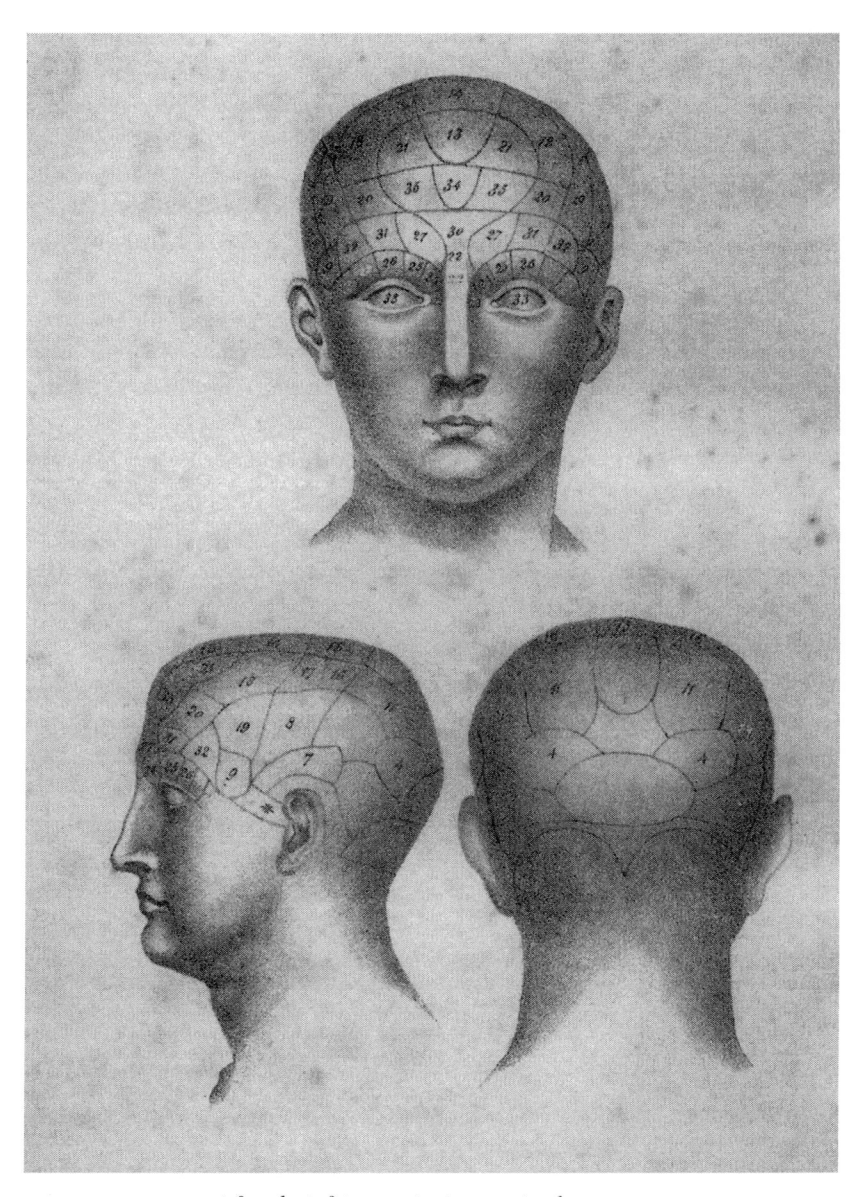

A frenologia foi uma primeira tentativa de tornar a psicologia científica. Esta ilustração de um manual de 1825 busca relacionar partes do crânio a traços de caráter.

que esse posterior estado mental faz aflorar a expressão corporal. Minha teoria, ao contrário, é que as mudanças corporais seguem diretamente a percepção do fato excitante, e que nosso sentimento das mesmas mudanças no momento em que ocorrem É a emoção. O senso comum diz: ao perdermos nossa sorte, lamentamos e choramos; ao encontrarmos um urso, nos assustamos e corremos; ao sermos insultados por um rival, ficamos nervosos e contra-atacamos. A hipótese que se defenderá aqui afirma que essa ordem sequencial está incorreta, que um estado mental não é imediatamente induzido pelo outro, que as manifestações corporais devem primeiro ser interpostas entre eles, e que a afirmação mais racional é a de que lamentamos porque choramos, ficamos nervosos porque contra-atacamos e temos medo porque trememos (II. 250).

Para dar conta da grande variedade de estados emocionais, James insistia que dificilmente havia qualquer limite para as permutações e combinações das mínimas mudanças corporais, e cada uma delas, ele afirmava, era sentida, aguda ou obscuramente, no momento em que ocorria. Mas ele não foi capaz de fornecer qualquer critério independente para a ocorrência de tais sentimentos.

A teoria jamesiana das emoções fora antecipada por Descartes, cuja influência é, na realidade, totalmente difusa em seu relato da mente humana. Os psicólogos do século XIX ansiavam por se emancipar dos grilhões da filosofia; mas, embora suas investigações dos fenômenos fisiológicos tenham produzido autênticas descobertas científicas, sua noção da mente consciente foi retirada, completamente, da tradição cartesiana em filosofia. Isso fica suficientemente claro nos *Princípios* de James, mas é talvez expresso com maior candura em seu primeiro estudo, de 1844, "A função da cognição" (*T* 1-42).

Todos os estados de consciência, afirma James, podem ser chamados "sentimentos", e com "sentimento" ele quer dizer o mesmo que Locke com "ideia" e Descartes com "pensamento". Alguns sentimentos são cognitivos, outros não. Para determinar o que faz a diferença entre estados cognitivos e não cognitivos, James nos convida a considerar um sentimento do tipo mais básico possível:

> Suponhamos que ele não esteja vinculado a nenhuma matéria, nem situado em qualquer ponto no espaço, mas deixado a flutuar *in vacuo*, como o foi, pelo direto *fiat* criativo de um deus. E nos seja permitido também, para escapar aos emaranhados de dificuldades relativas à natureza física ou psíquica de seu

"objeto", não chamar a isto um sentimento da fragrância ou de outro tipo qualquer, mas limitar-nos a assumir que é um sentimento de q (T 3).

Em seguida somos convidados a considerar isto um sentimento que forma o universo interior e que dura apenas uma parcela infinitesimal de um segundo.

James pergunta que adição seria necessária a esse sentimento primário para fazer dele um estado cognitivo. Ele mesmo responde: (*a*) deve haver no mundo outra entidade assemelhada ao sentimento em sua qualidade q; e (*b*) o sentimento deve ser operado ou direta ou indiretamente sobre essa outra entidade. O relato que James faz do conhecimento não soa muito plausível, mas não é em sua conclusão e sim em seu ponto de partida que é importante prestar atenção. Ele encara a consciência como consistindo fundamentalmente em uma série de átomos solitários privados de qualquer contexto ou relação com qualquer comportamento ou com qualquer corpo.

Mais tarde em sua vida James assumiu uma visão menos atomista da natureza do sentimento, passando a crer como uma questão de fato empírica que a consciência fluía em uma corrente contínua, sem separações agudas entre um item e o próximo. Mas ele manteve a ideia de consciência como um fenômeno interno essencialmente particular, conectado somente contingencialmente a qualquer manifestação externa em discurso e comportamento, e em princípio capaz de existir em isolamento de qualquer corpo. Era precisamente essa, claro, a forma como Descartes havia concebido a consciência.

Os psicólogos fisiologistas enxergam a si próprios como se libertando da filosofia ao substituir o experimento pela introspecção como o método para o estudo da mente. Mas nisso eles se enganaram de dois modos. Primeiro, um pensador como James retém a figura da consciência como um objeto de introspecção: algo que podemos *ver* quando olhamos para o *interior*; algo a que nós mesmos possuímos acesso direto mas que os outros só podem aprender de forma indireta, ao aceitarem nosso testemunho verbal ou fazendo inferências causais a partir de nosso comportamento físico. Segundo, independentemente do que possam ter pensado Locke e Hume, a filosofia da mente não opera por uma escrupulosa observação dos fenômenos internos, mas pelo exame dos conceitos de que fazemos uso ao expressar nossa experiência.

O vazio da noção cartesiana de consciência foi exposto mais tarde, no século XX, pela obra de Wittgenstein (que admirava James como um particularmente honesto e inocente expoente da tradição cartesiana). Mas no próprio tempo de vida de James o que parecia ser o mais sério desafio à obra dos psicólogos experimentais veio de um local diferente: da figura da mente apresentada pela psicanálise freudiana.

O inconsciente freudiano

Em suas *Conferências introdutórias sobre a psicanálise*, Freud assinala como um dos dois principais fundamentos de sua teoria que a maior parte de nossa vida mental, seja do sentimento, do pensamento ou da volição, é inconsciente. Antes de decidir se devemos aceitar esse princípio, é preciso observar mais atentamente o que é significado por "inconsciente". Há vários sentidos possíveis para a palavra, e dependendo de qual deles assumimos a tese de Freud pode se mostrar um truísmo ou uma peça de audaciosa especulação.

 É óbvio que a qualquer momento dado somente uma tênue fração do que sabemos e cremos está presente na consciência no sentido de ser um objeto de nossa imediata atenção. Por mais de sessenta anos eu soube a quadrinha infantil "Três ratos cegos" e acreditei que a batalha de Waterloo ocorreu em 1815, mas as ocasiões em que recito a quadrinha ou volto a atenção para aquela data têm sido cada vez menos frequentes e mais espaçadas. A distinção entre conhecimento e seu exercício já fora feita por Aristóteles como uma distinção entre a primeira e a segunda atualidades. Saber grego, ele disse, é uma atualidade em comparação com a simples capacidade de aprender idiomas com a qual todos os seres humanos são agraciados. Mas o conhecimento do grego é apenas uma primeira atualidade, uma habilidade que é exercitada somente quando estou falando, ouvindo, lendo ou pensando em grego. Esta é a segunda atualidade. Uma distinção paralela pode ser feita a respeito dos desejos, planos e intenções de uma pessoa qualquer. Sem dúvida, você deseja ter uma provisão adequada para a aposentadoria. Mas o pensamento sobre sua aposentadoria não ocupa sua mente todo o tempo: somente quando se preocupa com esse assunto, ou está às voltas com as providências para juntar tal provisão, é que você está consciente desse seu desejo.

 Se é esse o modo pelo qual fazemos a distinção entre o consciente e o inconsciente, então a afirmação de Freud de que a maior parte de nossa vida mental é inconsciente é nada mais que um lugar-comum filosófico.

Mas é claro que Freud quer dizer mais que isso. Conhecimento, pensamentos e sentimentos do tipo descrito acima podem, em circunstâncias apropriadas, ser facilmente trazidos à mente. Se alguém me perguntar a data da batalha de Waterloo eu posso responder; se um consultor financeiro lhe indagar sobre sua aposentadoria você não terá dificuldade em admitir que se trata de um assunto preocupante. O inconsciente que Freud postula, porém, não é tão fácil de trazer à consciência.

São na verdade três os níveis do inconsciente freudiano. Para desembaraçá-los devemos recordar que segundo Freud há três conjuntos de fenômenos que revelam a existência do inconsciente, a saber, os enganos triviais do cotidiano, os relatos de sonhos e os sintomas neuróticos.

Com frequência cometemos atos falhos, esquecemos nomes e confundimos objetos utilitários. Freud acreditava que tais "parapraxias", como ele as denominava, não eram tão acidentais quanto pareciam ser e poderiam ter motivos ocultos. Ele cita o caso de um professor vienense que, em sua aula inaugural, em vez de dizer, segundo o roteiro, "Sem querer subestimar as conquistas de meu ilustre predecessor", disse: "Querendo mesmo subestimar as conquistas de meu ilustre predecessor". Freud considera o ato falho do professor um melhor guia de suas intenções do que as palavras que ele havia escrito em suas notas. Mas é claro que o professor estava perfeitamente cônscio de sua verdadeira atitude em relação ao trabalho de seu predecessor: sua intenção era "inconsciente" apenas no sentido de que ele não pretendia *expressá-la* tão publicamente. Algo semelhante pode ocorrer na escrita tanto quanto na fala. Freud conta sobre um marido que, escrevendo para sua esposa, que se encontrava no exterior, alguns anos após o naufrágio do *Lusitania*, instou-a a juntar-se a ele num cruzeiro pelo Atlântico com as palavras "Navegar no *Lusitania*", quando o que ele queria era escrever "Navegar no *Mauretania*". Dramaturgos, afirmava Freud, eram cônscios do significado de tais parapraxias. Em *O mercador de Veneza*, quando Pórcia está em conflito entre sua obrigação pública de manter a neutralidade entre seus eleitores e seu amor particular por Bassânio, Shakespeare faz que ela diga a ele:

Esses olhos malditos me dominam e em duas ametades me partiram:
Uma já vos pertence; a outra, que é vossa... minha, quero dizer.

Que tais "lapsos freudianos" possam ser reveladores de estados mentais que o emissor prefira ocultar é algo hoje amplamente aceito. Mas deve-se notar que o estado mental em questão é algo que pode ser verificado de um modo bem direto, ao buscar uma confissão verdadeira da pessoa culpada pelo lapso. Tais estados são, para Freud, o nível superficial do inconsciente; por vezes ele chama esse nível de "o pré-consciente" (*NIL* 96).

As coisas se passam de modo bem diferente quando deparamos com o segundo método de chegar ao inconsciente: a análise dos sonhos contados. A interpretação dos sonhos, Freud afirmava, "é a estrada real para um conhecimento das atividades inconscientes da mente". Mas a interpretação não é algo que o sonhador possa casualmente assumir por si mesmo, mas demanda longas e talvez dolorosas sessões com o psicanalista.

Sonhos, dizia Freud, são quase sempre o preenchimento, em forma de fantasia, de um desejo recalcado. Na verdade, poucos sonhos são representações óbvias de uma satisfação, e alguns sonhos, como os pesadelos, parecem ser o exato oposto. Mas isso, segundo Freud, se dá porque sonhamos em código. O conteúdo verdadeiro, latente, do sonho ganha do sonhador uma forma simbólica; trata-se do "trabalho do sonho", que produz o inócuo conteúdo manifesto relatado pelo sonhador. Uma vez desnudado de sua forma simbólica, o conteúdo latente do sonho pode ser comumente revelado como sexual, na verdade edipiano. Contudo, Freud adverte: "o sonho direto com relações sexuais com a mãe a que Jocasta alude no *Édipo rei* é uma raridade em comparação com a multiplicidade de sonhos que os psicanalistas interpretam no mesmo sentido" (*SE* XIX. 131 ss.).

Como decodificar um sonho e desfazer o trabalho do sonho? A todo sonho poder-se-á facilmente atribuir um significado sexual se se assumir que todo objeto pontudo, como um guarda-chuva, é a representação de um pênis, e todo objeto que serve para guardar algo, como uma bolsa, é a representação dos genitais femininos. Mas o método de Freud não era tão grosseiro assim. Ele não acreditava que era possível criar um dicionário universal unindo os símbolos a seu significado. O significado de um item sonhado para um sonhador em particular poderia ser descoberto somente se se revelasse o que o próprio sonhador associava àquele item. Somente depois de tal exploração poder-se-ia descobrir a natureza do desejo inconsciente cujo preenchimento era fantasiado no sonho.

O terceiro (embora cronologicamente o primeiro) método pelo qual Freud pretendia explorar o inconsciente era pela avaliação dos sintomas neuróticos. Um caso típico é o de um de seus pacientes, um austríaco sem formação superior, que se hospedara em um hotel durante suas férias. Ele ficara repentinamente obcecado pelo pensamento de que estava muito gordo e disse para si mesmo: "*Ich bin zu dick* [Estou muito gordo]". Consequentemente, abdicou de todo alimento pesado e costumava sair da mesa antes que o pudim fosse servido para subir montanha acima durante o calor de agosto. "Nosso paciente não conseguia pensar em nenhuma explicação para esse insensato comportamento obsessivo até que de repente lhe ocorreu que, nessa época, sua noiva também havia se hospedado no mesmo hotel em companhia de um atraente inglês chamado Dick". Sua meta de emagrecimento, Freud sugere, tinha sido para se ver livre desse Dick (*SE* X. 183).

Há certa circularidade no procedimento freudiano para a descoberta dos níveis mais profundos do inconsciente. A existência desses níveis mais profundos é assumida como provada pelos indícios dos sonhos e neuroses. Mas sonhos e sintomas neuróticos não revelam, seja por si, seja quando interpretados sem auxílio pelo paciente, as crenças, os desejos e os sentimentos nos quais se supõe consistir o inconsciente. Para que uma cura seja efetiva, o paciente tem de reconhecer o alegado desejo latente. Mas a decodificação do analista é frequentemente rejeitada pelo paciente, e o critério de sucesso do deciframento é que a mensagem decodificada deve estar de acordo com a noção do analista do que seja o inconsciente. Mas supõe-se que essa noção derive, e não preceda, da exploração dos sonhos e sintomas.

Próximo do fim de sua vida Freud substituiu a dicotomia entre consciente e inconsciente por um esquema tríplice. "Superego, ego e id", afirma ele em *Novas conferências introdutórias* (1933), "são os três reinos, regiões ou províncias em que dividimos o aparato mental do indivíduo" (*NIL* 97). O id é o *locus* inconsciente da fome, do amor e das pulsões instintivas. É governado pelo princípio do prazer, e é mais extenso e mais obscuro que outras partes da alma. "As leis lógicas do pensamento não se aplicam ao id, e isso é verdade sobretudo a respeito da lei da contradição. Os impulsos contrários existem lado a lado, sem cancelar ou diminuir uns aos outros" (*SE* XXII, 73).

O ego, em contraste, representa a razão e o senso comum, e é dedicado ao princípio de realidade. Ele é a parte da alma que mais tem contato com o mundo exterior percebido pelos sentidos. O ego é o cavaleiro, o id é a montaria. "A montaria fornece a energia locomotora, enquanto o cavaleiro tem o privilégio de escolha da meta e da orientação do poderoso movimento do animal" (*SE* XX, 201). Mas o controle do ego não é absoluto: o ego se assemelha mais a um monarca constitucional que tem de pensar muito e com rigor antes de vetar qualquer proposta do Parlamento. A psicanálise, contudo, pode reforçar o controle do ego sobre o id e o auxiliar na tarefa de controlar os desejos instintivos, escolhendo momentos inofensivos para sua satisfação ou embaralhando sua expressão. Variando sua metáfora, Freud faz uso de termos hidráulicos ao falar sobre a operação do id como um fluxo de energia que pode encontrar uma descarga normal, ser canalizado para dutos alternativos ou ser entupido com resultados catastróficos.

O superego, por fim, é um instrumento que observa, julga e pune o comportamento do ego. Algumas das formas pelas quais se manifesta são as emissões da consciência, a proibição preventiva de ações e a repreensão do ego em razão delas após terem se dado (*NIL* 82). O superego não está presente desde o nascimento: na primeira infância seu lugar é assumido pela autoridade paterna. À medida que a criança se desenvolve, o superego assume metade da função dos pais — não suas atividades amorosas e de cuidado, mas tão só sua rigidez e sua severidade, suas funções preventiva e punitiva. O superego é também "o veículo do ego ideal, a partir do qual o ego avalia a si próprio, ao qual emula e cuja demanda por cada vez mais perfeição está sempre em busca de cumprir" (*SE* XXII, 65).

Freud afirmava que a modificação de sua teoria inicial havia se imposto pela observação dos pacientes em seu divã. Ainda assim, nessa forma posterior, a mente se aproxima muito da alma tripartite da *República* de Platão[3]. O id corresponde ao que Platão denomina apetite (*epithumetikon*), a origem dos desejos de comida e sexo. O ego tem muito em comum com o poder raciocinante (*logistikon*) de Platão: é a parte da alma que fica mais em contato com a realidade e tem a tarefa de controlar o desejo instintivo. Finalmente, o superego assemelha-se à têmpera (*thumoeides*) platônica; os dois são forças punitivas irracionais a serviço da moralidade, a origem da vergonha e da raiva autoinfligida.

O ego, na forma pintada por Freud, tem de tentar satisfazer três tirânicos senhores: o mundo exterior, o superego e o id.

> Tangido pelo id, confinado pelo superego e rejeitado pela realidade, o ego luta para cumprir sua tarefa econômica de reduzir a algum tipo de harmonia as forças e influências que operam nele e sobre ele; e assim podemos bem entender como se dá que não possamos reprimir com frequência o queixume "Viver não é fácil" (*NIL* 104).

---
3. Ver volume I, 278-281, e Anthony KENNY, *The Anatomy of the Soul*, Oxford, Blackwell, 1974, 10-14.

À semelhança de Platão, Freud vê a saúde mental como a harmonia entre as partes da alma, a doença mental representando a discórdia irresolvida entre elas. "Enquanto o ego e suas relações com o id preencherem essas condições ideais [de controle harmonioso] não haverá distúrbio neurótico" (*SE* XX. 201). O objetivo final do ego é "uma reconciliação entre suas várias relações de dependência" (XIX. 149). Na ausência de tal reconciliação mental a desordem evolui, e Freud detalha os sintomas dos diferentes tipos de conflitos internos.

Psicologia filosófica no *Tractatus*

Enquanto Freud dava suas *Conferências introdutórias sobre a psicanálise* na capital da Áustria, Wittgenstein, no Exército austríaco, construía em seus cadernos um diferente modelo da mente. Wittgenstein aceitava que a psicologia era uma autêntica ciência empírica e via a filosofia da mente situada em relação à psicologia de modo semelhante ao em que a filosofia em geral se relacionava com as ciências naturais: sua tarefa era esclarecer suas proposições e estabelecer limites à sua responsabilidade (*TLP* 4.112, 4.113). Isso seria feito pela análise das sentenças relatando crenças, juízos, percepções e assemelhados, e acima de tudo lançando a luz da lógica sobre a natureza do pensamento.

A primeira coisa que o *Tractatus* nos diz sobre o pensamento é que se trata de uma figura lógica dos fatos. Uma figura lógica é uma figura cuja forma pictorial — o que ela possui em comum com aquilo que figura — é a forma lógica. Figuras comuns podem ter mais do que a lógica formal em comum com aquilo que figuram, da mesma forma que uma pintura possui forma espacial em comum com uma paisagem; mas um pensamento é uma figura na mente que nada tem em comum com aquilo que figura a não ser a forma lógica.

Algumas vezes Wittgenstein identifica pensamentos a proposições (*TLP* 4). Mas, se examinamos bem de perto o uso que ele faz de "proposição", fica claro que há dois elementos internos envolvidos. Há o signo proposicional, ou sentenças, que é o garante de uma relação entre as palavras escritas ou faladas. Há também aquilo que é expresso por esse signo proposicional, a saber, o pensamento, que é em si o garante de uma relação entre elementos psíquicos sobre cuja natureza exata Wittgenstein recusou-se a se dedicar, dado ser isso uma questão para a psicologia empírica (*TLP* 3.1, 3.11-12). Um signo proposicional pode ser uma proposição somente se projetado no mundo por um pensamento; inversamente, uma relação entre elementos mentais somente pode ser um objeto do pensamento se é uma projeção no mundo de um signo proposicional (*TLP* 3.5).

"Na proposição, o pensamento pode ser expresso de modo que aos objetos do pensamento correspondam elementos do signo proposicional" (*TLP* 3.2). Os "objetos do pensamento" são os elementos psíquicos cuja relação entre eles constitui o pensamento. Uma proposição é analisada de forma completa quando os elementos do signo proposicional correspondem aos elementos do pensamento. Uma proposição não analisada da linguagem comum não guarda relação com o pensamento; ao contrário, ela disfarça o pensamento. Podemos compreender a linguagem comum e apreender o pensamento nas entrelinhas somente em virtude de convenções tácitas de enorme complexidade. No *Tractatus*, Wittgenstein assemelha-se a Freud por conceder grande peso às operações inconscientes da mente; a estrutura dos pensamentos que repousam por trás de nossas emissões é algo de que não temos a mínima consciência.

Entre nossos pensamentos parece haver alguns que são pensamentos sobre pensamentos: proposições relatando crenças e juízos, por exemplo. Estes são aparentes contraexemplos da tese geral do *Tractatus* de que uma proposição pode ocorrer no interior de outra somente verofuncionalmente, já que uma sentença do tipo "A acredita que p" não é uma verofunção de p. Wittgenstein lida com o problema de modo drástico: tais sentenças não são de fato proposições autênticas.

"É claro", nos é dito em 5.542, "porém, que 'A acredita que p', 'A pensa p', 'A diz p' são da forma 'p diz p'. E não se trata aqui de uma coordenação de um fato e um objeto, mas da coordenação de fatos por meio da coordenação de seus objetos". "'p' diz p" é uma pseudoproposição: trata-se de uma tentativa de dizer o que pode somente ser mostrado; uma proposição pode apenas mostrar seu sentido, ela não pode afirmá-lo. Podemos pensar que, segundo o *Tractatus*, o fato de que na frase "Londres é maior que Paris" "Londres" esteja à esquerda de "é maior que" e "Paris" esteja à direita de "é maior que" *afirme* que Londres é maior que Paris. Mas é somente esse fato *mais as convenções da língua* que dizem tal coisa. O que faz a afirmação na sentença é aquilo que o signo proposicional tem em comum com todos os outros signos proposicionais que possam alcançar o mesmo objetivo; e o que *isso* é pode ser descrito somente pela — *per impossibile* — especificação e pela explicitação das convenções tácitas da língua.

Suponha que eu pense um determinado pensamento; meu pensar aquele pensamento irá consistir em certos elementos psíquicos — imagens mentais ou impressões internas, talvez — firmados em relação uns com os outros. Que esses elementos permaneçam em tal ou qual relação será um fato psicológico dentro dos estatutos da ciência. Mas o fato de que esses elementos possuem o significado que possuem não será um fato da ciência. O significado é conferido aos signos por *nós*, por nossas convenções. Mas onde se situam os atos da vontade que conferem o significado ao estabelecer as convenções? Eles não podem estar na alma empírica estudada pela psicologia superficial: qualquer relação entre *aquela* vontade e qualquer par de objetos seria um fato científico, algo portanto incapaz da inefável atividade de conferir significado. Ao conferir significado aos símbolos que utilizo, o eu que faz isso deve ser um eu metafísico, não o eu que é estudado pela psicologia introspectiva. O pensamento, à diferença da linguagem, terá a complexidade apropriada para figurar os fatos do mundo. Mas sua complexidade lhe concede apenas a *possibilidade* de figurar. Para que um pensamento de fato figure, verdadeira ou falsamente, depende do significado de seus elementos, e isso é dado pela vontade extrapsicológica que fornece àqueles elementos uma aplicação e um uso (*TLP* 5.631 ss.).

Intencionalidade

A filosofia da mente apresentada no *Tractatus* é estéril e desprovida de valor, algo que o próprio Wittgenstein perceberia mais tarde. Mas muitos que leram a obra logo que foi publicada devem ter percebido que ela ignorava o que muitos contemporâneos enxergavam como o aspecto central dos atos e processos mentais, a saber, a intencionalidade. O conceito de intencionalidade, na origem um conceito medieval, fora reintroduzido na filosofia por Brentano, no século XIX, e alcançou proeminência nas *Investigações lógicas* (1901-1902) e nas *Ideias* (1913), ambas de Husserl.

Em *Psicologia de um ponto de vista empírico*, de 1874, Brentano buscara descobrir uma propriedade que pudesse separar os fenômenos psíquicos dos físicos. Ele considerou e rejeitou a sugestão de que a peculiaridade dos fenômenos físicos seria a de que careciam de extensão. Propôs então um diferente critério de distinção:

> Todo fenômeno físico é caracterizado por aquilo que os escolásticos medievais chamavam de a existência intencional (ou mental) de um objeto, e o que nós, não sem ambiguidade, chamaríamos de "relação a um conteúdo" "ob-

jeto-direcionada" ou "objetividade imanente". ("Objeto", aqui, não significa realidade.) Cada fenômeno desse tipo contém em si algo como um objeto, embora cada um de maneira diferente. Na imaginação algo é imaginado, no juízo algo é aceito ou rejeitado, no amor algo é amado, no ódio algo é odiado, no desejo algo é desejado e assim por diante.

A existência intencional é uma propriedade exclusiva dos fenômenos psíquicos; nenhum fenômeno físico apresenta algo similar. E por isso podemos definir os fenômenos psíquicos dizendo tratar-se daqueles fenômenos que contêm um objeto intencionalmente (*PES* II. 1. 5).

Essa célebre passagem não é em si esclarecedora. É verdade que onde houver amor algo é amado, e onde houver ódio algo é odiado — mas não é igualmente verdadeiro que se o aquecimento ocorre algo é aquecido? E no entanto "aquecer" não é um verbo psicológico. Como pode Brentano afirmar que a objeto-direcionalidade é peculiar aos fenômenos psicológicos quando parece ser uma característica comum a todos os verbos gramaticalmente transitivos, verbos que "pedem um acusativo"?

A resposta torna-se clara se atentamos às fontes escolásticas de Brentano, que fez uma distinção entre dois tipos de ação: imanente e transiente. As ações transientes são ações que modificam seus objetos (aquecer é uma ação transiente que torna seu objeto quente). Ações imanentes não modificam seus objetos, mas sim seus agentes. Para descobrir se o médico curou seu paciente examinamos o paciente; para descobrir se ele se apaixonou por seu paciente, devemos observar o médico. A distinção de Brentano entre fenômenos psíquicos e físicos corresponde à distinção entre ações imanentes e transientes[4].

Husserl assumiu de Brentano o conceito escolástico de intencionalidade, fazendo disso a peça central de seu sistema de 1901 em diante. Na quinta das *Investigações lógicas* ele nos diz que a consciência consiste em experiências intencionais, ou atos, e faz uma série de distinções entre os diferentes elementos a ser encontrados na consciência. A intencionalidade de um ato é aquilo *sobre* o que ele é; é chamada também de ato-matéria, o sentido e, em obras posteriores, o *noema*. Um item mental recebe sua intencionalidade por um ato de significado (*Meinen*). Há dois tipos de significado: o que dá significado a uma palavra e o que dá sentido a uma proposição. "Cada sentido é [...] ou um significado nominal ou um significado

....
4. Ver, por exemplo, Aquino, *Suma teológica*, 1a 18. 3 ad 1.

proposicional ou, ainda, mais precisamente, o significado de uma sentença completa ou uma parte possível de tal significado" (*LI* VI. 1).

Todo ato mental será um ato de determinado tipo, pertencendo a uma espécie particular, que será determinado por sua matéria. Todo pensamento de um cavalo, seja de quem for o pensamento, pertence à mesma espécie; e o conceito *cavalo* é precisamente a espécie à qual esses pensamentos pertencem. Similarmente, sempre que alguém julgue que o sangue é mais denso que a água, o significado desse juízo, a proposição *sangue é mais grosso que água*, é precisamente a espécie a que tais atos de juízo pertencem. Se A concorda com o juízo de B, então enquanto o juízo de A e o de B são eventos mentais individualmente distintos, eles são, em razão de possuírem a mesma matéria, indícios das mesmas espécies. Em seu último escrito, Husserl deu ao ato individual o nome de *noesis* e a seu conteúdo específico o de *noema*.

Além de possuir matéria, atos possuem qualidades. Não são apenas palavras e sentenças que possuem significado, e não apenas os atos e estados mentais correspondentes, como o saber e o acreditar. Assim também com a percepção, a imaginação, a emoção e a volição. Meu ver Roma e meu imaginar Roma são atos que possuem a mesma matéria ou objeto intencional, mas porque o ver é diferente do imaginar eles são atos de diferente qualidade (*LI* VI. 22).

A teoria husserliana da intencionalidade foi uma teoria fértil, e sua descrição dela contém muitas observações perspicazes e distinções valiosas. Mas a natureza do ato da significação, que corrobora o universo dos fenômenos mentais, permanece profundamente misteriosa. Nos anos 1920 e 1930 alguns filósofos tentaram apresentar uma filosofia da mente que lidaria também com a intencionalidade. Bertrand Russell, em *Análise da mente*, apresentou uma descrição do desejo que o tornou definível em termos dos eventos que o conduzem a um desfecho. "Uma ocorrência mental de qualquer espécie — sensação, imagem, crença ou emoção", escreve ele,

> pode ser causa de uma série de ações contínuas, se não forem interrompidas, até que algum estado de coisas mais ou menos definido se realize. A essas séries de ações chamamos "ciclo comportamental". [...] A propriedade de provocar esse tipo de ciclo de ocorrências é chamada "desconforto" [...] O ciclo termina em uma condição de quietude, ou de uma tal ação como tendente a preservar o *statu quo*. O estado das coisas em que essa condição de quietude é atingida é chamado de o "objetivo" do ciclo, e a ocorrência mental inicial que envolve desconforto é chamada de "desejo" pelo estado de coisas

que traz a quietude. Um desejo é chamado "cônscio" quando é acompanhado por uma crença verdadeira em relação ao estado de coisas que irá trazer a quietude; caso contrário, é chamado de "inconsciente" (*AM* 75).

Segundo Russell, os ciclos comportamentais são causados inicialmente pelos eventos mentais que possuem a característica do desconforto. A natureza desses eventos não é esclarecida em seu sistema, mas outros filósofos e psicólogos, em suas descrições do desejo e da emoção, lidaram também com os eventos mentais. Para a escola behaviorista, particularmente depois de Pavlov ter apresentado sua teoria dos reflexos condicionados, em 1927, a relação entre os eventos mentais e corporais já não era uma relação causal. Os ciclos comportamentais não eram produto dos eventos mentais; eles eram os constituintes de fato de coisas como desejo e satisfação. Os behavioristas consideravam os relatos de atos e estados mentais como relatos disfarçados de pedaços de comportamento corporal, ou, no máximo, de tendências a comportar-se corporalmente de certas maneiras. Foi assim que a intencionalidade desapareceu da psicologia.

A filosofia da mente do último Wittgenstein

Foi em reação à descrição de Russell do desejo e da expectativa que Wittgenstein começou a desenvolver sua última filosofia da mente. O que havia de errado com a descrição de Russell, dizia Wittgenstein, era precisamente que ela ignorava a intencionalidade; e ele concordava com Husserl quanto à intencionalidade ser totalmente importante se quiséssemos entender a linguagem e o pensamento. Fornecer uma descrição correta da intencionalidade era um dos maiores problemas da filosofia.

> É *ele* (essa figura *o* representa) — está contido aí todo o problema da representação.
>
> Qual é o critério, como se pode verificar que essa figura é o retrato daquele objeto, isto é, que é *significada* para representá-lo? Não é a similaridade que torna a figura um retrato (pode guardar uma incrível semelhança com uma pessoa, mesmo sendo um retrato de uma outra pessoa que se parece menos). [...]
>
> Quando me recordo de meu amigo e o vejo "em meu olhar da mente", qual é a conexão entre a imagem da memória e o sujeito? A semelhança entre eles? (*PG* 102)

Uma foto de Wittgenstein tirada na época em
que trabalhava sua última filosofia da mente.

A conquista de Wittgenstein na filosofia da mente foi dar uma descrição que preservou a intencionalidade que os behavioristas haviam negado sem aceitar a figura cartesiana da consciência na qual a descrição de Husserl estava imersa.

Um modo de descrever a contribuição de Wittgenstein para a filosofia da mente é dizer que ele exibiu, com sensibilidade sem paralelos, que a mente humana não é um espírito, sequer um espírito encarnado. Primeiramente e antes de tudo, não há algo como o ego cartesiano, um eu, ou *moi*, ao qual se refere em emissões na primeira pessoa. Isso não se dá porque a palavra "eu" se refere a algo outro que a um eu, mas sim porque "eu" não é de fato uma expressão referente. O eu é uma peça de *nonsense* filosófico produzida pela incompreensão do pronome reflexivo.

Quando Descartes argumentou que poderia duvidar se tinha um corpo, mas não poderia duvidar que existisse, era essencial para o seu argumento que lhe fosse possível fazer uso do "eu" para se referir a algo de que seu corpo não era parte. Mas isso não passava de uma grande confusão. Meu *"self"* não é uma parte de mim mesmo, nem mesmo uma parte muito central de mim mesmo; ele é, suficiente o bastante, eu mesmo. Falamos de "meu corpo", mas o pronome possessivo não significa que há um "eu" que é o possuidor de um corpo que é outro que não eu mesmo. Meu corpo não é o corpo que eu tenho, mas o corpo que eu sou, assim como a cidade de Roma não é uma cidade que Roma foi mas a cidade que Roma é.

A segunda coisa que é significada ao se afirmar que a mente não é um espírito é que ela não é algum meio fantasmal ou *locus* de eventos e processos mentais acessível somente pela introspecção. Wittgenstein atacava com regularidade uma mitologia sobre a natureza da mente que estamos sempre prontos a aceitar. Imaginamos um mecanismo em nossas mentes, um estranho mecanismo que opera muito bem em seu próprio meio misterioso, mas que entendido como um mecanismo no sentido comum é deveras ininteligível. Wittgenstein julgava isso um exemplo de *nonsense* oculto ou latente. A maneira de transformar o *nonsense* latente em *nonsense* patente era imaginar que o mecanismo existisse de fato.

É tentador pensar, por exemplo, que quando se reconhece alguém o que ocorre é uma consulta a uma figura mental desse alguém a que se segue uma checagem para verificar se o que se vê naquele momento confere com a figura. Wittgenstein sugere que se possuímos essa ideia sem sentido em nossa mente podemos fazer que nós mesmos vejamos que ela é sem sentido, e que de modo algum ela explica o que seja o reconhecimento. Se supomos que o processo se dá no mundo real, com a figura como uma figura mental real e não apenas mental, nosso problema inicial se reapresenta. Como reconhecemos que essa é uma figura de uma pessoa específica de modo que façamos uso dessa figura para reconhecer a pessoa? A única coisa que deu a este caso a ilusão de uma explicação foi a natureza enevoada da suposição original: o fato de se supor que o processo tivesse lugar no meio fantasmal da mente.

A tarefa de uma teoria científica da mente, segundo alguns filósofos e psicólogos, é estabelecer um princípio de correlação entre a ocorrência dos estados e processos mentais e a ocorrência dos estados e processos no cérebro. Essa correlação seria uma possibilidade apenas se os eventos mentais (por exemplo, pensamentos ou estados de compreensão) fossem eles mesmos mensuráveis do modo em que são mensuráveis os eventos psíquicos. Mas o pensamento e o entendimento não são processos em um meio psíquico do mesmo modo que a eletrólise e a oxidação o são em um meio físico. Pensamento e entendimento não são sequer processos, como demonstrou Wittgenstein por uma exaustiva análise dos usos das palavras "pensar" e "entender". Os critérios pelos quais decidimos se alguém compreende uma sentença, por exemplo, são bem diferentes daqueles pelos quais decidimos que processos mentais se dão enquanto esse alguém está emitindo ou escrevendo a sentença (*PG* 148).

Os que julgam ser a mente um meio fantasmal, e o pensamento e o entendimento processos que nela se dão, consideram esse meio acessível pela introspecção, e somente por ela. A mente, segundo essa visão, é um espaço interior que no mínimo merece uma exploração equivalente à do espaço exterior. Mas, se todos podem explorar o mesmo espaço exterior — desde que concedidos tempo, dinheiro e energia suficientes —, cada um de nós pode explorar somente nosso próprio espaço interior, o que fazemos voltando o olhar para o interior de algo a que nós mesmos possuímos acesso direto mas que outros somente podem aprender por via indireta, ao aceitarem nosso testemunho verbal ou fazendo inferências a partir de nosso comportamento físico. A conexão entre a consciência, de um lado, e o discurso e o comportamento, de outro, é, segundo essa visão, uma conexão puramente contingencial.

Demolir essa concepção foi um dos grandes méritos de Wittgenstein. Se a conexão entre a consciência e a expressão é meramente contingente, então, pelo que sabemos, tudo no universo pode estar consciente. Isso é perfeitamente consistente com a ideia de que a consciência é algo privado, algo com o que estabelecemos contato somente em nosso próprio caso, é perfeitamente consistente com essa noção que a cadeira em que estou sentado neste momento possa estar consciente. Por tudo o que sabemos, não estaria ela sofrendo uma dor lancinante? Claro, se assim o for, teremos de acrescentar a hipótese de que ela possa também estar demonstrando uma fortaleza estoica. E por que não?

Se a consciência é de fato apenas contingencialmente conectada em comportamento à sua expressão, podemos confiar em nossa imputação dela a outros seres humanos? Nosso único indício de que os humanos são conscientes é que cada um de nós, se olhar para dentro de *si*, verá *ali* a consciência. Mas como pode um homem generalizar seu próprio caso de maneira tão irresponsável? Ele não pode olhar para o interior de outros: é da essência da introspecção que ela deva ser algo que todos façamos por nós mesmos. Um homem não pode fazer uma dedução causal a partir do comportamento de outrem. Uma correlação entre consciências de outras pessoas e seu comportamento não pode jamais ser estabelecida quando o primeiro termo da correlação é em princípio inobservável.

"Somente de um ser humano", escreveu Wittgenstein, "e daquilo que se assemelha [comporta-se como] a um ser humano se pode dizer: ele tem sensações; ele vê; é cego; ouve; é mudo; é consciente ou inconsciente" (*IF* I. 281). Isso não significa que ele é um behaviorista, pois ele não identifica a experiência ao comportamento, nem mesmo às inclinações a se comportar. O ponto é que as experiências que alguém pode ter dependem de como esse alguém *pode* se comportar. Somente alguém que seja capaz de jogar xadrez pode sentir o desejo de fazer um roque; somente alguém que possa falar pode ser tomado pelo impulso de jurar. Somente um ser que possa comer pode ficar faminto, e somente um ser que possa discernir entre a luz e a escuridão pode ter experiências visuais.

A relação entre experiências de certos tipos, aliada à capacidade de se comportar de certos modos, não é uma conexão meramente contingente. Wittgenstein fez uma distinção entre dois tipos de indícios que podemos ter para a obtenção de estados de coisas, a saber: *sintomas* e *critérios*. Se a conexão entre um certo tipo de indício e a conclusão extraída daí é uma questão de descoberta empírica, por intermédio de teoria e indução, o indício pode ser chamado de um *sintoma* do estado de coisas; se a relação entre indício e conclusão não é algo descoberto por investigação empírica, mas sim algo que pode ser apreendido por qualquer um que possua o conceito do estado de coisas em questão, então o indício não é um mero sintoma, mas um *critério* do evento em questão. Um céu vermelho à noite pode ser um sintoma de bom clima na manhã seguinte, mas a ausência de nuvens, o brilho do sol etc. na manhã seguinte não são apenas sintomas, mas critérios para o bom clima. Igualmente, coçar é um critério para a coceira, e recitar "Três ratos cegos" é um critério para saber isto — embora seja claro que nem todo mundo que sinta coceira se coce e que se pode conhecer a quadrinha por anos a fio sem jamais tê-la recitado.

A exploração da noção de *critério* capacitou Wittgenstein a manter-se entre a Cila do dualismo e o Caribde do behaviorismo. Ele concordava com os dualistas quanto aos eventos particulares poderem ocorrer sem ser acompanhados de comportamento corporal; por outro lado, ele concordava com os behavioristas que a possibilidade de atribuir atos mentais às pessoas depende de tais atos possuírem, em geral, uma expressão comportamental.

Mosaico da Catedral de São Marcos, em Veneza, mostra Deus
infundindo uma alma em Adão — a alma é aqui um homúnculo com asas.

Se não é correto identificar a mente com o comportamento, é até mais enganoso, segundo Wittgenstein, identificar a mente com o cérebro. Tal materialismo é de fato um erro filosófico mais grosseiro que o behaviorismo, já que a conexão entre mente e comportamento é de feição mais íntima que aquela entre mente e cérebro. A relação entre mente e comportamento é criteriosa, algo anterior à experiência; a conexão entre mente e cérebro é contingente, descobrível pela ciência empírica. Qualquer descoberta de elos entre a mente e o cérebro deve assumir como ponto de partida os conceitos cotidianos que usamos ao descrever a mente, conceitos que são inseridos nos critérios comportamentais.

De forma um tanto paradoxal, os desenvolvimentos na filosofia da mente desde Wittgenstein mostraram que é possível combinar os erros do materialismo aos do dualismo. Uma das mais ubíquas incompreensões sobre a natureza da mente é a figura da relação da mente com o corpo como aquela entre uma pequena pessoa, ou homúnculo, por um lado, e uma ferramenta, instrumento ou máquina, por outro. Sorrimos ao ver como os pintores medievais representaram a morte da virgem Maria ao mostrarem um modelo em pequena escala da virgem emergindo de sua própria boca; mas basicamente a mesma ideia pode ser encontrada nos lugares mais inesperados, incluindo-se aí os escritos de cientistas cognitivos.

Quando primeiro relatou a ocorrência de imagens retinais, Descartes nos alertou para que não fôssemos erroneamente conduzidos, pela semelhança entre imagens e seus objetos, a pensar que quando vemos o objeto temos outro par de olhos, dentro de nosso cérebro, para ver as imagens. Mas ele mesmo acreditava que a visão seria explicada dizendo-se que a alma encontrara uma imagem na glândula pineal. Isso era uma particularmente chocante versão do que havia sido apelidado de "a falácia do homúnculo" — a tentativa de explicar a experiência e o comportamento humanos defendendo a existência de um pequeno homem dentro de um homem comum.

O que há de errado com a falácia do homúnculo? Em si, nada há de desorientador em falar de imagens no cérebro, se a intenção é falar de padrões no cérebro, observáveis por um neurologista, que podem ser mapeados em características do meio ambiente visível. Desorientador é tomar esses mapeamentos como representações, encará-los como visíveis à mente e dizer que a visão consiste na percepção dessas imagens pela mente.

O aspecto desorientador é que esse tipo de descrição pretende explicar a visão, mas as explicações reproduzem exatamente as características confusas que se supunha que explicassem, pois somente se pensarmos na relação entre uma mente e uma imagem na glândula pineal como exatamente a relação entre um ser humano e figuras observadas no meio ambiente pensaremos que um encontro entre a mente e a imagem tem de fato algum tipo de poder iluminador. Mas o que quer que necessite ser explicado no homem torna-se cerrado e inexplicado na forma de um manequim.

Hoje em dia, quando esforços vigorosos são feitos para construir uma nova ciência cognitiva da mente, é o cérebro ou partes do cérebro que comumente desempenham o papel do homúnculo. Podemos ouvir que nossos cérebros perguntam, resolvem problemas, decodificam sinais e constroem hipóteses. Os que atribuem habilidades humanas a partes de seres humanos descuram do alerta de Wittgenstein: "Somente de um ser humano e daquilo que se assemelha [comporta-se como] a um ser humano se pode dizer: ele tem sensações; ele vê; é cego; ouve; é mudo; é consciente ou inconsciente". Mas o mesmo ponto fora ressaltado milênios antes por Aristóteles, que escreveu: "Afirmar que as almas se zanguem é como se alguém dissesse que a alma teça ou construa uma casa. Provavelmente, é melhor não dizer que a alma lamente, ou aprenda, ou pense, mas que o ser humano faz essas coisas com sua alma" (*De anima* 408b12-15).

A filosofia da mente de Wittgenstein era na verdade mais próxima da de Aristóteles do que de sua contemporânea psicologia materialista. A certa altura ele acalentou a possibilidade de que pode haver atividades mentais que não possuam quaisquer correlatos no cérebro:

> Nenhuma suposição parece para mim mais natural que a de que não há processo no cérebro correlacionado com a associação ou com o pensamento; de forma que seria impossível extrair processos de pensamento de processos cerebrais. [...] É perfeitamente possível que certos fenômenos psicológicos *não podem* ser investigados fisiologicamente, porque fisiologicamente nada corresponde a eles. Eu vi este homem anos atrás: agora eu o vejo novamente, eu o reconheço, eu me recordo do seu nome. E por que deveria haver uma causa para essa recordação em meu sistema nervoso? [...] Por que não deveria haver uma regularidade psicológica à qual *nenhuma* regularidade fisiológica correspondesse? Se isso abala nosso conceito de causalidade, então já era tempo que ele fosse abalado (Z 608-610).

Esse ataque frontal à noção de que deve haver contrapartes físicas aos fenômenos mentais não foi concebido como uma defesa de qualquer tipo de dualismo. A entidade que faz a associação, a reflexão e a recordação não é uma substância espiritual, mas um ser humano corpóreo. Mas Wittgenstein parecia realmente vislumbrar como possibilidade uma alma aristotélica, ou entelequia, que opera sem veículo material — uma causa formal e final que não possui correspondência em nenhuma causa mecânica eficiente.

9

Ética

A maior felicidade do maior número

Na maior parte dos sistemas de moral, felicidade é um conceito de grande importância. Uma longa série de filósofos da moral, cuja ascendência remonta a Platão e Aristóteles, abordaram a felicidade como o bem supremo, e alguns eticistas chegaram a afirmar que os seres humanos buscam a felicidade em todas as suas escolhas[1]. Ao contestar a primazia da felicidade, Kant o fez de forma inusual. Em sua *Fundamentação* proclamou que o dever, e não a felicidade, era o supremo tema ético. À primeira vista, todavia, quando Bentham declarou que toda ação deveria ser avaliada em conformidade com a tendência que parecesse possuir para aumentar ou diminuir a felicidade, ele simplesmente reafirmou um consenso estabelecido já de longa data. Mas, analisando mais de perto, o princípio da maior felicidade de Bentham é bem diferente do tradicional eudemonismo.

Em primeiro lugar, Bentham identifica a felicidade ao prazer, situando este como a verdadeira origem da ação. Em *Uma introdução aos princípios da moral e da legislação*, Bentham principia com o célebre parágrafo:

---

1. Ver volume I, 111; volume II, 306.

> A natureza colocou o gênero humano sob o domínio de dois senhores soberanos: a *dor* e o *prazer*. Somente a eles compete apontar o que devemos fazer, bem como determinar o que na realidade faremos. Ao trono desses dois senhores estão vinculadas, por uma parte, a norma que distingue o que é reto do que é errado e, por outra, a cadeia das causas e dos efeitos.
>
> Os dois senhores de que falamos nos governam em tudo o que fazemos, em tudo o que dizemos, em tudo o que pensamos [...] qualquer tentativa que façamos para sacudir este senhorio outra coisa não faz senão demonstrá-lo e confirmá-lo (P 1. 1).

Para Bentham, portanto, maximizar a felicidade é o mesmo que maximizar o prazer. Os utilitaristas podem citar Platão como um ancestral, já que no *Protágoras* ele havia apresentado para discussão a tese de que a virtude consiste na escolha acertada de prazer e dor[2]. Aristóteles, por sua vez, estabelece uma distinção entre felicidade e prazer, mas considera o prazer em si nada mais que uma sensação. "A esse respeito não queremos nenhum refinamento, nenhuma metafísica. Não é necessário consultar Platão ou Aristóteles. Dor e prazer são aquilo que todo mundo sente como tais."

Bentham era prudente ao indicar que o prazer era uma sensação que podia ser derivada não apenas da comida, da bebida e do sexo, mas também de uma porção de outras coisas, tão diversas quanto a aquisição de riqueza, a gentileza com os animais ou a crença no cuidado de um Ente Supremo. Logo, os críticos que viam no hedonismo benthamiano um chamado à sensualidade enganavam-se redondamente. Contudo, se para um pensador como Aristóteles o prazer deveria ser identificado com a atividade desfrutada, para Bentham a relação entre uma atividade e seu prazer era do tipo causa e efeito. Se para Aristóteles o valor de um prazer era idêntico ao valor da atividade desfrutada, para Bentham o valor de cada e todo prazer era o mesmo, não importando o que o causara. "A quantidade de prazer sendo igual", escreveu, "um jogo de pega-varetas é tão bom quanto a poesia". O que valia para o prazer valia também para a dor: a quantidade de dor, e não o que a causa, é a medida de seu desvalor.

É portanto a quantificação de prazer e dor que é de primeira importância para um utilitarista: para tomarmos alguma decisão sobre uma ação ou uma política precisamos estimar a quantidade de prazer e a quantidade de dor que provavelmente resultarão. Bentham estava ciente de que tal

---

2. Ver volume I, 305.

quantificação não era tarefa das mais fáceis e ofereceu receitas para a mensuração de prazeres e dores. O prazer A valerá mais que o prazer B se for mais intenso, ou se demorar mais, ou se for mais certo, ou se for mais imediato. No "cálculo felicitário", esses diferentes fatores devem ser levados em conta e pesados comparativamente entre si. No julgar ações produtoras de prazer devemos também levar em conta a fecundidade e a pureza: uma ação prazerosa é fecunda se tem maior probabilidade de produzir uma subsequente série de prazeres, e é pura se tem menor probabilidade de produzir uma subsequente série de dores. Todos esses fatores deverão ser levados em consideração quando estivermos operando o cálculo que tenha a ver com nossos próprios assuntos; se estivermos considerando políticas públicas, deveremos depois considerar outro fator, ao qual Bentham chama "extensão" — a saber, quão amplamente as dores e os prazeres serão espalhados entre a população.

Bentham forneceu uma rima mnemônica para ajudar na operação do cálculo:

> Intensa, duradoura, certa, veloz, frutuosa, pura —
> Tais marcas perduram nos prazeres e nas dores.
> Tais prazeres buscam, se particulares, ser teu fim;
> Se for público, amplos deixe-se-os estender.
> Tais dores evitam, seja qual for tua visão
> Se dores tiverem que vir, deixe-se-as pouco estender (*P* 4. 2)[3].

Para uso do cálculo felicitário com o objetivo de definir políticas públicas, o fator crucial é a extensão. "A maior felicidade do maior número" é um lema que impressiona, mas quando posto à prova resulta enredado em ambiguidade.

A primeira questão a ser formulada é "maior número *do quê?*". Deveríamos acrescentar "eleitores", ou "cidadãos", ou "machos", ou "seres humanos", ou "seres sensíveis"? A depender de nossa resposta, a diferença será brutal. Durante os dois séculos da história do utilitarismo, a resposta da maioria de seus seguidores provavelmente seria "seres humanos", essa também a mais provável resposta de Bentham. Ele não defendia o sufrágio feminino, mas somente porque julgava que essa decisão geraria distúrbios;

---

3. Intense, long, certain, speedy, fruitful, pure –/Such marks in pleasures and in pains endure./Such pleasures seek if private be thy end;/If it be public, wide let them extend./Such pains avoid, whichever be thy view/If pains must come, let them extend to few.

em princípio, ele pensava que, com base no princípio da maior felicidade, "o clamor do sexo [feminino] é, se não melhor, ao menos tão bom quanto o do [sexo] oposto" (*B* IX. 108-109).

Em anos recentes muitos utilitaristas têm estendido o princípio de felicidade a outros seres sensíveis além da espécie humana, afirmando que os animais possuem direitos iguais aos dos seres humanos. Embora grande amante de animais (especialmente de gatos), o próprio Bentham não foi tão longe assim e teria rejeitado a ideia de que os animais possuem direitos, pois não acreditava em direitos naturais de tipo algum. Mas ao tornar o supremo critério moral uma questão de sensação ele o tornou apropriado para considerar os animais pertencentes à mesma comunidade moral que nós mesmos, já que, à semelhança dos seres humanos, os animais também sentem prazer e dor. Isso, a longo prazo, provou ser uma das consequências mais significativas da ruptura de Bentham com a tradição moral clássica e cristã, que situava o supremo valor moral nas atividades da razão e não nas dos sentidos, além de considerar os animais irracionais situados fora da comunidade moral.

Uma segunda questão sobre o princípio de utilidade é a seguinte: devem os indivíduos, ou políticos, na busca do princípio da maior felicidade, tentar controlar a quantidade de candidatos à felicidade (embora estes sejam definidos)? Significa a extensão da felicidade a um maior número que deveríamos tentar trazer mais pessoas (ou animais) à existência? Qualquer resposta que dermos estará ligada a uma terceira e muito mais difícil questão: ao medir a felicidade de uma população, consideramos somente a felicidade total ou devemos considerar a felicidade média? Devemos considerar a distribuição da felicidade assim como a de sua quantidade? Se for assim, então teremos de atingir um difícil equilíbrio entre quantidade de felicidade e quantidade de pessoas.

Esse tópico é um problema mais para a filosofia política do que para a filosofia moral. Mas mesmo se restringimos nossa consideração a questões de moralidade individual persiste um problema suscitado pela passagem inicial da *Introdução* citada acima. O hedonismo ali proclamado é de duas faces: há um hedonismo psicológico (o prazer determina todas as nossas ações) e um hedonismo ético (o prazer é o padrão de certo e errado). Mas o prazer mencionado no hedonismo psicológico é o prazer da pessoa individual; o prazer evocado no hedonismo ético é o prazer (embora quantificado) da comunidade totalmente moral. Se sou de fato predeterminado em toda ação que tem o objetivo de maximizar meu próprio prazer, qual o ponto em que alguém me dirá que estou obrigado a maximizar o bem comum? Esse problema iria pôr à prova alguns dos sucessores de Bentham na tradição utilitarista.

Bentham recomendava o utilitarismo ao contrastá-lo com outros sistemas éticos. O segundo capítulo da *Introdução* leva o título "Dos princípios contrários ao da utilidade". Ele apresenta dois desses princípios, o primeiro o do ascetismo, o segundo o da simpatia e da antipatia. O princípio do ascetismo é a imagem invertida do princípio da utilidade, aprovando as ações na medida em que elas tenderem a diminuir a quantidade de felicidade. Um homem que aceita o princípio da simpatia e da antipatia, por outro lado, julga as ações boas ou más segundo elas sejam ou não concordes com seus próprios sentimentos (P 2. 2).

O princípio do ascetismo de Bentham revela um espatalho. As tradições religiosas tinham de fato concedido um alto valor à autonegação e à mortificação da carne; mas mesmo entre orientadores religiosos é raro encontrar alguém que faça da inflicção de sofrimento sobre si mesmo o princípio abrangente de toda ação[4]. Ninguém, religioso ou secular, jamais propôs uma política de buscar a maior miséria para o maior número. O próprio Bentham admite: "O princípio do ascetismo jamais foi seguido com constância, nem jamais poderá sê-lo, por qualquer criatura viva" (P 2. 10).

O princípio de simpatia e antipatia é um receptáculo geral que inclui sistemas morais de muitas espécies distintas. Simpatia e antipatia, afirma Bentham, podem receber vários nomes vistosos: senso moral, senso comum, entendimento, regra do direito, valor das coisas, lei da natureza, razão certa e assim por diante. Os sistemas morais que apresentam a si próprios sob tais bandeiras, acredita Bentham, estão todos simplesmente colocando uma grandiosa tela na frente de um apelo ao sentimento subjetivo individual. "Todos eles recorrem à multidão de artifícios inventados com o propósito de fugir à necessidade de ir em busca de uma norma externa e de fazer o leitor acatar a convicção ou a opinião do autor como uma razão válida por si mesma" (P 2. 14). Não podemos apelar à vontade de Deus para estabelecer se algo é certo; temos de saber primeiro se esse algo é certo para decidirmos se é conforme à vontade divina. "O que é chamado de o prazer de Deus é, e deve ser por necessidade (revelação à parte), nem mais nem menos que o bom prazer da pessoa, seja quem for, que está opinando sobre o que acredita, ou pretende que seja, ser o prazer de Deus" (P 2. 18).

---

4. Um exemplo desse tipo de pessoa é o de são João da Cruz, mas mesmo ele encara isso como um meio para uma eventual felicidade superabundante; ver volume III, 284.

Bentham não revela qual a diferença significativa entre o utilitarismo e os outros sistemas morais. Podemos dividir os filósofos morais em absolutistas e consequencialistas. Os absolutistas acreditam que há alguns tipos de ação que são intrinsecamente erradas, que jamais deveriam ser feitas, independentemente de quaisquer considerações quanto a suas consequências. Os consequencialistas acreditam que a moralidade das ações deve ser julgada com base em suas consequências, e que não há nenhum tipo de ato que não possa, em circunstâncias especiais, ser justificado por suas consequências. Antes de Bentham muitos filósofos eram absolutistas, pois acreditavam em uma lei natural ou em direitos naturais. Se há direitos naturais e uma lei natural, então alguns tipos de ação, que violem aqueles direitos ou conflitem com aquela lei, são errados, não importando suas consequências.

Bentham rejeitou a noção de lei natural, com base em que não havia duas pessoas que pudessem concordar quanto ao que fosse. Ele rejeitava os direitos naturais, acreditando que direitos reais poderiam ser concedidos somente pela lei positiva; e sua maior rejeição era à ideia de que jamais se poderia abdicar dos direitos naturais; "O direito natural não passa de *nonsense*: direitos naturais e imprescritíveis, *nonsense* retórico — *nonsense* presunçoso" (*B* II. 501). Se não há lei natural e não há direitos naturais, então nenhum tipo de ação pode ser considerada eliminada em razão de uma previsão das consequências que tal ação possa ter em um caso determinado.

Essa diferença entre Bentham e os moralistas anteriores é altamente significativa, como se pode facilmente ilustrar. Aristóteles, Aquino e quase todos os moralistas cristãos acreditavam que o adultério era sempre errado. Não Bentham: as consequências vislumbradas por um adúltero em particular deveriam ser levadas em consideração antes de se fazer um julgamento moral. Um crente na lei natural, informado de que algum Herodes ou Nero matara 5 mil cidadãos inocentes, diria sem mais acréscimos: "Trata-se de um ato maligno". Um consequencialista rigoroso, antes de emitir tal juízo, faria algumas perguntas adicionais: Quais foram as consequências do massacre? O que pretendia o monarca? O que teria acontecido se ele tivesse permitido que os 5 mil sobrevivessem?

Modificações do utilitarismo

John Stuart Mill era, como Bentham, um consequencialista. Mas por outras vias ele esmaeceu certos aspectos do ensinamento de Bentham que haviam sido considerados demasiadamente ofensivos. Em seu tratado *Utilitarismo*, redigido ao final de seus cinquenta anos, ele reconhece que muitas pessoas pensaram que a ideia de que a vida não possui um fim mais elevado que o prazer era uma doutrina digna apenas dos porcos. Ele responde que é tolice negar que os humanos possuam faculdades que são maiores que aquelas que eles partilham com os animais. Isso nos permite fazer distinções entre diferentes prazeres não somente em quantidade, mas também em qualidade. "É bem compatível com o princípio da utilidade o reconhecimento do fato de que alguns *tipos* de prazer são mais desejáveis e mais valorizados que outros" (*U* 258).

Como, então, podemos classificar os diferentes tipos de prazer? "Entre dois prazeres", nos diz Mill, "se houver um para o qual todos, ou quase todos que dos dois tiveram experiência, tiverem uma incontestável preferência, independentemente de qualquer sentimento de obrigação moral que os levasse a preferir o escolhido, então será este o mais desejável prazer". Armado dessa distinção, um utilitarista pode estabelecer uma distância entre si e o porco. Poucos homens desejariam ser transmutados em um animal inferior mesmo se lhes fosse prometida uma cornucópia de prazeres bestiais. "É melhor ser um ser humano insatisfeito que um porco satisfeito." Uma vez mais, nenhuma pessoa inteligente e educada desejaria, a qualquer preço, tornar-se um tolo incapaz. "Melhor ser um Sócrates insatisfeito que um tolo satisfeito" (*U* 260).

A felicidade, segundo Mill, implica não apenas o contentamento, mas também um senso de dignidade; qualquer porção dos baixos prazeres, sem isso, não resultaria em felicidade. Correspondentemente, o princípio da maior felicidade necessita ser novamente formulado:

> O fim supremo, com referência ao qual e em razão de que todas as outras coisas são desejáveis (considerado nosso próprio bem ou o de outras pessoas), é uma existência o quanto possível privada de possível dor, e o mais ricamente possível em desfrutes, tanto em questões de quantidade quanto de qualidade; sendo o teste de qualidade, e a regra para mensurá-la em oposição à quantidade, a preferência sentida por todos aqueles que, em suas oportunidades de experiência, às quais devem ser adicionados seus hábitos de autoconsciência e auto-observação, são mais bem dotados com os meios de comparação (*U* 262).

Suponha-se, então, que um crítico assegura a Mill que o utilitarismo não precisa ser suíno. Ainda assim, Mill poderia insistir, ele não apela ao melhor na natureza humana. A virtude é mais importante que a felicidade, e atos de renúncia e autossacrifício são os mais esplêndidos entre os feitos humanos. Mill concorda que há nobreza em ser capaz de abdicar da própria felicidade em benefício de outros — mas será que o sacrifício do herói ou mártir ocorreria se ele não acreditasse que isso iria aumentar a quantidade de felicidade no mundo? Alguém que negue a si o desfrute da vida por algum outro objetivo qualquer "não é mais digno de admiração que o asceta montado em seu pedestal".

As objeções ao utilitarismo apresentam-se de dois modos diferentes. Como um código moral ele pode ser concebido para ser extremamente rígido ou para ser largamente permissivo. Os que reclamam que é muito rígido dizem que insistir no fato de que em toda ação singular devemos cuidar não apenas de nossa própria felicidade mas também da felicidade universal equivale a exigir um grau de altruísmo inalcançável por qualquer um que não seja um santo. De fato, até mesmo descobrir qual é a mais felicitária das escolhas à disposição em qualquer dado momento exige superpoderes de avaliação. Os que encaram o utilitarismo como largamente permissivo afirmam que sua abolição de proibições absolutas quanto aos tipos de ação abre caminho para que os agentes morais convençam-se de que em qualquer ocasião que se sintam dispostos para tal eles se encontram em circunstâncias especiais que podem justificar um ato que seria ultrajante em qualquer outra situação. Eles podem citar as palavras que o próprio Mill escreveu para Harriet Taylor imediatamente depois que se encontraram:

> Em qualquer situação em que haja um forte desejo de fazer o máximo para a felicidade de todos, as normas gerais não passam de apoio à prudência na escolha dos meios, nunca obrigações peremptórias. Permita-se que apenas os desejos estejam certos, e a "imaginação altíssima e refinada"; & garanta-se a rejeição de toda falsa aparência, "para o puro todas as coisas são puras"[5].

Em *Utilitarismo*, Mill apresenta uma defesa às duas objeções. Contra a alegação de rigor excessivo, ele pede que procedamos à distinção entre um padrão moral e um motivo para a ação: o utilitarismo, ao mesmo tempo em que oferece a felicidade universal como o padrão moral, não requer que ela seja o objetivo de toda ação. Além disso, não é necessário proceder a um

---
5. F. A. HAYEK, *John Stuart Mill and Harriet Taylor*, London, Routledge, 1957, 59.

cálculo felicitário em toda ocasião: é absurdo falar "como se, no momento em que algum homem se sinta tentado a mexer com a propriedade ou com a vida de outro, ele tenha de começar a avaliar pela primeira vez se o assassinato e o roubo são prejudiciais à felicidade humana" (*U* 275). Aos que alegam permissividade ele responde com um *tu quoque*: todos os sistemas morais têm de abrir espaço para as obrigações conflitantes, e a utilidade não é o único credo "capaz de nos prover com desculpas para a prática do mal e com meios de enganar nossa própria consciência" (*U* 277).

A dificuldade do utilitarismo que o próprio Mill encarava com a maior seriedade é a alegação de que se trata de uma receita para optar pela conveniência em detrimento da justiça. A isso Mill responde que os imperativos da justiça são de fato parte do campo da conveniência geral, mas que à parte isso há de fato uma diferença entre o que é conveniente, o que é moral e o que é justo. Se algo é conveniente (no sentido de conduzir à felicidade geral), então, em termos utilitaristas, deve ser feito, mas sem que seja necessário o envolvimento de qualquer questão relativa a dever. Se algo não é apenas conveniente, mas também moral, então um dever se apresenta: e é parte da noção de um dever que uma pessoa possa ser corretamente impelida a cumpri-lo. Nem todos os deveres, contudo, criam direitos correlatos em outras pessoas, e é esse elemento extra que faz a diferença entre a moralidade em geral e a justiça em particular: "A justiça implica algo que é não apenas correto fazer, e errado não fazer, mas que qualquer indivíduo possa exigir de nós como seu direito moral" (*U* 301). É importante, para Mill, assinalar a conexão entre justiça e direitos *morais*, porque ele enfatiza que pode haver direitos legais que são injustos, e clamores justos que conflitem com a lei.

Mill explica o modo pelo qual as várias noções conectadas com a justiça — aridez, imparcialidade, igualdade — têm de ser reconciliadas com o princípio utilitarista de conveniência. Em relação à qualidade ele cita uma máxima de Bentham: "todos a partir de um, nenhum por mais que um" — considera-se que a felicidade de uma pessoa vale tanto quanto a de qualquer outra. Mas ele não aborda de fato o problema inerente ao princípio da maior felicidade, o de que abre espaço para a miséria de um indivíduo ser descontada de modo que aumente o total abrangente de felicidade na comunidade.

Na verdade, em *Utilitarismo* Mill tem pouco a dizer a respeito da justiça distributiva a não ser notar que suas formas em vigor variam de sistema a sistema:

> Alguns comunistas consideram injusto que o produto do trabalho da comunidade deva ser partilhado por outro princípio qualquer que não o da exata igualdade; outros consideram justo que os que devam receber mais sejam os que mais necessitem; outros ainda sustentam que aqueles que trabalhem mais, ou que produzam mais, ou cujos serviços sejam mais valiosos à comunidade possam justamente exigir uma parcela maior na divisão da produção. E pode-se plausivelmente apelar ao sentido de justiça natural em defesa de todas essas opiniões (*U* 301).

Schopenhauer sobre a renúncia

O ensinamento ético de Schopenhauer é estreitamente ligado à sua metafísica, particularmente às teses que afirmam que o mundo da experiência é ilusório e que a verdadeira realidade, a coisa-em-si, é a vontade universal. Observamos indivíduos surgindo do nada, recebendo suas vidas como um dom e sofrendo então a perda desse dom na morte, retornando de novo ao nada. Mas se consideramos a vida filosoficamente descobrimos que a vontade, a coisa-em-si em todos os fenômenos, não é na verdade afetada pelo nascimento e pela morte.

> Pois não é este [o indivíduo], mas exclusivamente a espécie que merece os cuidados da natureza, a qual, com toda a seriedade, obra por sua conservação e prodigamente se preocupa com ela [...] O indivíduo, ao contrário, não tem valor algum para ela, nem pode ter, pois seu reino é o tempo infinito, o espaço infinito e, nestes, o número infinito de possíveis indivíduos. Eis por que ela sempre está disposta a deixar o ser individual desaparecer, o qual portanto se sujeita não apenas a sucumbir em milhares de maneiras diferentes, por meio dos acasos mais insignificantes, mas originariamente já é determinado a isso e levado a desaparecer pela própria natureza desde o instante em que tenha servido à conservação da espécie (*MVR* 359).

Não deveríamos nos preocupar mais com o pensamento de que a morte de nossa individualidade será substituída por outros indivíduos do que com o fato de que, na vida, toda vez que ingerimos nova comida excretamos lixo. A morte é apenas um sono em que a individualidade é esquecida. É somente como fenômeno que um indivíduo é distinto de outro. "Como coisa-em-si é a Vontade que aparece em tudo, a morte re-

Uma fotografia de Schopenhauer tirada por volta de 1850.

movendo a ilusão que separa a consciência própria das demais: é isto a perduração" (*MVR* 367).

A moralidade é uma questão de treino do caráter; mas em que isso consiste somente pode ser compreendido, segundo Schopenhauer, se aceitamos a reconciliação kantiana da liberdade com a necessidade. A vontade, que é a coisa-em-si, é livre desde toda a eternidade, mas tudo na natureza, inclusive a natureza humana, é determinado por necessidade. Assim como a natureza inanimada age de acordo com leis e forças, assim cada ser humano tem um caráter a partir do qual diferentes motivos pedem suas ações necessariamente. Se tivermos um conhecimento total do caráter de uma pessoa e dos motivos que são apresentados a ela, seremos capazes de calcular seu comportamento futuro do mesmo modo que podemos prever um eclipse do Sol ou da Lua. Acreditamos que somos livres para escolher entre alternativas porque antes da escolha não possuímos nenhum conhecimento sobre como a vontade irá decidir; mas a crença na liberdade da indiferença é uma ilusão.

Se toda nossa conduta ética é determinada por nosso caráter, pode parecer perda de tempo tentar aperfeiçoar quem quer que seja, sendo melhor simplesmente obedecer a toda inclinação que se apresente. Ao rejeitar esse comportamento, Schopenhauer faz uma distinção entre vários tipos de caráter. Há o que ele chama de caráter inteligível, que é a realidade subliminar, fora do tempo, que determina nossa resposta às situações apresentadas a nós no mundo. Há também o caráter empírico, isto é, o que nós e os outros aprendemos, durante a experiência, sobre a natureza de nosso próprio caráter inteligível. Por fim, há o caráter adquirido, que o é por aqueles que aprenderam a natureza e as limitações de seu próprio caráter individual, pessoas de caráter no melhor sentido, que reconhecem suas próprias forças e fraquezas e orientam seus projetos e ambições de acordo com elas.

Nossas vontades podem nunca se modificar, mas são possíveis muitos graus de consciência da vontade. Os homens, à diferença dos outros animais, possuem conhecimento abstrato e racional. Isso não os exime do controle de motivos conflitantes, mas os torna cônscios do conflito, e é isso o que significa escolher. Arrependimento, por exemplo, nunca se origina de uma mudança da vontade, o que é impossível, mas de uma mudança de conhecimento, de uma maior autoconsciência. "O conhecimento de nossa mente, com suas faculdades de todo gênero e limites inalteráveis, é, nesse sentido, o caminho mais seguro para obtermos o maior contentamento possível conosco mesmos" (*MVR* 395).

Mesmo para o melhor dos homens, Schopenhauer sustenta que não há maior esperança de contentamento. Somos todos criaturas de vontade, e vontade dessa natureza é insaciável. A base de todo querer é a necessidade e a dor, e sofremos até que nossas necessidades sejam satisfeitas. Mas se a vontade, uma vez satisfeita, carece de objetos de desejo então a vida se torna uma carga de tédio. A "vida, portanto, oscila como um pêndulo, para aqui e para acolá, entre a dor e o tédio" (*MVR* 402). Caminhar é tão somente o constante evitar a queda; a vida de nosso corpo é nada mais que o adiamento da morte; a vida de nossa mente, o constante adiamento do tédio. O flagelo da classe trabalhadora é sua carência de comida, o do mundo da moda é a ausência de distração. Toda felicidade é real e essencialmente negativa, jamais positiva.

O único modo certo de escapar à tirania da vontade é pela renúncia completa. O que a vontade deseja é sempre a vida; então, renunciar à vontade implica renunciar à vontade de viver. Isso soa como um incentivo ao suicídio, mas na verdade Schopenhauer condena o suicídio como um falso modo de escapar às misérias do mundo. O suicídio pode ser inspirado apenas por uma superestimação da vida individual; sua motivação parte de uma disfarçada vontade de viver [eternamente].

A renúncia é renúncia ao eu; o progresso moral consiste na redução do egoísmo, vale dizer, da tendência no indivíduo a fazer de si o centro do mundo e de sacrificar tudo o mais em benefício de sua própria existência e de seu próprio bem-estar. Todas as pessoas más são egoístas: elas afirmam sua própria vontade de viver e negam a presença dessa vontade nos outros, prejudicando, e talvez destruindo, a existência de outros se se colocarem em seu caminho. Há pessoas que não são apenas más, mas sim realmente cruéis; elas ultrapassam o egoísmo, obtendo prazer com o sofrimento de outros não apenas como meios para seus próprios fins, mas como um fim em si. Schopenhauer cita Nero e Robespierre como exemplos desse nível de crueldade.

Contudo, uma pessoa má comum ou rude, ao mesmo tempo em que considera a si mesma separada dos outros por um abismo, retém não obstante uma tênue consciência de que sua própria vontade é apenas a aparência fenomênica da simples vontade de viver que é ativa em todos. Ela tem apenas um vislumbre de que é em si toda essa vontade, e em razão disso é não somente aquela que inflige, mas a que perpetua a dor, uma dor da qual ela é separada somente pelo sonho ilusório de espaço e tempo. Essa percepção encontra sua expressão no remorso. O remorso no homem mau é a contraparte da resignação, que é a marca do homem bom.

Entre o homem mau e o homem bom há um caráter intermediário: o homem justo. À diferença do homem mau, o homem justo não enxerga a individualidade como um muro absoluto que o separa dos outros. Os outros, para ele, não são apenas máscaras, cuja natureza é bem diferente da sua própria. Ele está disposto a reconhecer a vontade de viver nos outros como estando no mesmo nível da sua, até o ponto de se abster de injuriar seus companheiros de espécie.

No homem bom de fato, a barreira da individualidade é penetrada em um grau bem maior, e o princípio da individuação já não é um muro absoluto de separação. O homem bom percebe que a distinção entre ele e os outros, que para o homem mau é um grande abismo, diz respeito somente a um fenômeno vago e ilusório. "Agora lhe é impossível permitir aos outros que padeçam na miséria, enquanto ele mesmo possui em abundância inclusive o supérfluo; como alguém que num dia se priva de alimento para no seguinte ter ainda mais do que efetivamente pode consumir" (*MVR* 474).

Mas o bem-estar e a benevolência não são o mais elevado estado ético, e o homem bom em breve será conduzido para além disso.

> [Se] no entanto compartilha em tal intensidade os sofrimentos alheios como se fossem os seus próprios e assim é não apenas benevolente no mais elevado grau mas está até mesmo pronto a sacrificar a própria individualidade tão logo muitos outros precisem ser salvos; então, daí, segue-se automaticamente que esse homem reconhece em todos seres o próprio íntimo, seu verdadeiro si-mesmo, e desse modo tem de considerar também os sofrimentos infindos de todos os viventes como se fossem seus; assim, toma para si mesmo as dores de todo o mundo (*MVR* 480).

Essa vontade o conduz, para além da virtude, ao ascetismo. Não será mais suficiente amar os outros como a si próprio: ele irá experimentar um tipo de horror da natureza inteira de que sua existência fenomênica é uma expressão. Ele abandonará a vontade de viver, que é a semente desse mundo miserável. Ele fará tudo o que puder para renegar a natureza do mundo como expressa em seu próprio corpo; ele observará a castidade completa, adotará voluntariamente a pobreza e jejuará e se autoflagelará. O homem ideal schopenhaueriano adota de fato o princípio ascético exposto por Bentham: "[ele refreia a vontade intencionalmente], ao compelir a si mesmo a nada fazer do que em realidade gostaria de fazer; ao contrário, faz tudo o que não gostaria de fazer, mesmo se isto não tiver nenhum outro fim senão justamente o de servir à mortificação da vontade" (*MVR* 484-485). Tal ascetismo, ele afirma, não é um ideal vão, mas pode ser aprendido pelo sofrimento e tem sido praticado por muitos santos cristãos, e mais ainda pelos hindus e budistas.

É verdade que a vida de muitos santos tem sido repleta da mais absurda superstição. Os sistemas religiosos, acreditava Schopenhauer, são a roupagem mítica das verdades que em sua forma nua são inacessíveis à multidão não educada. Mas, diz ele, "é tão necessário o santo ser um filósofo quanto o filósofo ser um santo" (*MVR* 487).

O poder da prosa schopenhaueriana, aliado ao feitiço de suas metáforas, dá a impressão de grandiosidade a seu sistema ético. Mas ele se apoia em uma falsa metafísica, e isso conduz a uma autoestupidificante conclusão. Não há razão para acreditar que o mundo é nada senão uma ideia ilusória, ou para aceitar que a vontade insaciável é a realidade suprema. Da alternância entre o desejo e a satisfação, Schopenhauer concluiu que a vida é uma história de sofrimento e tédio; da mesma premissa ele poderia com igual justificação ter concluído que é uma história de excitação e contentamento. Para diferenciar o mundo da vontade do mundo da representação, e para atingir a coisa-em-si, ele tem de convencer a cada um de nós de que nossa própria individualidade é a realidade fundamental; para nos convencer a ascender na trilha da virtude ao ascetismo, ele deve nos fazer aceitar que nossa individualidade não é nada senão ilusão.

Schopenhauer não fornece nenhuma razão convincente, a não ser um preconceito em favor do pessimismo, de por que deveríamos adotar o programa ascético com o qual ele conclui sua obra. Na verdade, quanto mais filantropa uma pessoa for, mais ela se identificará com as vidas dos outros; mas por que deveria ela se identificar somente com seus sofrimentos e não também com seus contentamentos? São Francisco de Assis mortificou sua carne tão severamente quanto qualquer místico hindu, e mesmo assim sua oração era a de que ele iria substituir o desespero, as trevas e a tristeza por esperança, luz e alegria.

A completa renúncia à vontade à qual somos convocados por Schopenhauer aparenta ser uma contradição em termos, pois se a renúncia é voluntária ela é em si um ato da vontade, e se é necessária não é uma renúncia de fato. Schopenhauer tenta escapar do paradoxo com o apelo à distinção kantiana entre um fenômeno que é necessário e uma coisa-em-si que é livre. Mas a vontade que é livre está fora do tempo, enquanto a história de qualquer santo autodespojado pertence ao mundo dos fenômenos. Um único ato de autonegação não pode estar ao mesmo tempo no tempo e fora dele.

A ascese moral em Kierkegaard

O sistema moral de Kierkegaard assemelha-se ao de Schopenhauer de diversos modos. Os dois filósofos assumem uma visão profundamente pessimista da condição ética do ser humano comum, e ambos advogam um percurso espiritual que conduz à renúncia. Mas, se o sistema de Schopenhauer é construído sobre a metafísica ateia, o de Kierkegaard evolui contra o pano de fundo da cristandade protestante. Para ele, a renúncia, que é o ponto alto da vida ética, é apenas uma preliminar para o salto definitivo da fé. Se o programa de Schopenhauer é concebido para conduzir ao apagamento da individualidade, Kierkegaard busca colocar o indivíduo em posse total de sua própria personalidade como criatura única de Deus.

O estágio final da jornada espiritual kierkegaardiana será considerado no capítulo 12. Aqui nos ocuparemos com o estágio anterior — o ético, situado entre o estético e o religioso. A pessoa estética de Kierkegaard é governada por seus sentimentos e cega aos valores espirituais, mas não devemos pensar nela como um rústico, um glutão filisteu ou como um depravado sexual. Da forma como é retratada como um dos dois protagonistas de *Ou/ou*, é uma pessoa culta, cumpridora da lei, popular socialmente e privando da consideração dos outros. O que a diferencia de um rígido agente moral é o fato de evitar abraçar certos compromissos que limitariam sua capacidade de sair em busca do que é imediatamente atraente. Para preservar sua liberdade de escolha, ela se recusa a assumir qualquer cargo público ou privado e evita amizades profundas e, acima de tudo, o casamento.

A pessoa estética, argumenta Kierkegaard, ilude-se ao pensar em sua existência como uma existência de liberdade; na verdade ela é extremamente limitada.

> No caso de alguém imaginar uma casa, consistindo em porão, térreo e *premier étage*, ocupada de tal modo ou, antes, de tal modo arrumada, que fora planejada para uma distinção de posição entre os moradores dos diferentes pisos; e no caso de que alguém procedesse a uma comparação entre essa casa e o que significa ser um homem — então, desafortunadamente, a lamentável e ridícula condição da maioria dos homens é a de que em sua própria casa preferem viver no porão. A síntese alma–corpo presente em todo homem é planejada com vistas a tornar-se espírito, esta a sua estrutura; mas o homem prefere permanecer no porão, isto é, nos limites do sensual. E não só prefere viver no porão; não, a isso ele ama em tal grau que se zanga quando se lhe propõe que ocupe o primeiro andar, o *piano nobile*, que permanece vago à sua disposição — porque afinal ele se encontra em sua própria casa (*SD* 176).

Tal pessoa, afirma Kierkegaard, encontra-se em um estado de desespero. A maneira como se utiliza a palavra "desespero" em *A doença mortal* não significa um estado de escuridão e depressão; a pessoa estética, na verdade, pode muito bem acreditar que é feliz. Uma pessoa desesperada, em termos kierkegaardianos, é uma pessoa que não acalenta a esperança de nada mais elevado que sua vida presente. Desesperar é a ausência de percepção da possibilidade de atingir um eu espiritual mais elevado. Assim entendido, o desespero não é um fenômeno raro, mas completamente universal. Na expressiva frase de Kierkegaard, os homens, em sua maioria, "penhoram a si próprios ao mundo". "Fazem uso dos seus talentos, acumulam dinheiro, cuidam dos afazeres mundanos, fazem cálculos perspicazes etc. etc., conseguem talvez uma menção na história, mas si mesmos eles não são; em sentido espiritual eles não possuem eu, nenhum eu em benefício do qual poderiam ousar tudo" (SD 168).

O primeiro passo para uma cura é a descoberta de que se está desesperado. Ali nos recessos ocultos da felicidade da pessoa estética já se esconde um medo angustiado. Gradualmente, ela pode vir a perceber que sua dissipação é uma dispersão de si mesma. Será então confrontada com a escolha entre se render ao desespero ou se reerguer dedicando-se a uma existência ética.

A natureza desse tipo de existência e a necessidade de assumi-la são verbalizadas de modo mais completo na correspondência do juiz Vilhelm, o autor fictício da segunda parte de Ou/ou. Vilhelm é ele mesmo um bem recompensado membro da sociedade ética: vive um feliz casamento, é pai de quatro crianças e juiz da corte civil. Infelizmente para o leitor, ele tem também um estilo de escrita solene e repetitivo, bem diferente do estilo agudo e beletrista com o qual Kierkegaard brindou o autor estético da primeira parte de Ou/ou, que aqui é agora o destinatário das cartas edificantes do juiz.

Vilhelm expressa com grande esforço o contraste entre o caráter ético e o caráter estético, algo que assim resume:

> Dissemos que toda visão de vida estética era o desespero; isso se dava porque ela fora erigida sobre o que poderia ou não poderia ser. Não é o que se dá com a visão de vida ética, pois esta erige a vida sobre o que tem sido como sua propriedade essencial. O estético, já afirmamos, reside em que uma pessoa é imediatamente aquilo que ela é; o ético é aquilo por meio do que uma pessoa se torna o que ela se torna (E/O 525).

Kierkegaard concede grande importância ao conceito de *self* [eu]. As pessoas desejam com frequência ter os talentos ou virtudes de outros; mas elas jamais desejam seriamente ser outro, ter um eu outro que não o seu próprio (*E/O* 517). No estágio estético, o eu é incompleto e indiferenciado; um atoleiro de possibilidades não realizadas e conflitantes entre si: a vida é uma série histérica de experimentos sem conclusão. O esteta encontra-se em um estado de permanente gestação: sempre em trabalho e nunca dando à luz um eu. Adentrar no estágio ético é assumir a formação de um eu próprio verdadeiro, em que "eu" significa algo como um caráter escolhido livremente. Em vez de meramente desenvolver seus talentos, as pessoas escolhem seguir uma vocação. A vida ética é uma vida de dever; um dever, contudo, não imposto de fora, mas internamente assumido. A própria evolução do indivíduo implica a internalização da lei universal.

> Somente quando o próprio indivíduo é o universal, somente então pode o ético ser realizado. Esse é o segredo da consciência; é o segredo que a vida individual partilha consigo mesma, que é a um e mesmo tempo uma vida individual e também universal. [...] A pessoa que considera a vida eticamente enxerga o universal, e a pessoa que vive eticamente expressa sua vida no universal; ela torna a si mesma no homem universal, não ao se desnudar de sua concretude, porque senão ela não seria nada de fato, mas ao trajar essa concretude e permeá-la com o universal (*E/O* 547).

Em gramáticas de idiomas estrangeiros escolhe-se alguma palavra em particular como paradigma para ilustrar o modo como se declinam os substantivos e se conjugam os verbos. As palavras escolhidas não possuem nenhuma prioridade específica sobre qualquer outro substantivo ou verbo, mas elas nos ensinam algo sobre todo substantivo e todo verbo. De modo similar, Vilhelm diz: "Todos podem, se assim o quiserem, tornar-se um homem paradigmático, não ao atacar sua contingência, mas permanecendo nela e enobrecendo-a. Ele a enobrece ao escolhê-la" (*E/O* 552). O padrão que ele oferece para ser seguido conduz à aquisição de virtudes pessoais, de virtudes cívicas e termina enfim com as virtudes religiosas. O homem a quem frequentemente Kierkegaard mais elege como o paradigma da pessoa ética é Sócrates. Sua vida ilustra o fato de que o estágio ético pode fazer demandas estritas ao indivíduo e demandar um heroico autossacrifício.

O juiz Vilhelm não nos oferece a última palavra de Kierkegaard sobre moralidade, pois em seu sistema o ético não é a mais elevada categoria. O próprio Kierkegaard jamais teve um emprego ou se casou, duas marcas da vida ética. Por si próprio e pelo histórico de sua família, ele se sentiu incapaz de partilhar totalmente todos os segredos que julgava serem essenciais para um bom casamento. Confrontado com as exigências feitas pela vida ética, Kierkegaard nos diz, o indivíduo torna-se vividamente consciente da debilidade humana; ele pode tentar superar essa condição pela força de vontade, mas descobrir-se-á incapaz de fazê-lo. Ele se torna cônscio de que seus próprios poderes são insuficientes para atender às exigências da lei moral. Isso o conduz a um sentimento de culpa e a uma consciência do pecado. Para escapar disso ele deve ascender da esfera ética para a esfera religiosa: deve então dar "o salto de fé"[6].

Nietzsche e a tresvaloração de valores

Nietzsche concorda com Kierkegaard que um chamado à vida cristã é algo que não pode ser justificado pela razão. Mas, se Kierkegaard conclui afirmando "Pior para a razão", Nietzsche conclui ser "Pior para o chamado ao cristianismo". Não que Nietzsche tenha despendido muito tempo na demonstração da irracionalidade do cristianismo: sua principal queixa sobre ele era antes que era baixo e degradante. Em obras como *Genealogia da moral*, ele busca não tanto refutar as afirmações da moralidade cristã quanto elucidar seu ignóbil *pedigree*.

A história, afirma Nietzsche, apresenta dois tipos diferentes de moralidade. Nos tempos antigos, aristocratas fortes e privilegiados, julgando a si próprios pertencentes a uma ordem mais elevada que a de seus camaradas, descreviam suas próprias qualidades — nobreza, berço, bravura, integridade, louridão e assemelhadas — como "boas", enquanto consideravam más as características dos plebeus — vulgaridade, covardia, infidelidade e negridão. Essa era a moral do senhor. Os pobres e fracos, ressentidos com o poder dos ricos e aristocratas, viraram esse sistema de cabeça para baixo, erigindo seu próprio e contrastante sistema de valores, uma moralidade para o rebanho que confere uma recompensa a características como humildade, simpatia e benevolência, o que beneficia o submisso. Eles consideravam o tipo aristocrático de pessoa não simplesmente mau (*schlecht*), mas positivamente cruel (*höse*). O erigir desse novo sistema foi por Nietzsche chamado de "uma tresvaloração[7] de valores", e ele atribuía isso aos judeus.

---

6. O ensinamento de Kierkegaard sobre fé e religião é discutido no capítulo 12.
7. Sigo aqui a tradução de Paulo César de Souza para o original alemão *Umwertung der Werte*. (N. do T.)

> Foram os judeus que, com apavorante coerência, ousaram inverter a equação de valores aristocrática (bom = nobre = belo = feliz = caro aos deuses), e com unhas e dentes (os dentes do ódio mais fundo, o ódio impotente) se apegaram a esta inversão, a saber, "os miseráveis somente são os bons, apenas os pobres, impotentes, baixos são bons, os sofredores, necessitados, feios, doentes são os únicos beatos, os únicos abençoados, unicamente para eles há bem-aventurança — mas vocês, nobres e poderosos, vocês serão por toda a eternidade os maus, os cruéis, os lascivos, os insaciáveis, os ímpios, serão também eternamente os desventurados, malditos e danados!..." (*GM* 26).

A revolta dos escravos, iniciada pelos judeus, obteve seu triunfo com a ascensão do cristianismo. Na própria Roma, antes a pátria da virtude aristocrática, os homens agora inclinavam-se diante de quatro judeus: Jesus, Maria, Pedro e Paulo (*GM* 44).

O cristianismo apresentou a si próprio como uma religião de amor, mas na verdade, segundo Nietzsche, ele estava enraizado em fraqueza, medo e malícia. Seu tema dominante é o que Nietzsche chama de *ressentimento*, o desejo de vingança do fraco perante o forte, que se disfarça como o desejo de punir o pecador. Os cristãos posam de executores de mandamentos divinos, mas isso não é senão para ocultar sua própria má consciência. Os cristãos exaltam a compaixão como uma virtude, mas quando auxiliam os aflitos isso se dá comumente porque lhes agrada o exercício de poder sobre eles. Mesmo quando a filantropia não é hipócrita ela causa mais mal que bem, pois humilha o sofredor. A piedade é um veneno que infecta uma pessoa compassiva com o sofrimento dos outros (Z 112).

O sucesso do cristianismo levou à degeneração da raça humana. A ternura sistemática pelos fracos rebaixa a saúde e o vigor gerais da humanidade. Isso resulta em que o homem moderno é um simples anão, que perdeu a vontade de ser verdadeiramente humano. A vulgaridade e a mediocridade tornam-se a norma, e somente de quando em quando lampeja ainda uma encarnação do nobre ideal.

> Por outro lado, na Europa de hoje o homem de rebanho se apresenta como a única espécie de homem permitida, e glorifica seus atributos, que o tornaram manso, tratável e útil ao rebanho, como sendo as virtudes propriamente humanas: a saber, espírito comunitário, benevolência, diligência, moderação, modéstia, indulgência, compaixão. Mas, nos casos em que se acredita não poder dispensar o chefe e carneiro-guia, fazem-se hoje muitas tentativas de substituir os comandantes pela soma acumulada de homens de rebanho sa-

gazes: eis a origem de todas as Constituições representativas, por exemplo. Apesar de tudo, que benefício, que alívio de uma pressão já intolerável representa, para esses europeus bichos-de-rebanho, a aparição de alguém que manda incondicionalmente; disso o maior estímulo recente é o efeito produzido pelo surgimento de Napoleão — a história do surgimento de Napoleão é quase a história da superior felicidade que este século alcançou em seus homens e momentos mais preciosos (*ABM* 97-98).

Para que a raça humana escape à decadência, o primeiro passo tem de ser a reversão dos valores do cristianismo, com a introdução de uma segunda tresvaloração de valores. "Os fracos e malogrados devem perecer: primeiro princípio de *nosso* amor aos homens" (*AC* 11), escreveu Nietzsche na primeira página de seu *O anticristo*. Os seres humanos enquadram-se em dois tipos: "ascendentes" e "decadentes", vale dizer, pessoas que representam as trilhas evolutiva e regressiva da evolução humana. Nem sempre foi fácil dizer qual é um e qual é outro — somente o próprio Nietzsche possuía o faro ideal para discriminar entre os dois —, mas uma vez identificadas as criaturas decadentes teriam de abrir caminho para as bem-formadas, tirando delas o mínimo de espaço, energia e raios de sol que for possível (*WP* 373).

Contudo, não é apenas a moralidade cristã que tem de ser derrubada. É necessário superar a oposição entre bem e mal que é a característica de qualquer moralidade escrava. Não são apenas os cristãos, por exemplo, que consideram a verdade um valor fundamental. E no entanto, argumenta Nietzsche, não deveríamos objetar quaisquer juízos apenas por serem falsos.

> A questão é em que medida ele promove ou conserva a vida, conserva ou até mesmo cultiva a espécie; e nossa inclinação básica é afirmar que os juízos mais falsos (entre os quais os juízos sintéticos *a priori*) nos são os mais indispensáveis, que, sem permitir a vigência de ficções lógicas, sem medir a realidade com o mundo puramente inventado do absoluto, do igual a si mesmo, o homem não poderia viver — que renunciar aos juízos falsos equivale a renunciar à vida, negar a vida. Reconhecer a inverdade como condição de vida: isto significa, sem dúvida, enfrentar de maneira perigosa os habituais sentimentos de valor; e uma filosofia que se atreve a fazê-lo se coloca, apenas por isso, além do bem e do mal (*ABM* 11-12).

A verdade é aquele tipo de erro sem o qual um determinado ser vivo não pode sobreviver. A vida é o supremo valor a partir do qual todos os outros devem ser julgados. "Ao falar de valores, falamos sob a inspiração, sob a óptica da vida", diz Nietzsche, "a vida mesmo nos força a estabelecer valores, ela mesma valora através de nós, *ao* estabelecermos valores" (*CI* 37). A vida humana é a mais elevada forma de vida que já emergiu, mas no mundo contemporâneo ela afundou ao nível de algumas das formas de vida que a precederam. Devemos afirmar a vida e conduzi-la a um novo nível, uma síntese que transcenda a tese e a antítese entre senhor e escravo, o Além-do-homem (*Übermensch*).

A proclamação do Além-do-homem é a mensagem profética do mensageiro oracular Zaratustra, da obra homônima de Nietzsche. O Além-do-homem será a mais elevada forma de vida, a suprema afirmação da vontade de viver. Mas nossa vontade de viver não deve ser, à semelhança da de Schopenhauer, do tipo que favoreça o fraco; deve ser uma vontade de potência. A vontade de potência é o segredo de toda a vida; toda criatura viva busca descarregar sua força, a fim de dar amplo alcance a sua capacidade. O prazer é tão somente a consciência do exercício de poder. O conhecimento — na medida em que não pode haver conhecimento onde não há verdade absoluta — é apenas um instrumento do poder. A maior conquista do poder humano será a criação do Além-do-homem.

A humanidade é apenas um estágio no caminho do Além-do-homem, que é quem dá sentido ao mundo. "A humanidade é algo que deve ser ultrapassado: o homem é uma ponte, não uma meta" (Z 44). O Além-do-homem, contudo, não passará a existir por intermédio das forças da evolução, mas somente pelo exercício da vontade. "Deixe que sua vontade diga 'Além-do-homem *tem de ser* o sentido da Terra'".

Zaratustra diz: "Você pode seguramente criar o Além-do-homem! Talvez não vocês próprios, meus irmãos! Mas vocês podem transformar-se nos pais fundadores e nos ancestrais do Além-do-homem: e permitir seja esta sua mais refinada criação!" A chegada do Além-do-homem seria a perfeição do mundo e a ele daria sentido. Mas em razão da eterna recorrência ela não será o fim da história. O Além-do-homem terá uma segunda, uma terceira e um infinito número de chegadas.

Como será o Além-do-homem? Isso é algo que necessitamos saber se seu personagem deve apresentar qualquer padrão a partir do qual irá proceder a um julgamento da virtude e do vício humanos. Mas Zaratustra tem muito pouco a dizer sobre ele, e em suas últimas obras filosóficas Nietzsche havia muito não mais empregava o conceito. Ele continuou, no entanto, a falar de "seres humanos elevados", e temos a impressão de que

Os Além-do-homem na forma como foram representados
em sobrecapa de uma edição de um livro de Nietzsche.

seu ideal seria uma combinação de Goethe e Napoleão, cada um dos quais, de modos diferentes, desenvolveu uma variedade de talentos ao seu grau máximo. Essa combinação é mais plausível que uma outra que ele rascunhou em um livro de notas: "Um César romano com a alma do Cristo".

É difícil emitir um juízo crítico sobre a ética de Nietzsche, já que sua escrita é com frequência propositadamente caótica, e não surpreende que os estudiosos variem amplamente em suas interpretações e avaliações do filósofo. Não é fácil, por exemplo, descobrir em que ponto Nietzsche se debruça sobre um tema como o da moralidade da crueldade. Ao denunciar o papel desempenhado pela culpa na moral do escravo, ele descreve com eloquente ultraje as torturas infligidas por perseguidores hipócritas. Mas ele é complacente com os excessos de suas aristocráticas "feras louras" que "talvez saiam de uma horrível empreitada de assassinato, incêndio, estupro e tortura com bravata e equanimidade moral, como se fossem estudantes agitados aplicando um trote".

Por certo Nietzsche é um entusiasta sempre que o assunto é a guerra. "Renunciamos à *vida grande* ao renunciar à guerra" (*CI* 35). A guerra é uma educação na liberdade, e liberdade implica que os instintos másculos que se deleitam na vitória triunfem sobre qualquer outro instinto, incluído aí o desejo de felicidade. "O ser humano *que se tornou livre*, e tanto mais ainda o *espírito* que se tornou livre, pisoteia a desprezível espécie de bem-estar com que sonham pequenos lojistas, cristãos, vacas, mulheres, ingleses e outros democratas" (*CI* 88).

Também o suicídio, em certas circunstâncias, desperta a admiração de Nietzsche. Os médicos deveriam recordar a seus pacientes que as pessoas doentes são parasitas da sociedade, e que chega um tempo em que é indecente viver mais.

> Morrer orgulhosamente, quando não é mais possível viver orgulhosamente. A morte escolhida livremente, a morte empreendida no tempo certo, com lucidez e alegria, em meio a filhos e testemunhas: de modo que ainda seja possível uma real despedida, em que ainda *está ali* aquele que se despede, assim como uma real avaliação do que foi alcançado e pretendido, uma *suma* da vida — tudo em contraste com a miserável e terrível comédia que o cristianismo fez da hora da morte (*CI* 84).

Se você der cabo de si mesmo, Nietzsche conclui, estará fazendo o que é mais admirável: algo que quase lhe garante o direito de viver.

Mas seria Nietzsche um ético no fim das contas? É ele um autêntico moralista, com visões altamente não convencionais sobre a virtude e o vício, ou é alguém totalmente amoral, a quem não interessa o certo ou o errado? Por um lado, ele opera claramente no mesmo campo que os grandes moralistas do passado: seu ser humano ideal guarda uma semelhança com o homem de grande alma da *Ética a Nicômaco* de Aristóteles. Por outro, ele mesmo declara não estar apenas professando visões inéditas do mal e do bem, e sim estar mesmo transcendendo essas categorias. Ele chama a si próprio de imoralista, afirma que não existem fatos morais e dá o melhor de si para desvalorizar os dois conceitos-chave da maior parte dos sistemas morais, a saber, a justiça e a culpa.

A resposta, penso eu, é que Nietzsche compartilha com a moral tradicional uma suprema preocupação a respeito do florescimento humano, e o motivo que o leva a condenar muitas virtudes convencionais é precisamente ele acreditar que elas obstruem, e não que auxiliem, a conquista de uma vida digna. Mas em sua preferência pelo maior em detrimento do bom, e do nobre antes que do cavalheiro, ele revela ter um critério fundamentalmente estético, antes que ético, da vida boa. Seu ser humano ideal não apenas não ama seu próximo, mas *nem mesmo tem* próximos.

Ética analítica

Como eticista, G. E. Moore está no polo oposto a Nietzsche. Ele situa a bondade no ápice da pirâmide dos conceitos morais, sem dedicar grande atenção às questões genealógicas sobre a origem e a evolução do conceito. Em seu *Principia ethica* (1903) ele julga ter dado uma resposta à questão "Como deve ser definida a bondade?" simplesmente pela inspeção do objeto ou ideia que a palavra "bom" representa. A questão, ele confirma, é fundamental, e deve ser confrontada antes que se pergunte que tipo de ações se deve desempenhar, pois as ações que se devem desempenhar são aquelas que irão resultar em mais bem a existir no universo que qualquer outro tipo de alternativa possível.

Assim, antes de se perguntar que coisas são boas, deve-se perguntar que tipo de propriedade é a bondade em si. A questão, ele confirma, não pode ser respondida por qualquer definição de bondade, porque a bondade é uma noção simples, indefinível, como a noção de amarelo. Mas, à diferença da amarelidão, que é uma propriedade natural das coisas, a bondade, insiste Moore, é uma qualidade não natural. Se se considera a bondade, e qualquer outra propriedade a ela relacionada, como o prazer, vê-se que "possuímos duas diferentes noções diante de nossas mentes". Mesmo se todo bom fosse de fato prazeroso, daí não se segue que "bom" e "prazeroso" tenham o mesmo significado. Identificar a bondade com qualquer propriedade como a do prazer seria incorrer na falácia naturalista de confundir uma propriedade não natural com uma do tipo natural.

Embora confirme que a bondade não é uma propriedade natural, ele não nega que ela possa ser uma propriedade das coisas naturais. De fato, uma das principais tarefas da filosofia moral era identificar quais coisas possuíam essa propriedade não natural. Após minuciosa investigação, Moore concluiu que as únicas coisas que possuem bondade intrínseca são a amizade e a experiência estética.

Os argumentos oferecidos em *Principia ethica* são extraordinariamente frágeis, e o próprio Moore iria admitir depois que não havia "dado qualquer explicação defensável do que pretendia ao dizer que 'bom' era uma propriedade natural"[8]. Mesmo assim o livro teve influência memorável, especialmente a partir de dois importantes grupos de admiradores. O grupo de Bloomsbury, notadamente John Maynard Keynes, Lytton Strachey e E. M. Forster, considerou o livro um mapa para um estilo de vida que descartava as noções convencionais de respeitabilidade e retidão. Em adição a isso, os filósofos profissionais que não conseguiam engolir a noção de bondade como uma propriedade não natural fizeram não obstante uso

---

8. P. A. SCHILLP (ed.), *The Philosophy of G. E. Moore*, Chicago, Open Court, 1942.

da expressão "falácia naturalista" como um mantra para descartar teorias morais que desaprovavam.

Sob a influência do positivismo lógico, contudo, alguns filósofos começaram a negar que a bondade fosse algum tipo de propriedade, natural ou não natural, e a afirmar que declarações éticas não eram no fim de contas afirmações de fato. Assim, A. J. Ayer confirmava que quando digo "Roubar dinheiro é errado"

> produzo uma sentença que não tem significado factual — isto é, que não expressa proposição alguma que possa ser ou verdadeira ou falsa. É como se eu tivesse escrito "Roubar dinheiro!!" — frase em que o formato e a firmeza dos pontos de exclamação mostram, por uma conveniente convenção, que um tipo especial de desaprovação moral é o sentimento que está sendo expresso. É claro que ali não se diz nada que possa ser verdadeiro ou falso. Outro homem pode discordar de minha opinião sobre a impropriedade de roubar, no sentido de que ele pode não possuir os mesmos sentimentos em relação ao roubo que eu, e ele pode se desentender comigo por conta de meus sentimentos morais. Mas ele não pode, estritamente falando, me contradizer (*LTL* 107).

Essa visão a respeito das declarações éticas recebeu o nome de "emotivismo". Mas, enquanto Ayer pôs ênfase na expressão das emoções individuais, outros emotivistas viram como função da linguagem moral o encorajamento de sentimentos e atitudes em outras pessoas. Mas nenhum emotivista foi capaz de fornecer uma descrição convincente do caráter privado dos sentimentos em questão ou de demonstrar de que modo a lógica entra no raciocínio moral quando utilizamos palavras como "porque" e "todavia".

R. M. Hare (1919-2002), um professor em Oxford que mais tarde veio a ser professor de filosofia moral da cadeira White, ansiava por abrir espaço para a lógica no interior da ética. Em *A linguagem da moral* (1952) e *Liberdade e razão* (1963), Hare salientou que há uma lógica de imperativos não menos que uma lógica da asserção, e desenvolveu isso para expor uma teoria do raciocínio moral, distinguindo os significados prescritivo e descritivo. Uma afirmação descritiva é aquela cujo sentido é definido pelas condições factuais de sua verdade. Uma afirmação prescritiva é a que implica logicamente, talvez em conjunção com afirmações descritivas, ao menos um imperativo. Assentir a um imperativo é recomendar uma ação, dizer a si próprio ou a outrem para fazer isso ou aquilo. A linguagem prescritiva apresenta-se em duas formas: imperativos diretos e juízos de valor.

Juízos de valor podem conter uma palavra como "bom" ou uma palavra como "deve". Chamar algo de "bom" é recomendar esse algo; chamar algo de um bom X é dizer que esse é o tipo de X que deve ser escolhido por qualquer um que queira um X. Haverá diferentes critérios para a bondade dos Xs e para a bondade dos Ys, mas isso não implica uma diferença no significado da palavra "bom", que é esgotada por sua função recomendatória. Afirmações do tipo "deve" — que Hare, na trilha de Hume, julga jamais poderem ser derivadas de afirmações do tipo "é" — implicam logicamente imperativos. "A deve para ϕ" implica logicamente uma ordem para ϕ dirigida não somente para A mas para qualquer outro que esteja em uma situação relevantemente similar, e entre os destinatários está o próprio emissor da sentença. A disposição do emissor para obedecer à ordem, se a ocasião se apresentar, é o critério de sua sinceridade ao emitir a sentença. Sentenças do tipo deve não são apenas prescritivas, mas, à diferença de mandamentos comuns ou rudes, universalizáveis.

Hare faz uma distinção entre ética e moral. Ética é o estudo das características gerais da linguagem moral, entre as quais as mais importantes são a prescritibilidade e a universabilidade de ações específicas. Em princípio, a ética é neutra entre sistemas diferentes e conflitantes, o que não significa que seja praticamente vazia, pois tão logo um entendimento da ética seja associado aos desejos e crenças de um agente moral real ela pode conduzir a juízos morais concretos e importantes.

O modo pelo qual a prescritibilidade e a universabilidade tornam-se parte de um real argumento moral é explicado por Hare da seguinte forma: embora nada senão minhas próprias escolhas autorizem meus julgamentos morais, minhas escolhas que são adicionadas às propriedades lógicas da linguagem moral dão origem a algo semelhante a uma Regra de Ouro. Suponhamos que A deva dinheiro a B, B deva dinheiro a C e nenhum deles esteja em condições de saldar o débito na data aprazada. B pode julgar que "A deve ser preso", mas uma vez que esse juízo é universalizável, e B encontra-se na mesma situação que A, o juízo implica logicamente, para B: "Eu devo ser preso" — um juízo que não é provável contar com seu assentimento. Hare confirmava que considerações desse tipo conduziriam à adoção de um rústico sistema utilitarista de juízos morais, dado acreditar, implausivelmente, que somente uma pequena minoria de fanáticos se alegraria em receber o que recomendara para outros.

No final da década de 1950, o prescritivismo hariano foi submetido a uma crítica devastadora por vários colegas de Oxford, entre os quais se destacaram Foot, Geach e Anscombe.

Philippa Foot (1920-), em "Crenças morais" (1958) e "Bondade e escolha" (1961), atacou a distinção entre predicados descritivos e avaliadores ao concentrar sua atenção nos nomes de virtudes e vícios privados. Ela nos convida a avaliar palavras como "rude" e "corajoso". Não é difícil descrever em termos puramente factuais os comportamentos que mereceriam esses epítetos, mas ainda assim chamar alguém de rude ou corajoso é claramente uma questão de avaliação.

Um juízo não pode ser tratado da mesma forma que um juízo moral, argumenta Foot, com base apenas em características formais como universabilidade e prescritibilidade. Ao meramente fazer as escolhas apropriadas, ninguém pode tornar o bater palmas três vezes por hora em uma boa ação ou determinar que o que faz de um homem um bom homem é o fato de ele ser ruivo. Crenças morais devem dizer respeito a traços e ações que são benéficos ou danosos aos seres humanos. Dado não ser uma questão de escolha humana que traços e ações promovem ou diminuem o florescimento humano, os juízos morais também não podem, do mesmo modo, depender da escolha humana apenas.

No mundo antigo e medieval, a análise das virtudes e dos vícios e a investigação de sua relação com a felicidade foram uma parte bem substancial da filosofia moral. Deve-se largamente a Philippa Foot o fato de a teoria da virtude, em décadas recentes, e após séculos de negligência, ter voltado a ocupar um lugar de destaque na filosofia moral.

Peter Geach (1916-), em "Bem e mal" (1956), atacou a distinção descritivo-avaliadora também para o caso dos termos mais gerais, tais como "bom". A distinção importante, afirmava ele, é aquela entre termos atributivos e predicativos. No caso de um termo predicativo como "vermelho" pode-se saber no que consiste para um X ser vermelho sem saber o que seja um X. O mesmo não se dá com termos atributivos como "largo" ou "falso". "Bom" e "mau", diz Geach, são sempre atributivos, e não predicativos. Se afirmamos a respeito de um indivíduo A que ele é bom *simpliciter*, queremos realmente dizer que ele é um bom homem, e se dizemos de um comportamento que ele é bom queremos dizer que é uma boa ação humana. É portanto tolice observar alguma propriedade chamada bondade ou alguma atividade chamada recomendar, que estão sempre presentes quando chamamos algo de bom.

Em "Asserção" (1965), Geach demonstrou que o significado de "bom" não pode ser explicado em termos de recomendação, porque em muitos contextos o utilizamos sem qualquer intenção de recomendar. "Bom" pode ser predicado, por exemplo, em orações "se". Não é preciso que al-

Elizabeth Anscombe e Peter Geach, o mais
intelectualmente formidável casal filosófico do século XX.

guém que diga "Se a contracepção é uma boa coisa, então a distribuição gratuita de camisinhas é uma coisa boa" recomende seja a contracepção, seja a distribuição gratuita de camisinhas. Naturalmente, "bom" pode em algumas ocasiões ser utilizado para recomendar, mas isso não significa que seu significado primeiro não seja descritivo.

A esposa de Geach, Elizabeth Anscombe, escreveu um estudo influente no ano de 1958: "A moderna filosofia moral". Trata-se de um ataque frontal não somente a Hare, mas a toda a filosofia moral anglófona desde os tempos de Sidgwick. Seu primeiro parágrafo anuncia uma tese gritante:

> Os conceitos de obrigação e dever — vale dizer, obrigação *moral* e dever *moral* — e daquilo que é *moralmente* certo e errado, e do senso *moral* de

"dever", devem ser descartados, se isso for psicologicamente possível; porque eles são sobreviventes, ou resquícios de sobreviventes, de uma concepção inicial de ética que não mais sobrevive genericamente, e sem ela somente causam dano (*ERP* 26).

Aristóteles tem muito a dizer sobre virtudes e vícios, mas ele não possui uma resposta conceitual para nosso termo "moral". Foi o cristianismo, apropriando-se das noções morais da Torá, que introduziu um concepção *legal* de ética. Conformidade às virtudes e negação dos vícios dali em diante tornaram-se então um requisito da lei divina.

Naturalmente, não é possível ter tal concepção a não ser que você acredite em Deus como um legislador, como os judeus, os estoicos e os cristãos. Mas se tal concepção é a dominante por muitos séculos, e repentinamente é abandonada, o resultado natural é que os conceitos de "obrigação", de estar obrigado ou ser requisitado como por uma lei devem permanecer, não importando que tenham perdido suas raízes; e se a palavra "deve" tornou-se investida, em certos contextos, do sentido de "obrigação" ela também irá continuar a ser dita com certa ênfase e sentimento especiais nesses contextos. É como se a noção "criminal" devesse permanecer quando a lei criminal e as cortes penais já tivessem sido abolidas e esquecidas (*ERP* 30).

É verdade, como os filósofos têm dito desde Hume, que não se pode inferir um "deve" — um deve "moral" — de um "é", mas isso é assim porque esse "deve" tornou-se uma palavra de força meramente mesmerizante, assim que a noção de um legislador divino foi abandonada.

O mais significativo resultado prático disso, Anscombe ratificava, é que os filósofos todos tornaram-se consequencialistas, acreditando que a ação correta é aquela com as melhores consequências possíveis. Cada um dos mais bem conhecidos eticistas acadêmicos ingleses "apresentou uma filosofia segundo a qual, por exemplo, não é possível afirmar que não se pode matar um inocente como um meio para qualquer que seja o fim e que quem quer que pense de outro modo incorre em erro". Isso significa que todas as suas filosofias são incompatíveis com a ética judeu-cristã, que afirma que há certas coisas proibidas sejam quais forem as consequências ameaçadas. Segundo Anscombe, as diferenças entre os filósofos individuais desde Sidgwick são, comparadas a essa incompatibilidade, desimportantes e provinciais.

Anscombe propõe descartar as noções de dever e de moral certa ou errada, em favor das noções de justiça e injustiça, que possuem um conteúdo autêntico. Mesmo dessas noções foi por muito tempo difícil oferecer uma descrição clara, até que tivéssemos uma psicologia filosófica satisfatória. Pois não se podem analisar os conceitos de justiça e virtude a não ser que se possua uma descrição satisfatória de termos como "ação", "intenção", "prazer" e "carência". A própria Anscombe contribuiu de forma monumental para essa área da filosofia com seu livro *Intenção* (1957), que foi tomado como modelo por muitos investigadores posteriores.

Na parte final do século XX, uma variedade de abordagens da ética foi explorada pelos filósofos de língua inglesa, e na Grã-Bretanha nenhum filósofo individualmente destacou-se como um expoente singular da teoria ética como Hare se destacara. Numa reação à retomada da moralidade kantiana empreendida por Hare, alguns filósofos lançaram uma atenção renovada a temas da ética aristotélica. Assim, Philippa Foot enfatizou o papel central da virtude na moralidade, inspirando uma escola de "ética virtuosa", e Bernard Williams lembrou os filósofos do grande papel desempenhado pela sorte na determinação da situação moral de alguém.

O ponto de partida de Foot é que as virtudes são características que qualquer ser humano precisa ter, tanto para seu próprio bem como para o de outros. As virtudes diferem de outras qualidades necessárias para o florescer — como saúde e força, inteligência e habilidades — por não serem meras capacidades mas engajarem a vontade. Elas dizem respeito a questões que são difíceis para os homens, nas quais há tentações a resistir; mas, *pace* Kant, não se deve medir o valor moral pela dificuldade da ação moral. A pessoa realmente virtuosa é aquela que faz boas ações quase sem esforço: uma pessoa realmente caridosa, por exemplo, é aquela que considera fácil, e não difícil, fazer sacrifícios exigidos pela caridade. Sem as virtudes a vida de um ser humano é estanque, à semelhança em que a vida de um animal carente de uma faculdade sensorial é estanque.

Williams começa por recordar o modo pelo qual a felicidade era considerada pela tradição clássica o produto da autossuficiência: o que não estava no domínio do eu não estava sob seu controle e assim era presa da sorte e dos inimigos da tranquilidade. No pensamento mais recente, o ideal de fazer toda a vida imune à sorte foi abandonado, mas para Kant esse era um valor supremo, um valor moral, que podia ser considerado um valor imune: a vida moral bem-sucedida era uma carreira aberta não apenas aos talentos mas a um talento que todos os seres racionais necessariamente possuem no mesmo grau. Williams insistia em que o objetivo de tornar a moralidade imune à sorte estava predestinado a se frustrar. Há a sorte constitutiva do temperamento, que herdamos, e a cultura em que nascemos: isso estabelece as condições segundo as quais nossas disposições morais, motivos e intenções devem operar. Há também — e Williams desenvolveu esse tema em detalhes reveladores — a sorte acidental que está implicada no levar qualquer projeto de importância moral a uma conclusão bem-sucedida.

À medida que o século avançava, os filósofos começaram a dirigir sua atenção não tanto às questões de uma ordem maior, como aquelas sobre a natureza da linguagem moral, ou às relações entre princípios, caráter, sorte e virtude, mas sim a questões específicas de primeira ordem, como a dos erros ou acertos das ações particulares: mentira, aborto, tortura e eutanásia, por exemplo. Foot e Williams desempenharam um papel significativo nessa mudança de ênfase, o que se refletiu também nas universidades pelo crescimento de cursos como os de ética médica e ética empresarial.

Mas Foot e Williams lecionaram nos dois lados do Atlântico. Nos Estados Unidos, o mais importante filósofo moral da última parte do século XX foi John Rawls. À semelhança de Foot e Williams, Rawls foi um inimigo do utilitarismo, um sistema que ele acreditava não prover garantia suficiente contra muitas formas de injusta discriminação. Seu projeto era derivar uma teoria da justiça da noção de justo, o que ele fez ao apresentar uma inédita versão da teoria do contrato social para a ética. Como as maiores implicações dessa teoria dizem mais respeito às instituições políticas que à moralidade individual, sua obra será considerada no capítulo 11.

10

Estética

O belo e o sublime

Alexander Gottlieb Baumgarten (1714-1762) é geralmente considerado o fundador da estética como disciplina filosófica independente. O certo é que foi ele que cunhou a palavra "estética", em um curto tratado sobre poesia publicado em 1735. Para Baumgarten, o objetivo da arte é a produção da beleza, definida em termos da relação ordenada entre as partes de um todo. A função da beleza é dar prazer e despertar o desejo. A beleza mais refinada deve ser encontrada na natureza, e portanto a meta mais elevada da arte é imitar a natureza.

Outros filósofos do século XVIII buscaram fornecer uma análise mais precisa da beleza. Hume, na seção de seu *Tratado sobre a natureza humana* intitulada "Sobre a beleza e a deformidade", oferece a seguinte definição:

> a beleza é uma tal ordem e constituição de partes, de modo que cada uma delas, pela *constituição primeira* de nossa natureza, por *costume* ou por *capricho*, esteja apta a dar prazer e satisfação à alma. Esse o caráter distinto da beleza, que faz toda a diferença entre esta e a deformidade, cuja tendência natural é provocar desconforto. Prazer e dor, portanto, são não apenas auxiliares da beleza e da deformidade, mas constituem sua real essência (II. I. 8).

Mais tarde, Hume ficaria insatisfeito com a ideia de que o costume não observado e o capricho não treinado podiam determinar a beleza; ele buscou abrir espaço, nos juízos estéticos, para a correção e a incorreção. Em *O padrão do gosto* (1757) ele argumentou que os critérios de juízo deveriam ser estabelecidos na definição de quais características das obras de arte seriam mais prazerosas aos *connoisseurs* qualificados e imparciais.

Edmund Burke (1729-1797) introduziu na estética, paralelamente ao conceito de beleza, o de sublimidade. O sublime, assim como o belo, pode ser o objetivo da arte: um sentimento de beleza é uma forma de amor sem desejo, e sentir algo como sublime é sentir espanto sem medo. Em *Uma investigação filosófica sobre a origem de nossas ideias do sublime e do belo*, Burke tenta explicar por quais qualidades os objetos inspiram esses sentimentos em nós. Ele liga o sentimento do sublime aos medos e horrores implícitos no instinto de autopreservação original. O sentimento do belo, cujo paradigma é uma casta apreciação da perfeição feminina, deriva, ele confirma, da necessidade de contato social e, em última instância, do instinto de propagação da raça.

O tratado que dominou a estética no século XIX foi a *Crítica da faculdade do juízo* (1790) de Kant. Em suas "Analítica do belo" e "Analítica do sublime" Kant buscou fazer pela estética o que seus primeiros críticos haviam feito pela epistemologia e pela ética. Os seres humanos possuem, em acréscimo ao entendimento teórico e à razão prática, uma terceira faculdade, a capacidade de julgamento (*Urteilskraft*), o juízo do gosto, que é a base da experiência estética.

Concordando com Burke e discordando de Baumgarten, Kant considera o desinteresse algo fundamental para a resposta estética. "Gosto", ele diz, "é a faculdade de ajuizamento de um objeto ou de um modo de representação mediante uma complacência ou descomplacência *independente de todo interesse*. O objeto de uma tal complacência chama-se *belo*" (*CFJ* 55).

Kant distingue dois tipos de satisfação ao chamar o deleite sensual de "gratificação" e reservar a noção de "prazeroso" para o desfrute desinteressado da beleza. "O que gratifica uma pessoa é chamado aprazível; o que simplesmente lhe causa prazer é chamado belo; o que ela valoriza é chamado bem", diz ele. Os animais desfrutam o prazer, mas somente os homens apreciam a beleza. Somente o gosto pela beleza é completamente desinteressado, porque a razão prática que determina a bondade reporta-se a nosso bem-estar. Para ressaltar a diferença, Kant assinala que, enquanto podemos distinguir entre o que é bom em si e o que é bom somente como um meio, não podemos estabelecer qualquer distinção paralela entre o que é belo como um meio e o que é belo como um fim (*CFJ* 52).

Um juízo de gosto, Kant nos diz, não submete uma experiência a um conceito à semelhança do que um juízo ordinário o faz; um juízo de gosto relaciona a experiência diretamente ao prazer desinteressado. À diferença de uma expressão de prazer sensual, ele afirma uma validade universal. Se eu aprecio o gosto de um Madeira, não saio por aí dizendo que todo mundo devia gostar dele também; mas se julgo belos um poema, um edifício ou uma sinfonia eu imputo aos outros a obrigação de concordar comigo. Juízos de gosto são singulares na forma ("Esta rosa é bela") mas universais em significado; eles são, como observa Kant, expressões de "uma voz universal". Assim mesmo, em razão de um juízo de gosto não reduzir seu objeto a um conceito, nenhuma razão pode ser dada para isso e nenhum argumento pode forçar a concordância sobre o assunto.

Juízos de valor são relacionados a objetivos. Se quero saber se um X é um bom X eu preciso saber para que servem os Xs — é dessa forma que posso dizer o que faz de uma faca uma boa faca ou de um encanador um bom encanador e assim por diante. Juízos de perfeição são similares: eu não posso saber o que é um X perfeito sem saber qual a função de um X. Juízos estéticos, contudo, não podem ser exatamente dessa forma, já que eles não reduzem seus objetos a qualquer conceito X. Contudo, Kant confirma que os belos objetos exibem "objetividade sem objetivo". Com isso ele quer talvez dizer que, embora a beleza não tenha objetivo, mesmo assim ela nos convida a prostrarmo-nos em sua contemplação.

Essa obscura tese torna-se clara quando Kant faz uma distinção entre os tipos de beleza. Há dois tipos dela: a beleza livre (*pulchritudo vaga*) e a beleza simplesmente aderente (*pulchritudo adhaerens*). A primeira não pressupõe nenhum conceito do que o objeto deva ser; a segunda pressupõe um tal conceito e a perfeição do objeto em conformidade a ele. A primeira é chamada beleza por si subsistente dessa ou daquela coisa; a segunda, como aderente a um conceito (beleza condicionada), é atribuída a objetos com um fim particular. Um juízo de beleza sem referência a qualquer objetivo a que um objeto deva servir é um puro juízo de gosto. Uma flor é o modelo kantiano regular de uma beleza livremente natural. "No entanto, a beleza de um ser humano (e nesta espécie a de um homem ou uma mulher ou um filho), a beleza de um cavalo, de um edifício (como igreja, palácio, arsenal ou casa de campo) pressupõem um conceito do fim que determina o que a coisa deva ser, por conseguinte um conceito de sua perfeição, e é, portanto, beleza simplesmente aderente" (*CFJ* 76).

Fica claro, a partir dessa passagem, que a estética kantiana sente-se muito mais confortável com a beleza natural que com a beleza dos artefatos. Mas o problema com o qual ele está principalmente às voltas apresenta-se nos dois contextos. Como pode um juízo de beleza, um juízo que não é baseado na razão, afirmar sua validade universal? Quando eu faço um juízo desse tipo não afirmo que todo mundo irá concordar comigo, mas de fato afirmo que todo mundo deveria fazê-lo. Isso somente será possível se estivermos todos em posse de uma sensibilidade comum (*Gemeinsinn*) — uma sensibilidade que, dado ser normativa, não pode ser derivada da experiência mas deve ser transcendental.

Kant inicia sua "Analítica do sublime" com uma distinção entre dois tipos de sublimidade, que ele chama (de forma não muito feliz) de matemática e dinâmica. Em cada caso, o objeto sublime é vasto, grande, esmagador; mas no matemático o que resta esmagada é nossa percepção, e no dinâmico nosso poder. O que quer que seja sublime matematicamente é muito grande para ser abarcado por nossos sentidos; ele desperta em nós o sentimento de uma faculdade acima dos sentidos que vai buscar o infinito. O que quer que seja sublime dinamicamente é algo a que qualquer resistência de nossa parte seria vã, mas que ainda assim permite que permaneçamos sem medo, em um estado de segurança.

> Rochedos audazes sobressaindo por assim dizer ameaçadores, nuvens carregadas acumulando-se no céu, avançando com relâmpagos e estampidos, vulcões em sua inteira força destruidora, furacões com a devastação deixada para trás, o ilimitado oceano revolto, uma alta queda d'água de um rio poderoso etc. tornam nossa capacidade de resistência de uma pequenez insignificante em comparação com seu poder. Mas seu espetáculo só se torna tanto mais atraente quanto mais terrível ele é, contanto que, somente, nos encontremos em segurança; e de bom grado denominamos esses objetos sublimes, porque eles elevam a fortaleza da alma acima de seu nível médio e permitem descobrir em nós uma faculdade de resistência de espécie totalmente diversa, a qual nos encoraja a medir-nos com a aparente onipotência da natureza (*CFJ* 107).

A natureza pode ser tanto bela como sublime, mas a arte somente pode ser bela. O que é, então, a relação entre a beleza na natureza e a beleza na arte? A resposta de Kant é sutil. Por um lado, a natureza é bela porque parece arte. Por outro lado, se tivermos de admirar um produto da arte bela, devemos estar cônscios de que ele é artificial e não natural. "Todavia", Kant nos diz, "a conformidade a fins na forma do mesmo tem que parecer tão livre de toda coerção de regras arbitrárias como se ele fosse um produto da simples natureza" (*CFJ* 152).

A produção de beleza é o fim da arte, mas a beleza artificial não é uma coisa bela, mas uma bela representação de uma coisa. A arte bela pode de fato apresentar como belas coisas que são feias ou repelentes na natureza. Há três tipos de belas artes, cada uma com seus belos produtos. Há as artes elocutivas, nomeadamente a retórica e a poesia; há as que Kant chama de artes formativas, a saber, a pintura e as artes plásticas da escultura e da arquitetura; e há ainda uma terceira classe de arte que cria um parque de sensações: a mais importante das quais é a música. "Entre todas as artes a *poesia* (que deve sua origem quase totalmente ao gênio e é a que menos quer ser guiada por prescrição ou exemplos) ocupa a posição mais alta" (*CFJ* 171).

É interessante comparar as ideias de Kant sobre estética com as ideias de mesmo tipo expressas alguns anos mais tarde pelos poetas românticos ingleses. Ao abordar obras de arte, Kant parte do consumidor e retorna ao produtor, começando por analisar a natureza do juízo do crítico e finalizando por deduzir as qualidades que são necessárias para o gênio (a saber, imaginação, entendimento, espírito e gosto). Os românticos, por outro lado, começam pelo produtor: para eles, a arte é acima de tudo a expressão das emoções do próprio artista. Wordsworth, em seu *Prefácio às baladas líricas*, nos diz que o que diferencia o poeta dos outros homens é que ele possui uma maior prontidão de pensamento e sentimento sem a necessidade de excitamento externo, e um grande poder de expressar tais pensamentos e sentimentos:

> A poesia é o jorro espontâneo de poderosos sentimentos: origina-se da emoção recolhida na tranquilidade: a emoção é contemplada até que, por uma espécie de reação, a tranquilidade desaparece gradualmente, e, na emoção, afim daquela que foi antes o objeto de contemplação, é gradualmente produzida e existe de fato na mente.

Ao dar expressão a essa emoção em verso, a obrigação fundamental do poeta é dar prazer imediato ao leitor.

Coleridge concordava com isso. "Um poema", escreveu, "é aquela espécie de composição que é oposta às obras da ciência porque propõe para seu *imediato* objeto o prazer, não a verdade". Mas ao descrever a natureza do gênio poético Coleridge aperfeiçou as noções tanto de Kant como de Wordsworth, ao identificar um dom especialmente necessário. Se Kant e os autores anteriores haviam considerado a imaginação uma capacidade comum a todos os seres humanos — a capacidade de recordar e reordenar as experiências da vida cotidiana —, Coleridge preferiu chamar essa capacidade banal, embora importante, de "o delírio". Assim, a imaginação verdadeiramente dita era o dom criativo especial do artista: em sua forma primária era nada menos que "o Poder vivo e Agente primeiro de toda a Percepção humana, e uma representação da mente finita do ato eterno da criação no infinito EU SOU". Foi isso o que Coleridge escreveu em 1817 no 13º capítulo de sua *Biographia literaria*, e desse dia em diante os críticos e filósofos vêm debatendo a natureza exata dessa elevada capacidade.

A estética de Schopenhauer

Nenhum filósofo concedeu um papel de maior destaque à estética em todo o seu sistema que Schopenhauer. O Livro III de *O mundo como vontade e representação* é em sua maior parte dedicado à natureza da arte. O prazer estético, informa-nos Schopenhauer, seguindo os passos de Kant, consiste na contemplação desinteressada da natureza dos artefatos. Quando observamos uma obra de arte — a escultura de um nu, digamos — pode ser que ela desperte o desejo em nós: desejo sexual talvez, ou o desejo de comprar a estátua. Se é assim, ainda estamos sob a influência da vontade, e não estamos em um estado de contemplação. É somente quando observamos algo e admiramos sua beleza sem pensar em nossos desejos e necessidades que o estamos considerando como uma obra de arte e desfrutando uma experiência estética.

A contemplação desinteressada, que nos liberta da tirania da vontade, pode assumir uma ou duas formas, que Schopenhauer ilustra descrevendo duas paisagens naturais. Se a cena que estou contemplando absorve minha atenção sem esforços, então é meu sentido de beleza que foi despertado. Mas se a cena é de tipo ameaçador, e tenho de lutar para vencer o medo e atingir um estado de contemplação, então aquilo com que deparo é algo que é sublime, não belo. Schopenhauer, à semelhança de Kant, conjura várias cenas para ilustrar o sentimento do sublime: torrentes ruidosas escorrendo por entre rochas suspensas sob um céu coberto de nuvens tempestuosas; uma tempestade no mar com ondas chocando-se contra penhascos e lançando jorros de espuma no ar no meio de raios de luz. Então, diz ele:

> No imperturbável espectador dessa cena, a duplicidade de sua consciência atinge o mais elevado grau: ele se sente simultaneamente como indivíduo, fenômeno efêmero da vontade que o menor golpe daquelas forças pode esmagar, indefeso contra a natureza violenta, dependente, entregue ao acaso, um nada que desaparece em face de potências monstruosas, e também se sente como sereno e eterno sujeito do conhecer, o qual, como condição do objeto, é o sustentáculo exatamente de todo esse mundo, a luta temerária da natureza sendo apenas sua representação, ele mesmo repousando na tranquila apreensão das ideias, livre e alheio a todo querer e necessidade. É a plena impressão do sublime (*MVR* 277-278).

A impressão produzida desse modo pode ser chamada de "o sublime dinâmico". Mas a mesma impressão pode ser produzida pela meditação calma a respeito da imensidade do espaço e do tempo enquanto se contempla o céu estrelado à noite. Essa impressão de sublimidade (que Schopenhauer, apropriando-se do não muito útil termo de Kant, chama de "o sublime matemático") pode ser produzida também pelos volumosos espaços fechados, como o domo da catedral de São Pedro, em Roma, e por monumentos muito antigos, como as pirâmides. Em cada caso, o sentido emana do contraste entre nossas próprias pequenez e insignificância como indivíduos e uma vastidão que é a criação de nós mesmos como puros sujeitos cognoscentes.

O sublime é, como já se disse, o lado supremo do belo. Seu lado ínfimo é o que Schopenhauer chama de "o charme". Se o que é sublime torna-se um objeto de contemplação independente do que seja hostil à vontade, o charme torna um objeto de contemplação algo que atrai a vontade. Schopenhauer fornece como exemplo as esculturas de "figuras nuas, das quais a posição, o drapejado e o tratamento geral são calculados para excitar as paixões do observador" e, de forma menos convincente, naturezas-mortas neerlandesas de "ostras, arenques, lagostas, pães amanteigados, cerveja, vinho etc." (*MVR* 281). Tais artefatos anulam os fins estéticos, devendo portanto ser condenados.

Em todo encontro com a beleza há dois elementos: um sujeito cognoscente com falta de vontade e um objeto que é a Ideia conhecida. Na contemplação da beleza natural e da arquitetura o prazer está principalmente na pureza e na ausência de dor do saber, porque as Ideias encontradas são manifestações baixas da vontade. Mas ao contemplarmos os seres humanos (por intermédio do meio tragédia, por exemplo) o prazer está preferencialmente nas ideias contempladas, que são variadas, ricas e importantes. Com base nessa distinção, Schopenhauer passa à gradação das belas artes.

A posição mais baixa da escala fica com a arquitetura, que apresenta ideias de baixo nível como as de gravidade, rigidez e luz:

> A beleza de um edifício reside certamente na finalidade visível de suas partes [...] para a estabilidade do todo, em vista do qual a posição, a grandeza e a forma têm de ter uma relação tão necessária que, caso fosse possível remover uma única parte, o todo desmoronaria. Pois apenas quando cada parte sustenta tanto quanto pode e convenientemente, bem como cada uma é sustentada precisamente na posição em que deve sê-lo e na extensão necessária, é que se desenvolve aquele jogo de adversários, aquela luta entre gravidade e rigidez, a constituir propriamente a vida, a exteriorização volitiva da pedra, e que manifesta nitidamente os graus mais profundos de objetividade da vontade (*MVR* 288-289).

Naturalmente, a arquitetura serve a um fim prático e estético, mas a grandeza de um arquiteto revela-se pelo modo como ele atinge fins puramente estéticos em vez de ter de subordiná-los às necessidades de seu cliente.

As artes representacionais, segundo Schopenhauer, lidam com o universal antes que com o particular. Pinturas e esculturas de animais, ele está convencido, são obviamente preocupadas com a espécie, não com o indivíduo: "O leão, o lobo, o cavalo, o carneiro, o touro mais característico é sempre o mais belo" (*MVR* 295). Mas com as representações dos seres humanos a questão é um pouco mais complexa. É totalmente errado pensar que a arte adquira beleza ao imitar a natureza. Como poderia um artista reconhecer a perfeita amostra a imitar se ele não tem um padrão de beleza *a priori* em sua mente? E em alguma ocasião a natureza já produziu um ser humano perfeitamente belo a toda prova? O que o artista entende é algo que a natureza apenas gagueja em um discurso a meia-voz. O escultor "imprime no mármore duro a beleza da forma que a natureza malogrou em milhares de tentativas, coloca-a diante dela e lhe brada: 'Eis o que querias dizer!'" (*MVR* 297).

A ideia geral de humanidade tem de ser representada pelo escultor ou pintor na forma de um indivíduo, e pode ser apresentada em indivíduos de vários tipos. Em uma figura de gênero não importa "se o ministro discute o destino dos países e nações sobre um mapa, ou discute pesadamente em uma cervejaria, no meio de cartas e dados". Tampouco importa se as personagens representadas em uma obra de arte são históricas antes que ficcionais: o elo entre um personagem histórico dá a uma pintura qualquer sua importância nominal, não a real.

> Por exemplo, Moisés encontrado pela princesa do Egito pode ser o sentido nominal de uma imagem, um momento de extrema importância para a história; ao contrário, seu sentido real, o efetivamente dado à intuição é uma criança abandonada num berço flutuante, um incidente que provavelmente já ocorreu muitas vezes (*MVR* 308).

Em razão disso, as pinturas dos pintores renascentistas que Schopenhauer mais admirava não eram aquelas representadas por um acontecimento particular (como a natividade ou a crucifixão), mas antes grupos simples de santos ao lado do senhor, não engajados em nenhuma ação. Nas faces e nos olhos de tais figuras vemos a expressão daquela supressão da vontade que é o cume de toda arte.

A teoria de Schopenhauer sobre a arte combina elementos de Platão e Aristóteles. O fim da arte, ele acreditava, era representar não um indivíduo em particular, nem um conceito abstrato, mas uma Ideia platônica. Mas se Platão condenava as obras de arte como estando a dois passos das Ideias, cópias de coisas materiais que eram em si somente imitações das Ideias, Schopenhauer pensa que o artista chega mais perto do ideal que o técnico ou o historiador. É exatamente esse o caso entre a poesia e o drama, as mais altas das artes. A história está para a poesia assim como a pintura de retratos está para a pintura histórica: a primeira nos dá a verdade no individual, e a outra nos dá a verdade no universal. Como Aristóteles, Schopenhauer conclui que muito mais verdade interior será atribuída à poesia que à história. E entre as narrativas históricas ele decide de forma bem excêntrica, com o maior valor devendo ser atribuído às autobiografias.

Kierkegaard e a música

Nas obras de Kierkegaard, a palavra "estética" e seus cognatos ocorrem com frequência. Contudo, "estética" é para ele uma categoria antes ética que estética. O caráter estético é alguém que dedica sua vida à busca de prazer imediato; e o prazer que ele persegue pode ser tanto natural (comida, bebida, sexo) como artístico (pintura, música, dança). O principal interesse de Kierkegaard em discutir a atitude estética perante a vida (notavelmente em *Ou/ou*) é ressaltar sua natureza superficial e fundamentalmente insatisfatória, além de destacar os clamores de uma escolha moral profundamente ética e, eventualmente, religiosa. Mas durante uma detalhada apresentação da vida estética ele teve a oportunidade de discutir tópicos que são estéticos no sentido estrito de se ocuparem da natureza da arte. Por exemplo, a primeira parte de *Ou/ou* apresenta uma extensa seção intitulada "O erótico musical".

O ensaio, que busca mostrar ter sido escrito por um ardente expoente do hedonismo estético, é largamente uma meditação sobre *Don Giovanni*, a ópera de Mozart. Don Giovanni é a suprema personificação do desejo erótico, e a ópera de Mozart é sua singularmente perfeita expressão. Aí nos é dito que entre todas as artes a música é a mais capaz de expressar sensualidade sem amarras. A quase inesperada razão que nos é dada para isso é que a música é a mais abstrata das artes. Como linguagem, ela se dirige aos ouvidos; como palavra falada, ela se desdobra no tempo, não no espaço. Mas enquanto a linguagem é o veículo do espírito a música é o veículo da sensualidade.

O ensaísta Kierkegaard segue em frente e faz uma afirmação surpreendente. Embora os religiosos puritanos sejam reticentes à música, como voz da sensualidade, e prefiram ouvir a palavra do espírito, o desenvolvimento da música e a descoberta da sensualidade são ambos de fato devidos ao cristianismo. O amor sensual era, naturalmente, um elemento da vida dos gregos, quer se tratasse de homens quer de deuses; mas foi preciso o concurso do cristianismo para destacar a sensualidade, contrastando-a com a espiritualidade.

> Se eu imagino o erótico sensual como um princípio, um poder ou um reino caracterizado pelo espírito, a saber, cuja característica é ser excluído pelo espírito, se o imagino concentrado em um único indivíduo, então eu possuo o conceito do espírito do erótico sensual. Trata-se de uma percepção que os gregos não possuíam, e que o cristianismo primeiro apresentou ao mundo, mesmo que apenas em um sentido indireto.
>
> Se esse espírito do erótico sensual em todo seu imediatismo exige expressão, a questão é: que meio [de expressão] ele fornece para tal? O que se deve especialmente ter em mente aqui é que ele exige expressão e representação sem seu imediatismo. Em seu estado mediato e sua reflexão em algo mais ele

Um ingresso para a estreia em Praga de *Don Giovanni*,
considerada por Kierkegaard a mais perfeita ópera possível.

passa pela linguagem e se torna sujeito às categorias éticas. Em seu imediatismo ele somente pode ser expresso na música (*Ou/ou* 75).

Kierkegaard ilustra as várias formas e estágios da busca erótica por meio de personagens das diferentes óperas de Mozart. O primeiro despertar da sensualidade assume uma forma melancólica e difusa, sem objeto específico: trata-se do estágio de sonho, expresso por Cherubino em *As bodas de Fígaro*. O segundo estágio é expresso no alegre, vigoroso e cintilante trinado de Papageno em *A flauta mágica*: o amor em busca de um objeto específico. Mas esses estágios não passam de pressentimentos de Don Giovanni, a própria encarnação do erótico sensual. Baladas e lendas o representam como um indivíduo. "Quando ele é interpretado na música, por outro lado, já não se tem um indivíduo particular, mas o poder da natureza, do demoníaco, que se cansa logo de seduzir, ou abandona a sedução, do mesmo modo que o vento se cansa de ventar, o mar de ondear ou uma cascata de jorrar de suas alturas" (*Ou/ou* 90).

Em razão de seduzir não por estratagemas, mas pela vibrante energia do desejo, Don Giovanni não cabe em nenhuma categoria ética; daí sua força poder ser expressa somente musicalmente. O segredo de toda a ópera está em que seu herói é uma força que dá vida aos outros personagens: ele é o Sol; os outros personagens são meros planetas com metade nas trevas e apenas o lado que é voltado para ele iluminado. Somente o Comendador é independente, mas ele é exterior à substância da ópera, como seu antecedente e consequente, e tanto antes como depois de sua morte ele é a voz do espírito.

Em razão de a música ser útil tão só para a expressão do imediatismo do desejo sensual, temos em Don Giovanni um par perfeito para o tema e a forma empregados. Matéria e forma são essenciais para uma obra de arte, diz Kierkegaard, mesmo se os filósofos superestimam ora uma, ora outra. É por isso que *Don Giovanni*, mesmo sendo obra única, foi suficiente para tornar Mozart um compositor clássico e absolutamente imortal.

Nietzsche e a tragédia

Para o jovem Nietzsche não são as óperas de Mozart as supremas, mas as de Wagner. Isso se deve a uma dívida compartilhada com Schopenhauer. Em 1854, Wagner escreveu a Franz Liszt afirmando que Schopenhauer havia entrado em sua vida como um dom dos céus. "Sua ideia mestra, a negação final do desejo em favor da vida, é terrivelmente obscura, mas aponta para a única salvação possível."[1] Em *O nascimento da tragédia* (1872), do mesmo modo, Nietzsche baseia sua teoria estética na pessimista visão de vida de Schopenhauer, tomando como seu o texto do mito grego da busca do rei Midas pelo sátiro Sileno:

> Quando, por fim, ele [Sileno] veio a cair em suas mãos, perguntou-lhe o rei qual das coisas era a melhor e a mais preferível para o homem. Obstinado e imóvel, o demônio calava-se; até que, forçado pelo rei, prorrompeu finalmente, por entre um riso amarelo, nestas palavras: "Estirpe miserável e efêmera, filhos do acaso e do tormento! Por que me obrigas a dizer-te o que seria para ti mais salutar não ouvir? O melhor de tudo é para ti inatingível: não ter nascido, não *ser*, *nada* ser. Depois disso, porém, o melhor para ti é logo morrer" (*NT* 36).

Schopenhauer defendera ser a arte a mais acessível fuga à tirania da vida.

Também Nietzsche considerava ter a arte se originado da necessidade humana de ocultar as misérias da vida de si própria. O povo grego antigo,

---

1. A. GOLDMAN, *Wagner on Music and Drama*, New York, Dutton, 1966.

ele nos diz, para ser mesmo capaz de viver e superar os temores e os horrores do existir, "teve de colocar ali, entre ele e a vida, a resplandecente criação onírica dos deuses olímpicos" (*NT* 36). Há duas vias de escape da realidade: sonho e intoxicação. Na mitologia grega, segundo Nietzsche, essas duas formas de ilusão são personificadas em dois deuses diferentes: Apolo, o deus da luz, e Dioniso, o deus do vinho. "O contínuo desenvolvimento da arte está ligado à duplicidade do *apolíneo* e do *dionisíaco*, da mesma maneira como a procriação depende da dualidade dos sexos" (*NT* 27).

O protótipo do artista apolíneo é Homero, o fundador da poesia épica e criador do resplandecente mundo sonhado das deidades olímpicas. Apolo é uma deidade ética, impondo medida e ordem a seus seguidores em nome da beleza. Mas a magnificência apolínea é logo imersa em um dilúvio dionisíaco, a corrente da vida que rompe barreiras e coerções. Os seguidores de Dioniso cantam e dançam em êxtase fervoroso, desfrutando a vida com excesso. A música é a expressão suprema do espírito dionisíaco, como a épica o é do apolíneo.

A glória da cultura grega é a tragédia ateniense, prole tanto de Apolo como de Dioniso, em uma combinação de música e poesia. Os coros da tragédia grega representam o mundo de Dioniso, enquanto o diálogo representa a si mesmo em um lúcido mundo de imagens apolíneas. O espírito grego encontra sua expressão suprema nas peças de Ésquilo (especialmente em *Prometeu acorrentado*) e Sófocles (especialmente em *Édipo rei*). Mas com as peças do terceiro trágico de fama, Eurípides, a tragédia morre por sua própria mão, envenenada por uma injeção de racionalidade. A culpa por isso deve ser atribuída a Sócrates, que inaugurou uma nova era que colocava a ciência acima da arte.

Sócrates, segundo Nietzsche, era a antítese de tudo o que havia tornado a Grécia grande. Seus instintos eram inteiramente negativos e críticos, e não positivos e criativos. Ao rejeitar o elemento dionisíaco ele destruiu a síntese dos trágicos. "Basta imaginar as consequências das máximas socráticas: 'Virtude é saber; só se peca por ignorância; o virtuoso é o mais feliz'; nessas três fórmulas básicas jaz a morte da tragédia" (*NT* 89). Em Eurípides a tragédia dá o salto mortal na direção do teatro burguês. O Sócrates moribundo, livre do medo da morte graças à intuição e à razão, torna-se o mistagogo da ciência.

Seria possível na moderna Alemanha [do tempo de Nietzsche] curar a doença herdada de Sócrates e restaurar a união de Apolo e Dioniso? Nietzsche não apreciava o romance, que no século XIX pode ser considerado o gênero mais fértil da ilusão beneficente que a seu ver era a função da arte. O romance, ele pensava, era uma forma de arte essencialmente socrática, que subordinava a poesia à filosofia. Estranhamente, Nietzsche atribuía sua invenção a Platão. "O diálogo platônico foi, por assim dizer, o bote em que a velha poesia naufragante se salvou com todos os seus filhos: apinhados em um espaço estreito e medrosamente submissos ao timoneiro Sócrates. [...] Platão proporcionou a toda a posteridade o protótipo de uma nova forma de arte, o protótipo do *romance*" (*NT* 88). Nietzsche também não morria de amores pela ópera italiana, a despeito da combinação de poesia e música nela contida. Ele reclamava que tudo nela era arruinado pela separação entre recitativo e ária, o que privilegiava o verbal em detrimento do musical. Somente na Alemanha havia esperança de um renascimento da tragédia:

> Do fundo dionisíaco do espírito alemão alçou-se um poder que nada tem em comum com as condições primigênias da cultura socrática e que não é explicável nem desculpável a partir dela, sendo antes sentido por esta como algo terrivelmente inexplicável, como algo prepotentemente hostil, *a música alemã*, tal como nos cumpre entendê-la sobretudo em seu poderoso curso solar, de Bach a Beethoven, de Beethoven a Wagner (*NT* 118).

O nascimento da tragédia se esgota em um conjunto de excitantes e incoerentes notas de programa ao terceiro ato de *Tristão e Isolda*. Ninguém condenou suas fraquezas com mais força que o próprio Nietzsche, que após ter emergido do encantamento de Wagner prefaciou edições posteriores do livro com uma "Tentativa de autocrítica". Ali ele rejeita sua tentativa de unir o gênio da Grécia a um fictício "espírito germânico". Mas ele não desautorizou o que passou a considerar o tema fundamental do livro, a saber, que a arte, e não a moralidade, é a atividade metafísica apropriada do homem, e que a existência do mundo encontra justificação somente como um fenômeno estético.

Arte e moralidade

Para Nietzsche, a arte não é apenas autônoma, mas suprema em relação à moralidade. No polo oposto a Nietzsche situam-se dois estetas do século XIX que viam a arte e a moralidade como inextricavelmente entrelaçadas. São eles John Ruskin (1819-1900) e Leon Tolstói (1828-1910).

Ruskin considerava a arte um tópico muito sério. Em *Pintores modernos* (1843), sua enorme obra, ele escreveu:

> Arte, assim propriamente chamada, não é recreação. Ela não pode ser aprendida em momentos de folga, nem buscada quando não tivermos nada melhor para fazer. Não se trata de um trabalho manual para enfeitar mesas de salas de espera, nem pausa para o tédio dos *boudoirs*. A arte deve ser compreendida e assumida de modo sério; se não for assim, que não se se ocupe dela afinal. Para fazer que ela avance os homens devem dedicar suas vidas e recebê-la em seus corações[2].

Mas as exigências feitas pela arte podem ser justificadas somente pela seriedade de seu fim moral, a saber, o de revelar características fundamentais do universo. A beleza é algo objetivo, não um mero produto do hábito. A experiência da beleza surge de uma verdadeira percepção da natureza e conduz a uma apreensão do divino. Somente se um artista for ele mesmo uma pessoa moralmente boa ele estará apto a entregar essa revelação em uma forma não corrompida e apresentar diante de nós a glória de Deus. Mas em uma sociedade decadente — como Ruskin acreditava ser a sociedade industrial do século XIX — tanto a pureza moral como a artística são quase impossíveis de obter, e isso porque a capacidade imaginativa que a cria e a capacidade "teórica" que a avalia são ambas radicalmente corruptas. A obra é rebaixada pela moderna divisão do trabalho, e o trabalhador é privado de sua condição de um artífice em busca da perfeição.

Ruskin aplicou sua teoria da arte de viés moralizante a duas artes em particular: pintura e arquitetura. A pintura, para ele, é essencialmente uma forma de linguagem, a mestria técnica não é nada além do domínio da linguagem, e o valor de uma pintura depende do valor dos pensamentos que ela expressa. Ruskin buscou demonstrar esse esforço por um exame minucioso das obras de J. M. W. Turner. Em *The Seven Lamps of Architecture* [As sete lâmpadas da arquitetura], Ruskin estabelece os critérios pelos quais ele considera a arquitetura gótica superior à arquitetura da renascença e do barroco. As "lâmpadas" são predominantemente categorias morais: sacrifício, verdade, poder, obediência e correlatos. Pois a arquitetura, em sua definição, é a arte que dispõe e adorna edificações de forma que a visão delas possa contribuir para a saúde mental, o poder e o prazer do homem.

---

2. John RUSKIN, *Selected Writings*, London, Dent, 1995.

E o elemento essencial para a saúde mental é uma honesta apreciação do lugar do homem em um universo divinamente ordenado.

Para Tolstói, a arte pode ser boa somente se possui um fim moral. Em *O que é arte?* ele descreve o preço, avaliado em dinheiro e trabalho duro, das empreitadas artísticas de sua época, especialmente da ópera. Esse tipo de arte, ele afirma, pode surgir somente à custa da escravidão das massas do povo. E ele pergunta se os custos sociais envolvidos podem ser moralmente justificados. A ópera era uma arte que apelava somente aos sentimentos das classes altas, que não iam muito além de orgulho, sexo e tédio.

Tolstói rejeitou as afirmações de escritores anteriores que diziam que o fim da arte é a beleza e que a beleza é identificada pelo desfrute que proporciona. O verdadeiro fim da arte é a comunicação entre os seres humanos. Ao mesmo tempo em que rejeitava a representação romântica de que a arte deve dar prazer, ele concordava com Wordsworth quanto a sua essência ser a partilha de emoção:

> Para citar o mais simples dos exemplos: um homem ri, outro homem que ouve fica feliz; ou: um homem chora, outro homem que ouve lamenta. Um homem está excitado ou irritado, e outro homem, ao vê-lo, é levado a um igual estado de espírito. [...] Um homem expressa seus sentimentos de admiração, devoção, medo, respeito ou amor, a certos objetos, pessoas, fenômenos, e outros são contaminados dos mesmos sentimentos de admiração, devoção, medo, respeito ou amor, aos mesmos objetos, pessoas ou fenômenos (WA 66).

No sentido mais amplo da palavra, a arte permeia nossa vida, que é repleta de obras de arte de todos os tipos, de cantigas, piadas, mímica, enfeites de vestidos, casas e utensílios domésticos, até serviços eclesiásticos e processões triunfantes. Mas os sentimentos com os quais essas obras de arte nos contaminam podem ser bons ou maus. A arte somente é boa se as emoções com que nos contamina são boas, e tais emoções podem ser boas somente se são fundamentalmente religiosas e contribuem para um sentido de irmandade universal.

As emoções a ser comunicadas pela arte devem ser tais que possam ser partilhadas pela humanidade em geral e não apenas por uma elite mimada. Onde isso não ocorrer teremos ou arte ruim ou pseudoarte. Tolstói estava disposto a aceitar que esse juízo condenava muitas das mais admiradas obras de música e literatura — incluindo seus próprios romances. O maior romance do século XIX, ele afirmava, era *A cabana do pai Tomás*, que divulgava a mensagem da irmandade universal por entre as fronteiras de raça e classe.

Entre as obras de arte condenadas por Tolstói estava a *Nona sinfonia* de Beethoven. Transmite ela o mais alto sentimento religioso? Não: nenhuma música o faz. Une ela todos os homens em um sentimento partilhado? Não, retorquia Tolstói: "Sou incapaz de imaginar a mim mesmo em um agrupamento de pessoas normais que poderiam entender tudo a respeito dessa produção longa, confusa e artificial, exceto curtos lampejos que ficam perdidos em um mar de incompreensibilidade". É verdade que o último movimento da obra é um poema de Schiller que expressa o pensamento de fato que é o sentimento, particularmente a alegria, que une as pessoas. "Mas, embora esse poema seja cantado ao final da sinfonia, a música não condiz com o pensamento expresso nos versos, pois ela é exclusiva e não une todos os homens, apenas uns poucos, separando-os do resto da humanidade" (WA 249).

Arte pela arte

A visão moralista da arte de Tolstói saiu rapidamente de moda no século XX. A autonomia da arte, para não falar de sua supremacia nietzschiana, fora amplamente aceita: uma obra de arte poderia ser boa arte, e mesmo grande arte, e ao mesmo tempo ser moral ou politicamente deletéria. O mérito artístico de uma obra chegava mesmo a redimir sua dubiedade ética, e muitos países rescindiram leis que proibiam a produção e a publicação de obras de arte que possuíam uma tendência a "depravar e corromper".

Um dos mais influentes estetas do século XX foi o filósofo italiano Benedetto Croce (1866-1952). Na metafísica Croce era um idealista e, juntamente com Giovanni Gentile (1875-1944), desenvolveu um sistema hegeliano, até que os dois romperam em 1925 por razões ligadas ao fascismo. Gentile tornou-se teórico do fascismo, enquanto Croce, que foi ministro de gabinete nos governos italianos pré e pós-fascista, foi o principal intelectual opositor de Mussolini nos anos 1930.

Para Croce, a arte ocupa uma posição entre história e ciência. À semelhança da história, ela lida com casos particulares antes que com leis gerais, mas seus casos particulares são imaginados, não reais, e ilustram, como o faz a ciência, verdades universais. O próprio Croce identifica quatro fases em sua teoria estética, desde o primeiro volume de sua *Filosofia do espírito*, em 1902, até *A poesia*, de 1936. Mas vários temas são comuns a cada uma das fases de seu pensamento.

O centro da arte, para Croce, é a intuição. Intuição não é o mesmo que sentimento, digam o que disserem os positivistas: sentimentos necessitam de expressão, e expressão é uma questão cognitiva e não apenas emocional. A arte, nos seres humanos, à diferença da emoção nos animais, é algo espiritual, não meramente sensual. Por outro lado, os estetas racionalistas erram ao ver a arte como algo intelectual: ela opera por meio de imagens e não de conceitos. Assim, de um golpe, Croce distancia a si próprio dos românticos e dos classicistas.

A intuição artística é essencialmente lírica. Croce explica o que isso significa principalmente por contrastes. A arte não se ocupa do Verdadeiro (como o faz a lógica), do Útil (como o faz a economia) ou de Deus (como o faz a moral). Ela tem seu próprio objeto, o Belo, que se firma de forma independente em iguais termos com os outros três. (Para Croce, a noção de Sublime era somente um pseudoconceito.) Uma expressão artística é lírica somente se se ocupa exclusivamente do belo. Assim, um poema como o *De rerum natura*, de Lucrécio, com suas mensagens pesadamente científicas e morais, não é algo lírico, mas tão somente uma peça de literatura. A verdadeira poesia não deve ter nenhum plano utilitário, moral ou filosófico.

Visões similares às de Croce tornaram-se familiares aos países de língua inglesa pelo trabalho de R. G. Collingwood (1889-1943), que traduziu o artigo de Croce sobre estética para a edição de 1928 da *Encyclopaedia Britannica*. Collingwood, classicista e arqueólogo de renome, tornou-se professor da cadeira Wayneflete de metafísica, em Oxford, em 1936, e é mais bem conhecido por suas contribuições para a filosofia da história, para a qual ele era especialmente qualificado a escrever, mas seu *Princípios da arte* (1938) foi uma contribuição significativa à teoria estética.

Grande porção do livro é ocupada com a explicação do que a arte não é. Arte não é mera diversão. Em que pese muito do que leva o nome de arte ser simples entretenimento, a verdadeira arte é algo diferente. Arte não é um procedimento mágico como uma dança de guerra. Por mágica, explica Collingwood, ele quer dizer um procedimento para despertar a emoção com o intuito de um fim preconcebido, como uma emoção patriótica ou um fervor proletário. Mais importante, a arte deve ser diferenciada do artesanato ou do talento técnico. Arte não é imitação ou representação (*mimesis*), pois também isso é um artesanato. Naturalmente, uma grande obra de arte será sempre uma obra de artesanato, mas o que faz uma obra de arte não é o que faz uma obra de artesanato.

Se arte fosse artesanato, poderíamos distinguir nela meios e fins. Mas se arte fosse um fim este somente poderia ser o despertar da emoção, e isso não é algo que possa ser identificado em separado da atividade artística, da mesma forma que um sapato pode ser identificado em separado do ato de consertar sapatos. A arte não deve ser vista como a atividade de despertar emoção, mas como a de expressar emoção. A verdadeira obra de arte é na verdade a emoção no próprio artista. Artistas bem-sucedidos finalizam seu sucesso em sua própria imaginação; a externalização de suas imagens em uma obra de arte pública é uma mera questão de artesanato.

A obra interior, a verdadeira obra de arte, consiste em despertar algo pré-consciente, um sentimento inarticulado, em um estado explícito e articulado. Seguindo Croce, Collingwood aceitou a partir daí que a imaginação e a expressão fossem uma e a mesma coisa. É por intermédio da linguagem que o pré-consciente é transformado no articulado; e nesse sentido toda expressão artística, não importando em que suporte, é essencialmente linguística.

Se a arte é a expressão de emoção, argumenta Collingwood, então a distinção entre artista e audiência desaparece.

> Se um poeta expressa, por exemplo, um certo tipo de medo, os únicos ouvintes que podem entendê-lo são aqueles que são capazes de experimentar por si próprios aquele tipo de medo. Daí que, quando alguém lê e entende um poema, ele não está simplesmente entendendo a expressão do poeta, as emoções do poeta, ele está expressando suas próprias emoções nas palavras do poeta, que então passam a ser suas próprias palavras. Como disse Coleridge, sabemos que um homem é um poeta pelo fato de que ele nos faz poetas (*PA* 118).

Poeta e leitor dividem e expressam a mesma emoção: a diferença é que o poeta pode resolver para si o problema de expressá-la, enquanto o leitor necessita do poeta para lhe mostrar como isso é feito. Ao criar para nós mesmos (auxiliados ou não) uma experiência ou atividade imaginária, expressamos nossas emoções, e isso é o que podemos chamar de arte.

Croce e Collingwood diferiam de Tolstói porque encaravam a arte como algo distinto e independente de uma moral. Mas os três escritores partilhavam uma concepção de arte como expressão da emoção. A maioria dos filósofos do século XX rejeitou a visão tolstoiana da função da arte como a comunicação da emoção. Wittgenstein, por exemplo, escreveu:

> Há *muito* que pode ser aprendido da falsa teorização de Tolstói de que a obra de arte propicia um "sentimento". E na verdade você pode chamar isso, se

não de a expressão de um sentimento particular, de uma expressão de sentimento ou uma expressão sentida. E você pode dizer também que as pessoas que entendem isso nessa extensão "ressoam" com isso, respondem a isso. Você pode dizer: A obra de arte não busca propiciar *algo mais* que não a si mesma. Como quando, ao visitar alguém, eu não desejo produzir tais e quais sentimentos nele, mas, primeiramente e acima de tudo, visitá-lo — embora, naturalmente, eu também deseje ser bem recebido.

A absurdidade real começa quando se diz que o artista quer que os outros, ao ler, sintam o que ele sentiu ao escrever. Eu posso de fato pensar que entendo um poema, por exemplo, isto é, entendê-lo do modo como o autor queria que fosse entendido. Mas o que *ele* pode ter sentido enquanto o escrevia não é *minimamente* da minha conta afinal (*CV* 67).

A independência de uma obra de arte de seu criador tornou-se um tema destacado, tanto no mundo de língua inglesa como na Europa continental. Críticos americanos denunciaram como "falácia intencional" quaisquer tentativas de chegar a um entendimento de um texto com base nos elementos da biografia, da psicologia ou da motivação de seu autor, antes que nas propriedades a ser discernidas no texto isolado. Os filósofos franceses avançaram a ponto de falar na "morte do autor". O texto, argumentava, é o objeto primário; a noção de um autor é antes um constructo econômico e jurídico. Até onde vai a interpretação, a recepção de um texto por gerações de leitores pode ser de maior importância que qualquer item na biografia da pessoa que inicialmente o escreveu.

A tese da morte do autor não foi bem recebida nos círculos filosóficos britânicos. Mas a ideia de que na interpretação de uma obra de arte seu autor não tem condição privilegiada foi antecipada por um inglês do século XIX. O poeta vitoriano Arthur Hugh Clough escreveu um controverso, por alguns julgado blasfemo, poema sobre a Ressurreição, *Dia de Páscoa*. Em um poema posterior ele imagina a si mesmo sendo questionado sobre o significado daquele poema: ele o concebera para ser irônico ou sarcástico? Sua resposta foi: "Interpretá-lo não posso. Não fiz mais do que escrevê-lo".

11

Filosofia política

Utilitarismo e liberalismo

Ao apresentar seu conceito da grande felicidade, Bentham estava menos preocupado em fornecer um critério para as escolhas morais individuais que em oferecer orientação para governantes e legisladores para a administração das comunidades. Mas é precisamente nessa área, quando temos de levar em conta não apenas a quantidade total de felicidade em uma comunidade mas também sua distribuição, que o princípio da maior felicidade, por si só, falha em fornecer um procedimento decisório crível.

Suponha que, não importando por que meios, tenhamos obtido sucesso em estabelecer uma escala para a medida da felicidade, uma escala de 0 a 10 na qual 0 indique a miséria suprema, 10 indique a felicidade absoluta e 5 indique um estado de indiferença. Imagine ainda que estejamos distribuindo as instituições políticas e legais em uma sociedade e que devamos fazer uma escolha entre a implementação de dois modelos. O resultado da adoção do modelo A será que 60% da população pontuará 6 e 40% pontuará 4. O resultado da adoção do modelo B será que 80% da população pontuará 10 e 20% pontuará 0. Confrontados com tal escolha, e não importando se tendo um pendor maior para a igualdade ou para a humanidade, qualquer pessoa irá com certeza implementar o modelo A em detrimento do modelo B. Todavia, se administrarmos o cálculo felicitário de Bentham de um modo óbvio, o modelo A somará um total de apenas 520 pontos, enquanto o modelo B chegará a um total de 800.

O princípio de que devemos buscar a maior felicidade do maior número leva por certo a diferentes resultados, a depender de a opção ser por maximizar a felicidade ou maximizar o número de pessoas felizes. Se não quiser permitir resultados que sejam violações grosseiras da justiça distributiva, o princípio necessita, em última instância, ser suplementado por alguns limites no que respeita à quantidade de desigualdade entre o fora de série e o abaixo da crítica, além de limites quanto ao grau de miséria do abaixo da crítica.

A despeito dos problemas que cercam seu grande princípio, problemas que ele deixou a seus sucessores a incumbência de com eles lidar, Bentham fez muitas contribuições substanciais para a filosofia política. Ele está em seu ápice quando, nas palavras de J. S. Mill, está a "organizar e regular a parte meramente *negocial* dos arranjos sociais". Em relação a tais tópicos ele pode escrever de maneira aguda e vigorosa, fazer distinções perspicazes, expor falácias corriqueiras e compactar argumentos pesados em parágrafos breves e lúcidos. Sua abordagem da punição imposta pelo Estado é um exemplo excelente do modo pelo qual ele põe esses talentos para funcionar.

Qual, pergunta Bentham, é o fim do sistema penal?

> O fim imediatamente primeiro da punição é controlar a ação. Esta ação é ou a do ofensor ou de outros. A do ofensor ela controla pela influência, ou sobre sua vontade, quando se diz operar na via da *reforma*, ou sobre seu poder psíquico, quando se diz operar por *incapacitação*. A de outros ela não pode influenciar senão por sua influência sobre suas vontades, quando se diz operar pela via do *exemplo* (P 13. 1).

A punição como o infligir dor é um mal, devendo ser admitida somente no limite em que prometa ser a exclusão de um mal maior. Bentham rejeitou a teoria retributiva da punição, segundo a qual a justiça exige que quem quer que provoque danos sofra danos. A não ser que a aplicação da punição tenha algum efeito preventivo ou compensador, seja no ofensor, seja nos outros, a retribuição é meramente uma retribuição do mal pelo mal que aumenta a quantidade de mal no mundo sem devolver ao mundo nenhum equilíbrio de justiça.

É verdade que a punição de um transgressor, mesmo se não possui efeito preventivo ou reformador, pode fornecer um sentimento de satisfação a uma vítima ou ao público que obedece às leis. Esse, como qualquer outro prazer, deve ser situado em escalas utilitaristas. Mas nenhuma punição, afirma Bentham, deve ser imposta tão somente pelo desejo de vingança, pois nenhum prazer já produzido pela punição pode ser equivalente à dor.

Dado que o principal objetivo da punição é a prevenção, a punição não deve ser infligida em casos em que não tiver nenhum efeito preventivo, seja no ofensor ou nos outros, nem ser infligida em proporção maior à necessária para prevenir. A punição, afirma Bentham, não deve ser infligida quando se mostra ineficaz (não previne) ou prejudicial (quando causa mais infortúnios que aqueles que previne) ou desnecessária (quando o infortúnio pode ser evitado por outros meios).

No capítulo 14 Bentham concebe um conjunto de regras que estabelecem a proporção entre punições e crimes, baseadas não no princípio retributivo do "olho por olho, dente por dente", mas no efeito que a perspectiva da punição terá no raciocínio de um criminoso em potencial. Bentham imaginou um criminoso em perspectiva a calcular os lucros e as perdas que é provável obter com o crime, e considerou função da lei penal assegurar que a perda seja superior ao lucro. A lei deve portanto impor castigos que sejam suficientes para prevenir, mas eles devem igualmente não ultrapassar o limite do que seja necessário para essa prevenção. O castigo, em termos benthamnianos, deve ser *frugal*.

Se a prevenção é o objetivo final da punição, Bentham admite fins subsidiários, como a reforma ou incapacitação do criminoso. Uma reforma na condição da maior parte das prisões existentes não era, como não é, possível de ser conquistada; mas Bentham tem algumas propostas para alguns regimes reformatórios. O aprisionamento tem de fato o efeito de temporariamente incapacitar o criminoso, mas é óbvio que a incapacitação é mais facilmente obtida com a pena de morte. "Ao mesmo tempo", Bentham observa, "o que é evidente, essa punição é um destacado grau *não frugal*, o que representa um de vários dos objetos existentes contrários a que dela se faça uso, a não ser nos poucos casos verdadeiramente extraordinários" (*P* 15. 19).

A filosofia política de John Mill, à semelhança de sua filosofia moral, é tributária de Bentham, mas também nessa área ele sentiu-se obrigado a temperar o utilitarismo estrito de seu mestre. O sistema benthaminiano, com sua negação dos direitos naturais, poderia em princípio justificar, em certas ocasiões, um governo de alto teor autocrático e que interferisse subs-

O "autoícone" de Bentham; seus restos preservados em
um museu de cera no University College, em Londres.

tancialmente com as liberdades pessoais. Assim também com as primeiras formas de socialismo com as quais Mill havia flertado em sua juventude e que deram origem ao sistema positivista de Auguste Comte. Em sua maturidade, Mill concedeu importância suprema ao estabelecimento de limites aos constrangimentos que os sistemas sociais, embora em princípio benevolentes, poderiam resultar para a independência do indivíduo. Ele descreveu o *Système de politique positive* [Sistema de política positiva] como um instrumento "pelo qual a contenção da opinião pública, controlada por um corpo organizado de mestres espirituais e governantes, seria considerada superior a qualquer outra ação, e tanto quanto fosse humanamente possível, a todo pensamento de todo membro da comunidade". Ele acusou Comte de propor "o mais completo sistema de despotismo espiritual e temporal que já houvera emanado de um cérebro humano". Em *Sobre a liberdade* ele buscou estabelecer um princípio liberal geral que protegeria o indivíduo de intrusões autoritárias ilegítimas, fossem motivadas pelo utilitarismo, pelo socialismo ou pelo positivismo.

Mill confirma que para assegurar a liberdade não é suficiente substituir a monarquia autocrática pela democracia imputável, porque no íntimo de uma sociedade democrática a maioria pode exercer a tirania sobre a minoria. Também não basta estabelecer limites à autoridade do governo, porque a sociedade pode exercer outros e mais sutis meios de coerção.

> Há também a necessidade de proteção contra a tirania da opinião e do sentimento majoritários, contra a tendência da sociedade a impor, por meios outros que não as penas civis, suas próprias ideias e práticas como normas de conduta sobre os que dela discordem, a restringir o desenvolvimento e, se possível, a impedir a formação de qualquer individualidade em desarmonia com seus meios (*L* 130).

Para estabelecer um limite justo à coerção pela força física ou pela opinião pública, é necessário afirmar como um princípio fundamental que a única parte da conduta de qualquer pessoa pela qual ela é responsável perante a sociedade é aquela que diz respeito aos outros. Na parte que concerne apenas a si própria, sua independência deve ser absoluta.

A aplicação mais importante desse princípio diz respeito à liberdade de pensamento e às liberdades cognatas de fala e escrita. Segundo Mill, nenhuma autoridade, autocrática ou democrática, tem o direito de suprimir a expressão de opinião. "Se toda a humanidade menos um tiverem uma opinião, e somente uma pessoa tiver opinião contrária, a humanidade não terá maiores justificativas para silenciar aquela pessoa que as que ela, se tivesse o poder, poderia ter para silenciar a humanidade" (*L* 130). Isso é assim porque suprimir uma opinião é roubar toda a raça humana. A opinião silenciada pode, por tudo o que sabemos, vir a se confirmar como a verdade, pois nenhum de nós é infalível. Se ela não é totalmente verdadeira, pode muito bem conter uma parcela de verdade que poderia de outro modo ser negligenciada. Mesmo uma opinião que é totalmente falsa tem o mérito de oferecer um desafio à opinião contrária, assegurando assim que a verdade não é afirmada como um mero preconceito ou como uma profissão formal. Liberdade de opinião e liberdade de expressão da opinião, conclui Mill, são essenciais para o bem-estar mental da humanidade.

Mas a liberdade de opinião não é tudo o que é necessário. Os homens devem ser livres para agir segundo suas opiniões e mantê-las por suas vidas, sem impedimento, seja físico ou moral, de seus camaradas. Claro que a liberdade não deve estender-se ao direito de ferir outros — até mesmo a liberdade de expressão deve ser abreviada em circunstâncias em que a expressão de opinião implique um incitamento ao infortúnio. Mas deve-se dar um amplo espaço às variedades de caráter e aos experimentos em vida, contanto que esses digam respeito apenas aos interesses do próprio indivíduo ou aos interesses de outros "com sua participação e seu consentimento livres, voluntários e não iludidos". A norma individual de conduta deve ser seu próprio caráter, e não as tradições e os costumes de outras pessoas. Se se nega este princípio, "está ausente um dos principais ingredientes da felicidade humana, talvez o ingrediente principal do progresso individual e social" (*L* 185).

Sem a individualidade os seres humanos tornam-se meras máquinas, conformando-se a um padrão imposto do exterior. Mas a "natureza humana não é uma máquina a ser construída a partir de um modelo para fazer exatamente o trabalho a ela prescrito, mas sim uma árvore que tem de crescer e se desenvolver em todos os sentidos" (*L* 188). Se a excentricidade é proscrita, o dano é ocasionado não apenas ao indivíduo constrangido, mas à sociedade como um todo. Podemos todos aprender algo de caracteres não convencionais. "Há sempre a necessidade de pessoas que não apenas descubram novas verdades, e indiquem quando o que antes era verdade não mais o é, mas também para iniciar novas práticas e dar o exemplo para uma conduta mais iluminada e um melhor gosto e sentimento na vida humana" (*L* 193). Caracteres vigorosos e não ortodoxos são cada vez mais necessários em uma época em que a opinião pública comanda o mundo e os indivíduos estão perdidos na multidão. Ao gênio deve ser permitido expandir a si mesmo tanto na prática como no pensamento.

O que exatamente Mill tem em mente quando ele recomenda "experimentos de vida"? Infelizmente, ele expõe essa tese por meio de uma série de metáforas eloquentes antes que pela oferta de exemplos de uma excentricidade benéfica. Quando chega a oferecer aplicações práticas de seus princípios ele se limita a denunciar as leis que restringem as atividades monótonas das pessoas comuns, sem oferecer estatutos que restrinjam o desenvolvimento do gênio. Como exemplos de má legislação, real ou hipotética, ele aponta coisas como proibições de comer porco e beber licores fortes, ou leis que proíbam viajar no *sabbat* e restrições a apresentações de dança e teatro.

Quando encoraja o inconformismo, um dos exemplos em sua mente foi sem dúvida o de seu próprio relacionamento não convencional com Harriet Taylor durante os longos anos anteriores a seu casamento. Mas, estranhamente, o único exemplo que ele oferece de fato é o de um experimento de vida de algo que ele desaprovava de modo apaixonado: a sanção mórmon à poligamia. Esse experimento, ele admitia, estava em conflito direto com seus princípios libertários, sendo "um mero atar das correntes de metade da comunidade, e emancipação da outra metade da reciprocidade de obrigações em relação a eles" (*L* 224). Contudo, como o mundo ensina à mulher que o casamento é uma coisa necessária, ele considerava compreensível que muitas mulheres preferissem ser uma entre várias esposas do que não ser esposa de ninguém afinal. Mill não recomendava aqui a poligamia, mas tão só enfatizava que os mórmons não deviam ser coagidos a abandoná-la. E deve-se dizer que ele tinha quase tão profunda ojeriza pela monogamia da Londres de sua época quanto pelas instituições de Salt Lake City.

Por ocasião de seu próprio casamento, em 1851, ele redigiu um protesto contra as leis que conferiam a uma das partes do contrato o controle completo sobre a pessoa e as posses da outra. "Não possuindo meios de legalmente renunciar a esses odiosos poderes [...] sinto ser meu dever registrar um protesto formal contra a atual lei de matrimônio, até o ponto de conceder tais poderes, e fazendo a solene promessa de nunca, em qualquer caso ou sob quaisquer circunstâncias, deles fazer uso" (*CCM* 396). Ele expôs suas objeções à lei inglesa de matrimônio com maior profundidade no panfleto *Sobre a sujeição das mulheres*. A subordinação legal de um sexo ao outro era errada em princípio, constituindo-se no principal obstáculo ao progresso da humanidade. Uma esposa não passava de um servo ligado ao seu esposo; ela estava destinada a prestar-lhe obediência por toda a vida, e qualquer propriedade que ela tivesse adquirido passava instantaneamente para ele. Sob certos aspectos, ela era pior que um escravo. Em um país cristão um escravo tinha o direito e o dever de repudiar os avanços sexuais de seu senhor, mas um marido podia forçar sua esposa "à degradação mais baixa de um ser humano, aquela de ser tornado o instrumento de uma função animal contrária a suas inclinações" (*L* 504).

A sujeição das mulheres aos homens não possuía outra origem que a maior força muscular do macho, e havia tido seguimento em uma época

Uma charge da revista *Punch*, de 1867, satiriza a
cruzada de Mill em defesa da igualdade entre os sexos.

civilizada somente devido ao egoísmo do macho. Ninguém podia dizer que aquela experiência havia demonstrado que o sistema de superioridade masculina existente fosse preferível a qualquer outra alternativa, já que nenhuma outra alternativa fora ao menos tentada. As mulheres tinham, durante séculos de treinamento desde a mais antiga época, sido forçadas a aquiescer ao sistema.

> Quando reunimos três elementos — primeiro, a atração natural entre os sexos opostos; segundo, a total dependência da mulher em relação ao marido, com todo privilégio ou prazer que ela tiver sendo ou um presente deste ou algo dependente inteiramente de sua vontade; e finalmente que o principal objeto da busca humana, a consideração, e todos os objetos de ambição social possam em geral ser buscados ou obtidos por ela somente por intermédio dele —, seria um milagre se o objeto de ser atrativa aos homens não tivesse se tornado a estrela guia da educação feminina e da formação do caráter (*L* 487).

Se as mulheres desejam de fato derrubar sua sujeição, a rebelião contra seus senhores será mais árdua que qualquer rebelião contra déspotas jamais o foi. Os maridos têm maiores facilidades que qualquer monarca já teve para evitar qualquer levante contra seu poder: seus súditos vivem sob seus olhos e em suas próprias mãos. Não surpreende que a tirania dos machos tenha durado mais que outras formas de autoridade injusta.

Kierkegaard e Schopenhauer sobre as mulheres

A importância de *Sobre a sujeição das mulheres* no clima da época pode ser demonstrada se comparada ao tratamento do matrimônio e da feminilidade nas obras de dois filósofos continentais, Kierkegaard e Schopenhauer. Em *Ou/ou*, Kierkegaard dedica um ensaio de dezenove páginas a afirmar "a validade estética do casamento", isto é, a convencer o leitor de que aceitar o matrimônio não precisa diminuir, na verdade deve fortificar, os arroubos do primeiro amor. Baladas e romances românticos erram muito ao retratar o amor como uma busca que supera obstáculos e provações para atingir seu objetivo no casamento: um casamento é o começo, não o fim, do verdadeiro amor romântico. O ensaio assume a forma de uma carta a um correspondente romântico que tem objeções fundamentais a toda concepção de um casamento na igreja.

Kierkegaard imagina seu opositor afirmando o seguinte:

> A garota diante da qual eu posso me prostrar e louvar, cujo amor eu sinto que pode me resgatar de toda confusão e me fazer nascer de novo, é a ela que conduzirei ao altar, ela, que se postará ali como uma pecadora, de quem e para quem será dito que foi Eva que seduziu Adão. A ela, diante de quem minha alma orgulhosa se curva, a única a quem ela jamais se curvou, a ela será dito que eu serei seu senhor e ela será subserviente a seu marido. O momento chegou, a igreja já está estendendo seus braços em direção a ela, e antes de devolvê-la para mim irá primeiro forçar um beijo nupcial sobre seus lábios, não aquele beijo nupcial pelo qual eu dei todo o mundo para ter; já está mesmo estendendo seus braços para abraçá-la, mas esse abraço irá fazer empalidecer toda sua beleza, e só então a igreja irá entregá-la para mim e dizer: "Crescei e multiplicai-vos". Que tipo de poder é esse que ousa se interpor entre mim e minha noiva, a noiva que eu mesmo escolhi e que me escolheu? E esse poder ainda ordenará a ela que seja sincera comigo; necessita ela ser ordenada? E será ela sincera comigo somente porque uma

terceira parte lhe ordena que seja, uma a quem portanto ela ama mais que a mim? E essa parte insiste comigo para que seja sincero com ela; preciso eu que alguém insista sobre isso, eu, que a ela pertenço com toda minha alma? E esse poder determina nossa relação mútua, afirmando que o que eu pedir ela obedecerá. Mas que fazer se eu não quiser pedir? Que fazer se eu me sinto muito inferior para assim proceder? (*E/O* 408).

O juiz Vilhelm, escolhido por Kierkegaard como o defensor do casamento tradicional, incita seu correspondente a aceitar que no casamento ele não pode ser senão o senhor, que sua mulher não é mais pecadora que qualquer outra mulher e que a aceitação de um terceiro poder significa apenas agradecer a Deus pelo amor entre noivo e noiva. No casamento, o marido passa a entender que o verdadeiro amor é a posse diária por toda uma vida, e não o poder preternatural de uma passageira tolice; e sua posse dela como um presente de Deus, antes que como uma conquista própria, permite à esposa "manter o amado a uma distância suficiente para permitir que ela seja capaz de retomar o fôlego" (*E/O* 411).

Vilhelm é enfático quanto a ser o amor pela esposa o único motivo digno para se contrair matrimônio. Ele lista, e rejeita, outras razões que levam as pessoas a se casar ou as obrigam ao casamento: que o casamento é bom para o caráter; que as pessoas têm o dever de propagar a espécie; que todos precisam de um lar. Nenhum desses motivos é adequado, seja do ponto de vista estético, seja do ético. "Se a mulher contraísse matrimônio apenas para ser a salvação da espécie, este casamento seria tanto inestético quanto imoral e irreligioso" (*E/O* 417). O amor é a única coisa que irá juntar o sensual e o espiritual em uma unidade.

É verdade que o matrimônio, à diferença do amor romântico, implica deveres. O dever não é porém inimigo do amor, mas seu amigo. No casamento "o dever é aqui apenas uma coisa, amar verdadeiramente, com a sinceridade do coração, e o dever é tão multiforme como o próprio amor, declarando a tudo sagrado e bom quando resultado do amor, e denunciando tudo, não importando quão prazeroso e adorável, quando do amor não provém" (*E/O* 470).

Se *Sobre a sujeição das mulheres* é um clássico do feminismo, e a contribuição do juiz Vilhelm a *Ou/ou* foi uma defesa clássica do matrimônio tradicional, o *Ensaio sobre as mulheres* de Schopenhauer, publicado em 1861, foi um clássico do chauvinismo masculino. O fim natural da mulher, afirma-se no início do ensaio, é parir, cuidar das crianças e se submeter a um homem, para quem ela deve ser uma companhia paciente e carinhosa. As mulheres são melhores que os homens no acalentar as crianças em razão de elas próprias serem infantis, pois vivem no presente e são mentalmente míopes. A natureza proveu as mulheres com beleza suficiente para bajular os homens de modo que eles cuidem delas, mas sabiamente tira essa beleza delas assim que produzem um ou dois filhos, para evitar que tenham a atenção desviada do cuidado de suas famílias.

O defeito fundamental do caráter feminino, segundo Schopenhauer, é a ausência de um sentido de justiça. Na condição de sexo mais frágil elas têm de abrir seu caminho pelo ardil. "Assim como a natureza equipou o leão com garras e dentes, o elefante com o marfim, o javali com suas presas, o touro com chifres e a lula com tinta, da mesma forma equipou a mulher com o poder da dissimulação como seu meio de ataque e defesa" (*EA* 83). As mulheres sentem-se justificadas ao enganar os homens em razão de sua lealdade primeira não ser ao indivíduo, mas à espécie — à propagação da raça, que é toda sua vocação.

As mulheres são inferiores aos homens não apenas em seus poderes de raciocínio, mas também quanto ao talento e à apreciação artísticos. E isso não apenas porque conversem nos teatros durante os concertos (algo que claramente incomodava Schopenhauer de forma intensa); mas elas também carecem de capacidade criativa:

> as mais eminentes mentes de todo o sexo provaram ser incapazes de um único, verdadeiramente grande, autêntico e original feito artístico, ou de fato de criar qualquer coisa de valor duradouro: isso surpreende forçosamente no que concerne à pintura, dado que elas são tão capazes de dominar a técnica como nós, e na verdade dedicam-se a isso com afinco, e mesmo assim não se pode apontar sequer uma única grande pintora (*EA* 86).

O pior tipo de mulher é a *dama*, aquela que é colocada em um pedestal, tratada com galanteria pelos homens e educada em arrogante esnobismo. Uma dama europeia é uma criatura sobrenatural, objeto de troça no Oriente, e apenas por existir torna a grande maioria de seu sexo profundamente infeliz.

A lei comete um grande equívoco, alerta-nos Schopenhauer, ao conceder às mulheres direitos iguais aos do homem sem ao mesmo tempo provê-las com os poderes de raciocínio masculinos. Ao falar em "direitos iguais" Schopenhauer não quer implicar nada tão ultrajante quanto os direitos à propriedade ou ao voto, mas se refere simplesmente à instituição da monogamia, que permite aos membros de cada sexo ter um e apenas um parceiro marital. A poligamia, de fato, é um arranjo muito mais satisfatório, pois garante que toda mulher seja cuidada, enquanto sob a monogamia muitas delas envelhecem como virgens ou são forçadas ao duro ofício da prostituição. "Somente em Londres há oitenta mil prostitutas: e que são estas senão sacrifícios ao altar da monogamia?" A poligamia é um benefício para o sexo feminino, considerado como um todo, e regula a satisfação do desejo masculino. "Pois quem de verdade é um monógamo? Todos vivemos em poligamia, pelo menos por certo tempo e normalmente para o bem." Uma vez que todo homem necessita de várias mulheres, nada mais justo que ele seja livre, na verdade obrigado a sustentar muitas mulheres.

Temos de ser gratos que tenha sido a Mill, e não a Schopenhauer, que as futuras gerações passaram a seguir. Na verdade, *Sobre a sujeição das mulheres* tornou-se antiquado como consequência de seu próprio sucesso. A batalha de que foi o tiro inicial foi há muito vencida, ao menos nos países para os quais Mill escrevia. As leis matrimoniais que Mill denunciara foram há muito rejeitadas, e em todos os aspectos legais as mulheres são agora tratadas em todas as instâncias como iguais aos homens. Deve-se dizer ainda que o cruel aprisionamento que a lei vitoriana do matrimônio impôs às mulheres é descrito com maior impacto pela narrativa e por diálogos de romancistas como Eliot e Trollope do que pela ponderada contenção dos parágrafos de Mill.

Os assuntos discutidos por Mill em *Sobre a liberdade*, por sua vez, permanecem da maior importância, embora liberais contemporâneos com frequência divirjam dela ao traçarem o limite entre invasão de privacidade justificada e injustificada, pelo Estado. A maioria dos liberais aceita parcelas de legislação cujo fim seja promover um bem-estar do indivíduo a seu próprio encargo que proteger aos outros do dano: leis que impõem um seguro obrigatório ou a obrigação de usar um capacete protetor, por exemplo. Se um liberal moderno justifica essas ações como concebidas para evitar que o indivíduo torne-se uma carga para a sociedade, em vez de voltar-se para suas próprias saúde e prosperidade, deve-se notar que a possibilidade de os pobres e doentes virem a ser uma carga para os outros implica a existência de uma rede de serviços sociais providos à custa dos impostos pagos pelo cidadão — algo pelo qual Mill não possuía o mínimo entusiasmo.

Por outro lado, Mill avalizou restrições à liberdade que a maior parte dos liberais modernos rejeitaria. Ele pensava, por exemplo, que um governo poderia legitimamente limitar o tamanho das famílias, e adaptou isso a seu princípio libertário nas seguintes bases: "Em um país ou superpopulado ou ameaçado por essa perspectiva, produzir crianças além de um número muito limitado, com o efeito de reduzir o prêmio pelo trabalho devido a sua competição, é uma ofensa grave contra todos os que vivem da remuneração pelo seu trabalho" (*L* 242). Muitos liberais partilham o entusiasmo de toda a vida de Mill pelo controle populacional por meio da contracepção (uma causa pela qual ele estava disposto a ir, mesmo que por um período breve, para a prisão). Quando a China introduziu uma legislação para limitar o tamanho das famílias a um filho único, muitos liberais ocidentais reagiram com horror.

Marx sobre o capital e o trabalho

Ao mesmo tempo e na mesma cidade em que Mill escrevia suas clássicas obras de orientação liberal, Karl Marx desenvolvia a teoria do comunismo que estava destinada a ser, por mais de um século, um dos grandes inimigos do liberalismo. A base da teoria era o materialismo histórico, a tese de que em toda época o modo econômico dominante de produção e comércio determina a história política e intelectual da sociedade. "O modo de produção da vida material condiciona o processo de vida social, político e intelectual em geral. Não é a consciência dos seres humanos que determina seu ser, ao contrário, é seu ser social que determina sua consciência" (*CPE* x). Havia dois elementos que determinaram o curso da história: as forças e as relações de produção. Por forças de produção Marx entendia a matéria crua, a tecnologia e o trabalho necessários para fazer um produto acabado, assim como para fazer a farinha são necessários o trigo, um moinho e um moleiro. As relações de produção, por outro lado, são os arranjos econômicos que governam essas forças, como a propriedade do moinho e a contratação do trabalhador. Essas relações não são estáticas, alterando-se à medida que a tecnologia avança. Na era da moenda manual, por exemplo, o trabalhador é o servo de um senhor feudal, preso à terra; na era do moinho a vapor é o empregado móvel do capitalista. As relações de produção não são questões de livre escolha, mas determinadas pela interação das forças produtivas. Se a qualquer momento elas se tornam inapropriadas às forças produtivas, então tem lugar uma revolução social.

Marx divide a história passada, presente e futura das relações de produção em seis fases, três passadas, uma presente e duas por vir. As fases passadas eram o comunismo primitivo, a escravidão e o feudalismo. A fase presente, crítica, é a do capitalismo. Após o colapso inevitável do capitalismo o futuro trará primeiro o socialismo e por último de novo o comunismo.

Nas pegadas de Engels, Marx acreditava que nos estágios iniciais da história os seres humanos haviam se organizado em primitivas tribos comunistas, partilhando a terra, não possuindo propriedade e governados por um matriarcado. Na Era do Ferro, contudo, a sociedade passou a ser patriarcal, tornou-se possível acumular riqueza pessoal e a escravidão foi introduzida.

Era a escravidão a característica dominante da Antiguidade clássica. A sociedade devia ser dividida em classes: patrícios e plebeus, homens livres e escravos. Assim portanto teve início a história dos antagonismos de classe que daí por diante seriam a característica fundamental da história da humanidade. O esplendor da cultura clássica de Grécia e Roma era tão só uma superestrutura ideológica erigida sobre as relações de produção entre as classes.

O mundo antigo deu lugar ao sistema feudal, com suas relações entre senhores e servos e entre homens da guilda e diaristas. Uma vez mais a filosofia e a religião da Idade Média foram uma superestrutura ideológica sustentada pelo sistema econômico de então. Dos servos da Idade Média difundiram-se os burgueses livres das primeiras cidades: estes eram os primeiros burgueses, uma classe média entre os trabalhadores braçais e os proprietários de terra. Desde o tempo da Revolução Francesa a burguesia havia ganhado o jogo dos aristocratas.

> A moderna sociedade burguesa que brotou das ruínas da sociedade feudal não eliminou os antagonismos de classe, não fazendo senão estabelecer novas classes, novas condições de opressão e novas formas de conflitos no lugar dos antigos.
>
> Nossa época, a época da burguesia, possui contudo a seguinte característica distintiva: ela simplificou os antagonismos. A sociedade como um todo é cada vez mais dividida em dois grandes campos hostis, em duas grandes classes diretamente confrontando uma à outra, a burguesia e o proletariado (*CM* 3).

Marx acreditava que a sociedade capitalista em que ele vivia tinha chegado a um estado de crise. A oposição entre a burguesia e o proletariado iria fortalecer-se e conduzir a uma mudança revolucionária que conduziria aos estágios finais, primeiro o do socialismo, em que toda a propriedade passaria ao Estado, e finalmente ao comunismo, após o Estado ter sido superado. A crise a que o capitalismo chegara, Marx afirmava, não era um fato contingente da história, mas algo provocado pela própria natureza do capitalismo. Ele baseou sua conclusão em uma análise da natureza do valor econômico.

Como se determina o valor de um bem? Em um primeiro passo, podemos dizer que o valor de uma coisa é a taxa a que pode ser trocada por outros bens: um quarto de trigo pode valer seu peso em ferro, e assim por diante. Mas o valor real de algo deve ser diferente das incontáveis diferentes taxas às quais pode ser trocado com inumeráveis outros bens. É necessário um método para exprimir o valor dos bens que seja comum a todas as diferentes trocas particulares entre eles, mas distinto delas.

> Como os *valores de troca* dos bens são apenas *funções sociais* dessas coisas, e nada têm a ver com suas qualidades *naturais*, devemos primeiro perguntar: Qual é a *substância social* comum a todos esses bens? É o *trabalho*. Para produzir um bem é necessário empregar uma certa quantidade de trabalho nisso, ou trabalhar nisso. E digo: não apenas *trabalho*, mas *trabalho social*. Um homem que produz um artigo para seu uso imediato, para seu próprio consumo, cria um *produto*, mas não um bem. Na condição de produtor autossuficiente ele não tem nada a ver com a sociedade. Mas para produzir um *bem* um homem não deve produzir somente um artigo que satisfaça alguma necessidade *social*, mas seu próprio trabalho deve ser parte e parcela da soma total de trabalho despendida pela sociedade. Deve ser subordinado à *divisão do trabalho no interior da sociedade* (VPP 30).

Para avaliar um bem devemos considerá-lo um pedaço de trabalho cristalizado. Como se mensura o trabalho em si? Pela quantidade de tempo que o trabalho dura. Um lenço de seda vale mais que um tijolo porque demora mais tempo para ser feito do que um tijolo. Marx afirma sua teoria do seguinte modo: "O valor de um bem é o valor de outro bem da mesma forma que a quantidade de trabalho fixada para um é a quantidade de labor fixada para outro" (*VPP* 31).

Duas qualificações devem ser feitas a essa simples equação. Um trabalhador preguiçoso ou inábil despenderá mais tempo para produzir um bem que um enérgico e hábil: significaria isto que o produto que produz vale mais? Claro que não: ao falarmos de quantidade de trabalho fixada para um bem falamos do tempo que é *necessário* para um trabalhador de energia e habilidade médias produzi-lo. Além disso, devemos acrescentar à equação o trabalho previamente feito na matéria crua do bem, assim como na tecnologia empregada para tal.

Por exemplo, o valor de certa quantidade de algodão trançado é a cristalização da quantidade de trabalho acrescentada ao algodão durante o processo de tear, a quantidade de trabalho previamente calculada no próprio algodão, a quantidade de trabalho feito na carvoaria, óleo e outros materiais auxiliares utilizados, a quantidade de trabalho apontada pela máquina a vapor, os teares, a edificação em que se situa a empresa e assim por diante (VPP 32).

Naturalmente, somente uma proporção do valor do tear será incorporada ao valor de uma quantidade particular de tecido: a proporção exata dependerá da vida média de um tear.

O valor de um produto em qualquer ocasião dependerá da produtividade dominante naquele período. Se um aumento na população implica o cultivo de solos menos férteis, o valor dos produtos agrícolas vai aumentar porque muito mais trabalho é necessário para produzi-los. Por outro lado, quando a introdução do tear mecânico tornou duas vezes mais fácil produzir uma dada quantidade de tecido, o valor do tecido caiu na mesma proporção.

Quando o valor é expresso em termos monetários, dá-se a ele o nome de preço. Considerando que o próprio trabalho tem um preço, ele também deve ter um valor. Mas como definir isto? Para responder a essa questão deve-se notar que o que os trabalhadores vendem a seus empregadores não é seu trabalho atual, mas sua capacidade de trabalho. Se se paga ao trabalhador dez libras por uma semana de sessenta horas, ele está vendendo por dez libras sua capacidade de trabalho para sessenta horas. Mas como podemos estipular o valor da capacidade de trabalho em si?

> Como o de qualquer outro bem, seu valor é determinado pela quantidade de trabalho necessário para produzi-lo. A capacidade de trabalho de um homem existe somente em sua condição de indivíduo. Uma certa massa de necessidades deve ser consumida por um homem para crescer e manter sua vida. Mas o homem, como a máquina, irá se esgotar, devendo ser substituído por outro homem. Além da massa de necessidades exigida para *sua própria* manutenção, ele necessita de outra soma de necessidades para prover certa cota de crianças que irá substituí-lo no mercado de trabalho e perpetuar a raça de trabalhadores (VPP 39).

Segue-se daí que o valor da capacidade de trabalho é determinado pelo custo de manter o trabalhador vivo, em boas condições e capaz de reprodução.

Para demonstrar como o capitalista explora o trabalhador, Marx nos convida a levar em consideração um caso semelhante ao acima descrito. Suponha que sejam necessárias vinte horas para produzir os meios de subsistência do trabalhador para uma semana. Nesse caso, ele produziria um valor suficiente para manter a si próprio ao trabalhar por vinte horas. Mas ele vendeu sua capacidade de trabalho por sessenta horas. Assim, além e acima das vinte horas para repor seus vencimentos ele tem de trabalhar outras quarenta horas. Marx chama estas horas de *trabalho extra*, e ao produto dessas horas de trabalho dá o nome de *mais-valia*. É a mais-valia que produz o lucro do capitalista. O lucro é a diferença entre o valor do produto (seis dias de trabalho) e o valor do trabalho do trabalhador (dois dias de trabalho). Marx afirma que é como se ele trabalhasse dois dias da semana para si e trabalhasse sem remuneração para seu empregador por quatro dias da semana.

À medida que a tecnologia evolui e a produtividade avança correspondentemente, a mais-valia aumenta e a proporção do trabalho do trabalhador que retorna para ele em salário fica cada vez menor. A mais-valia na saída de uma fábrica é dividida entre o proprietário que recebe o aluguel, o banqueiro que recebe os juros e o empreendedor que recebe um lucro comercial. O que resta para o trabalhador é a soma sempre menor do que é necessário para mantê-lo vivo.

> O próprio desenvolvimento da indústria moderna deve progressivamente virar a tabela em favor do capitalista contra o operário, e, consequentemente, a tendência geral da produção capitalista não é aumentar, mas rebaixar o padrão normal dos salários, ou pressionar o valor do trabalho mais ou menos em direção a seu limite mínimo (*VPP* 61).

Consideradas as tendências inexoráveis do sistema capitalista, é fútil pedir por "um salário diário honesto para uma honesta jornada de trabalho". Somente a total abolição do nexo dinheiro entre empregador e empregado pode obter um retorno justo para o trabalho.

A exploração sistemática e endêmica do sistema salarial está destinada a atingir um ponto em que o proletariado a considerará intolerável e se levantará em revolta. O capitalismo será então substituído pela ditadura do proletariado, que irá abolir a propriedade privada e desaguará em um Estado socialista. Sob o socialismo os meios de produção estarão totalmente sob o controle de um governo central. O Estado socialista em si, contudo, será apenas um estágio temporário da evolução da sociedade. Eventualmente

Um cartão-postal fotográfico mostrando Marx pouco antes de sua morte.

ele será extinto e substituído por uma sociedade comunista na qual os interesses do indivíduo e da sociedade coincidirão. Assim como os pensadores cristãos forneceram durante eras mais relatos do inferno que do paraíso, da mesma forma as descrições de Marx dos males do capitalismo do século XIX são mais vívidas que suas predições do beatífico Estado de comunismo final. Tudo o que nos é dito é que a sociedade comunista irá "tornar possível para mim fazer uma coisa hoje e outra amanhã, caçar pela manhã, pescar à tarde, tanger o gado à noite e redigir as críticas que me vierem à mente, sem jamais me tornar caçador, pescador, pastor ou crítico" (*GI* 66).

A análise marxista da mais-valia é instigante e contém profundas intuições filosóficas, mas se tomada como uma teoria científica preditiva, que era como Marx desejava que o fosse, ela tem uma falha fatal. Não nos é oferecida nenhuma razão convincente de por que o capitalista, não importando quão grandes sejam seus lucros, deva pagar ao trabalhador nada além do que um salário de subsistência. Mas essa afirmação foi um elemento essencial para a tese de que a revolução era uma consequência inevitável do desenvolvimento tecnológico no interior de um sistema capitalista. Se a hipótese marxista tivesse se provado correta, a revolução teria ocorrido bem antes nos Estados em que a tecnologia, e portanto a exploração, estivesse progredindo mais rapidamente. Na verdade, a primeira revolução comunista ocorreu na Rússia agrária, e nos países desenvolvidos da Europa ocidental os empregadores logo começaram, e desde então têm continuado, a pagar salários bem acima do nível de subsistência. Para ser justo, porém, a melhora nas condições das classes operárias não teria se dado sem o despertar da percepção do estado degradante dos operários, algo para o que a obra de Marx e Engels deu uma contribuição significativa.

Entre os muitos filósofos que escreveram na esteira de Marx e Engels, o mais influente deles foi V. I. Lenin, o líder da Revolução Russa de 1917. A influência de Lenin se deu não tanto por meio de seus escritos filosóficos, embora ele fosse o autor de duas obras sobre o materialismo e sua epistemologia, mas sim por sua liderança do Partido Comunista russo. Em oposição a outros comunistas russos que acreditavam na espera pela inevitável dissolução do capitalismo, ele insistiu que as dores de parto da nova ordem deviam ser aceleradas pela revolução violenta, e insistiu que o Partido deveria ser liderado por uma elite autoritária, cujas ideias moldariam a mudança econômica, antes de por ela ser moldada. A democracia soviética seria marcada não tanto pelo governo da maioria quanto pelo uso da força, em defesa da maioria, contra a minoria.

Sociedades abertas e sociedades fechadas

Lenin desapontou-se quando outras nações não conseguiram seguir o exemplo da Rússia e levantar-se contra seus governantes capitalistas, mas ele explicou o fracasso das predições de Marx de seu colapso econômico pela exploração imperialista que estas nações faziam das colônias como um armazém para os excessos do capital e uma fonte de trabalho barato e materiais *in natura*. O imperialismo, em sua conhecida frase, é o estágio monopolista do capitalismo. O sucessor de Lenin, Josef Stalin, contentava-se em considerar sua tarefa a preservação do socialismo em um país, e o poder da elite comunista era mantido e preservado pelo fervor patriótico do conflito da nação contra a Alemanha nazista no período de 1941 a 1945.

Nem a Alemanha de Hitler nem a Itália de Mussolini produziram qualquer obra duradoura de filosofia política. É um equívoco, contudo, classificar juntamente as duas ideologias sob o rótulo "fascismo". Certo, tanto Hitler como Mussolini eram ditadores nacionalistas que acreditavam em um Estado totalitário, mas, enquanto a ideia central do nazismo era o racismo, a doutrina central do fascismo italiano, o corporativismo, passava longe das questões raciais. O corporativismo fora concebido para ser uma organização vocacional da sociedade em que os indivíduos seriam agrupados, para fins de representação, de acordo com suas funções sociais. O Estado corporativo regularia as relações entre capitalistas, operários, profissões e a Igreja de modo que se evitassem os conflitos interclasses que levam à revolução. Tratava-se de um tipo diferente de credo político, distinto da ideia de que uma raça fosse superior a todas as outras e devesse dominá-las ou eliminá-las. Naturalmente, Hitler e Mussolini foram aliados de guerra; mas também o foram Stalin e Churchill.

A Segunda Guerra Mundial conseguiu ainda produzir, todavia, um clássico da filosofia política: *A sociedade aberta e seus inimigos*, do escritor austríaco exilado Karl Popper. Se uma organização política deve desabrochar, afirmava Popper em seu livro, suas instituições devem deixar o máximo de espaço para a autocorreção. Assim como a ciência avança pela constante correção das hipóteses inadequadas, do mesmo modo a sociedade só irá progredir se as políticas forem tratadas como experimentos que possam ser avaliados e descontinuados. Assim, duas coisas são importantes: os governados devem possuir ampla liberdade para discutir e criticar as políticas propostas por seus governantes e deve ser possível, sem violência ou banhos de sangue, mudar os governantes se eles falharem na promoção do bem-estar de seus cidadãos. São estas as características centrais de uma sociedade aberta, e elas são elementos mais importantes da democracia que a mera eleição de um governante por uma maioria. Uma sociedade aberta situa-se no extremo oposto dos governos civis centralmente controlados da Alemanha, da Itália e da Rússia do período de guerra.

Popper não descartou, contudo, todas as formas de intervenção governamental. Uma tolerância sem amarras poderia conduzir à intolerância, e um capitalismo sem controle poderia resultar em níveis inaceitáveis de pobreza. O incentivo à intolerância deveria portanto ser considerado um crime, e o Estado devia proteger os economicamente fracos dos economicamente fortes.

> Naturalmente, isso significa que o princípio de não intervenção, de um sistema econômico irrestrito, tem de ser descartado; se desejamos que a liberdade seja preservada, então devemos exigir que a política de liberdade econômica ilimitada seja substituída pela planificada intervenção econômica do Estado. Devemos exigir que o *capitalismo* irrestrito abra caminho ao *intervencionismo econômico* (*OSE* II. 125).

Liberdade econômica ilimitada é, em todo caso, uma contradição nos termos: a liberdade ilimitada do mercado de trabalho não pode existir ao mesmo tempo em que a liberdade ilimitada de associação dos trabalhadores.

Nos dois volumes de seu livro, Popper atacou dois filósofos a quem considerava inimigos da sociedade aberta: Platão e Marx. Sua crítica detalhada de algumas instituições platônicas era talvez não mais que um útil corretivo à tediosa admiração pela *República* que era a moda nas universidades britânicas desde os tempos de Benjamin Jowett. A crítica a Marx, contudo, era algo muito mais efetivo e influente. O principal alvo de Popper era a crença que tinha Marx de que descobrira leis científicas que determinavam o futuro da raça humana, tendências que trabalhavam ferreamente rumo a resultados inevitáveis. Popper demonstrou como o curso da história desde *O capital* havia de fato provado a falsidade de muitas das específicas previsões pretensamente científicas de Marx.

O determinismo marxista era apenas um exemplo de um erro mais geral que Popper exporia ao ridículo em um livro posterior, *A pobreza do historicismo* (1957): "Entendo por 'historicismo' uma abordagem das ciências sociais que tem na *previsão histórica* seu principal fim, e que assume que esse fim é obtenível pela descoberta dos 'ritmos' ou 'padrões', das 'leis' ou 'tendências' que subjazem à evolução da história". Antes do marxismo, a crença dos primitivos cristãos em uma iminente segunda vinda e a crença iluminista na inevitabilidade do progresso humano são exemplos de historicismo. Todas as formas de historicismo, Popper demonstrou, podem ser refutadas com um único argumento. A forma que o futuro tomará irá depender, *inter alia*, da forma que o progresso científico assumirá. Se, portanto, tivermos de prever o futuro da sociedade será necessário prever o futuro da ciência. Mas é logicamente impossível prever a natureza de uma descoberta científica, pois fazê-lo seria de fato fazer a descoberta. Logo, o historicismo é impossível, e o único significado que podemos descobrir na história, passada ou presente, é aquele dado pelas livres, contingentes e imprevisíveis escolhas humanas.

A mais sustentável tentativa de estabelecer uma estrutura teórica sistemática para o tipo de democracia liberal desejada pela maioria dos Estados ocidentais foi feita por John Rawls (1921-2002) em seu livro *Uma teoria da justiça* (1971). O utilitarismo, argumenta Rawls, é insuficiente como base para um Estado liberal, por situar o bem-estar acima da justiça, ignorando o que Rawls define como "a prioridade do justo sobre o bom". "Cada pessoa possui uma inviolabilidade fundada na justiça, à qual nem mesmo a sociedade de bem-estar como um todo pode se sobrepor. Portanto, em uma sociedade justa os direitos garantidos pela justiça não são suscetíveis de barganha política ou de cálculos motivados por interesses sociais" (*TJ* 66). Em lugar do utilitarismo, Rawls propôs um novo tipo de contrato social como a base para a determinação das liberdades inalienáveis — um contrato do pensamento como um experimento do pensamento.

Imagine que ainda não existam instituições sociais, mas que todos sejamos inicialmente iguais. Nessa "posição original" ainda ignoramos os fatos que irão determinar nossa posição na sociedade em formação. Não sabemos nossa raça, nosso sexo, nossa religião, nossa classe, nossos talentos e nossas capacidades; não sabemos sequer como conceberemos o que será uma boa vida. Sob esse "véu de ignorância" temos de elaborar uma constituição com base no desejo racional de impulsionar nossos próprios objetivos e interesses, quaisquer que possam vir a ser. Em razão de nossa ignorância dos fatores que irão nos diferenciar dos outros, somos levados, nessa posição imaginada, a uma preocupação igual pelo destino de todos.

Os participantes dessa constituinte, afirma Rawls, escolherão guiar-se por dois princípios de justiça. O primeiro é o de que cada pessoa tenha o direito à liberdade básica mais extensivelmente compatível com uma liberdade semelhante para todos. O segundo é o de que as desigualdades sociais e econômicas estejam vinculadas a ofícios e posições que estejam abertos a todos em competição justa, e que essas desigualdades sejam justificadas somente se puderem ser arranjadas de modo que beneficiem os piores. Se os dois princípios conflitarem entre si, o princípio da liberdade igualitária deverá triunfar sobre o princípio da oportunidade igualitária.

Rawls considera óbvio que ninguém na posição original concordaria com um sistema que incorporasse a escravidão, por temor de que quando o véu da ignorância fosse levantado esse alguém descobrisse ser um escravo. Mas ele também faz uso de seus dois princípios para avaliar uma quantidade de temas mais contenciosos, como a justiça intergeracional e a desobediência civil. Ele afirma que em uma sociedade pluralista há uma chance reduzida de alcançar total unanimidade em ética; o máximo que se pode ambicionar é um conjunto de valores compartilhados. Mas da discussão, da reflexão e do ajuste aos nossos julgamentos morais Rawls espera que possamos atingir o que ele chama de "um consenso abrangente" sobre questões éticas.

O objetivo defendido por Rawls é um Estado de "equilíbrio reflexivo". As intuições iniciais dos diferentes cidadãos irão colidir umas com as outras, e na verdade as intuições de um único indivíduo poderão ser inconsistentes entre si. Contudo, se refletirmos a respeito dessas intuições e buscarmos articulá-las em princípios defensáveis, poderemos avançar rumo à coerência e ao consenso. Se fizermos o melhor para lidar com as intuições que são recalcitrantes em relação às regras que formulamos, poderemos esperar atingir um cada vez mais harmônico conjunto de princípios morais para nós mesmos e para nossa sociedade.

12

Deus

Fé *versus* alienação

Hegel encarava o sistema que havia concebido como uma sofisticada e definitiva apresentação de verdades filosóficas às quais se havia concedido expressão flutuante e mítica nas religiões do mundo. Na primeira metade do século XIX, as duas mais importantes reações à abordagem hegeliana da religião vieram de dois polos opostos da bússola filosófica. Enquanto Ludwig Feuerbach (1804-1872) considerava Hegel simpático em demasia à religião, Søren Kierkegaard (1813-1855) julgava-o despudoradamente desrespeitoso a ela.

Na crítica a Hegel, Feuerbach fez uso do conceito hegeliano de alienação, a condição em que as pessoas consideram estranho algo que na verdade é parte delas. A ideia fundamental de sua *Essência do cristianismo* (1841) é que Deus é uma projeção da mente humana. Os homens são as mais altas formas de vida, mas projetam suas próprias vidas e consciências em um paraíso irreal. Tomam sua própria essência, imaginam-na livre de suas limitações, projetam-na em uma imaginada esfera transcendente e então a veneram como um ser distinto e independente. "Deus como Deus, isto é, como um ser não finito, não humano, não condicionado materialmente, não fenomênico, é somente um objeto do pensamento" (*EC* 35).

Diga Hegel o que disser sobre o Espírito, para Feuerbach a real essência do homem é que ele é um ser material e parte da natureza. "O homem", afirmou ele celebremente, "é aquilo que come". Mas o homem é diferente dos outros animais; e a grande diferença que o separa deles é o fato de possuir religião. A percepção de sua dependência da natureza fez que o homem a princípio deificasse os objetos naturais, como as árvores e as fontes. A ideia monoteísta de um deus pessoal surge quando os homens se tornam conscientes de si próprios como possuidores de razão, vontade e amor. Na religião, o homem contempla sua própria e latente natureza, mas a contempla como algo apartado de si.

> A religião é a desunião do homem consigo; ele estabelece Deus diante de si como sua antítese. Deus não é o que o homem é — o homem não é o que Deus é. Deus é o infinito, o homem é o ser finito; Deus é perfeito, o homem é imperfeito; Deus é eterno, o homem é temporal; Deus é todo-poderoso, o homem é fraco; Deus é sagrado, o homem é pecador. Deus e homem são extremos: Deus é o absolutamente positivo, a soma de todas as realidades; o homem é o absolutamente negativo, contendo todas as negações (*EC* 33).

Feuerbach está de acordo com Hegel quanto à religião representar um estágio essencial, mas imperfeito, da autoconsciência humana, mas julga que a própria filosofia de Hegel não passa de outra forma de alienação: ela é o último refúgio da teologia. Ao tratar a natureza como postulada pela Ideia, a filosofia de Hegel nos oferece apenas uma versão disfarçada da doutrina cristã da Criação. Devemos colocar Hegel de pé e situar a filosofia no chão sólido do materialismo.

À semelhança da doutrina hegeliana da alienação, a crítica de Feuerbach à religião e ao idealismo teve grande influência sobre Marx e Engels. O primeiro, porém, considerava o capitalismo, e não a religião, a maior forma de alienação — era o dinheiro, não Deus, o objeto de devoção do capitalista. A religião, disse Marx, é o ópio do povo, querendo afirmar com isso não que a religião era um delírio (embora acreditasse que era) mas que a crença em uma vida mais feliz depois da vida era um estupefaciente necessário para tornar suportável o trabalho sob o capitalismo. "O sofrimento religioso é em si e ao mesmo tempo a expressão do sofrimento real e um protesto contra esse sofrimento real. A religião é o lamento da criatura oprimida, o coração de um mundo sem coração e a alma de condições desalmadas. Ela é o ópio do povo" (*EW* 257).

Se Hegel e Schopenhauer viam as crenças religiosas tradicionais como representações populares alegóricas ou míticas de verdades filosóficas que eram acessíveis apenas a uma elite iluminada, e se Feuerbach e Marx as consideravam as projeções ilusórias de uma consciência alienada, Kierkegaard, a seu turno, sempre teve fé no ápice do progresso humano e considerava a esfera religiosa superior às regiões da ciência e da política. Também a ética, ele pensava, devia ser estritamente subordinada à devoção.

Por séculos, desde o *Eutífron* de Platão, os filósofos têm debatido a relação entre religião e moralidade. Dependeria o valor moral de uma ação simplesmente de ela ser prescrita ou proibida por Deus? Ou seria somente pelo fato de que algumas ações já são por sua própria natureza boas ou más que Deus as prescreve ou as proíbe? Tomás de Aquino afirmava que todos os dez mandamentos pertenciam a uma lei natural da qual nem mesmo Deus poderia dispensar. Duns Scotus, por outro lado, afirmava que Deus poderia dispensar do cumprimento da lei contra o assassinato, o que fizera de fato quando ordenara a Abraão o sacrifício de Isaac[1].

Em *Temor e tremor* Kierkegaard adota uma nova aproximação a esse espinhoso tópico. Também ele faz uso da história de Abraão e Isaac como um caso exemplar para sua discussão:

> Deus pôs Abraão à prova e lhe disse: "Abraão"; ele respondeu: "Eis-me aqui". Deus prosseguiu: "Toma o teu filho, o teu único, Isaac, que amas. Parte para a terra de Moriá, e lá o oferecerás em holocausto sobre uma das montanhas que eu te indicar". Abraão levantou-se de manhã cedo, encilhou o jumento, tomou consigo dois de seus criados e seu filho Isaac. Rachou as achas de lenha para o holocausto. Partiu para o lugar que Deus lhe havia indicado. No terceiro dia, ergueu os olhos e viu de longe esse lugar. Abraão disse aos criados: "Ficai aqui, vós, com o jumento; eu e o jovem iremos lá adiante prosternar-nos; depois voltaremos a vós".
>
> Abraão tomou as achas de lenha para o holocausto e as pôs aos ombros de seu filho Isaac; tomou a pedra-de-fogo e o cutelo, e os dois se foram juntos. Isaac falou a seu pai Abraão: "Meu pai", disse ele, e Abraão respondeu: "Aqui estou, meu filho". Ele continuou: "Aqui estão o fogo e a lenha; onde está o cordeiro para o holocausto?". Abraão respondeu: "Deus proverá o cordeiro para o holocausto, meu filho". Os dois continuaram a andar juntos.

---

1. Ver volume I, 335-337; volume II, 306-309.

> Ao chegarem ao lugar que Deus lhe havia indicado, Abraão ergueu ali um altar e arrumou as achas de lenha. Amarrou seu filho Isaac e o pôs em cima da lenha. Abraão estendeu a mão para apanhar o cutelo e imolar seu filho (Gn 22,1-10).

Sem dúvida há algo de heroico na disposição de Abraão de sacrificar Isaac — um filho pelo qual ele havia esperado por oito anos e em quem repousava toda a sua esperança de posteridade. Mas eticamente não é monstruoso seu comportamento? Ele está disposto a cometer assassinato, a violar o dever paterno de um pai de amar seu filho e, no curso dessa ação, a decepcionar as pessoas mais próximas dele.

As literaturas clássica e bíblica, Kierkegaard nos recorda, oferecem outros exemplos de parentes que sacrificam seus filhos: Agamenon oferecendo Ifigênia para evitar a maldição dos deuses à expedição grega a Troia; Jefta entregando sua filha em cumprimento a um árduo voto; Brutus condenando à morte seus pérfidos filhos. Estes são todos sacrifícios feitos pelo bem maior de uma comunidade. Eticamente, constituem uma rendição do individual em benefício do universal. O sacrifício de Abraão não constituía nada desse tipo: era uma transação entre ele e Deus. Fosse ele um herói trágico como os outros e poderia, ao chegar ao monte Moriá, ter enfiado a faca em si mesmo antes que em Isaac. Em vez disso, Kierkegaard nos diz, ele se manteve também fora do reino da ética, agindo em benefício de um fim mais elevado.

Uma ação desse tipo é denominada por Kierkegaard "suspensão teleológica do ético". O ato de Abraão transgride a ordem ética em razão desse mais elevado fim, ou *telos*, a ele externo. Se um herói ético, como Sócrates, deixa-se morrer pelo bem de uma lei moral universal, o heroísmo de Abraão repousa em sua obediência a um comando divino individual. Além disso, sua ação não era simplesmente uma renúncia, como a do homem rico do Evangelho, que abandona sua riqueza; um homem não tem um dever para com seu dinheiro como o tem para com seu filho, e era precisamente na violação desse dever que Abraão demonstrava sua obediência a Deus.

Era seu ato então um pecado? Se se considera que todo dever é um dever a Deus, então sem dúvida o ato de Abraão era um pecado. Mas esse tipo de identificação de Deus com o dever na verdade esvazia o conteúdo da noção de dever para com o próprio Deus.

> Toda a vida da humanidade arredonda-se então e toma a forma de uma esfera perfeita, de que a moral é ora o limite, ora o conteúdo. Deus torna-se

Representação de Gustav Doré, de 1866, do sacrifício de Abraão.

um ponto invisível e dissipa-se como um pensamento sem consistência; seu poder só se exerce no ético que enche a vida. Portanto, se um homem tem a ideia de amar Deus em sentido diferente daquele que se acaba de indicar, esse homem desvaira, ama um fantasma que, se chegasse a ter forças para falar, lhe diria: *Não peço o teu amor, fica na tua esfera* (*TT* 291).

Se houver um Deus que seja mais que uma personificação do dever, então deve haver uma esfera mais elevada que o ético. Se Abraão é um herói, como a Bíblia o retrata, ele somente pode ser assim considerado do ponto de vista da fé. "Pois a fé é esse paradoxo, em que o particular é mais elevado que o universal."

Mesmo se aceitamos que as demandas da relação exclusiva entre Deus e o indivíduo possam se sobrepor aos compromissos emanados das leis gerais, resta uma questão crucial. Se um indivíduo sente a compulsão de violar uma lei ética, como poderá ele identificar se esse chamado é um comando divino autêntico ou uma simples tentação? Kierkegaard insiste que ninguém mais pode lhe orientar; essa a razão por que Abraão mantém seu plano em segredo de Sara, Isaac e seus amigos. O cavaleiro da fé (como Kierkegaard chama Abraão) tem a terrível responsabilidade da solidão. Mas então como ele pode ao menos saber ou provar para si o que é um autêntico mandamento divino? Kierkegaard tão só enfatiza que o salto de fé é dado na cegueira. Sua falha em oferecer um critério para separar a vocação autêntica da vocação ilusória é algo que nos exclama com veemência em uma época em que mais e mais pessoas sentem-se imbuídas de um comando divino pessoal para sacrificar suas próprias vidas de modo a assassinar o maior número possível de vítimas inocentes.

O silêncio de Kierkegaard nessa altura não é inadvertido. Em suas *Migalhas filosóficas* e no *Pós-escrito científico conclusivo* ele oferece vários argumentos para provar que a fé não é o resultado de qualquer racionalização objetiva. A forma da fé religiosa que ele tem em mente é a crença cristã na salvação da humanidade por Jesus por sua morte de cruz. Essa crença contém elementos históricos definidos, e Kierkegaard pergunta: "Será possível fundamentar uma felicidade eterna no conhecimento histórico?". Ele fornece três argumentos em defesa de uma resposta negativa.

Primeiro, é impossível, por meio de uma investigação objetiva, obter certeza sobre qualquer evento histórico, pois há sempre alguma possibilidade de dúvida, não importando quão mínima for, e jamais chegaremos senão a uma aproximação. Mas a fé não deixa espaço para a dúvida; é uma resolução a rejeitar a possibilidade de erro. Nenhum mero julgamento de probabilidades é suficiente para essa fé, que é a base da felicidade eterna. Logo, a fé não pode ser baseada na história objetiva.

Segundo, a investigação histórica jamais é definitivamente concluída, está sempre sendo refinada e revisada, com dificuldades sempre surgindo e sendo superadas. "Cada geração herda de seus predecessores a ilusão de que o método é quase impecável, mas que os acadêmicos letrados ainda não lograram sucesso." Se tivermos de aceitar um documento histórico como a base de nosso compromisso religioso, esse compromisso terá de ser sempre adiado.

Terceiro, a fé deve ser uma devoção apaixonada a si próprio, mas a investigação objetiva implica uma atitude de desapego. Porque a crença exige paixão, Kierkegaard argumenta que a improbabilidade daquilo em que se acredita não somente não constitui obstáculo para a fé como é desta um elemento essencial. O crente deve abraçar o risco, pois sem risco não há fé. "A fé é precisamente a contradição entre a paixão infinita da introspecção individual e da incerteza objetiva." Quanto maior o risco de engodo, maior a paixão envolvida no acreditar. Devemos nos livrar de todos os suportes racionais da fé, "de modo que se permita ao absurdo apresentar-se em toda a sua clareza, para que o indivíduo só acredite se assim o desejar" (P 190).

Se a improbabilidade de uma crença é a medida da paixão com que se acredita, então a fé, que Kierkegaard chama de "infinita paixão pessoal", deve ter como seu objeto algo que seja infinitamente improvável. Era desse tipo a fé de Abraão, que até o exato momento de baixar o punhal em direção a Isaac continuava a acreditar na promessa divina de posteridade. E sua fé foi recompensada quando o anjo de Deus conteve sua mão e Isaac, liberto da pira, pôde prosseguir para se tornar o pai de muitas nações.

Poucos fiéis cristãos estão dispostos a aceitar que o cristianismo é infinitamente improvável, e para os não crentes Kierkegaard não oferece motivo algum, para não dizer razão, para aceitar a crença. Paradoxalmente, seu irracionalismo tem sido mais influente não entre o conjunto de seus fiéis, mas entre os ateus do século XX. Pensadores existencialistas como Karl Jaspers, na Alemanha, e Jean-Paul Sartre, na França, consideram atraente a convocação cristã de que para ter uma existência autêntica deve-se abandonar a multidão e assumir o controle do próprio destino por um salto às cegas para além da razão.

O teísmo de John Stuart Mill

Na Inglaterra, o pensamento religioso tomou um rumo bem diferente nos escritos de John Stuart Mill, publicados cerca de quinze anos após o *Pós-escrito científico conclusivo*. Jeremy Bentham e James Mill haviam assegurado que a instrução religiosa não deveria ser parte da educação de John Stuart. Em conformidade a isso, em sua autobiografia Mill afirma que é "um dos muito poucos exemplos em seu país de alguém que não teve de abandonar a crença religiosa, mas que nem mesmo chegou a tê-la". Possivelmente em razão disso, ele não experimentou a animosidade contra a religião que muitos outros utilitaristas sentiram. Em seus *Três ensaios sobre a religião*, publicados postumamente, ele empreende uma notavelmente desapaixonada visão sobre os argumentos a favor e contra a existência de Deus, e sobre os efeitos negativos e positivos da crença religiosa.

Ao mesmo tempo em que descarta os argumentos ontológico e causal favoráveis à existência de Deus, Mill leva a sério o argumento do desígnio, o único fundado na experiência. "No estado atual de nosso conhecimento, as adaptações na Natureza autorizam uma probabilidade considerável em favor da criação pela inteligência". Contudo, ele não considerava o indício como tornando sequer provável a existência de um criador onipotente e benevolente. Um ser onipotente não teria necessidade de adaptar os meios aos fins que providenciassem o apoio ao argumento do desígnio; e um ser onipotente que permitisse a quantidade de mal que encontramos no mundo não poderia ser benevolente. Menos ainda pode o Deus do cristianismo tradicional ser considerado. Evocando o pai, Mill escreveu em sua autobiografia:

> Pense (ele costumava dizer) num ser que pudesse fazer um inferno — que criasse a raça humana com a infalível presciência, e portanto com a intenção, de que a grande maioria dela fosse destinada a um horrível e eterno tormento. Está próximo o tempo, creio eu, em que essa aterrorizante concepção de um objeto de veneração não mais será identificada ao cristianismo; e quando todas as pessoas, não importando com que senso moral de bem ou mal, olharão para isto com a mesma indignação com a qual meu pai o considerava (*A* 26).

Não podemos chamar bom a nenhum ser, Mill afirmava, se ele não possui os atributos que constituem a bondade em nossos semelhantes — "e, se um tal ser pode me condenar ao inferno apenas por não o chamar assim, então ao inferno irei".

Mas, mesmo se se descarta a noção de inferno como algo mítico, a quantidade de mal que sabemos existir no mundo é suficiente, acredita Mill, para eliminar a noção de uma bondade onipotente. Mill era na verdade um otimista em seu juízo do mundo em que vivemos: "todas as grandes fontes de sofrimento humano são em um grande grau, muitas delas quase totalmente, vencíveis pelo cuidado e pelo esforço humano" (*U* 266). Não obstante, a maior parte da espécie humana vive na miséria, e, se tal se deve amplamente à incompetência humana e à ausência de benevolência, isso por si só testemunha contra a ideia de que estamos todos sob o governo de uma bondade todo-poderosa.

Em seu ensaio *Teísmo*, a conclusão de Mill é a seguinte:

> Esses, portanto, os resultados claros da teologia natural sobre a questão dos atributos divinos. Um ser de grande mas limitado poder, limitado como ou pelo que nem mesmo podemos conjecturar; de grande e talvez ilimitada inteligência, mas talvez também com um poder mais limitado que este, que deseja, e dedica algum cuidado à felicidade de suas criaturas, mas que parece ter outros motivos para a ação com os quais se importa mais, e que dificilmente pode ser suposto ter criado o universo somente para aquele fim. É essa a deidade à qual a religião natural se refere, e qualquer concepção de Deus mais cativante que essa vem apenas dos desejos humanos ou do ensinamento da revelação real ou imaginária (3E 94).

Se for assim, o que dizer da desejabilidade ou não da crença religiosa? Não se contesta, afirma Mill, que a religião tem para os indivíduos o valor de uma fonte de satisfação pessoal e pensamentos elevados. Algumas religiões admitem a perspectiva da imortalidade como um incentivo ao comportamento virtuoso. Mas essa expectativa repousa sobre frágil solo; e à medida que a humanidade progride pode vir a ser uma perspectiva cada vez menos agradável.

> Não é apenas possível, mas provável, que em uma mais elevada e, acima de tudo, feliz condição de vida humana não seja a aniquilação, mas a imortalidade que possa ser a noção opressiva; e que a natureza humana, embora satisfeita com o presente, e de modo algum impaciente para deixá-lo, encontraria conforto, e não tristeza, no pensamento de que não está acorrentada por toda a eternidade a uma existência consciente a qual não pode ter certeza de que sempre desejará preservar (3E 122).

Criação e evolução

Na época em que o ensaio de Mill foi publicado, em 1887, os crentes religiosos se sentiam mais ameaçados pela biologia evolucionista que pela filosofia empirista. *Sobre a origem das espécies* e *A descendência do homem* fo-

John Stuart Mill com sua enteada Helen, que publicou
postumamente os escritos do padrasto sobre religião.

ram saudados com grande horror em alguns círculos cristãos. No encontro de 1860 da Associação Britânica, o evolucionista T. H. Huxley relatou que foi indagado pelo bispo de Oxford se ele afirmava descender de um macaco por parte de seu pai ou de sua mãe. Huxley, segundo seu próprio relato, respondeu que preferia antes ter um macaco por avô que um homem que fizesse mau uso de seus dons para obstruir a ciência pela retórica.

A disputa entre os evolucionistas darwinistas e os fundamentalistas cristãos continua ainda hoje. A teoria de Darwin obviamente choca-se com uma aceitação literal do relato bíblico da criação do mundo em sete dias. Além disso, a duração do tempo que seria necessário para a evolução se dar seria imensamente mais longo que os seis mil anos que os fundamentalistas cristãos acreditam ser a idade do universo. Mas uma interpretação não literal do Gênesis foi adotada há muito tempo por teólogos tão ortodoxos como Santo Agostinho, e muitos cristãos de hoje em dia contentam-se em aceitar que a Terra pode ter existido por bilhões de anos. É muito mais difícil reconciliar uma aceitação do darwinismo com a crença no pecado original. Se a luta pela existência vem se dando por éons antes que os humanos evoluíssem, é impossível aceitar que foram a primeira desobediência do homem e o fruto da árvore proibida que trouxeram a morte ao mundo.

Por outro lado, não é certo sugerir, como usualmente se fez, que Darwin contraprovou a existência de Deus, pois por tudo o que Darwin demonstrou toda a maquinaria da seleção natural pode ter sido parte de um desígnio do criador para o universo. Afinal, se a crença de que os seres humanos são criaturas de Deus jamais foi considerada incompatível com o fato de sermos filhos de nossos pais, ela não é menos incompatível com o fato de sermos, tanto por parte de pai quanto de mãe, descendentes dos ancestrais dos macacos.

Quando muito, Darwin apontou um argumento para a existência de Deus, a saber, o argumento de que a adaptação dos organismos a seu meio ambiente demonstra a manipulação de um criador benévolo. Mas até isso é dito para enfatizar o caso. O único argumento refutado por Darwin seria aquele que afirma que onde houver adaptação ao ambiente teremos por certo a atividade imediata de um ser inteligente. Mas o antigo argumento do desígnio não afirma tal coisa, e era na verdade um passo essencial rumo ao argumento de que os animais inferiores e os agentes naturais não possuem mentes. O argumento era somente o de que a derradeira explicação para tal adaptação deve ser encontrada na inteligência; e se o argumento tivesse sempre sido forte, então o sucesso do darwinismo nada mais seria que a inserção de um passo adicional entre os fenômenos a ser explicados e sua derradeira explicação.

O darwinismo deixa muito a ser explicado. A origem das espécies individuais a partir de espécies anteriores pode ser explicada pelos mecanismos da pressão e da seleção evolucionárias, mas esses mecanismos não podem ser utilizados para explicar a origem das espécies como tal, pois um dos pontos de partida da explicação pela seleção natural é a existência de populações verdadeiramente reprodutoras, a saber, de espécies.

Muitos darwinistas afirmam que a origem e estrutura do mundo e o surgimento da vida humana e suas instituições já estão totalmente explicados pela ciência, não tendo sido deixado espaço para se postular a existência da atividade de qualquer agente não natural. O próprio Darwin foi mais cauteloso. Embora acreditasse que para a descrição da perfeição dos órgãos e instintos complexos não fosse necessário apelar a "meios superiores à razão humana, embora a ela análogos", ele deixou espaço, de modo explícito, em vários pontos da segunda edição de *A origem das espécies*, para a atividade de um criador. Ao defender sua teoria das objeções geológicas ele alega que as imperfeições dos registros geológicos "não demolem a teoria da descendência de umas poucas formas criadas com subsequentes modificações" (*OS* 376). "Eu deveria inferir da analogia que provavelmente todos os seres orgânicos que já viveram nesta Terra descenderam de alguma forma primordial em que a vida foi primeiramente soprada pelo Criador" (*OS* 391).

Na verdade, Darwin afirma como mérito de seu sistema o fato de ele estar em conformidade com aquilo que sabemos do modo divino de ação:

> Penso que é mais conforme ao que sabemos das leis impressas na matéria pelo Criador que a produção e extinção dos habitantes passados e presentes do mundo tenha sido devida a causas secundárias, como as que determinam o nascimento e a morte do indivíduo. Quando encaro todos os seres não como criações especiais, mas como os descendentes em linhagem de alguns poucos seres que viveram muito antes que a primeira formação do sistema siluriano fosse depositada, eles parecem enobrecer diante de mim (*OS* 395).

A objeção de Darwin era dirigida contra a criação especial, não contra a criação.

Quando os neodarwinistas afirmam que as intuições de Darwin capacitam-nos a explicar todo o cosmo, surgem dificuldades filosóficas em três pontos principais: a origem da linguagem, a origem da vida e a origem do universo.

No caso da espécie humana há uma dificuldade particular para explicar pela seleção natural a origem da linguagem, já que a linguagem é um sistema de convenções. A explicação por seleção natural da origem de uma característica em uma população pressupõe a ocorrência daquela característica em indivíduos específicos da população. A seleção natural pode

A teoria da evolução de Darwin retratada no Almanaque *Punch*
para 1882, vinte e dois anos após a publicação de *A origem das espécies*.

favorecer um certo tamanho de perna, e os indivíduos da população que tenham pernas longas podem se reproduzir mais que os outros. Mas para esse tipo de explicação das características ser possível deve ser possível conceber a ocorrência da característica em um único indivíduo. Não há problema em descrever um único indivíduo como tendo pernas n metros mais compridas. Mas há um problema com a ideia de que pode haver apenas um único homem utilizador de linguagem.

Não é fácil explicar como a raça humana pode ter começado a fazer uso da linguagem afirmando que os indivíduos utilizadores de linguagem entre a população tinham uma vantagem e portanto se reproduziram mais que os indivíduos não utilizadores de linguagem. Isso não se dá simplesmente pela dificuldade de enxergar de que modo a mutação espontânea poderia produzir um indivíduo utilizador de linguagem; a dificuldade é enxergar como qualquer um poderia ao menos ser descrito como um indivíduo utilizador de linguagem antes que houvesse uma comunidade de utilizadores de linguagem. A linguagem humana é uma atividade comunitária governada por normas totalmente diferentes dos sistemas de sinalização encontrados em não humanos. Se refletirmos sobre a natureza social e convencional da linguagem, depararemos com algo estranho na ideia de que a linguagem pode ter evoluído em razão das vantagens possuídas pelos utilizadores de linguagem sobre os não utilizadores de linguagem. Soa quase tão absurdo quanto a ideia de que os bancos devem ter evoluído porque aqueles nascidos com uma capacidade inata para o preenchimento de cheques estavam mais capacitados que os que nasceram desprovidos dessa capacidade.

A linguagem não pode ser o resultado de um aprendizado por tentativa e erro, pois tal aprendizado pressupõe fins estáveis que tentativas sucessivas alcançam ou fracassam em alcançar (como um rato encontra ou não encontra um bolo de comida em um labirinto). Mas não existe um fim para o qual a linguagem seja um meio: não se pode ter o fim de adquirir uma linguagem, já que é necessária uma linguagem para ter esse fim.

Se é difícil enxergar como a linguagem poderia ter se originado por seleção natural, é igualmente difícil enxergar como a vida poderia ter se originado desse modo. Não importando quão bem-sucedida a seleção natural possa ser na explicação da origem de espécies particulares de vida, ela seguramente não pode explicar como afinal vieram a existir coisas como espécies. Darwin jamais afirmou que ela explicava; ele não ofereceu uma explicação para a origem da vida.

Os neodarwinistas, por contraste, frequentemente tentam nos dizer como a vida começou, especulando, digamos, sobre alterações elétricas em alguma primitiva sopa orgânica. Essas explicações são de um tipo radicalmente diferente daquelas que Darwin apresentou para dar conta da evolução. Os neodarwinistas tentam explicar a vida como produzida pela interação casual de materiais não vivos e forças sujeitas a leis puramente físicas. Esses relatos, independentemente de seus méritos, não são explicações por seleção natural.

A seleção natural e o desígnio inteligente não são incompatíveis entre si, não do modo como a seleção natural é incompatível com o relato do Gênesis. Mas, embora o "desígnio inteligente" possa ser utilizado em círculos políticos como um eufemismo para o fundamentalismo bíblico, na própria ideia de uma inteligência extracósmica não há nada que induza alguém a acreditar em uma revelação religiosa judeu-cristã ou de outra extração qualquer. Que fique claro, a discussão da possibilidade de tal inteligência não pertence à classe de ciências; se dela fizesse parte, a inteligência não seria do tipo extracósmico, mas parte da natureza. Mas não é essa a razão pela qual os filósofos não consideram essa hipótese com seriedade.

A razão mais fundamental em favor de postular uma ação extracósmica de qualquer tipo é por certo a necessidade de explicar a origem do próprio universo. É errado dizer que Deus responde à questão "Por que existe algo em vez de nada existir?". A questão em si é mal concebida: à proposição "Nada existe" não se pode dar um sentido coerente, e portanto não há necessidade de perguntar-se por que é falsa. Não é a existência do universo que demanda uma explicação, mas seu vir a existir. Numa época em que os filósofos e cientistas contentam-se em aceitar que o universo existiu por todo o sempre, não há motivo para buscar uma causa de sua origem, mas tão somente para buscar uma explicação de sua natureza. Mas, quando se propõe que o universo começou em um ponto do tempo mensuravelmente distante no passado, então soa perverso simplesmente encolher os ombros e declinar de buscar qualquer explicação. No caso de uma existência comum, ficaríamos incomodados com uma gentil informação de que simplesmente não havia razão para sua vinda à existência. A não ser que aceitemos a visão kantiana das limitações da razão, parece irracional abandonar essa atitude quando a coisa existente em questão envolve tudo, como o universo.

Newman e sua filosofia da religião

Se se aceita que a origem do universo necessita de alguma explicação fora de si mesmo, isso não basta por si só para se chegar a uma crença em um Deus como definido pelas grandes tradições monoteístas. E até segundo a opinião de alguns crentes ela nem mesmo é necessária. Um filósofo tão devoto como John Henry Newman pôde escrever: "É de fato uma grande questão se o ateísmo não é tão consistente filosoficamente com os fenômenos do mundo físico, tomados em si, quanto a doutrina de um poder criador e governante" (US 186).

Para Newman, a justificação para a fé religiosa vem de fontes diferentes, como ele explicou em *A gramática do assentimento*. "Fé", para ele, tem um sentido muito preciso. A fé em Deus é mais que uma simples crença na existência de um Deus: Aristóteles acreditava em um primeiro movente imóvel, mas sua crença não era fé. A fé em Deus não é necessariamente dedicação total a Deus: o Fausto de Marlowe, à beira da danação, ainda crê na redenção. A fé contrastada com a razão e o amor; a característica especial de uma crença que a torna fé é que é uma crença em algo revelado por Deus, crença em uma proposição sobre a palavra de Deus. Tal era a concepção de Newman da fé. É uma concepção católica, diferente da concepção luterana que encontramos em Kierkegaard.

A fé compreendida antes como crença que como vocação é uma operação do intelecto, não da vontade ou das emoções. Mas é ela uma operação razoável do intelecto ou é do tipo rude e irracional? Newman concede que o testemunho em que se fundamenta a fé é em si fraco. Ele pode convencer somente alguém que já possua uma simpatia prévia ao conteúdo do testemunho.

> A fé [...] não exige prova tão forte como seria necessário à [...] crença no solo da razão. E por quê? Por esta razão, porque é principalmente influenciada por considerações anteriores [...] comunicações prévias, prepossessões e (no melhor sentido da palavra) preconceitos. A mente que crê é movida por suas próprias esperanças, seus próprios medos e opiniões prévios (*US* 179-180).

Newman está bem consciente de que seu destaque sobre a necessidade de preparar o coração pode bem fazer que a fé pareça não mais que devaneio. Ele enfatiza contudo que a discrepância entre prova e vocação, somada à importância das atitudes prévias, deve ser observada não somente na fé religiosa, mas também em outros casos de crença.

> Ouvimos um relato nas ruas ou o lemos nos jornais. Não temos prova alguma; não conhecemos as testemunhas nem temos referência alguma sobre elas; e no entanto algumas vezes acreditamos de modo implícito, e outras não; algumas vezes acreditamos sem pedir provas, outras vezes duvidamos até que as recebamos. Basta circular um rumor de um terremoto destruidor na Síria ou no sul da Europa para que logo lhe demos crédito, tanto porque tem grandes probabilidades de ser verdadeiro como porque não nos diz respeito, embora diga. Dissesse o rumor respeito a países próximos e tenta-

ríamos localizá-lo e comprová-lo. Não solicitamos provas senão quando as probabilidades antecedentes falham (*US* 180).

Duas objeções podem ser feitas à afirmação de Newman de que a fé é razoável mesmo se sua aceitação depende não tanto de provas quanto de probabilidades antecedentes. A primeira é que as probabilidades antecedentes podem estar igualmente disponíveis tanto para o que é verdadeiro como para o que tão só finja ser verdadeiro. Elas não oferecem uma regra inteligível para escolher entre uma revelação genuína e uma revelação forjada:

> Se uma afirmação de milagres deve ser creditada porque ocorre ser comunicada, por que não se dá o mesmo com os milagres da Índia assim como para os da Palestina? Se a possibilidade abstrata de uma Revelação for a medida de autenticidade em dado caso, por que não no caso de Maomé e também no dos Apóstolos? (*US* 226)

Newman, que nunca é tão eloquente como quando elabora críticas a sua própria posição, não oferece em nenhum lugar uma resposta satisfatória a esta objeção.

Segundo, pode-se objetar que há uma diferença entre a fé religiosa e crenças razoáveis, embora insuficientemente estabelecidas, às quais damos assentimento em nossas vidas cotidianas. Nas palavras do próprio Newman, o cristianismo deve "ser abraçado e confirmado como verdadeiro com base em sua origem divina, e não verdadeiro em bases intrínsecas, ou provavelmente verdadeiro, ou parcialmente verdadeiro, mas como um conhecimento absolutamente certo, e certo no sentido em que nada além pode ser certo". Nos casos simples estamos sempre prontos a levar em consideração indícios que deponham contra nossas crenças, mas o crente religioso adota uma certeza que se recusa a acalentar qualquer dúvida sobre artigos de fé.

Newman responde que mesmo no que diz respeito a questões seculares pode ser racional rejeitar objeções como fantasmas ocos, não importando quanto elas possam ter sido infligidas por um opositor pertinaz ou se apresentado por meio de uma obsessiva imaginação.

> Por certo não serei muito tolerante em relação à noção de que eu possa um dia ser o imperador da França. Considerarei isso tão absurdo, até mesmo ridículo, que primeiro terei de enlouquecer antes de poder sequer aventar

essa possibilidade. E se alguém tentar me convencer que traição, crueldade ou ingratidão possam ser tão louváveis quanto a honestidade e a moderação, e que um homem que tenha vivido como um vagabundo e morrido como um bruto não tenha nada a temer de uma futura retribuição, eu devo pensar que nada me obriga a ouvir seus argumentos que não a esperança de o converter, embora ele me acuse de preconceito e covardia por me recusar a partilhar suas especulações.

Por outro lado, um crente pode por certo investigar os argumentos a favor e contrários a sua posição religiosa. Proceder desse modo não implica nenhum enfraquecimento da fé. Mas não poderia uma investigação do homem conduzi-lo a desistir de sua afirmação a seu credo? Na verdade poderia, mas

> minha vaga consciência da possibilidade de uma reversão de minha crença no curso de minhas investigações muito pouco interfere com a honestidade e a firmeza daquela crença enquanto essas investigações prosseguem, assim como o reconhecimento da possibilidade de meu modo de superação é um indício de uma intenção de minha parte de enfrentar uma tão grande calamidade (GA 127).

Não é preciso acompanhar de forma detalhada os argumentos pelos quais Newman dá o melhor de si para demonstrar que a aceitação da religião católica é a ação de uma pessoa razoável. Ele afirma que a duradoura história do judaísmo e do cristianismo por entre as vicissitudes dos assuntos humanos é um fenômeno que carrega em sua face a probabilidade de uma origem divina. Mas o faz, admite Newman, somente a alguém que já acredite que existe um Deus que irá julgar o mundo.

Mas, em primeiro lugar, que razão há para acreditar em um Deus e em um julgamento futuro? Em resposta, Newman faz seu célebre apelo ao testemunho da consciência:

> Se, ao fazermos o mal, sentimos o mesmo lamento choroso, de coração partido, que nos afeta ao magoarmos uma mãe; se, ao fazermos o bem, desfrutamos da mesma ensolarada serenidade da mente, do mesmo deleite satisfatoriamente tranquilizante que se instala em nós após recebermos elogios de um pai, por certo temos em nós a imagem de alguma pessoa, para quem se voltam nosso amor e nossa veneração, em cujo sorriso encontramos nossa

felicidade, para quem nos esforçamos, a quem dirigimos nossas súplicas, cuja ira nos deixa apreensivos e arrasados. Esses sentimentos em nós são como os que demanda para sua excitante causa um ser inteligente (*GA* 76).

É difícil para membros de uma geração pós-freudiana ler essa passagem sem um desconforto agudo. Não é a mera existência da consciência — dos juízos morais de certo e errado — que Newman vê como sugestões da existência de Deus. Tais juízos podem ser explicados — como de fato o são por muitos filósofos cristãos e também pelos utilitaristas — como conclusões a que se chega pela razão natural e pelo senso comum. É o colorido emocional da consciência que Newman afirma ser o eco das admonições de um Juiz Supremo. Os sentimentos que ele descreve com eloquência podem na verdade ser apropriados somente se há um Pai no paraíso. Mas não há sentimentos que possam garantir suas próprias aparências na ausência da razão.

Anteriormente destacamos os paralelos entre os relatos de crença oferecidos por Newman e por Frege. Frege não possuía grande interesse pela filosofia da religião. Há contudo uma passagem em seu *Fundamentos da aritmética* de grande importância para qualquer pessoa que se interesse pela possibilidade de provar a existência de Deus. Frege estabelece uma analogia entre a existência e o número. "Afirmar a existência", ele diz (*FA* 65), "não é senão negar o número nulo". O que ele quer dizer é que uma afirmação da existência (por exemplo, "Anjos existem" ou "Existem [coisas como os] anjos") é uma asserção de que um conceito (por exemplo, *anjo*) tem algo por trás de si. E afirmar que um conceito tem algo por trás de si é dizer que o número pertencente àquele conceito não é zero.

É porque a existência é uma propriedade de conceitos e não de objetos, afirma Frege, que o argumento ontológico da existência de Deus é derrubado. Isso equivale a dizer que que-existe-um-Deus não pode ser um componente do conceito *Deus* nem pode ser um componente do conceito que-existe-somente-um-Deus. Se de fato existe um e somente um Deus, isto é uma propriedade não de Deus, mas do conceito *Deus*.

O argumento de Frege foi assumido por muitos filósofos posteriores — entre eles Bertrand Russell — como o golpe mortal no argumento ontológico. Mas a questão não é tão simples. Frege não demonstrou não ser jamais possível fazer uma inferência, como o faz o argumento ontológico, dos componentes de um conceito para suas propriedades. O próprio Frege infere dos componentes do conceito *triângulo equilátero de ângulo reto* que este tem a propriedade de possuir o número zero. Talvez se possa argumentar que pode haver casos em que se possa inferir das características componentes de um conceito a existência ou a unicidade. Além disso, se, como alguns lógicos posteriores fizeram, se está preparado para aceitar em uma ontologia não somente objetos reais, mas possíveis, então a existência é de fato uma propriedade dos objetos, o que precisamente faz que alguns deles sejam reais e não possíveis.

A morte de Deus e a sobrevivência da religião

Dois anos antes de Frege publicar sua crítica do argumento ontológico, Nietzsche anunciara em *A gaia ciência* que Deus estava morto, que a crença no Deus cristão se tornara inacreditável. Afirmou isso contudo não em tons de filósofo, mas de evangelista, já que não oferecia argumentos contra uma tese, mas proclamava a maior das boas-novas. "Enfim o horizonte nos aparece novamente livre, embora não esteja limpo, enfim [...] o mar, o *nosso* mar está novamente aberto" (*GC* 234). O Deus cristão, com seus mandamentos e proibições, havia sido até então o maior obstáculo à completude da vida humana. Agora que ele está morto estamos livres para expressar nossa vontade de viver.

Nietzsche não tinha paciência com os pensadores — notadamente os da Inglaterra — que tentavam preservar a moralidade cristã ao mesmo tempo em que negavam a fé cristã. Votava um desprezo particular àquela "mulherzinha moralista", George Eliot, aferrando-se à respeitabilidade após ter se emancipado da teologia.

O cristianismo, diz Nietzsche, é um sistema, uma visão coerente e *completa* das coisas. Se você rompe um de seus principais conceitos, a crença em Deus, então você abala toda a estrutura; não sobra nada de essencial em seus dedos. "O cristianismo pressupõe que o homem não sabe — *não pode saber* — o que para ele é bom e o que é mau: acredita em Deus, o único a saber. A moral cristã é uma ordem; sua origem é transcendente; ela está além de toda crítica, de todo direito à crítica; ela tem a verdade apenas se Deus for a verdade — ela se sustenta ou cai com a fé em Deus" (*CI* 65-66).

A noção de uma lei moral sem um legislador é vácua. Os ingleses que acreditam que podem identificar o bem e o mal intuitivamente apenas revelam quanto ainda se encontram sob a oculta influência do cristianismo

Os filósofos discutem de há muito as provas e contraprovas da existência de Deus; mas a ascensão e queda das religiões tem sido atribuída menos a argumentos que a coerção. Na ilustração vê-se um recibo de pagamento, datado de 1974, de uma multa aplicada na URSS "por crença em Deus".

que descartaram. Enquanto uma moral sadia poderia preencher os cânones da vida, a moralidade convencional é antinatural e combate nossos instintos vitais. "Quando diz que 'Deus vê nos corações', ela diz Não aos mais baixos e mais elevados desejos da vida e toma Deus como *inimigo da vida* [...] O santo no qual Deus se compraz é o castrado ideal [...] A vida acaba onde o 'Reino de Deus' *começa...*" (*CI* 36).

Um dos que levaram a sério a crítica de Nietzsche à santidade foi William James. Para Nietzsche, James observou, o santo não representa senão a furtividade e a servilidade. Ele é o inválido sofisticado, o degenerado por excelência, o homem de vitalidade insuficiente; sua prevalência poria em perigo o tipo humano. A antipatia do pobre Nietzsche, disse James, era bastante enfermiça, mas o confronto que ele descreve entre os dois ideais é real e importante. "Todo o feudo se organiza essencialmente em torno de dois sustentáculos: seria o mundo visto ou o mundo não visto nossa principal esfera de adaptação?, e devem nossos meios de adaptação neste mundo visto ser a agressividade ou a não resistência?" (*VRE* 361). James dedicou cinco de suas Conferências Gifford de 1902 a uma defesa do valor da santidade. Uma defesa, porém, qualificada, em que ele conclui: "Em termos abstratos o santo é o mais elevado tipo, mas no ambiente atual ele pode falhar, de modo que fazemos santos de nós mesmos por nossa conta e risco" (*VRE* 10).

As variedades da experiência religiosa não é uma obra de filosofia, cuja eficiência nessa área James encarava com ceticismo, nem de antropologia, visto ser baseada não em trabalho de campo, mas em fontes escritas. Trata-se mais de algo como um guia do tipo Kama Sutra para as experiências daqueles que buscam libertação e satisfação na religião. (Não que James saudasse qualquer assimilação da religião ao sexo. "Poucas concepções são menos instrutivas", escreveu ele, "do que essa reinterpretação da religião como uma sexualidade pervertida" [*VRE* 33].)

Além da santidade, James explorou fenômenos religiosos como o sentido do pecado, a experiência da conversão e os estados místicos. A abordagem da santidade e da conversão deixa sem resposta a questão "É a sensação da presença divina uma sensação de algo objetivamente verdadeiro?". O misticismo, James conclui, era muito particular e muito variado para se arrogar qualquer afirmação de autoridade universal. Nas últimas conferências de sua série ele pergunta se a filosofia poderia avalizar qualquer garantia de veracidade à sensação do divino do homem religioso.

James depositava pouca esperança nas provas tradicionais da existência de Deus, seja no argumento da causa primeira, seja no argumento do desígnio, seja no argumento da moral devida a um legislador. "Os argumentos para a existência de Deus resistiram por centenas de anos às ondas de críticas descrentes chocando-se contra eles, que jamais os desacreditaram totalmente aos ouvidos dos fiéis, mas que como um todo, lenta e seguramente, foram corroendo os rejuntamentos de suas juntas" (*VRE* 420).

James listou os atributos de Deus que os teólogos lutaram durante séculos para estabelecer: sua existência autoderivada (*asseidade*), sua necessidade, sua unicidade, sua espiritualidade, sua simplicidade metafísica, sua imensidade e sua onipresença, sua onisciência e sua onipotência. James teve um breve, e realístico, período pragmatista com essas concepções da teologia natural. Para chegarmos ao sentido de um pensamento, afirmou, com um aceno a Peirce, precisamos somente determinar que conduta esse pensamento é adequado para produzir, e que conduta é para nós seu único significado. Se aplicarmos este princípio aos atributos metafísicos de Deus, teremos de os expor como destituídos de todo significado inteligível.

> Tomemos como exemplo a asseidade de Deus, ou sua necessidade, sua imaterialidade, sua "simplicidade" ou superioridade ao tipo de variação e

sucessão internas que encontramos nos seres finitos; sua indivisibilidade e ausência de distinções internas entre ser e atividade, substância e acidente, potencialidade e atualidade, e tudo o mais; seu repúdio à inclusão em um gênero; sua infinidade atualizada; sua "personalidade", apartada das qualidades morais que possa comportar; suas relações com o mal sendo permissivas e não positivas; sua autossuficiência, amor-próprio e absoluta felicidade em si mesmo: — para dizer com candura, como é que qualidades desse tipo podem estabelecer qualquer conexão definida com a nossa vida? E, se elas não exigem com rigor por nenhuma adaptação distintiva em nosso comportamento, que diferença vital elas podem representar para a religião de um homem se forem falsas ou verdadeiras? (VRE 428).

Isso quanto aos atributos metafísicos de Deus. Mas e quanto a seus atributos morais — sacralidade, justiça e misericórdia? Estes estão por certo, do ponto de vista do pragmatismo, em um nível diverso, já que determinam positivamente o medo, a esperança e as expectativas, e são os alicerces para a vida santificada. Bem, talvez esses predicados tenham sentido, mas a teologia dogmática jamais produziu um argumento convincente sequer de que eles de fato pertencem a Deus. E o moderno idealismo, acreditava James, havia muito se despedira de forma definitiva da teologia.

Não é a razão, ele ratificava em sua conclusão, a fonte da religião, mas o sentimento. Fórmulas filosóficas e teológicas são secundárias. Tudo o que a filosofia pode fazer é auxiliar na articulação da experiência religiosa, comparar as diferentes formas em que é expressa, fazer a mediação entre diferentes credos e ajudar a estabelecer um consenso de opiniões. A enumeração dos epítetos divinos pelos teólogos não é sem valor, mas seu valor é antes estético que científico. "Os epítetos propiciam a atmosfera e os sobretons para nossa devoção. São como um hino de louvor e serviço de glória, e podem soar mais sublimes ainda ao serem incompreensíveis" (VRE 437-439).

Em um mundo governado pela ciência e suas leis, haverá espaço para a oração? James distingue oração peticionária de oração em sentido amplo. Entre as orações peticionárias ele estabelece ainda uma subdistinção entre orações por um bom clima e orações para a recuperação de pessoas doentes. As primeiras são fúteis, mas as segundas não necessariamente. "Se há algum fato médico que pode ser considerado certo, é o de que em certos ambientes a oração pode contribuir para a recuperação e deveria ser incentivada como uma medida terapêutica" (VRE 443).

Considerada em um sentido amplo, a oração significa "todo tipo de comunicação interior ou conversa com o poder reconhecido como divino". Isso, afirma James, é intocável pela crítica científica. De fato, o alvo principal da investigação jamesiana da experiência religiosa é que "a religião, considerada uma coisa ativa, envolve uma crença em presenças ideais e que em nossa comunhão orante com elas algo é feito, e algo real se passa". Mas é essa crença *verdadeira* ou não passa de uma mera sobrevivência anacrônica de uma era pré-científica? Toda ciência da religião é mais propensa a ser hostil que favorável à afirmação de que a essência da religião é verdadeira.

Mas a ciência, pensa James, não precisa necessariamente ter a última palavra. A religião se ocupa do indivíduo e de seu destino pessoal, a ciência do impessoal e geral. "O Deus que a ciência reconhece será um Deus de leis exclusivamente universais, um Deus que trabalhe com o todo e não apenas com a parte" (VRE 472). Mas o que é mais real, o universal ou o particular? Segundo James, "ao lidarmos com o cósmico e o geral, lidamos somente com símbolos da realidade, mas *assim que lidamos com os fenômenos privados e pessoais como tais lidamos com realidades no mais completo sentido do termo*" (VRE 476). É absurdo para a ciência afirmar que os elementos egoicos da experiência devam ser suprimidos. "A religião, ao ocupar-se dos destinos pessoais e ao se manter assim em contato com as únicas realidades absolutas que conhecemos, deve necessariamente desempenhar um papel eterno na história humana" (VRE 480).

James está propenso, na conclusão, a chamar "Deus" à suprema realidade no universo. Mas sua descrição positiva de Deus é extremamente nebulosa; ela é similar às definições de Deus dadas por Matthew Arnold como "o fluxo de tendências pelo qual todas as coisas buscam preencher a lei de seu ser" ou "um poder eterno, não nós mesmos, que defende a justiça". O caráter emaranhado da expressão jamesiana, contudo, era de esperar, pois ele considera a religião uma questão essencialmente de sentimento, e de sentimentos essencialmente inarticulados. Mas isso não deixou de desapontar muitos de seus amigos, que o consideravam, em outros tópicos, um modelo de integridade e precisão. "Seus desejos fazem que ele apague as luzes", disse dele o amigo Oliver Wendell Holmes Jr., "de modo que se dê uma chance ao milagre"[2].

---

2. Carta de 1º de setembro de 1910. Citada em Louis MENAND, *The Metaphysical Club*, London, Flamingo, 2001, 436.

Freud e a ilusão religiosa

Freud, por sua vez, queria iluminar os cantos escuros da alma para livrar o mundo do encantamento. A religião, afirmava, era uma ilusão; e ele fazia uso de "ilusão" em um sentido preciso, o de uma crença determinada pelos desejos humanos. Para Freud, as ilusões, ao contrário dos delírios, não são necessariamente crenças falsas, mas crenças não confirmadas pelas evidências; se forem verdadeiras isso não será mais do que um feliz acaso. "Por exemplo, uma garota de classe média pode ter a ilusão de que virá um príncipe e a desposará. Isso é possível, e em alguns poucos casos aconteceu." A definição de Freud implica que ele pode afirmar que a religião é uma ilusão enquanto, ao menos em teoria, deixa em aberto a questão do valor-de-verdade das crenças religiosas. Não é provável, pensa ele, que o Messias virá e fundará uma época dourada; mas as doutrinas religiosas não podem ser desaprovadas mais do que podem ser provadas.

As ideias religiosas, afirma Freud em *O futuro de uma ilusão*, não são o resultado da experiência ou do raciocínio:

> Elas são ilusões, complementos dos mais antigos, mais fortes e mais urgentes desejos da espécie. O segredo de sua força repousa na força desses desejos. [...] A impressão aterrorizante de desproteção na infância despertou a necessidade de proteção — de proteção por meio do amor —, que era fornecida pelo pai; e o reconhecimento de que essa desproteção persiste durante a vida tornou necessário apegar-se à existência de um pai, porém agora de um pai mais poderoso. Desse modo, a regra benevolente da divina providência elimina nosso medo dos perigos da vida; o estabelecimento de uma ordem mundial moral assegura a satisfação das demandas por justiça, que permaneceram com tanta frequência não satisfeitas na civilização humana; e o prolongamento da existência terrena em uma vida futura fornece o pano de fundo local e temporal em que essas aspirações de satisfação terão lugar (*FI* 47-48).

Embora Freud negue qualquer pretensão de refutar as afirmações religiosas, é claro que ele julga que seria melhor para todos os interessados se a religião desaparecesse. A religião prestou um grande serviço ao ajudar a refrear os instintos humanos. Mas nos milhares de anos em que esteve no comando ela conquistou muito pouco. Não há prova de que os homens eram no geral mais felizes no tempo em que as doutrinas religiosas eram universalmente aceitas, e eles por certo não eram moralmente melhores que o são hoje em dia. O crescimento do espírito científico enfraqueceu decisivamente o apelo da religião. "A crítica reduziu todo o valor circunstancial dos documentos religiosos, a ciência natural apontou os erros neles contidos, e a investigação comparativa foi surpreendida pela semelhança entre as ideias religiosas que reverenciamos e os produtos mentais de pessoas e tempos primitivos" (*FI* 63).

Até aí, a crítica de Freud à religião, como ele mesmo insiste, não deve nada à psicanálise. Mas desde *Totem e tabu*, de 1913, ele propôs uma narrativa psicanalítica da origem da moral religiosa. Em épocas primitivas, ele informa, os homens viviam em hordas, cada horda sendo governada por um pai primevo que escravizava os outros homens e possuía todas as mulheres. Certo dia os homens se juntaram, eliminaram o pai primevo e estabeleceram tabus contra o assassinato e o incesto. O crime primevo deixou uma herança de culpa, o que levou os homens a deificar o pai assassinado em suas imaginações e determinou o respeito que continuaria daí em diante. A religião, segundo essa visão, é a neurose obsessiva universal da humanidade.

> À semelhança da neurose obsessiva das crianças, ela emana do Complexo de Édipo, das relações com o pai. Se essa visão estiver correta, é de supor que uma rejeição da religião se dará pela fatal inevitabilidade de um processo de amadurecimento, e que nos encontraremos nessa exata encruzilhada no meio daquela fase de desenvolvimento (*FI* 71).

Freud nos diz que chegou a hora de substituir os efeitos do recalque pelos resultados da operação racional do intelecto. Mas o que ele faz não é na verdade substituir a religião pela ciência, mas substituir o mito de Adão por outro mito que não goza de maior credibilidade como relato histórico. Seus últimos escritos diminuíram, em vez de aumentar, qualquer plausibilidade que poderia ter restado a *Totem e tabu*. Em *Moisés e o monoteísmo*, Freud afirma que o assassinato primeiro da pré-história foi repetido por duas vezes nos tempos históricos — a primeira vez quando os judeus assassinaram Moisés (então agora foram eles?) e outra quando assassinaram Jesus. Assim, "há um pedaço real de verdade histórica na ressurreição de Cristo, pois ele era o Moisés ressuscitado e antes dele o pai primevo da horda primeva, transfigurado e, como o filho, colocado no lugar do pai" (*SE* XXIII 89-90).

A teologia filosófica após Wittgenstein

Deus raramente é mencionado no *Tractatus logico-philosophicus* de Wittgenstein: sem dúvida ele está entre as coisas que se devem calar. Mas por toda a sua vida, embora tenha abandonado sua fé católica, Wittgenstein levou a religião muito a sério. "Crer em Deus", escreveu em um dos cadernos durante a Primeira Guerra Mundial, "implica ver que a vida tem um sentido". Mas acreditar em Deus não era uma questão de assentir a uma doutrina. Os Evangelhos não fornecem uma base histórica para a fé.

> O cristianismo não é baseado em uma verdade histórica; antes, ele nos oferece uma narrativa [histórica] e diz: agora acreditem. Mas não acreditar nessa narrativa com a crença apropriada a uma narrativa histórica; antes, acreditar na alegria e na tristeza, o que somente se pode fazer como um resultado da vida. Aqui você tem uma narrativa; não assuma a mesma atitude que você assume perante outras narrativas. Reserve um lugar bem diferente em sua vida para isso (*CV* 32).

Wittgenstein opunha-se mais à ideia de que o cristianismo era razoável, e de que sua razoabilidade fora estabelecida por um ramo da filosofia chamado teologia natural. A filosofia, ele pensava, não podia dar qualquer sentido à vida; o melhor que poderia fornecer seria uma forma de sabedoria. Mas comparada à paixão ardente da fé a sabedoria não passa de frias cinzas.

Mas, embora somente a fé, e não a filosofia, possa dar sentido à vida, isso não quer dizer que a filosofia não tenha direitos sobre o terreno da fé. A fé pode implicar falar coisas sem sentido, e a filosofia pode apontar o que não tem sentido. Tendo nos instado no *Tractatus* a evitar o *nonsense* por meio do silêncio, Wittgenstein, após o seu retorno à filosofia, disse: "Não tenha medo de falar coisas sem sentido" (*CV* 56). E prosseguiu, acrescentando: "Você deve manter seu *nonsense* sob vigília".

Os lógicos positivistas partilhavam a visão de que a linguagem religiosa era sem sentido, mas não sentiam por ela o respeito paradoxal que lhe concedia Wittgenstein. A. J. Ayer, em *Linguagem, verdade e lógica*, ofereceu uma prova vívida de que a linguagem religiosa era desprovida de sentido e de que "Deus" não era um nome autêntico. Um homem religioso, ele nos diz, diria que Deus é um ser transcendente que não pode ser definido em termos de quaisquer manifestações empíricas. Mas, nesse caso, "Deus" é um termo metafísico:

Afirmar que "Deus existe" é fazer uma emissão metafísica que não pode ser nem verdadeira nem falsa. E pelo mesmo critério nenhuma sentença que almeje descrever a natureza de um deus transcendente pode possuir qualquer significação literal.

É importante não confundir essa visão das asserções religiosas com a visão que é adotada pelos ateus ou agnósticos. Pois é próprio de um agnóstico afirmar que a existência de um deus é uma possibilidade em que não há boa razão seja para crer, seja para descrer; e é próprio de um ateu afirmar que é no mínimo provável que nenhum deus exista. E nossa visão de que todas as emissões sobre a natureza de Deus não passam de *nonsense*, longe de ser idêntica a essas disputas familiares, ou de sequer lhes fornecer qualquer base, é na verdade incompatível com elas. Pois, se a asserção de que há um deus não passa de *nonsense*, então a asserção ateísta de que não há nenhum deus também constitui *nonsense*, dado ser apenas uma proposição significativa que pode ser significativamente contradita (*LTL* 115).

Por alguns anos, os filósofos crentes ficaram alarmados com os argumentos verificacionistas contra as doutrinas religiosas e buscaram defender seu sentido sem despender muitos esforços na demonstração de sua verdade. Pelo fim do século XX, contudo, alguns teólogos naturalistas recobraram a confiança e passaram a ser muito menos defensivos em suas atitudes. Um exemplo típico dessa fase é dado por Alvin Plantinga, primeiro do Calvin College, Grand Rapids, e depois da Universidade de Notre Dame.

Por exemplo, Plantinga ofereceu uma sofisticada reafirmação do argumento ontológico. Em uma versão simplificada, sua revisão segue mais ou menos da seguinte forma. Comecemos por definir a propriedade da excelência máxima, uma propriedade que inclui onisciência, onipotência e perfeição moral. Se existir, é óbvio que Deus terá excelência máxima no mundo real. Mas a excelência máxima não é suficiente para a Deidade: é necessário considerarmos outros mundos que não este nosso.

> Aqueles que cultuam Deus não pensam nele como um ser que ocorre ser de excelência insuperável *neste* mundo e que em outros mundos não tenha poderes, seja informe ou possua um dúbio caráter moral. Podemos fazer uma distinção entre *grandeza* e *excelência*, podemos dizer que a *excelência* de um ser em um dado mundo W repousa sobre suas [...] propriedades em W, enquanto sua grandiosidade em W repousa não meramente sobre sua excelência em W, mas também sobre sua excelência em outros mundos. O

grau limitante da grandeza, portanto, será apreciado em um dado mundo W somente por um ser que tenha excelência máxima em W e também em todo outro mundo possível[3].

A grandiosidade máxima é portanto a excelência máxima em todo mundo possível, e é a grandiosidade máxima, e não a excelência máxima, o equivalente à divindade ou Deidade. Qualquer coisa que possua grandiosidade máxima deve existir em todo mundo possível, porque em um mundo em que não exista ela não possui quaisquer propriedades. Se é possível para a grandiosidade máxima ser instanciada, então ela é instanciada em todo mundo. Se é assim, então ela é instanciada em nosso mundo, o mundo real; ou seja, a Deidade é instanciada e Deus existe.

O argumento de Plantinga depende obviamente da coerência do aparato de possíveis mundos, e de se ter encontrado uma solução para o problema da identidade transmundana. Ele crê ter encontrado tal solução e a apresenta de forma bem detalhada em seu livro. Mas deve-se ressaltar também que no caso de um Deus possível, em vez de um homem possível, o problema não parece tão urgente; seria tolice perguntar a Plantinga "*De que* Deus você está provando a existência?". O que ocorre, contudo, como o próprio Plantinga indica, é que todo o argumento depende da verdade da premissa de que é possível para a grandiosidade máxima ser exemplificada — vale dizer, em seus termos, que ela seja exemplificada em algum mundo possível.

Bertrand Russell, em sua *História da filosofia ocidental*, afirmava que há instâncias em que a filosofia alcançou respostas definitivas para questões centrais. Ele deu o exemplo do argumento ontológico. "Esse, como vimos, foi inventado por Anselmo, rejeitado por Tomás de Aquino, aceito por Descartes, refutado por Kant e restabelecido por Hegel. Penso que possa ser dito de forma bem decisiva que, em resultado da análise do conceito de 'existência', a lógica moderna provou que esse argumento é inválido" (752). O restabelecimento do argumento por Plantinga, fazendo uso de técnicas de lógica mais modernas que as disponíveis para Russell, serve como um saudável alerta dos perigos que aguardam qualquer historiador de lógica que declare definitivamente encerrado um tópico filosófico.

---

3. Alvin Plantinga, *The Nature of Necessity*, Oxford, Clarendon Press, 1974, 214.

Cronologia

1757	*Investigação sobre a origem de nossas ideias do sublime e do belo*, de Burke.
1789	*Introdução aos princípios da moral e da legislação*, de Bentham.
1790	*Crítica da faculdade do juízo*, de Kant.
1800	*Prefácio às Lyrical Ballads*, de Wordsworth.
1841	*A essência do cristianismo*, de Feuerbach.
1843	*O sistema da lógica*, de Mill.
1844	*O mundo como vontade e representação*, de Schopenhauer, 2ª edição.
1846	*Pós-escrito final não científico*, de Kierkegaard.
1848	*O manifesto comunista*, de Marx e Engels.
1859	*Sobre a liberdade*, de Mill. *Sobre a origem das espécies*, de Darwin.
1867	*O capital*, vol. I, de Marx.
1870	*Ensaio para uma gramática do assentimento*, de Newman.
1872	*O nascimento da tragédia*, de Nietzsche.
1874	*Os métodos da ética*, de Sidgwick.
1879	*Begriffsschrift*, de Frege.

1884	*Fundamentos da aritmética*, de Frege.
1887	*Genealogia da moral*, de Nietzsche.
1897	*O que é arte?*, de Tolstói.
1900	*A interpretação dos sonhos*, de Freud.
1900-1901	*Investigações lógicas*, de Husserl.
1905	*Da denotação*, de Husserl.
1910	*Principia mathematica*, de Russell e Whitehead.
1918	*Tractatus logico-philosophicus*, de Wittgenstein.
1927	*Ser e tempo*, de Heidegger.
1929	*Manifesto do Círculo de Viena*.
1936	*Linguagem, verdade e lógica*, de Ayer.
1943	*O ser e o nada*, de Sartre.
1945	*A sociedade aberta e seus inimigos*, de Popper.
1953	*Investigações filosóficas*, de Wittgenstein.
1957	*Intenção*, de Anscombe.
1959	*Indivíduos*, de Strawson.
1960	*Palavra e objeto*, de Quine.
1967	*Gramatologia*, de Derrida.
1970	Eventos mentais, de Davidson.
1971	*Teoria da justiça*, de Rawls.

Abreviações e convenções

As obras mencionadas são citadas por número de página, a não ser quando indicado de outro modo.

Anscombe

ERP *Ethics, Religion and Politics*. Oxford, Blackwell, 1981.

Ayer

LTL *Language, Truth and Logic*. London, Golancz, ²1949.

Bentham

B BOWRING, John (ed.). *The Works of Jeremy Bentham*. New York, Russell & Russell, 1962. 10 v.
P *Introdução aos princípios da moral e da legislação*. Trad. Luiz João Baraúna. São Paulo, Abril Cultural, 1974 (Os Pensadores XXIV). Citada por número de página.
Introduction to the Principles of Morals and Legislation. Ed. J. H. Burns, H. L. A. Hart. Oxford, Oxford University Press, 1982. Citada por capítulo, seção e/ou subseção.

Brentano

PES KRAUS, Oskar (ed.). *Psychology from an Empirical Standpoint*. Hamburg, Meiner, 1955. 2 v.

Collingwood

PA *Principles of Art*. Oxford, Clarendon Press, 1938.

Darwin

OS *On the Origin of Species*. Oxford, Oxford University Press, 1996.

Davidson

EA *Essays on Actions and Events*. Oxford, Oxford University Press, 1980.
ITI *Inquiries into Truth and Interpretation*. Oxford, Oxford University Press, 1984.

Derrida

Diff. *Writing and Difference*. Trad. Alan Bass. London, Routledge & Kegan Paul, 1978.
G *Of Grammatology*. Trad. G. C. Spivak. Baltimore (Md), Johns Hopkins University Press, 1976.
P *Positions*. Trad. A. Bass. Chicago, Chicago University Press, 1981.
SP *Speech and Phenomena*. Evanston, Ill., Northwestern University Press, 1973.

Engels

Ver em **Marx**.

Feuerbach

EC *The Essence of Christianity*. Trad. G. Eliot. New York, Harper, 1957.
W *Sämtliche Werke*. Stuttgart, Bolin, 1959-1960. 12 v.

Frege

BLA	*The Basic Laws of Arithmetic*: Exposition of the System. Trad. Montgomery Furth. Berkeley, University of California Press, 1964.
CN	*Conceptual Notation and Related Articles*. Trad. T. W. Bynum. Oxford, Oxford University Press, 1972.
CP	McGuinness, B. (ed.). *Collected Papers on Mathematics, Logic and Philosophy*. Oxford, Blackwell, 1984.
FA	*The Foundations of Arithmetica*. Trad. J. L. Austin. Oxford, Oxford University Press, 1950, 1980.
PW	*Posthumous Writings*. Oxford, Blackwell, 1979.

Freud

EI	*The Ego and the Id*. London, Hogarth Press, 1962.
FI	*The Future of an Illusion*. Garden City (NY), Doubleday, 1964.
NIL	*New Introductory Lectures on Psychoanalysis*. London, Hogarth Press, 1949.
SE	*The Standard Edition of the Complete Psychological Works of Sigmund Freud*. London, Hogarth Press, 1981. 24 v.

Husserl

CCH	Smith, Barry, Smith, David Woodruff (ed.). *The Cambridge Companion to Husserl*. Cambridge, Cambridge University Press, 1995.
CM	*Cartesian Meditations*. Dordrecht, Kluwer, 1988.
Ideas	*Ideas Pertaining to a Pure Phenomenology*. Dordrecht, Kluwer, 1980, 1982, 1989. 3 v.
LI	Findlay, J. N. (ed.). *Logical Investigations*. London, Routledge, 2001.

James

T	*The Meaning of Truth*. New York, Prometheus Books, 1997.
VRE	*Varieties of Religious Experience*. London, Fontana, 1960.

Kant

CFJ	*Crítica da faculdade do juízo*. Trad. Valério Rohden e António Marques. Rio de Janeiro, Forense Universitária, ²1995.

Kierkegaard

E/O	*Either/Or*. Trad. A. Hannay. Harmondsworth, Penguin, 1992.
TT	*Temor e tremor*. Trad. de Maria José Marinho. São Paulo, Abril Cultural, 1974 (Os Pensadores XXXI).
	Fear and Trembling. Trad. A. Hannay. Harmondsworth, Penguin, 1985.
P	*Papers and Journals*: a selection. Trad. A. Hannay. Harmondsworth, Penguin, 1996.
SD	*Sickness unto Death*. Trad. A. Hannay. Harmondsworth, Penguin, 1989.

Marx

C	*Capital*. Ed. D. McLellan. Oxford, Oxford University Press, 1995.
CM	———, ENGELS, Friedrich. *The Communist Manifesto*. Ed. D. McLellan. Oxford, Oxford University Press, 1992.
CPE	*Critique of Political Economy*. Moscou, Progress, 1971.
EW	*Early Writings*. Harmondswrth, Penguin, 1975.
GI	*The German Ideology*. Ed. C. J. Allen. London, Lawrence & Wishart, 1920, 2004.
TF	*Theses on Feuerbach*. New York, Prometheus Books, 1998.
VPP	*Values, Price and Profit*. Ed. E. M. Aveling. New York, International Publishers, 1935.

Mill

3E	*Three Essays*. London, Longman, 1887.
A	*Autobiography*. Ed. J. Stillinger. Oxford, Oxford University Press, 1969.
CCM	SKORUPSKY, J. (ed.). *The Cambridge Companion to Mill*. Cambridge, Cambridge University Press, 1998.
CW	ROBSON, John M. (ed.). *The Collected Works of John Stuart Mill*. Toronto, Toronto University Press, 1963-1991. 33 v.

L	*On Liberty and Other Essays*. Oxford, Oxford University Press, 1991.
SL	*A System of Logic*. Várias edições, citado por livro e por número da seção.
U	*Utilitarianism*. Ed. M. Warnock. London, Collins, 1962.

Newman

GA	KER, I. (ed.). *The Grammar of Assent*. Oxford, Oxford University Press, 1985.
US	*University Sermons*. London, Rivington, 1844.

Nietzsche

ABM	*Além do bem e do mal*. Trad. Paulo César de Souza. São Paulo, Companhia das Letras, 1992.
AC	*O anticristo*: maldição ao cristianismo. Trad. Paulo César de Souza. São Paulo, Companhia das Letras, 2007.
GC	*A gaia ciência*. Trad. Paulo César de Souza. São Paulo, Companhia das Letras, 2001.
NT	*O nascimento da tragédia* — ou Helenismo e pessimismo. Trad. Paulo César de Souza. São Paulo, Companhia das Letras, 1992.
GM	*Genealogia da moral*. Uma polêmica. Trad. Paulo César de Souza. São Paulo, Companhia das Letras, 1999.
CI	*Crepúsculo dos ídolos* — ou Como se filosofa com o martelo. Trad. Paulo César de Souza. São Paulo, Companhia das Letras, 2006.
WP	*The Will to Power*. New York, Vintage, 1968.
Z	*Assim falou Zaratustra*. Os Pensadores. São Paulo, Abril Cultural, ³1983.

Peirce

CP	*Collected Papers of Charles Sanders Peirce*. Cambridge [Mass.], Harvard University Press, 1931-1958. 8 v.
EWP	MOORE, E. C. (ed.). *The Essential Writings of Charles Peirce*. New York, Prometheus Books, 1998.
P	*Pragmatism*. New York, Prometheus Books, 1997.

Popper

OSE	*The Open Society and its Enemies*. London, 1945. 2 v.

Quine

FLVP	*From a Logical Point of View*. Cambridge (Mass.), Harvard University Press, 1953.
WO	*Word and Object*. Cambridge (Mass.), MIT Press, 1960.

Rawls

TJ	*A Theory of Justice*. Cambridge (Mass.), Harvard University Press, 1971.

Russell

A	*The Autobiography of Bertrand Russell, 1872-1916*. London, Allen & Unwin, 1967.
AM	*The Analysis of Mind*. London, Allen & Unwin, 1921.
IMP	*Introduction to Mathematical Philosophy*. London, Allen & Unwin, 1917.
PM	*The Principles of Mathematics*. Cambridge, Cambridge University Press, 1903, ²1927.
PP	*The Principles of Philosophy*. London, Oxford University Press, 1912.

Ryle

CM	*The Concept of Mind*. London, Hutchinson, 1949.
CP	*Collected Papers*. London, Hutchinson, 1949.

Sartre

BN	*Being and Nothingness*. Trad. Hazel Barnes. London, Routledge, 1969.
	O Ser e o Nada. Trad. e notas Paulo Perdigão. Petrópolis, Vozes, 1997.
EH	*Existentialism and Humanism*. London, Methuen, 1947.

Schopenhauer

EA	*Essays and Aphorisms*. Trad. R. J. Hollingdale. London, Penguin, 2004.
MVR	*O mundo como vontade e representação*. Trad. Jair Barboza. São Paulo, Ed. UNESP, 2005.

Sidgwick

ME	*Methods of Ethics*. London, Macmillan, 1901.

Strawson

I	*Individuals*. London, Methuen, 1959.

Tolstói

WA	*What is Art?* Oxford, Oxford University Press, 1966.

Wittgenstein

BB	*The Blue and Brown Books*. Oxford, Blackwell, 1958.
CV	*Culture and Value*. Oxford, Blackwell, 1980.
NB	*Notebooks 1914-1916*. Oxford, Blackwell, 1961.
OC	*On Certainty*. Oxford, Blackwell, 1969.
PG	*Philosophical Grammar*. Trad. Anthony Kenny. Oxford, Blackwell, 1974.
PI II	*Philosophical Investigations*. Trad. G. E. M. Amscombe. Oxford, Blackwell, 1997.
IF	*Investigações filosóficas*. São Paulo, Abril Cultural, ³1984.
TLP	*Tractatus logico-philosophicus*. Trad. Luiz Henrique Lopes dos Santos. São Paulo, Edusp, 1993. Citado por parágrafo.
Z	*Zettel*. Oxford, Blackwell, 1967.

Referências bibliográficas

Obras gerais

A *Routledge History of Philosophy* contém cinco volumes que cobrem o período abordado por este volume. São, pela ordem, os seguintes: SOLOMON, Robert, HIGGINS, Kathleen (ed.). *The Age of German Idealism*, v. VI; TEN, C. L. (ed.). *The Nineteenth Century*, v. VII; KEARNEY, Richard (ed.). *Continental Philosophy in the 20th Century*, v. VIII; SHANKER, S. G. (ed.). *Philosophy of Science, Logic and Mathematics in the 20th Century*, v. IX; *Philosophy of Meaning, Knowledge and Value in the 20th Century*, v. X. Títulos identificados por AP são da série Arguments of the Philosophers, da Routledge. Títulos identificados por PM são da série Past Masters, da Oxford.

COPPLESTON, F. C. *A History of Philosophy*. London, Burnes Oates, 1963-1975, v. VII-IX.
KENNY, A. *A Brief History of Western Philosophy*. Oxford, Blackwell, 1998.
——— (ed.). *The Oxford Illustrated History of Western Philosophy*. Oxford, Oxford University Press, 1994.
KNEALE, W., KNEALE, M. *The Development of Logic*. Oxford, Oxford University Press, 1962.
MACINTYRE, Alasdair. *A Short History of Ethics*. London, Macmillan, 1966.
———. *After Virtue*. A Study in Moral Theory. London, Duckworth, 1981.

Bentham

The Collected Works of Jeremy Bentham. Ed. J. H. Burns, J. R. Dinwiddy, F. Rosens. London, Athlone, 1968-.

Introduction to the principles of Morals and Legislation. Ed. J. H. Burns, H. L. A. Hart. Oxford, Oxford University Press, 1982.

DINWIDDY, J. R. *Bentham*, Oxford, Oxford University Press, 1989.
HARRISON, Ross. *Bentham.* London, 1983. (AP)
HART, H. L. A. *Essays on Jurisprudence and Political Theory.* Oxford, Oxford University Press, 1982.

Mill e Sidgwick

The Cambridge Companion to Mill. Ed. J. Skorupski. Cambridge, Cambridge University Press, 1998.

The Collected Works of John Stuart Mill. Ed. John M. Robson. Toronto, University of Toronto Press, 1963-91. 33 v.

MILL. *On Liberty.* Oxford, Oxford University Press, 1991.
MILL. *Principles of Political Economy.* Oxford, Oxford University Press, 1994.
SIDGWICK. *Methods of Ethics.* A edição mais conveniente é: London, Macmillan, 1901 [1. ed. 1874].

ALEXANDER, Edward. *Mathew Arnold and John Stuart Mill.* London, Routledge & Kegan Paul, 1965.
BERLIN, Isaiah. *Four Essays on Liberty.* London, Oxford, University Press, 1969.
CRISP, Roger. *A Guidebook to J. S. Mill's Utilitarianism.* London, Routledge, 1997.
MACKIE, J. L. *The Cement of the Universe.* Oxford, Oxford University Press, 1973.
RYAN, Alan. *The Philosophy of John Stuart Mill.* New York, Macmillan, ²1988.
SCHULTZ, Bart. *Henry Sidgwick, Eye of the Universe.* Cambridge, Cambridge University Press, 2004.
SKORUPSKY, John. *John Stuart Mill.* London, Routledge, 1989. (AP)

Schopenhauer

As obras de Schopenhauer estão disponíveis em várias edições alemãs, cuja mais recente é *Werk in fünf Banden. Nach den Ausgaben letzter Hand*, editada em cinco volumes por Ludger Lütkehaus e publicada em Zurique por Haffmans Verlag em 1988. A edição mais recente para o português de sua principal obra é *O mundo como vontade e como representação*, traduzida por Jair Barboza, São Paulo, Ed. UNESP, 2005. Em inglês a tradução indicada é a de E. F. Payne, em dois volumes: *The World as Will and Representation*. New York, Dover, 1969. Traduções para o inglês de outras de suas obras incluem:

Essays and Aphorisms. Trad. R. J. Hollingdale. London, Penguin, 2004.
Essay on the Freedom of the Will. Trad. K. Kolenda. Indianapolis, Bobbs-Merrill, 1960.
On the Fourfold Root of the Principle of Sufficient Reason. Trad. E. F. Payne. La Salle (Ill.), Open Court, 1974.
The Cambridge Companion to Schopenhauer. Ed. Christopher Janaway. Cambridge, Canbridge University Press, 1999.

GARDINER, Patrick. *Schopenhauer*. Bristol, Thoemmes Press, 1997.
HAMLYN, D. W. *Schopenhauer*. London, Routledge & Kegan Paul, 1980. (AP)
MAGEE, Bryan. *The Philosophy of Schopenhauer*. Oxford, Clarendon Press, 1997.
TANNER, Michael. *Schopenhauer: Metaphysics and Art*. London, Phoenix, 1998.

Kierkegaard

Há uma publicação em vinte volumes da obra de Kierkegaard em dinamarquês que já teve três edições. Uma edição completa de suas obras em inglês, traduzida por Howard V. Hong e outros, está sendo publicada em 26 volumes pela Princeton University Press. Na Inglaterra, a Penguin publicou vários de seus livros em tradução de Alaistair Hannay (*Fear and Trembling*, 1995; *The Sickness unto Death*, 1989; *Either/Or*, 1992; *Papers and Journals: a selection*, 1996).

The Cambridge Companion to Kierkegaard. Ed. Alaistair Hannay, Gordon D. Marino. Cambridge, Cambridge University Press, 1998.

GARDINER, Patrick. *Kierkegaard*. São Paulo, Loyola, 1998. (PM)
HANNAY, Alastair. *Kierkegaard*. London, Routledge, 1991. (AP)
POJMAN, Louis. *The Logic of Subjectivity*: Kierkegaard's Philosophy of Religion. Tucaloosa, University of Alabama Press, 1984.
RUDD, A. *Kierkegaard and the Limits of the Ethical*. Oxford, Oxford University Press, 1993.

Marx

A primeira edição integral das obras de Marx e Engels em alemão foi publicada pelas autoridades da Alemanha Oriental em 1968 (*Marx-Engels Werke*). Uma tradução para o inglês dessa edição foi iniciada pela casa editorial londrina Lawrence & Wishart. Traduções inglesas das principais obras de Marx foram editadas na coleção Marx Library (New York/Harmondsworth, Random House/Penguin) entre 1974 e 1984. Um resumo útil de *O capital*, com edição de David McLellan, foi publicado na coleção Oxford World's Classics em 1995. No Brasil foram editadas quase todas as obras de Karl Marx, com destaque para *O capital*, *A ideologia alemã* e *O manifesto comunista*.

The Cambridge Companion to Marx. Ed. Terrel Carver. Cambridge, Cambridge University Press, 1991.

BERLIN, Isaiah. *Karl Marx*. Oxford, Oxford University Press, ⁴1978.
KOLAKOWSKI, Leszek. *Main Currents in Marxism*. Trad. P. S. Falla. Oxford, Oxford University Press, 1978. 3 v.
MCLELLAN, David. *Karl Marx: His Life and Thought*. New York, Harper & Row, 1973.
SINGER, Peter. *Marx*. São Paulo, Loyola, 2003.
WHEEN, Francis. *Karl Marx*. London, Fourth Estate, 1999.

Darwin

On the Origin of Species está disponível em várias edições, das quais as mais notáveis são as publicadas nas coleções Oxford World's Classics e Penguin Classics. As discussões filosóficas mais recentes sobre sua obra aparecem nos seguintes livros:

RUSE, M. *Taking Darwin Seriously: A Naturalistic Approach to Philosophy*. Oxford, Oxford University Press, 1986
SOBER, Elliot. *Philosophy of Biology*. Oxford, Oxford University Press, 1993.

Newman

A principal obra filosófica de Newman é *An Essay in Aid of a Grammar of Assent*, com a edição de I. Ker (Oxford, Oxford University Press, 1985). Há uma boa biografia escrita por Owen Chadwick para a coleção Past Masters (Oxford, Oxford University Press, 1983).

GRAVE, S. A. *Conscience in Newman's Thought*. Oxford, Oxford University Press, 1989.

Nietzsche

A edição crítica de suas obras coligidas é a *Kritische Gesamtausgabe Werke*, com edição de G. Colli e M. Montinari, em trinta volumes e oito partes, que vem sendo publicada em Berlim pela De Gruyter desde 1967. Uma edição mais acessível em alemão é a *Werke in Drei Bänden*, editada por Karl Schlechta, em Munique, para a Carl Hansers em 1965. No Brasil, a Companhia das Letras vem editando a obra completa de Nietzsche desde 1992, com edição, notas, posfácio e a maior parte das traduções a cargo de Paulo César de Souza, tendo sido editadas até 2008 as seguintes obras: *O nascimento da tragédia* (trad. Jacó Guinsburg, 1992); *Humano, demasiado humano* (2000); *Além do bem e do mal* (1992); *Genealogia da moral* (1998); *A gaia ciência* (2001); *Ecce Homo* (1995); *Crepúsculo dos ídolos* (2006); *O caso Wagner* — Nietzsche contra Wagner (1999); *Aurora* (2004); *O anticristo* (2007). Várias das obras de Nietzsche, incluindo *Thus Spake Zarathustra*, estão disponíveis nas coleções Oxford World's Classics e Penguin Classics.

DANTO, Arthur. *Nietzsche as Philosopher*: An Original Study. New York, Columbia University Press, 1965.
HOLLINGDALE, R. J. *Nietzsche*. London, Routledge & Kegan Paul, 1973.
SCHACHT, R. *Nietzsche*. London, Routledge & Kegan Paul, 1983.

Peirce

The Collected Papers of Charles Sanders Peirce foram publicados em oito volumes pela Harvard University Press entre 1931 e 1958. Uma nova edição, em ordem cronológica, está sendo publicada pela Indiana University Press desde 1982. Enquanto isso, há coleções mais acessíveis de seus principais estudos, como nos dois volumes de *The Essential Peirce*, com edição de N. Houser e C. Kloese (Bloomington, Indiana University Press, 1992-1994), e na edição em volume único *The Essential Writings*, com edição de E. C. Moore (New York, Prometheus Books, 1998).

BRENT, J. *Charles Sanders Peirce: A Life*. Bloomington, Indiana University Press, 1993.
HOOKWAY, Christopher. *Peirce*. London, Routledge, 1985. (AP)

Frege

As obras de Frege mais acessíveis em inglês são as seguintes:

Conceptual Notation and Related Articles. Trad. T. W. Bynum. Oxford, Oxford University Press, 1972.
The Foundations of Arithmetic. Trad. J. L.Austin. Oxford, Oxford University Press, 1980 [1. ed. 1950].
Collected Papers on Mathematics, Logic and Philosophy. Ed. B. McGuinness. Oxford, Blackwell, 1984.
The Basic Laws of Arithmetic: Exposition of the System. Trad. Montgomery Furth. Berkeley, University of California Press, 1964.

DUMMETT, Michael. *Frege, Philosophy of Language*. London, Duckworth, 1973.
———. *The Interpretation of Frege's Philosophy*. London, Duckworth, 1981.
———. *Frege: Philosophy of Mathematics*. London, Duckworth, 1991.
KENNY, A. *Frege*. London, Penguin, 1995; Oxford, Blackwell, 2000.

James

The Principles of Psychology, de 1890, foi reeditado muitas vezes. Uma reimpressão útil é a edição brochura da Dover dos dois volumes em um (New York, 1950). Também o *Varieties of Religious Experience* está disponível em muitas edições, incluindo uma pela editora londrina Collier Macmillan, de 1961.

AYER, A. J. *The Origins of Pragmatism*. London, Macmillan, 1968.
BIRD, G. *William James*. London, Routledge & Kegan Paul, 1987.

Idealistas e críticos britânicos

AYER, A. J. *Language, Truth and Logic*. London, Gollancz, ²1949.
BALDWIN, Thomas. *G. E. Moore*. London, Routledge, 1990.
BRADLEY, F. H. *Appearance and Reality*. Oxford, Oxford University Press, 1893.
———. *Ethical Studies*. Oxford, Oxford University Press, ²1927.
GEACH, Peter. *Truth, Love and Immortality*: An Introduction to McTaggart's Philosophy. London, Methuen, 1979.
GREEN, T. H. *Prolegomena to Ethics*. Oxford, Oxford University Press, 1883.
MCTAGGART. *The Nature of Existence*. Cambridge, Cambridge University Press, 1927 [1. ed. 1910].

MOORE, G. E. *Principia Ethica*. Cambridge, Cambridge University Press, 1903.
WOLLHEIM, Richard. *F. H. Bradley*. Harmondsworth, Penguin 1959.

Russell

Entre as mais importantes das numerosas obras editadas por Russell encontram-se: *The Principles of Mathematics* (Cambridge, Cambridge University Press, 1903, ²1927); On Denoting (*Mind* 14 [1905])(traduzido como Da denotação na coleção Os Pensadores [São Paulo, Abril Cultural, 1975-]); *The Problems of Philosophy* (Oxford, Oxford University Press, 1912); *Our Knowledge of the External World* (London, Allen & Unwin, 1914); *Introduction to Mathematical Philosophy* (London, Methuen, 1917); *The Analysis of Mind* (London, Allen & Unwin, 1921); *Human Knowlwdge*: Its Scope and Limits (London, Allen & Unwin, 1948).

AYER, A. J. *Bertrand Russell*. Chicago, University of Chicago Press, 1988.
PEARS, D. F. *Bertrand Russell and the British Tradition in Philosophy*. London, Fontana, 1967.
SAINSBURY, Mark. *Russell*. London, Routledge, 1979. (AP)

Wittgenstein

Toda a *Nachlass* de Wittgenstein está disponível em transcrição e fac-símile em formato eletrônico, em texto estabelecido pela Universidade de Bergen e publicado por Oxford University Press em 1998. O *Tractatus logico-philosophicus* foi publicado em Londres por Routledge & Kegan Paul em 1921; há tradução brasileira, de Luiz Henrique Lopes dos Santos, publicada em São Paulo, pela Edusp, em 1993. Os outros escritos de Wittgenstein foram todos publicados postumamente pela Blackwell, em Oxford, inclusive os seus *Notebooks 1914-1916*, em 1961; *Philosophical Investigations* (1953, 1997) [cuja tradução de José Carlos Bruni, *Investigações filosóficas*, foi publicada no volume da coleção Os Pensadores dedicado ao autor, em 1975, com várias edições em anos posteriores]; *Philosophical Remarks* (1966) [cuja tradução de Adail Sobral e Maria Stela Gonçalves, *Observações filosóficas*, foi publicada por Edições Loyola em 2005]; *Philosophical Grammar* (1974) [cuja tradução de Luis Carlos Borges, *Gramática filosófica*, foi publicada por Edições Loyola em 2003]; *Culture and Value* (1980); *Remarks on the Philosophy of Psychology* (1980); *Last Writings on the Philosophy of Psychology* (1982, 1992); *On Certainty* (1969). Um comentário abrangente e acadêmico sobre as *Investigações filosóficas* foi escrito por G. P. Baker e P. M. S. Hacker entre 1980 e 1996. Em 1994 publiquei pela Blackwell uma antologia de textos intitulada *The Wittgenstein Reader*, da qual se tirou uma segunda edição em 2006.

ANSCOMBE, G. E. M. *An Introduction to Wittgenstein's 'Tractatus'*. London, Hutchinson, 1959.
KENNY, A. *Wittgenstein*. Harmondsworth, Penguin, 1973 (Oxford, Blackwell, 2006).
KRIPKE, Saul. *Wittgenstein on Rules and Private Language*. Oxford, Blackwell, 1982.
PEARS, David. *The False Prison*. Oxford, Oxford University Press, 1997, 1998.
RUNDLE, Bede. *Wittgenstein and Contemporary Philosophy of Language*. Oxford, Blackwell, 1990.

Filosofia analítica

Um excelente panorama é dado por P. M. S. Hacker em *Wittgenstein's Place in Twentieth Century Analytic Philosophy* (Oxford, Blackwell, 1996). Importantes obras escritas por filósofos analíticos estão relacionadas abaixo.

ANSCOMBE, G. E. M. *Intention*. Oxford, Blackwell, 1957.
AUSTIN, J. L. *How to do Things With Words*. Oxford, Oxford University Press, 1961.
DAVIDSON, Donald. *Essays on Actions and Events*. Oxford, Oxford University Press, 1980.
———. *Inquiries into Truth and Interpretation*. Oxford, Oxford University Press, 1984.
FØLLESDAL, Dagfinn. *Referential Opacity and Modal Logic*. London, Routledge, 2004.
GEACH, Peter. *Mental Acts*. London, Routledge & Kegan Paul, 1958.
QUINE, W. V. O. *From a Logical Point of View*. Cambridge (Mass.), Harvard University Press, 1953.
———. *Word and Object*. Cambridge (Mass.), MIT Press, 1960.
RAWLS, John. *A Theory of Justice*. Cambridge (Mass.), Harvard University Press, 1971. (Uma teoria da justiça. Trad. A. Pisetta e L. M. R. Esteves. São Paulo, Martins Fontes, 1997.)
RYLE, Gilbert. *The Concept of Mind*. London, Hutchinson, 1949.
———. *Collected Papers*. London, Hutchinson, 1949.
STRAWSON, P. F. *Individuals*. London, Methuen, 1959.

Freud

As obras de Freud foram coligidas em alemão na *Gesammelte Werke*, com edição de A. Freud e outros (Frankfurt am Main, S. Fischer Verlag, 1960-1987). A edição inglesa é *The Standard Edition of the Complete Psychological Works of Sigmund Freud* (London, Hogarth Press, 1981, 24 v.). As obras mais importantes são também encontradas em inglês na coleção *The Penguin Freud Library*, com edição de A. Richards e A. Dickson. No Brasil, a Imago publicou todas as obras de Freud em volumes separados e também em uma coleção encadernada, a *Edição Standard das Obras de Sigmund Freud*. A partir de 2005, a mesma editora passou a publicar, à razão de um volume por ano, uma revisão criteriosa da tradução das obras de Freud, direto do alemão, a cargo de uma equipe de tradutores da área e com alentadas notas e observações sobre conceitos-chave da psicanálise. Até o momento, foram publicados três volumes.

The Cambridge Companion to Freud. Ed. J. Neu. Cambridge, Cambridge University Press, 1991.

GAY, Peter. *Freud, uma vida para o nosso tempo*. São Paulo, Companhia das Letras, 1991.

LEAR, Jonathan. *Freud*. London, Routledge, 2005.

RIEFF, P. *Freud: The Mind of the Moralist*. Chicago, Chicago University Press, 1979.

WOLLHEIM, R. *Sigmund Freud*. Cambridge, Cambridge University Press, 1971.

———, HOPKINS, J. (ed.). *Philosophical Essays on Freud*. Cambridge, Cambridge University Press, 1982.

Husserl

A edição crítica das obras de Husserl foi inaugurada em 1950, com a publicação das *Cartesianische meditationen*. Desde então já foram publicados 28 volumes, primeiramente editados por Leo Van Breda e depois continuados por Samuel Ijsseling. Atualmente está sendo publicada pela Kluwer, de Dordrecht. As traduções mais úteis em língua inglesa são: *Logical Investigations* (trad. J. N. Findlay, London, Routledge, ²2001); *Ideas Pertaining to a Pure Phenomenology and to a Phenomenological Philosophy* (trad. F. Kersten, The Hague, Nijhoff, 1982, Livro I; trad. R. Rojcewicz, A. Schuwer, Dordrecht, Kluwer, 1989, Livro II; trad. T. E. Klein, W. E. Phol, Dordrecht, Kluwer, 1980, Livro III); *Husserl, Shorter Works* (ed. e trad. P. McCormick, F. Elliston, Notre Dame [Ind.], University of Notre Dame Press, 1981).

The Cambridge Companion to Husserl. Ed. Barry Smith, David Woodruff Smith. Cambridge, Cambridge University Press, 1995.

BELL, David. *Husserl.* London, Routledge, 1989. (AP)
DREYFUS, H. L. (ed.). *Husserl, Intentionality and Cognitive Science.* Cambridge (Mass.), MIT Press, 1982.
MOHANTY, J. N., McKENNA, W. R. (ed.). *Husserl's Phenomenology: A Textbook.* Lanham (Md.), Centre for Advanced Research in Phenomenology, 1989.
SIMONS, Peter. *Philosopy and Logic in Central Europe from Bolzano to Tarski.* Dordrecht, Kluwer, 1992.

Heidegger

Uma *Gesamtausgabe* das obras de Heidegger foi planejada para publicação em aproximadamente cem volumes. Até agora saíram dezessete, pela editora Klostermann, de Frankfurt am Main. Traduções inglesas das obras principais incluem: *Being and Time* (trad. J. Stambaugh, Albany [NY] Suny Press, 1996); *Basic Writings* (ed. D. F. Krell, New York, Harper & Row, 1977); *What is Philosophy?* (trad. W. Klubach, J. T. Wilde, New Haven [Conn.], College & University Press, 1958).

The Cambridge Companion to Heidegger. Ed. C. Guignon. Cambridge, Cambridge University Press, 1993.
Ser e tempo. Petrópolis, Vozes, 1986. 2 v.

DREYFUS, H. L. *Being-in-the-world*: A Commentary on Heidegger's "Being and Time" Division I. Cambridge (Mass.), MIT Press, 1991.
MULHALL, Stephen. *On Being in the World*: Wittgenstein and Heidegger on Seeing Aspects. London, Routledge, 1990.
PÖGGLER, Otto. *Martin Heidegger's Path of Thinking.* Trad. D. Magurshak, S. Barber. Atlantic Highlands (NJ), Humanities Press, 1987.
STEINER, George. *Martin Heidegger.* Chicago, University of Chicago Press, 1987.

Sartre

La nausée. Paris, 1938.
A náusea. Rio de Janeiro, Nova Fronteira, 2007.

L'Être et le néant. Paris, 1943.
O ser e o nada. Petrópolis, Vozes, 1998.
L'existentialisme est un humanisme. Paris, 1946.
O existencialismo é um humanismo. São Paulo, Abril Cultural, 1984.

CAWS, P. *Sartre*. London, Routledge, 1979. (AP)
COOPER, David. *Existentialism, a Reconstruction*. Oxford, Blackwell, 1990.
WARNOCK, Mary. *The Philosophy of Sartre*. London, Hutchinson, 1965.

Derrida

De la grammatologie. Paris, 1967.
Of Grammatology. Trad. G. C. Spivak. Baltimore (Md), Johns Hopkins University Press, 1976.
L'Écriture et la différence. Paris, 1967.
Writing and Difference. Trad. Alan Bass. London, Routledge & Kegan Paul, 1978.
Positions. Trad. Alan Bass. Chicago, University of Chicago Press, 1981.

NORRIS, Christopher. *Derrida*. London, Routledge, 1987. (AP)
ROYLE, Nicholas. *Jacques Derrida*. London, Routledge, 2003.

Índice das ilustrações

19 O projeto de Bentham para a prisão perfeita, o Pan-óptico
    Time Life Pictures/Getty Images

27 Harriet Taylor
    National Portrait Gallery, London.

34 Um desenho póstumo de Kierkegaard, por Vilhelm Marstrand
    akg-images

49 Salomé, Rée e Nietzsche
    akg-images

55 Charles Sanders Peirce com sua segunda esposa, Juliette
    Coleção Preston Tuttle, Institute for Studies in Pragmaticism,
    Texas Tech University – com permissão do departamento
    de filosofia da Harvard University

68 O salão do Trinity College, em Cambridge
    Coleção de fotografias de Wim Swaan
    Research Library, The Getty Research Institute, Los Angeles, Califórnia (96.P.21)

80 A. J. Ayer
    Suzanne Bernard/Camera Press, London

94	A conferência de Gilbert Ryle na Christ Curch, em Oxford, por volta de 1970
105	Martin Heidegger akg-images
117	Jacques Derrida Steve Pyke/Getty Images
124	Lady Glencora Palliser The Syndics of Cambridge University Library, do *Phineas Finn*, de Anthony Trollope, 1869, W.18.10
131	O simbolismo de Frege
149	Uma carta de Frege para Husserl
163	A casa de Wittgenstein akg-images/ullstein bild
171	John Henry Newman Getty Images
178	Concílio Vaticano sob Pio IX Getty Images
194	Campo arado *La Terre labourée*, de Joan Miró. 1923-1924. Óleo sobre tela, 66 x 92,7cm Museu Solomon R. Guggenheim, New York, 72.2020 © Espólio Miró/ADAGP, Paris/DACS, Londres, 2006
203	Uma litografia de F. Stassen ilustra o momento na ópera de Wagner em que Isolda dá a bebida fatal a Tristão akg-images
212	Manuscrito de uma conferência de Peirce Sob permissão da Biblioteca Houghton, Harvard University; MS CSP 301
219	W. V. O. Quine Harvard University
229	Diagrama frenológico The Syndics of Cambridge University Library, detalhe da "Phrenology or the Doctrine of Mind", de Spurzheim, 1825. c.82.23

Índice das ilustrações

243   Wittgenstein na época em que trabalhava
sua última filosofia da mente
Anthony Kenny

247   Um mosaico da catedral de São Marcos, em Veneza,
mostrando Deus infundindo uma alma em Adão
© Photo SCALA, Florença/Basílica de São Marcos, Veneza, 1998

261   Uma fotografia de Schopenhauer tirada por volta de 1850
akg-images

273   Os Além-do-homem da forma como foram representados
em sobrecapa de uma edição de um livro de Nietzsche
akg-images

279   Elizabeth Anscombe e Peter Geach
Steve Pyke/Getty Images

293   Um ingresso para a estreia da ópera *Don Giovanni*, em Praga
akg-images

306   O "autoícone" de Jeremy Bentham
University College, London

310   Charge publicada na revista *Punch*, de 1867, satirizando
a cruzada de Mill pela igualdade de direitos entre os sexos
Getty Images

320   Cartão-postal com foto de Karl Marx
akg-images

331   Representação de Gustav Doré, de 1866, do sacrifício de Abraão
Time Life Pictures/Getty Images

336   John Stuart Mill e sua enteada, Helen
Getty Images

339   A teoria da evolução de Darwin retratada
no Almanaque *Punch* para 1882
Getty Images

347   Um recibo de pagamento, datado de 1974, de uma
multa aplicada na URSS "por crença em Deus"

Índice remissivo

a priori vs *a posteriori* 182
abdução 130, 131
Abraão 35, 329-333
absolutismo 256
Adler, Alfred 95
adultério 256
Agostinho, Santo 13, 98, 337
Além-do-homem 50, 272, 273
alienação 36, 37, 327, 328
alucinação 103
América 93
analítico *versus* sintético 60, 85, 86
Anscombe, Elizabeth 15, 84, 277, 279-281
Apolo 48, 226, 295
Aquino, Tomás de 15, 221, 222, 240, 256, 329, 355
argumento ontológico 334, 345, 346, 354, 355

Aristóteles 22, 31, 42, 54, 99, 105, 114, 123, 129, 146, 155, 176, 203-206, 211, 213, 217, 218, 232, 248, 249, 251, 252, 256, 274, 280, 291, 342
aritmética 25, 58-62, 69, 71, 100, 122, 123, 139, 140, 170, 183, 207
Arnold, Matthew 350
arquitetura 78, 287, 289, 290, 297
arte 22, 31, 48, 96, 97, 99, 174, 226, 227, 283, 284, 286-288, 290-292, 294-302
ascetismo 29-33, 255, 264, 265
asseidade 348
ateísmo 341
atomismo lógico 72-74, 81, 214
Auden, W. H. 99
Austin, J. L. 112-114
Áustria-Hungria 157
autenticidade 64, 343

autoabnegação 32
autoridade 177-179, 236, 307, 311, 348
Ayer, A. J. 80, 110, 276, 353
Bacon, Lord 122
Bauer, Bruno 36
Beauvoir, Simone de 111
Beccaria, Cesare 18
behaviorismo 84, 246, 247
behavioristas 242, 243, 246
beleza 22, 48, 163, 283-290, 295, 297, 298, 311, 313
Bentham, Jeremy 14, 17-23, 27, 29, 30, 221-224, 251-256, 259, 264, 303-306, 333
Berkeley, George 24, 30, 103, 197
Bernays, Paul 138
Blackstone, William 17, 18
Bloomsbury 96, 275
Bradley, F. H. 66, 67, 69, 101
Brentano, Franz 100-102, 239, 240
Breuer, Joseph 94, 95, 98
burguesia 38, 316
Burke, Edmund 284
Byron, Lord 20
Cabana do pai Tomás, A 298
cálculo predicado 58, 127, 128, 139
cálculo proposicional 57, 58, 127, 128, 137, 138, 140
Cambridge 28, 41, 65-68, 75, 78, 80, 83, 84
capitalismo 39, 316, 317, 319-323, 328
caridade, princípio da 89
Carnap, Rudolph 78
cartesiano, ego 106, 185, 243
castigo 305
catolicismo 45

cérebro 63, 94, 183, 206, 217, 227, 228, 244, 247-249, 307
certeza 173-175, 343
Charcot, Jean-Martin 94, 98
chauvinismo masculino 312
Cherubino 293
Chomsky, Noam 168
ciência *versus* religião 45, 350
cientificismo 88
Círculo de Viena 78, 80, 85, 215
Clough, Arthur Hugh 302
cogito ergo sum 185, 187, 190
coisa-em-si 31, 202, 260, 261, 265
Coleridge, Samuel Taylor 23, 287, 288, 301
Collingwood, R. G. 300, 301
Companhia das Índias Orientais 22
complexo de Édipo 96, 97, 352
Comte, Auguste 23, 24, 306, 307
comunismo 37, 38, 40, 315, 316, 320
conotação 25, 120
consciência 28, 30, 31, 36, 37, 40, 47, 63, 65, 91, 100, 103-107, 109-111, 114, 161, 170, 174, 180-183, 185-188, 190-192, 195, 197-200, 206, 222, 223, 225, 226, 230-233, 236, 238, 240, 243, 245, 259, 261-263, 268-270, 272, 289, 315, 329, 344, 345
consequencialismo 256, 280
constantes lógicas 135, 138
controle populacional 315
conveniência 15, 126, 259
corpo humano 30, 199, 226, 227
crenças 32, 47, 64, 65, 86, 89, 96, 152, 177, 179-181, 235, 237, 238, 277, 278, 329, 343, 351

Índice remissivo 385

cristianismo 30, 270, 280, 292, 343, 344, 346, 353
Croce, Benedetto 299-301
Darwin, Charles 40-45, 203-205, 211, 213, 337-340
  A descendência do homem e a seleção em relação ao sexo 41, 335
  A viagem do Beagle 41
  Sobre a origem das espécies 40, 41, 43-45, 335, 338, 339
Darwin, Erasmus 42
Dasein 106, 107
Davidson, Donald 15, 88-90, 168
de dicto versus *de re* 142
dedução 101, 128, 130, 131, 138, 156, 181, 245
definição ostensiva 79, 165
definição ostensiva particular 165-167
denotação 25, 72, 120, 154
deontológica 144
Derrida, Jacques 93, 112-117
Descartes, R. 73, 81, 83, 104, 105, 107, 167, 179, 185-187, 190-192, 204, 205, 217, 230, 231, 243, 248, 355
desconstrução 114
desejos 13, 31, 35, 89, 95, 96, 111, 177, 184, 188, 200, 226, 227, 232, 235, 236, 258, 277, 288, 335, 347, 350, 351
desespero 35, 265-267
designadores rígidos 144
desígnio inteligente 340, 341
determinismo 97, 211
Deus 29, 34-37, 42, 46, 47, 63-65, 77, 115, 126, 142, 148, 172, 185, 190, 191, 201, 206, 247, 255, 266, 280, 297, 300, 312, 327-335, 337, 341, 342, 344-350, 353-355
dever 29, 63, 251, 259, 268, 279-281, 309, 312, 330, 332
Dewey, John 66
dinheiro 37, 245, 267, 276, 277, 298, 319, 328, 330
Dioniso 48, 295
direitos naturais 254, 256, 305
DNA 45
Don Giovanni 292-294
dualismo 29, 91, 216, 246, 247, 249
Dublin 46
dúvida 177, 187, 192, 193
Edwards, Jonathan 53
ego 95, 97, 106, 184-186, 235-237, 243
egoísmo 29, 263, 310
Elgar, Edward 46
Eliot, George 314, 346
Emerson, Ralph Waldo 53
emotivismo 276
Empédocles 42
empirismo 21, 25, 26, 28, 66, 85, 93, 119, 167-169, 187, 216
engano 54, 109, 161, 173, 175, 182, 193
Engels, Friedrich 37-39, 41, 316, 321, 328
enteléquia 249
entendimento 71, 87, 90, 107, 164, 165, 168, 198, 199, 224, 225, 244, 245, 255, 277, 284, 287, 302
epistemologia 14, 54, 81, 101, 102, 121, 165, 169, 171, 176, 178, 182, 184, 187, 189, 190, 193, 195, 284, 321
epoché 103, 104, 189

equilíbrio reflexivo 325
espécies 41-45, 100, 126, 201, 205, 206, 213, 241, 255, 337, 338, 340
espiritualismo 216, 343
essência *versus* existência 111
Estado, o 37
estética 14, 33, 161, 162, 227, 266, 267, 275, 283, 284, 286-288, 291, 292, 294, 299, 300, 311
ética 162, 251-282
ética da virtude 278
eudemonismo 251
evolução 21, 27, 41-44, 55, 183, 195, 205, 206, 210-213, 268, 271, 272, 275, 319, 323, 335, 337, 339, 340
existencialismo 93, 104, 105, 107, 108, 112
experimento de vida 309
falácia intencional 302
falácia naturalista 275, 276
falibilismo 54, 178
falsificação 79, 131, 216
fascismo 299, 322
fé 35, 46, 47, 69, 185, 206, 266, 269, 327, 329, 332, 333, 342-344, 346, 353
fenomenologia 99, 102-105, 108
feudalismo 23, 315
Feuerbach, Ludwig 36, 37, 327-329
Fichte, G. W. 30, 197
Fílon 127
filosofia analítica 57, 71, 83, 84, 87, 114
Føllesdal, Dagfinn 16, 143, 192
fonocentrismo 113, 114
Foot, Philippa 277, 278, 281, 282
forma figurativa 159
formalistas 207

forma lógica 76, 77, 159, 161, 237
fósseis 45
Fox, Charles James 18
Francisco de Assis 265
Franklin, Benjamin 53
Frege, Gottlob 14, 56-63, 69-71, 75, 87, 93, 100, 101, 122, 123, 125-130, 133, 134, 136, 137, 139, 145-150, 154-156, 160, 182-187, 207, 208, 209, 345, 346
  Begriffsschrift 57-59, 125, 150, 182
  Fundamentos da aritmética 58, 59, 182, 183, 345
  Grundgesetze 58, 61, 62, 207
Freud, Sigmund 14, 93-99, 232-238, 351, 352
funções-de-verdade 58, 128-130, 133-135
Gavagai 87
Gazeta Renana 37
Geach, Peter 277-279
Gemeinsinn 286
gêneros 42
gênio maligno 192, 193
Gentile, Giovanni 299
Gentzen, Georg 138
geometria 25, 57, 59, 60, 62, 69, 102, 112, 169
George III 20
geworfenheit 106
glândula pineal 248
Gödel, Kurt 62, 139-141
gosto 22, 33, 176, 284, 285, 287, 308
Green, T. H. 66, 67
Grice, Paul 90
guerra 273
Hamilton, Sir William 26
Hare, R. M. 276, 277, 279, 281

Harvard 53, 54, 56, 63, 85, 88, 228
hedonismo 29, 252, 254, 292
Hegel, G. W. 13, 15, 32, 33, 36, 37, 66, 67, 93, 197, 210, 224, 327-329, 355
Heidegger, Martin 83, 93, 104-111
Henry 65
Hintikka, Jaako 143
histeria 95
historicismo 323, 324
Hitler, Adolf 74, 108, 322
Hobbes, Thomas 119, 120
holismo 86
Holmes, Oliver Wendell 53, 350
homossexualidade 98
homúnculo 247, 248
Hume, David 18, 24, 26, 47, 66, 73, 101, 109, 167, 231, 277, 280, 283, 284
Husserl, Edmund 57, 99-105, 108, 109, 112, 114, 149, 189-192, 195, 239-243
Huxley, Thomas Henry 41, 336
id 95, 97, 235-237
idealismo 23, 28, 33, 36, 53, 66, 67, 69, 104, 167, 168, 190, 192, 197, 202, 203, 211, 212, 224, 328, 349
identidade 59, 87, 89, 139, 142, 144-146, 218
identidade transmundana 219, 355
ilusão 32, 186, 244, 261, 262, 265, 295, 296, 332, 351
imagens mentais 146, 165, 183, 184, 238
imaginação 44, 56, 84, 100, 109, 240, 241, 258, 287, 288, 301, 343
imortalidade 29, 63, 77, 335
imperialismo 322

implicação estrita 140, 141
implicação material 140, 141
inconsciente 76, 95-97, 174, 232-235, 242, 246, 248
independência de axiomas 138
indeterminação 87, 89, 211
indexadoras, expressões 150
individualidade 33, 201, 226, 228, 260, 263-266, 307, 308
indução 25, 84, 121, 122, 130, 132, 181, 246
inércia 30, 199
inferência 25, 57, 58, 61, 104, 120, 121, 123, 125, 128, 130, 132, 133, 137, 140, 156, 172, 176, 181, 187, 188, 231, 245, 345
inferência ampliadora 130
infinito, axioma do 70
intencionalidade 100-103, 222, 223, 239-243
introspecção 54, 165, 188, 231, 244, 245, 333
intuição 26, 54, 60, 81, 100, 170, 173, 291, 295, 300
Intuição 300
intuicionismo 26, 29
Irlanda 28, 83, 174
Islã 343
James, Henry 63
James, William 53, 56, 63-66, 74, 93, 151-153, 228, 230-232, 347-350
  As variedades da experiência religiosa 63, 347-350
  Pragmatismo 64
  Princípios de psicologia 63, 228
João da Cruz 255
jogos de linguagem 81, 82, 162, 192, 193, 195, 217

Jowett, Benjamin 66, 323
Jung, Carl 95
Kant, Immanuel 15, 30, 31, 54, 59, 60, 90, 93, 172, 191, 198, 202, 224, 251, 281, 284-289, 355
Kierkegaard, S. A. 33-35, 46, 265-269, 291-294, 311, 312, 327, 329, 330, 332, 333, 342
   Ou/ou 33, 266-268, 292, 293, 311, 312
   Pós-escrito científico conclusivo 35, 332, 333
   Temor e tremor 34, 35, 329, 331
Kripke, Saul 143, 144
Lamarck, J. B. 42, 43, 213
lapsos freudianos 233
Leibniz, G. W. 54, 69
lei natural 256, 329
Lenin, V. I. 40, 321, 322
Lewis, C. I. 140, 144
liberalismo 28, 303, 315
liberdade da indiferença 262
liberdade de pensamento 307
liberdade humana 111
Lineu, C. 42
linguagem comum 57, 75, 76, 127, 238
linguagem ideal 146, 161
linguagem particular 76, 88, 165, 192
livre associação 95, 96
Locke, John 30, 46, 69, 172, 173, 176, 230, 231
locutória, força 113
lógica 13, 14, 22, 24-26, 28, 36, 54, 56-62, 69, 71-73, 76, 77, 84, 86, 90, 100-102, 119-123, 126-128, 130, 131, 133, 134, 136-144, 146, 148, 151, 156, 157, 159-161, 176, 179, 181-184, 210, 214, 215, 237, 276, 300, 355
lógica imperativa 276, 277
lógica modal 84, 140-144
logicismo 57, 58
luta de classes 316
Madison, James 20
Maia 32
mais-valia 39, 319, 321
Malebranche, Nicholas 201
Manchester 37, 74
Manifesto comunista 38, 40
Marx, Karl 21, 35-41, 315-317, 319-321, 323, 328, 329
   A ideologia alemã 37, 38, 321
   Manifesto comunista 38, 40, 316
   O capital 21, 39, 40, 323
materialismo 35, 36, 39, 89, 211, 247, 315, 321, 328
McTaggart, J. M. E. 66, 67
meditação 46, 179, 289, 292
Mendel, Gregor 45
metafísica 14, 23, 26, 33, 36, 45, 56, 69, 78, 82, 83, 88, 90, 114, 125, 157, 171, 179, 190, 197, 202, 203, 209, 214-220, 224, 252, 260, 265, 266, 296, 299, 300, 348, 354
método científico 74, 177
Mill, James 20, 27, 333
Mill, John Stuart 21-29, 60, 66, 101, 103, 119-123, 167, 169-171, 187, 197, 224, 256-259, 304-310, 314, 315, 333-336
   Sistema de lógica 24, 25, 119-121, 169, 170
   Sobre a liberdade 26, 307, 314
   Sobre a sujeição das mulheres 26-28, 309, 311, 312, 314

Três ensaios sobre a religião 28, 334, 335
Uma apreciação da filosofia de Sir William Hamilton 26
modus ponens 128
monismo 67, 74
Moore, G. E. 67-69, 71, 101, 274, 275
moral do escravo 273
moral do senhor 269
Movimento Oxfordiano 45
Mozart 292-294
mugwump 132, 133
mulheres 23, 27, 50, 273, 309-311, 313, 314, 352
mundo da vida 191
mundo figurado 193, 194
mundos possíveis 143, 144, 214, 218-220, 355
Museu Britânico 39
música 46, 48, 287, 291-296, 298, 299
Mussolini, B. 299, 322
Mynster, J. P. 35
não locutória, força 113
Napoleão 17, 30, 102, 125, 271, 273
nazismo 108, 322
necessidade 140-144
neurose 97, 99, 235, 352
neutralismo 211
Newman, John Henry 45-47, 171-176, 193, 341-345
   A gramática do assentimento 46, 171, 173-176, 193, 342, 344, 345
   An Essay in Aid of a Grammar of Assent 46
   Apologia pro vita sua 46
Newton, Isaac 14, 31, 204, 205
Nietzsche, Friedrich 14, 17, 47-51, 269-274, 294-296, 346, 347

Além do bem e do mal 50, 271
Assim falou Zaratustra 50, 270, 272
Genealogia da moral 50, 269, 270
O nascimento da tragédia 48, 294-296
noema 240, 241
obrigação 29, 144, 233, 257, 279, 280, 285, 287, 314
ocasionalismo 201
Ockham, Guilherme 58, 211
Odisseia 147
Omnium, duque de 123, 124
ópera 48, 203, 292-294, 296, 298
origem das espécies 337
   A origem das espécies 338
Oxford 16, 17, 41, 45, 66, 83, 84, 90, 94, 171, 276, 277, 300, 336
pai primevo 352
paixão 213, 333, 353
Pan-óptico 18-20
Papageno 293
Parmênides 110, 154
Peano, Giuseppe 69, 70, 93, 133
Peirce, Charles Sanders 14, 53-56, 63-65, 101, 130-133, 150, 151, 176-181, 209-213, 220, 348
performativos 113, 114, 116
perlocutória, força 113
perversidade 31, 180
pessimismo 48, 265
pintura 63, 237, 287, 291, 292, 297, 313
Pitágoras 183, 186
Plantinga, Alvin 354, 355
Platão 21, 30, 105, 110, 113, 189, 202, 206, 209, 226, 236, 237, 251, 252, 291, 296, 323, 329

platonismo 73, 187, 209
poesia 36, 146, 252, 283, 287, 291, 295, 296, 300
poligamia 309, 314
Poor Laws 20
Popper, Karl 80, 322, 323
Pórcia 233
positivismo 23, 50, 220, 307
positivismo lógico 78, 80, 167, 276
Potemkim, príncipe 18
pragmaticismo 56, 64
pragmatismo 53-56, 63-67, 152, 181, 209, 349
prescritivismo 277
pré-socráticos 105
Priestley, Joseph 18
princípio da maior felicidade 251, 254, 257, 259, 303
princípio da verificação 82
Prior, A. N. 144
processos mentais 164, 190, 239, 244, 245
proletariado 38, 39, 40, 316, 319
proposições elementares 81, 136, 158, 215
propriedades não naturais 287
protocolos 79, 167
pseudoproposições 77, 161, 162
psicanálise 94, 95, 232, 235, 352
psicologia 25, 63, 82, 88, 99-102, 168, 181-183, 210, 228, 229, 237, 239, 242, 249, 281, 302
psicologismo 100, 102
psicose 97
quantificação 58, 134, 139, 142, 143, 252, 253
Quine, W. V. O. 15, 85-90, 142, 143, 168, 218, 219

Rawls, John 15, 282, 324, 325
Rée, Paul 49, 50
referência *versus* sentido 145-150, 160
religião 14, 21, 33, 36, 45, 47, 67, 74, 84, 94, 95, 111, 141, 174, 269, 270, 316, 324, 327-329, 334-336, 341, 344-346, 348-353
Renouvier, Charles 63
ressentimento 270
Revolução Francesa 17, 23, 316
Rhees, Rush 84
Rheinische Zeitung 37
Ruskin, John 296, 297
Russell, Bertrand 56, 57, 61, 62, 67-76, 87, 93, 101, 107, 133, 134, 137, 139, 140, 153-157, 165, 167, 176, 186-189, 215, 228, 241, 242, 345, 355
  A análise da mente 73, 242
  Introdução à filosofia matemática 71, 139
  On Denoting 72, 155
  Os princípios da matemática 69-71, 75
  Principia mathematica 71, 133, 134, 137-139, 141, 153, 154
  Problemas da filosofia 72, 186-189
Russell, paradoxo de 61, 62, 69, 70
Ryle, Gilbert 83, 84, 90, 94, 101, 108
Sachverhalt 214
Saint-Simon, conde de 23
salto na fé 266, 269, 332
Sartre, Jean-Paul 93, 108-112, 333
Schiller, F. C. S. 66, 299
Schlick, Moritz 79, 80, 81, 167
Schopenhauer, Arthur 29-33, 35, 48, 74, 97, 98, 167, 197, 198,

200-203, 224-227, 260-266, 272, 288-291, 294, 311-314, 329
O mundo como vontade e representação 30, 32, 33, 198-202, 224-227, 260-262, 264, 288-291
Scotus, Duns 54, 329
seleção natural 40-44, 183, 205, 337, 338, 340
semântica 61, 143, 151, 218
semiótica 56, 151
sentido *versus* referência 145-150, 160
sexualidade 95, 96, 98, 348
Sidgwick, Henry 28, 29, 279, 280
silogismos 25, 120-123, 126
símbolos 150
símbolos incompletos 72
sinonímia 86, 87
sintonia 107
sistemas axiomáticos 134-138, 140
socialismo 23, 40, 51, 306, 307, 316, 319, 322
Sócrates 25, 35, 48, 268, 295, 296, 330
solipsismo 80, 104, 167, 168, 190
sonhos 95, 96, 99, 233-235
Spinoza, Baruch 215
Stalin, Josef 40, 322
Stein, Gertrude 63
Strawson, Peter 15, 53, 90, 91
sublimação 96, 99
sublime 283, 284, 286, 288, 289, 300
suicídio 31, 263, 273
superego 97, 235, 236
surrealismo 194
suspensão teleológica 35, 330

tautologias 77, 78, 136, 161, 216
Taylor, Harriet 26, 27, 258, 309
tecnologia 21, 39, 66, 315, 317, 319, 321
teleologia 203-205
teoria da não propriedade 186
teoria dos modelos 138
teoria figurativa 75, 157
terceiridade 210-212
terceiro reino 185, 186
tiquismo 211
Tolstói, Leon 296, 298, 299, 301
trabalho 23, 37, 39, 297, 315-321
tragédia 48, 290, 294-296
tríades 210
Trollope, Anthony 123, 124, 314
Tyrell, sir Walter 222
universabilidade 277, 278
University College, London 21, 306
utilitarismo 17, 29, 224, 253, 255-259, 282, 303, 305, 307, 324
valores-de-verdade 57, 77, 81, 86, 135, 136, 141, 147, 148, 156, 158, 160, 208, 209, 351
verdade 64, 88, 89, 152, 180, 271, 272
Verdadeiro, o 148
Vernunft 198, 224
Verstand 198, 224
véu de ignorância 324
vida estética 33, 267, 292
Viena 74, 78, 80, 85, 94, 95, 99, 100, 163, 216
vontade 26, 29-31, 83, 198-202, 211, 224-239, 255, 260-265, 269, 270, 272, 281, 288-291, 304, 310, 328, 342, 346
Von Wright, G. H. 83, 84, 144

Wagner, Richard 48, 50, 202, 203, 294, 296
Waismann, Friedrich 78
Wallace, Alfred Russel 41
Welby, Victoria 56
Westminster Review 21, 22
Whitehead, A. N. 71, 133, 134, 139, 140
Wilberforce, Samuel 41
Williams, Bernard 281, 282
Wirklichkeit 209
Wittgenstein, Ludwig 15, 47, 68, 74-85, 87, 88, 90, 114, 134, 135, 137, 157-168, 192-195, 214-218, 227, 231, 237-239, 242-249, 301, 353
  Investigações filosóficas 83, 84, 165, 215, 217, 218, 246
  Nachlass 84
  On Certainty 84, 192-195
  Tractatus 74-78, 80, 81, 84, 88, 135, 136, 157-163, 214-216, 237-239, 353
Wordsworth, William 22, 23, 287, 288, 298
Wyclif, John 207
zero 59, 60, 70, 100, 151, 345, 346

Suma
teológica

Reunindo em forma de compêndio importantes tratados filosóficos, religiosos e místicos, Santo Tomás de Aquino, através da Suma teológica, procurou estabelecer parâmetros a todos os que se iniciam no estudo do saber da teologia. Dividida em nove volumes, a obra permanece como um dos mais relevantes escritos do cristianismo de todos os tempos.

Para adquirir:
11 3385.8500
vendas@loyola.com.br
www.loyola.com.br

OBRA COMPLETA

PADRE ANTÓNIO VIEIRA

OBRA INÉDITA NO BRASIL • DIVIDIDA EM BLOCOS TEMÁTICOS • 30 VOLUMES

Mais de quatro séculos depois do nascimento de Padre António Vieira, só agora, em pleno século XXI, sua obra completa é editada no Brasil. Um ambicioso projeto concretizado por Edições Loyola.

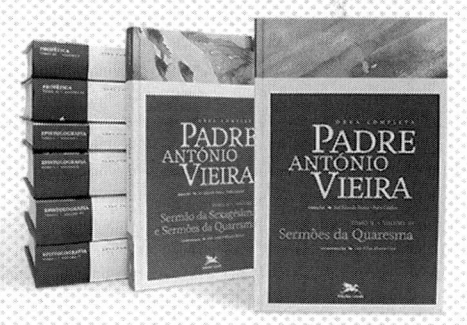

Para adquirir:
11 3385.8500
vendas@loyola.com.br
www.loyola.com.br

LEITURAS **L F** FILOSÓFICAS

PIERRE HADOT — O QUE É A FILOSOFIA ANTIGA?

PAUL RICOEUR — A METÁFORA VIVA

EMMANUEL LEVINAS — VIOLÊNCIA DO ROSTO

MICHEL FOUCAULT — A ORDEM DO DISCURSO: aula inaugural no Collège de France pronunciada em 2 de dezembro de 1970

ENRICO BERTI — CONVITE À FILOSOFIA

Esses e demais títulos dessa
coleção *Leituras Filosóficas*
você encontra em
www.loyola.com.br
vendas@loyola.com.br
11 3385.8500

Edições Loyola é uma obra da Companhia de Jesus do Brasil e foi fundada em 1958. De inspiração cristã, tem como maior objetivo o desenvolvimento integral do ser humano. Atua como editora de livros e revistas e também como gráfica, que atende às demandas internas e externas. Por meio de suas publicações, promove fé, justiça e cultura.

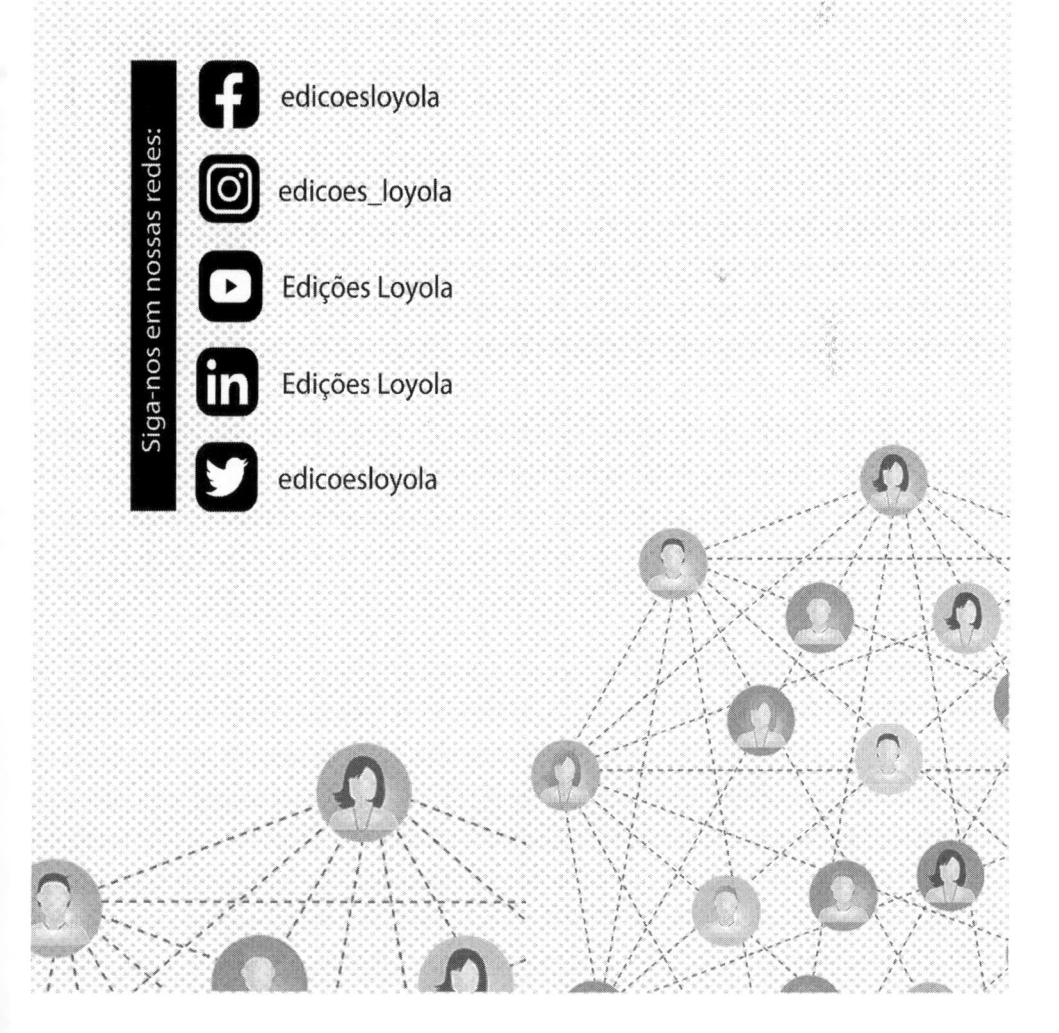

Siga-nos em nossas redes:

- edicoesloyola
- edicoes_loyola
- Edições Loyola
- Edições Loyola
- edicoesloyola

Edições Loyola

editoração impressão acabamento
rua 1822 nº 341
04216-000 são paulo sp
T 55 11 3385 8500/8501 • 2063 4275
www.loyola.com.br